민음 한국사 조선 02

16세기
성리학 유토피아

강응천
권소현
송웅섭
염정섭
오상학
정재훈
한명기
한필원
지음

문사철
편저

집필

송웅섭 (서울대학교 규장각한국학연구원 선임연구원, 1부-사士란 무엇인가)
오상학 (제주대학교 지리교육과 교수, 16세기의 창-『신증동국여지승람』)
염정섭 (한림대학교 사학과 교수, 2부-흔들리는 조선 사회)
정재훈 (경북대학교 사학과 교수, 3부-사士의 시대)
한필원 (한남대학교 건축학부 교수, 16세기의 창-닭실마을을 찾아서)
한명기 (명지대학교 사학과 교수, 4부-동아시아 7년 전쟁)
권소현 (국립부여박물관 학예사, 16세기의 창-동서 도자 교류와 청화백자)
강웅천 (출판기획 문사철 대표, 16세기의 세계)

문사철

주간　　강웅천
편집　　김진아, 김경미, 김유리, 강준선
아트디렉터 김용한
디자인　김원용, 노상용, 조혜림

민음 한국사 조선 02

16세기
성리학 유토피아

강응천
권소현
송웅섭
염정섭
오상학
정재훈
한명기
한필원
지음

문사철
편저

16세기의 서 序

『16세기―성리학 유토피아』는 21세기의 시각에서 지난 수천 년의 한국사를 세기별로 되돌아보고 성찰하는 '민음 한국사' 시리즈의 조선 시대 편 둘째 권이다. 방대한 시리즈의 첫 편을 조선에서 시작하는 것은 상대적으로 풍부한 자료와 연구 성과 때문이기도 하지만 무엇보다도 21세기 오늘의 현실적 관심에서 비롯된 측면이 크다.

오늘날 세계의 뚜렷한 흐름 가운데 하나는 인류가 근대를 새롭게 사유하고 있다는 것이다. 짧게는 백여 년, 길게는 수백 년간 수많은 사람들에게 근대는 황금알을 낳는 거위이거나 오매불망 동경하는 파랑새였다. 다른 나라를 살필 것도 없이 19세기 말 이래 한국사는 끊임없이 근대를 갈구하며 그 파랑새를 손에 넣기 위해 때로는 자신의 목숨을 던지기도 하고 때로는 남의 목숨을 빼앗기도 하던 군상의 피와 땀으로 얼룩져 있다.

근대가 자본주의 경제와 그에 기반한 정치·사회·문화 등의 체제라고 한다면, 한국 사회가 이미 근대에 도달했을 뿐 아니라 그 최전선에서 달려 나가고 있다는 것을 부정할 사람은 많지 않을 것이다. 그러나 그러한 최첨단 사회에 살면서 우리는 묻는다. 도대체 근대는 어디에 있는가? 우리는 정말 그토록 희구하던 근대에 살고 있는가? 그리고 다시 묻는다. 근대는 도대체 무엇이었단 말인가?

그리하여 마침내 우리의 시선은 '전근대'의 마지막 시대였던, 근대를 갈구한 이들이 그토록 저주하고 경멸하던 조선 500년으로 향하고 있다. 그 500년이 정녕 남들은 근대를 향해 달려갈 때 정체나 퇴보를 감수하기만 하던 시간이었을까? 근대를 향해 질주하면서 우리는 무언가를 빼놓거나 지나친 것은 아니었을까? 근대를 우회하거나 추월할 '가지 않은 길'이 그 500년 어디엔가 숨어 있는 것은 아닐까? 『16세기―성리학 유토피아』는 바로 그런 질문을 던지며 조심스러우면서도 호기심에 가득 찬 눈빛으로 조선 500년의 두 번째 세기에 발을 딛는다.

16세기 벽두의 조선 왕조는 희대의 광란 속에 위기를 맞고 있었다. 명군 세종의 고손자라고는 믿기지 않는 폭군 연산군이 잇따라 사대부들에 대한 살육극을 펼치면서 조선 왕조는 천명이 다한 모습을 보였다. 아니나 다를까, 세조와 성종 연간을 지나며 국왕 견제의 기술을 연마한 사대부들은 연산군에게 오래 당하고 있지 않았다. 일시에 봉기한 사대부들의 선택은 왕조의 철폐가 아니라 임금을 바꿔 버리는 반정이었다.

수명이 다한 듯하던 왕조를 연명케 한 요인은 무엇일까? 한 가지 요인은 성리학이다. 이 학문은 왕권을 뒷받침하는 도구인 동시에 사대부가 왕권을 제약하며 자신들의 기득권을 지키게 할 도구이기도 했다. 연산군을 쫓아낸 사대부들은 굳이 새로운 왕조나 귀족 공화국을 세울 필요 없이 조선 왕조를 이용해 그들의 세상을 열어 갈 수 있다고 생각했다. 일단 사대부가 헤게모니를 쥐자 향촌 사회에 포진해 있던 사족들이 일제히 성리학을 무기 삼아 지배층의 일원으로 국론에 참여하고자 했다. 성리학이 국시가 되고 사대부의 공론이 국정의 지침이 되는 시대는 몇 차례 반동을 겪으며 서서히 열렸다.

성리학 유토피아라 부를 만한 16세기 조선의 모습은 동시대 세계의 흐름을 볼 때 매우 독특한 것이었다. 성리학의 종주국인 중국에서조차 그 한계를 논하는 양명학이 등장하고 서유럽에서도 가톨릭의 아성에 도전하는 프로테스탄트들이 아우성을 치던 시기가 16세기였다. 조선은 그러한 시대적 흐름에 둔감했던 것인가, 아니면 자중자애하며 성리학이라는 소중한 가치를 그 효용성의 한계까지 밀어붙이고 있었던 것인가?

16세기 세계는 조선을 둘러싸고 어떻게 움직이고 있었을까? 그리고 그러한 세계 속에서 조선은 어디를 향해 가고 있었을까? 『16세기─성리학 유토피아』와 함께 그 시대로 들어가 그 100년의 시간에 대한 우리의 공감대를 찾아보자.

| 차례

16세기의 서 **004**
16세기의 세계 **008**

01. 사士란 무엇인가

1. 왕과 사士의 충돌 **032**
16세기의 초점 16세기 폭군 열전 **052**
2. 조광조의 길 **054**
16세기의 초점 동아시아 속의 사士 **072**
3. 기묘한 사화 **074**
16세기의 초점 중국은 양명학, 유럽은 프로테스탄트 **090**

16세기의 창 성리학 국가 조선의 국토 비망록 – 『신증동국여지승람』 **094**

02. 흔들리는 조선 사회

1. 흔들리는 정치 **104**
16세기의 초점 16세기의 여성 권력자 **114**
2. 흔들리는 경제 **116**
16세기의 초점 방납을 어찌할 것인가 **126**
3. 흔들리는 민심 – 임꺽정 연대기 **128**
16세기의 초점 역사 속의 산적과 의적 **142**

03. 사士의 시대

1. 세기의 편지 **148**
16세기의 초점 『주자가례』란 무엇인가 **164**

2. 성리학 유토피아 — **166**
16세기의 초점 주자의 여씨향약과 조선의 향약 — **174**
3. 학파에서 붕당으로 — **176**
16세기의 초점 중국의 붕당론 — **192**

16세기의 창 16세기 사대부의 이상향 – 닭실마을을 찾아서 — **194**

04. 동아시아 7년 전쟁

1. 전쟁 전야의 동아시아 — **206**
16세기의 초점 해전의 패러다임을 바꾼 16세기의 전투들 — **218**
2. 동아시아 세계대전 — **220**
16세기의 초점 동아시아 세계대전의 축소판, 평양전투 — **240**
3. 1598년 체제 — **242**
16세기의 초점 인포그래픽으로 보는 임진왜란 — **260**

16세기의 창 임진왜란이 연 세라믹 로드 – 동서 도자 교류와 청화백자 — **262**

16세기를 나가며

16세기에 활약한 국가들 — **272**
16세기를 이끌고 간 인물들 — **274**
16세기에 처음 나온 물건들 — **276**
참고 문헌 — **278**
찾아보기 — **279**
도움을 준 분들 — **283**
'민음 한국사'를 펴내며 — **286**

16세기에 작동을 멈춘 아스테카 왕국의 달력 '제5의 태양 시대'에 살고 있다고 생각한 아즈텍인은 그 태양이 사멸하고 우주가 멸망하는 것을 막기 위해 대규모 인신공양(人身供養)을 행했다. 그러나 16세기의 태양이 여전히 그들의 대지를 비추고 있는 동안 그들의 우주는 멸망하고 말았다.

16세기의 세계

동쪽으로 대서양, 서쪽으로 태평양을 사이에 두고 유라시아 대륙과 마주 보는 대륙이 있다. 16세기부터 아메리카라고 불리게 되는 그 대륙에는 유라시아와는 독립적으로 움직이는 하나의 세계가 있었다. 유라시아가 그랬던 것처럼 그 세계도 농업 혁명, 테오티우아칸·마야·톨텍 등 도시문명의 등장, 아스테카 왕국과 잉카 제국의 등장을 경험하며 역사적 삶을 이어가고 있었다. 그러나 이 세계는 16세기에 갑작스레 지구에서 사라져 버렸다.

한 세계의 종말

아메리카의 문명 세계를 파괴한 것은 대서양을 건너온 한 줌의 유럽인 무리였다. 말을 타고 총을 쏘아 대며 전염병을 퍼뜨리는 그들에 밀려 잉카 전사들은 공중도시 마추픽추로 숨어들었다. 그들은 이곳에서 야만인에 대한 복수를 하늘에 맹세했을 것이다. 500년이 지난 지금, 그 복수는 아직도 이루어지지 않았다.

잉카인의 비밀 도시, 마추픽추 '나이 든 봉우리'라는 뜻으로, 잉카 제국의 수도였던 쿠스코 북서쪽 110여 킬로미터 거리의 우르밤바 계곡 지대에 자리 잡고 있다. 해발 2280미터. 신전, 궁전, 주택 등을 성벽으로 두른 도시의 총면적은 5제곱킬로미터다.

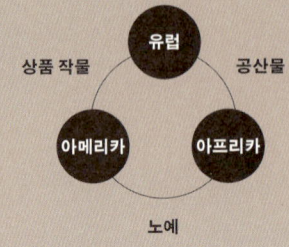

유럽의 삼각 노예 무역

1492년 콜럼버스가 오늘날의 아이티와 도미니카에 해당하는 히스파니올라 섬에 도착하면서 유럽인의 아메리카 침략사가 시작되었다. 에스파냐인은 이곳에서 원주민을 대거 동원해 이윤이 많이 남는 사탕수수를 재배했다. 원주민은 가혹한 노동 조건과 유럽인이 들여온 전염병을 이기지 못하고 빠르게 줄어들었다. 콜럼버스가 도착했을 때 25만 명이던 인구가 20년 만에 1만여 명으로 줄어들 정도였다.

그러자 유럽인은 아프리카에서 흑인 노예를 들여와 부족한 일손을 채웠다. 유럽-아프리카-아메리카를 잇는 삼각 노예 무역은 유럽인에게 막대한 경제적 이익을 가져다주었다. 19세기에 노예 무역이 완전히 사라질 때까지 많게는 4000만 명에 이르는 아프리카인이 노예선에 실렸고, 그중 수백만 명이 항해 도중 목숨을 잃었다. 유럽 노예 상인의 탐욕이 대서양과 그 양안의 두 대륙을 죄 없는 원혼들로 가득 메웠다.

아메리카에서 식민지를 만들어 나간 에스파냐인은 숫자나 무력 면에서 볼 때 당대 세계의 기준으로도 대단할 것이 없었다. 그러나 그들이 타고 온 말, 그들이 쏘아대는 총, 그들이 옮겨 온 병균은 그때까지 아메리카에 없는 것들이었다. 에스파냐 탐험대는 이를 무기 삼아 거침없이 내륙으로 진군했다. 그들 사이에는 아마존 강 어딘가에 황금으로 둘러싸인 엘도라도라는 낙원이 있다는 전설까지 떠돌았다. 일확천금을 꿈꾸며 몰려든 침략자들 앞에서 원주민의 마을과 도시는 물론 아스테카 왕국과 잉카 제국도 속절없이 무너져 내렸다.

아스테카의 비의 신 틀락록 가면을 쓰고 긴 송곳니를 가진 신으로 농사와 비, 번개를 주관한다. 그때문에 풍요의 신으로 널리 숭배되었으며, 그의 상징인 재규어는 많은 조각품에서 발견되고 있다.

1519년중종14 에스파냐 탐험대장 에르난 코르테스는 아메리카 식민지를 관장하는 총독 벨라스케스의 허락도 받지 않고 유카탄 반도에 있던 아스테카 왕국을 공격했다. 500만 명의 인구를 거느린 군주 몬테수마 2세는 수도 테노치티틀란에서 불과 500여 명의 병사를 이끌고 온 코르테스에게 포로로 잡혔다. 일설에 따르면 몬테수마는 코르테스를 신으로 여기고 아무 의심 없이 환대하다가 봉변을 당했다고 한다. 제국을 파괴하는 코르테스 무리에 맞서 이듬해 왕국의 전사들이 들고일어나 침략자들을 죽였다. 그러나 코르테스에게는 적은 병력을 보충하고도 남는 강력한 무기가 있었다. 천연두였다. 유럽인이 갖고 들어온 전염병에 아즈텍인이 속수무책으로 쓰러져 가자 코르테스는 반격에 나서 테노치티틀란을 무자비하게 파괴하고 왕국을 지상에서 지워 버렸다.[521]

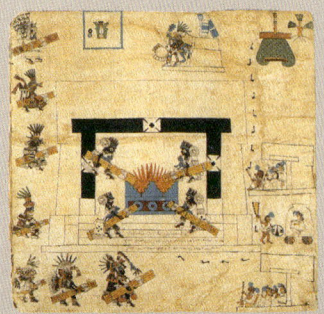

보르보니쿠스 사본에 그려진 주기 제식 아즈텍 역법에서 52년의 순환기가 마감되는 시기가 되면 사람들은 세상이 끝날 것을 두려워했다. 이런 주기의 마지막 날에 이전 제단의 불은 소멸하고 새로운 주기의 새벽, 새로운 삶을 위해 불을 부르는 의식을 행했다.

1532년^{중종 27} 또 다른 탐험대장 프란시스코 피사로가 180명의 부하를 이끌고 잉카 제국의 수도 쿠스코에 들어갔다. 황제 아타우알파는 수천 명의 군사를 거느리고 피사로를 맞았다. 아타우알파에게는 우호적인 분위기 속에 유럽인을 접견하는 자리였지만, 피사로에게는 제국을 통째로 삼킬 수 있는 일생일대의 기회였다. 에스파냐 병사들이 말을 타고 칼을 뽑아든 채 숨어 있는 동안 피사로를 수행하던 가톨릭 신부가 통역과 함께 아타우알파에게 다가가 성경을 건넸다. 높은 가마를 타고 있던 아타우알파는 이를 잠시 살펴보다 땅바닥에 내던졌다. "저 이교도를 없애 버려요!" 하는 신부의 외침과 함께 180명의 병사는 달려 나가 닥치는 대로 칼을 휘둘렀다. 2000여 명의 잉카 전사가 죽고 아타우알파는 포로가 되었다. 황제를 신봉하는 수백만 잉카인은 황제의 명령이 없는 한 반격에 나서지 않았다. 피사로는 황제의 몸값으로 수많은 황금을 받아 챙긴 뒤 황제를 처형했다. 그리고 거대한 제국은 눈 녹듯 사라져 갔다. 아타우알파의 조카인 투팍 아마루가 황제 자리에 올라 최후의 저항을 시도했지만, 끝내 체포되어 처형당하면서 아메리카 최후의 제국도 숨이 멎었다.[572]

투팍 아마루 잉카 제국의 마지막 황제. 1530년대 에스파냐의 침략에서 살아남은 소수의 잉카 황족들이 빌카밤바 주에 작은 독립국을 세웠다. 이 나라는 망코 잉카 유판키에 의해 신잉카 제국으로 명명되었다. 후에 에스파냐의 공격으로 잉카 유판키가 사망하자 그의 아들이 지위를 이어받았으나 독살당했다. 이어 그의 형제인 티쿠 쿠시, 또 다른 형제인 투팍 아마루가 마지막으로 잉카 황제의 지위를 이어받았다.

1532년의 대학살에 참여했던 에스파냐인 돈 만시오 세라는 훗날 유언장에 다음과 같은 말을 남겼다.

"잉카 제국에는 악한도 간부_{姦婦}도 없었다. 남자들은 정직하고 유용한 직업에 종사했다. 땅과 숲과 광산과 목장과 집과 모든 생산물은 적절히 규제되고 배분되어 아무도 남의 물건을 뺏거나 점유하지 않았다."

한 줌의 유럽인 무리가 아메리카에서 멸망케 한 것은 이런 나라였다.

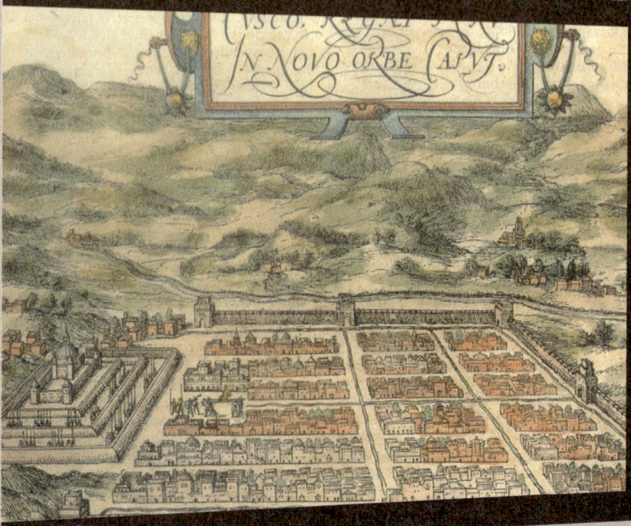

끓어오르는 유럽 대륙

1545년인종1 남아메리카의 에스파냐 식민지 포토시지금의 볼리비아에서 연간 생산량 16톤에 달하는 은광이 발견되었다. 당시 주요 화폐로 쓰이던 은이 쏟아지자 물가가 폭등하는 '가격혁명'이 일어나 유럽 경제가 부글부글 끓어올랐다. 경제만이 아니었다. 정치와 종교, 문학·예술, 과학 등 거의 모든 분야에서 '혁명'이 일어나 유럽을 후끈 달구고 있었다.

(왼쪽 위부터) 잉카 제국 도시 쿠스코(1572), 교회 법전을 태우는 루터와 제자들, 티치아노의 「우르비노 비너스」, 태양중심설 그래픽, 레오나르도 다빈치의 「성 안나와 세례자 요한이 함께 있는 성모자 드로잉」, 시스티나 성당 천장화 「최후의 심판」, 산 피에트로 대성당의 「피에타」, 피사의 사탑, 피터르 브뤼헐의 「농민의 결혼식」, 16세기 콘스탄티노플 지도.

토머스 모어 이상적 국가상을 그린 『유토피아』를 쓴 영국의 정치가이자 인문주의자. 르네상스 문화 운동의 영향을 받았으며 에라스뮈스와 친교를 맺었다. 외교 교섭에서도 수완을 발휘하였던 명문가이자 논쟁가였다.

포토시 은광의 생산량은 에스파냐 전역에서 생산되던 은보다 일곱 배나 많았다. 더구나 남아메리카에서는 포토시 외에도 대형 은광이 잇따라 발견되었다. 그로 말미암아 1세기에 걸쳐 진행된 가격혁명은 유럽 경제에 중대한 영향을 미쳤다. 상업자본과 산업자본의 이윤이 폭증해 자본 축적과 근대적 기업의 성장을 촉진함으로써 자본주의로 나아가는 데 하나의 계기가 된다.

16세기 유럽 사회의 중세 탈피는 경제뿐 아니라 거의 모든 분야에서 동시다발로 진행되었다. 15세기까지 이탈리아에 머물렀던 르네상스는 알프스 산맥을 넘어 북상했다. 1511년^{종종 6} 네덜란드의 에라스뮈스가 『우신예찬』을, 1516년^{종 11} 영국의 토머스 모어가 『유토피아』를 발표해 봉건적 폐습과 성직자들의 횡포를 고발하고 새로운 사회로 나아가려는 의지를 표명했다. 이런 분위기 속에 폴란드의 천문학자 코페르니쿠스는 1543년 인류의 세계관을 근본적으로 바꾸어 놓을 혁명적인 가설을 내놓았다. 지구가 태양 주위를 돈다는 지동설이었다. '코페르니쿠스적 전환'이라는 말을 낳은 이 가설은 유럽뿐 아니라 세계를 뒤흔들 과학혁명의 선구로 자리 잡게 된다.

16세기 유럽 최대의 사건인 종교개혁의 신호탄은 1517년 터졌다. 교황 레오 10세가 산 피에트로 대성당의 건설 자금을 마련하기 위해 대량의 면벌부를 발행하자 독일의 신학자 마르틴 루터는 그 부당성을 지적하는 「95개조 반박문」을 발표했다. 이 반박문은 가톨릭교회와 신성로마제국의 지배 아래 신음하던 유럽 전역에 엄청난 충격을 주었다. 루터의 주장에 공감하는 사람들은 개인의 자유를 존중하는 새로운 크리스트교를 지향하며 가톨릭교회에 도전했다. '프로테스탄트^{저항하는 자}'라는 이름이 붙은 이들 신교 세력과 구교^{가톨릭교회} 세력은 이후 1세기에 걸쳐 사활을 건 싸움을 벌여 나갔다.

최초의 충돌은 루터의 나라 독일에서 일어났다. 독일을 지배하던 신성로마제국 황제 카를 5세는 루터파 신교를 지지하는 제후들과 내

칼뱅의 후계자 테오도르 드 베즈 제네바를 중심으로 한 종교개혁운동의 지도자로, 16세기의 가장 중요한 종교개혁가인 장 칼뱅을 도왔다. 신학자이자 행정가인 베즈는 칼뱅의 후계자일 뿐 아니라 칼뱅주의를 확립했다는 점에서 칼뱅과 동등한 인물로 여겨지고 있다.

이냐시오 데 로욜라 에스파냐 바스크 귀족 가문의 기사 출신으로, 로마 가톨릭 교회의 사제이자 신학자이며 예수회의 창립자. 16세기 종교개혁 시기에 특출난 영적 지도자로 명성이 높았다. 말년을 로마에서 보내며 종교개혁에 대한 대응책으로 가톨릭 개혁(반종교개혁)을 촉구했다.

전을 벌였다. 1555년^{명종 10} 아우크스부르크화의로 내전이 막을 내리면서 제후들은 루터파와 가톨릭 중 원하는 것을 선택할 자유를 얻었다. 1534년 영국 왕 헨리 8세는 색다른 방식으로 가톨릭 교회와 결별했다. 교황이 왕비 캐서린과의 이혼을 허가하지 않자 영국 교회를 가톨릭교회로부터 독립시켜 자신에게 직속한 것이다. 이러한 '영국국교회^{성공회}' 체제는 1559년^{명종 14} 엘리자베스 1세가 제정한 통일법에 따라 확립되었다.

16세기 종교전쟁의 대미를 장식한 것은 장 칼뱅이 주창한 강력한 종교개혁이었다. 1542년^{중종 37} 제네바에서 종교개혁을 주도한 칼뱅은 신이 구원하기로 예정한 사람은 소수에 불과하며, 예정받은 자의 특징은 직업에 충실하고 근면 성실한 것이라는 예정설을 주장했다. 이는 상공업자의 생산과 저축을 장려하는 것으로 봉건 귀족의 극심한 탄압에 부딪혔다. 1562년^{명종 17} 프랑스의 칼뱅파 신교도인 위그노들이 가혹한 신교 탄압에 반발해 봉기하자, 이는 가톨릭을 지지하는 귀족과 칼뱅주의를 지지하는 시민·상공업자 사이의 종교 전쟁으로 확산되었다. 1598년^{선조 31} 앙리 4세는 본인이 가톨릭교도였음에도 불구하고 신앙의 자유를 인정하는 낭트칙령을 발표해 이 전쟁을 끝냈다.

종교개혁은 신앙의 문제를 넘어 유럽의 정치 지형을 완전히 바꿔 놓았다. 아메리카 식민지 개척을 통해 유럽의 최강대국으로 떠오른 에스파냐는 자타공인의 가톨릭 국가였다. 그런데 1581년^{선조 14} 에스파냐의 지배를 받던 네덜란드가 신교의 자유를 내세워 독립을 선언했다. 식민지에서 들어온 상품을 유럽 전역에 내다 파는 무역 거점 네덜란드의 독립은 에스파냐에 큰 타격이었다. 에스파냐는 네덜란드와 이를 돕는 영국을 응징하기 위해 '무적함대'를 보냈으나 영국 해군에게 패하고 말았다¹⁵⁸⁸. 에스파냐의 시대였던 16세기는 그렇게 에스파냐의 몰락을 지켜보며 막을 내리고 있었다.

성 바르톨로메오 축일의 학살 왕의 어머니였던 카트린 드메디시스의 계략에서 파생된 프랑스 가톨릭 귀족과 시민들의 위그노(프로테스탄트) 학살 사건. 이 사건은 16세기 말 프랑스 전역을 뒤흔든 가톨릭과 위그노 사이의 종교 전쟁 가운데 가장 큰 사건 중 하나이다.

넓어지는 이슬람 세계

'지중해의 해결사' 오스만튀르크 제국과 이슬람 세계의 패권을 놓고 다투던 티무르 제국은 16세기 들어서자마자 역사의 뒤안길로 사라졌다. 그 자리를 차지한 것은 신흥 사파비 왕조와 우즈베크족이었다. 티무르의 후손 바부르는 무굴제국을 세우고 이슬람의 영역을 인도 북부로 넓혔다[1526]. 이슬람 세계는 점점 더 넓어지고 점점 더 다양해지고 있었다.

술레이마니예 모스크 터키 이스탄불 대학의 북쪽에 자리 잡은 사원으로 이스탄불에서 가장 규모가 크고 아름다운 사원으로 꼽힌다. 술레이만 1세 때 건축가 미마르 시난이 7년에 걸쳐 건립했다. 4개의 첨탑, 돔과 예배당 건물, 가난한 사람들에게 음식을 제공하는 식당, 병원, 교리를 배우는 전문학교 등으로 이루어져 있다. 뒤뜰에는 술레이만 1세와 그의 아내와 딸의 묘지를 포함한 영묘가 있다.

크리스트교 세계가 가톨릭과 프로테스탄트로 나뉘어 상쟁을 벌이던 것과 비슷하게 이슬람 세계에서도 수니파 일색이던 이슬람 세계에 시아파 왕조가 나타나 각축을 벌이기 시작했다. 시아파는 예언자 무함마드의 사촌 동생이자 사위인 알리를 정통으로 여기는 교파이다. 별처럼 많은 왕조가 명멸했던 이슬람 역사에서 시아파 왕조는 10~12세기의 파티마 왕조와 16세기에 등장한 사파비 왕조 둘뿐이었다. 그 밖에는 오스만튀르크와 티무르 제국을 포함해 모두가 수니파 왕조였다.

바부르 무굴 제국의 초대 황제. 본명 자히르 알딘 무함마드 바부르. 안디잔 출신으로 아버지는 티무르의 귀족이며 어머니는 칭기즈칸의 차남 차가타이의 공주이다. 1504년 많은 실패와 모험 끝에 아프가니스탄의 카불을 점령하는 데 성공해 무굴 제국의 기초를 닦았다. 천재적인 군사 모험가였으며 교양, 재치, 진취적인 기상과 자연을 애호하는 높은 감수성의 소유자였다.

1502년^{연산군 8} 사파비 왕조를 세운 이스마일 1세는 이란 지역에서 시아파 계열의 종교 조직인 사파비야 교단을 이끌던 종교 지도자였다. 당시 이란은 몇 세기에 걸쳐 아랍인, 몽골인, 튀르크인 등의 지배를 받으면서 문화적으로나 민족적으로나 뒤죽박죽된 상태였다. 그러나 이란의 여러 민족은 모두 이란 지역을 지배하던 티무르 제국에 반감을 품고 있었다. 이스마일 1세는 이러한 반감을 이용해 이들 여러 민족이 시아파인 자신을 지지하도록 만들었다. 그리고 이란어로 군주를 의미하는 '샤'를 자처하며 유프라테스 강으로부터 아프가니스탄에 이르는 대제국을 건설하고 시아파의 종주국을 자처한 것이다.

무하마드 샤이바니 우즈베크족의 칸. 티무르 왕조 말기의 혼란을 틈타 사마르칸트를 점령하고 샤이바니 제국을 세우는 데 성공했다. 트란스옥시아나 지방을 정복하고 페르가나, 호라산을 병합하는 등 중앙아시아에 패권을 떨쳤다. 바부르에게서 사마르칸트를 빼앗은 뒤 바부르의 여동생 한자다 베굼과 결혼했다.

티무르 제국은 15세기 후반에 이미 옛 영화를 뒤로한 채 숨이 멎어가고 있었다. 그 마지막 숨통을 끊은 것은 북쪽에서 내려온 우즈베크족이었다. 우즈베크족의 지도자 샤이바니는 용맹무쌍한 전사들을 이끌고 티무르 제국의 본거지인 사마르칸트로 밀고 내려와 중앙아시아 일대를 호령했다. 이렇게 티무르 제국이 몰락하자 티무르의 후손인 바부르는 잔여 세력을 이끌고 인도 북부로 들어가 델리를 점령하고 무굴

술레이만 1세 오스만튀르크 제국의 10대 술탄. 46년이라는 긴 치세 동안 13차례의 대외 원정을 성공적으로 실행해 오스만튀르크 제국 최전성기를 이룩했다. 군사적 업적 외에도 법전을 편찬하고 제도를 정비해 '입법자'라는 별명으로 불리기도 한다.

제국을 세웠다. '무굴'은 몽골을 뜻한다. 차가타이 한국汗國 출신인 티무르는 일찍이 칭기즈칸의 핏줄을 자처하며 몽골의 영광을 계승하겠다고 선언한 바 있었다. 그는 몽골의 원수인 명을 정벌하겠다고 대규모 원정군을 일으켰으나 원정 길에 병사했다.[402] 바부르도 바로 그런 티무르를 계승해 인도에서 몽골의 영광을 되살리겠다고 천명한 것이다.

무굴 제국은 수니파 국가였다. 그러나 힘겨운 생존 경쟁을 벌여야 했던 초창기에는 오스만튀르크 제국에 맞서 시아파 국가인 사파비 왕조와 협력하는 것도 마다하지 않았다. 그 결과 16세기 중반에 이르러 인도에서 지중해 동부에 걸친 유라시아 대륙의 중심부는 무굴 제국, 사파비 왕조, 오스만튀르크 제국이 제각기 번영을 누리며 정립鼎立하는 시대로 들어섰다. 무굴 제국은 3대 악바르 시대에 인도 전역을 호령하는 대제국으로 발전했다. 또한 사파비 왕조는 5대 샤 아바스 1세 때 국가 체제를 완비하고 수도를 '세계의 절반'으로 불리게 될 이스파한으로 옮겨 전성기를 맞는다.

그러나 뭐니 뭐니 해도 16세기 이슬람 세계의 중심은 역시 오스만튀르크 제국이었다. 유럽인에게 '위대한 술탄'으로 불렸던 술레이만 1세 시대에 오스만튀르크는 동유럽의 강대국 헝가리를 속국으로 삼고 유럽 내부의 분쟁에 개입하며 지중해 세계의 해결사로 막강한 위세를 떨쳤다. 그러나 욕심도 과하면 탈을 부르는 법. 뒤를 이은 셀림 2세 때 오스만튀르크는 지중해 서쪽으로 세력을 넓히려다 레판토 앞바다에서 크리스트교 연합 함대에게 패했다.[1572] 이 전투는 참전 병사였던 『돈키호테』의 저자 세르반테스의 말처럼 유럽인에게는 '가장 고귀한 순간'이었고, 오스만튀르크에게는 장차 유럽에게 뒤처지리라는 것을 예고하는 '저주의 순간'이었다.

후마윤 묘 무굴 제국의 2대 황제 후마윤과 부인 하지 베굼, 무굴의 마지막 왕 바하두르 샤 2세 등 주요 인물 150여 명이 함께 묻혀 있는 건축물. 1570년(선조 3) 정원 안에 묘를 안치하는 방식으로 건설되었다. 붉은 사암과 흰 대리석의 대비, 돔과 좌우 대칭의 건물은 무굴 제국 초기 건축의 아름다움을 보여 준다.

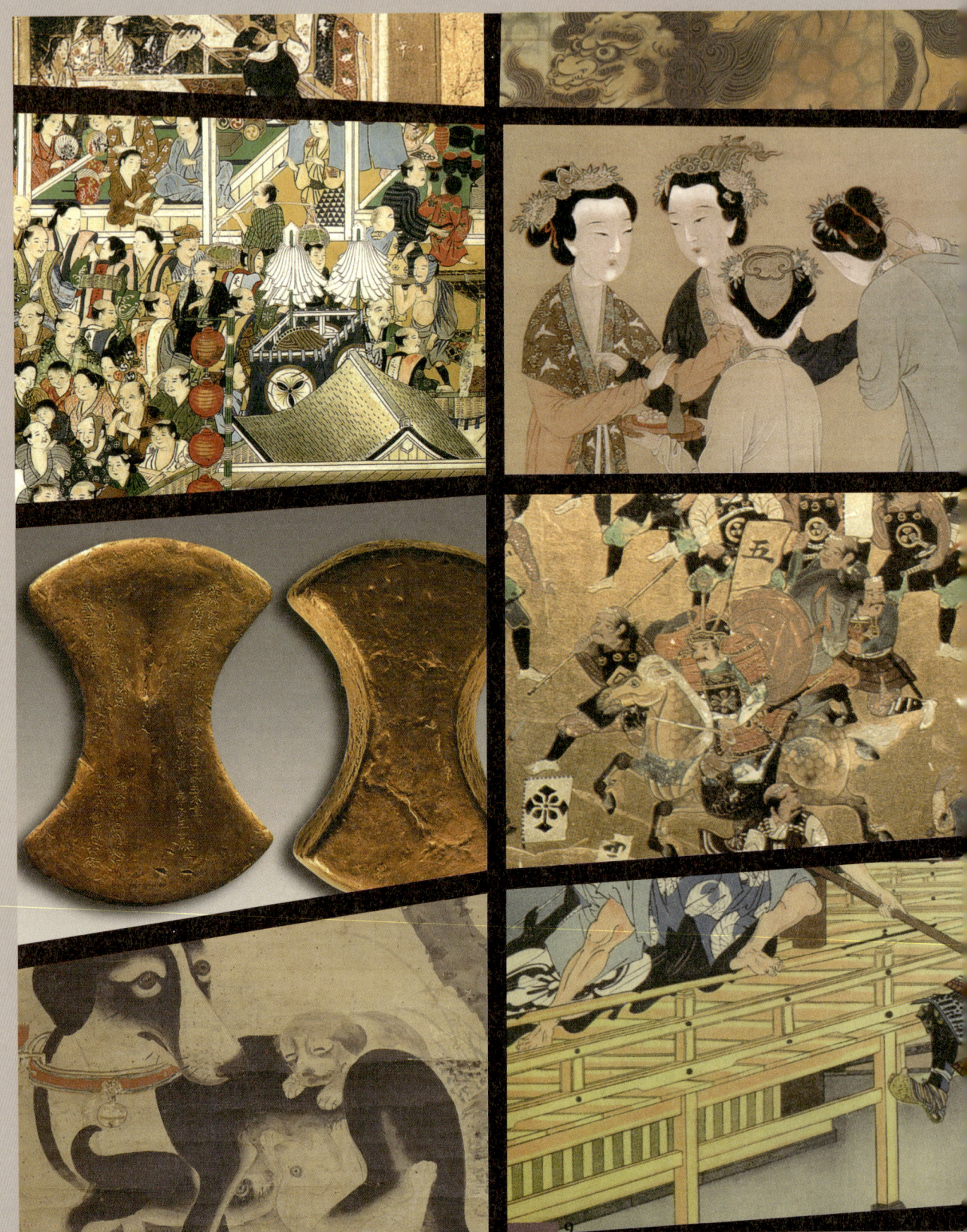

| 16세기―성리학 유토피아

변화하는 동아시아

1550년(명종 5) 몽골의 타타르족이 명의 황도(皇都) 북경을 포위하는 '경술의 변'이 일어났다. 3년 뒤에는 왜구가 80일간 장강 일대를 휩쓸고 다니며 4000명가량의 양민을 학살한 사건이 벌어졌다. '북로남왜'의 폐해가 최고조에 이르면서 명 중심의 동아시아 블록에도 이상 조짐이 나타나고 있었다.

(왼쪽 위부터) 무사·승려·보부상·기녀 등 16세기 일본에 등장한 새로운 계급들, 명의 화가 당인의 「왕촉궁기도」, 명의 노주 홍무 금정, 16세기 일본 센고쿠(戰國) 시대의 무사들, 오다 노부나가 영정, 오말송초의 문인 도곡과 남당의 기녀 진약란의 고사를 묘사한 「도곡증사도」, 16세기 조선 화가 이암의 「모견도」, 혼노지의 변 (지휘관의 반역으로 혼노지에서 최후를 맞이하는 오다 노부나가), 명대에 절정을 이룬 청화백자.

「항왜도(抗倭圖)」 '북로남왜'는 명대에 북과 남으로부터 받은 외환의 총칭이다. 북로는 명의 북방으로부터 침입한 오이라트와 타타르, 남왜는 명의 남방으로부터 침입한 일본 해적을 말한다. 명은 타타르의 무리한 요구와 침공으로 경제적 손실을 부담하는 상황에서 왜구의 침입으로 막대한 피해를 보았다. 그러나 여력이 없어 오랫동안 방치했다가 1564년(명종 19)경에야 왜구를 소탕할 수 있었다.

명을 괴롭힌 '북로남왜'는 근본적으로 명 왕조의 세계관과 그에 따른 대외 정책이 초래한 것이었다. 명은 중화주의에 따라 주변 민족과 조공–책봉 관계를 맺고 이를 영구한 국제 질서로 안착시키려 했다. 명은 문화의 힘으로 이러한 중화 질서를 유지해 나간다고 생각했지만, 주변 민족 중에는 명의 풍부한 경제력을 보고 조공–책봉 관계를 받아들인 세력이 적지 않았다. 명에 조공을 바치는 민족은 대개 조공하는 진상품보다 훨씬 더 많은 하사품을 받게 마련이었기 때문이다. 몽골족도 이 같은 경제적 이익을 탐해 기꺼이 명에 조공을 바쳤다. '경술의 변'도 조공의 양을 늘려 달라는 타타르부의 요구를 감당하기 어려웠던 명이 이를 거부하자 타타르부가 쳐들어오면서 일어났다.

조선이 건국한 1392년, 일본 전역의 패권을 장악한 무로마치 바쿠후도 몽골이나 조선처럼 명과 조공–책봉 관계를 맺었다. 일본은 13세기 말 여·원 연합군의 침략 시도가 있은 후 내내 원이 장악한 중국과 관계가 소원했다. 명대에 와서 비로소 조공을 통한 무역로가 열리고 풍부한 물자가 들어오면서 일본은 중흥의 계기를 마련할 수 있었다. 그러나 70여 년 만에 무로마치 바쿠후가 통일 권력을 잃고 일본이 센고쿠 시대의 분열기로 접어들면서 평화로운 중·일 관계도 막을 내렸다.

명은 여전히 무로마치 바쿠후를 제후로 대하며 조공을 허락했지만, 바쿠후의 통제를 벗어나 사실상 일본 각지를 통치하던 센고쿠 다이묘들에게 돌아오는 조공의 이익은 매우 적었다. 명 왕조는 엄격한 해금 정책을 유지해 공식적인 조공 무역을 제외한 어떤 사무역도 허락하지 않았다. 그러자 일본의 일부 지방 세력은 왜구로 돌변해 중국의 해안을 무시로 드나들며 해적질을 일삼았다. 그중에는 일본인을 가장한 중국 밀수업자도 많았다.

1553년 명종 8에 일어난 80일간의 대량 학살은 수많은 '남왜'의 피해 사례 가운데 가장 두드러진 사건일 뿐이었다.

　　남왜의 폐해를 더욱 키운 것은 아프리카 대륙을 우회해 인도양으로 들어서는 해로를 개척한 바스쿠 다가마의 후예들이었다. 중국에서 '불랑기'라고 불린 이들 포르투갈 상인은 야금야금 동쪽 바다를 먹어 들어오다 1511년 동서 무역의 교차로이자 중요한 거점인 믈라카 왕국을 정복했다. 15세기 명의 위세를 만방에 떨치던 정화의 대항해 때 명과 우호적인 관계를 맺었던 해상 왕국이 유럽인의 손에 들어간 것이다. 이로써 중국과 직접 교류할 통로를 확보한 포르투갈은 1513년^{중종 8}부터 명과 접촉을 시작했으나, 포르투갈인이 무역 질서를 어지럽히고 왜구와 결탁해 행패를 부리자 명은 해금 정책을 대폭 강화한다.

　　그러자 포르투갈은 해적을 소탕하고 바다의 안전을 보장한다는 조건으로 1557년^{명종 12} 명으로부터 마카오를 특별 거주 지역으로 조차했다. 이제 유럽인이 동아시아 사회에 미미하지만 의미 있는 영향을 미치는 세력으로 자리 잡은 것이다.

믈라카 성당 수백 년 동안 중계무역항으로 명성을 날렸던 믈라카에는 이슬람 사원은 물론 인도식 사원, 불교 사찰, 가톨릭 성당이 많이 남아 있다. 믈라카 성당은 1521년 포르투갈인이 교회로 지었다가 네덜란드인의 지배를 받게 되면서 귀족들의 묘소로 사용된 곳이다. 가톨릭 성인 프란시스 사비에르가 잠시 묻혀 있었던 곳으로 유명하다. 지금은 성당 벽채만 남아 있다.

「**남만인교역도(南蠻人交易圖)**」 인도 항로를 발견한 포르투갈은 향료 무역을 독점하고 일본과 중국의 중계무역을 통해 막대한 이익을 손에 넣었다. '남만인교역도 병풍'은 아즈치모모야마 시대(1582~1598) 후반에서 에도 시대 초기에 걸쳐 유행한 풍속화의 한 분야로 당시 내항한 남만인, 즉 남쪽에서 온 포르투갈인의 이국적인 복장과 문화 등을 소재로 한다. 이 그림은 남만 병풍 중에서도 가장 오래된 화풍을 보이는 작품이다.

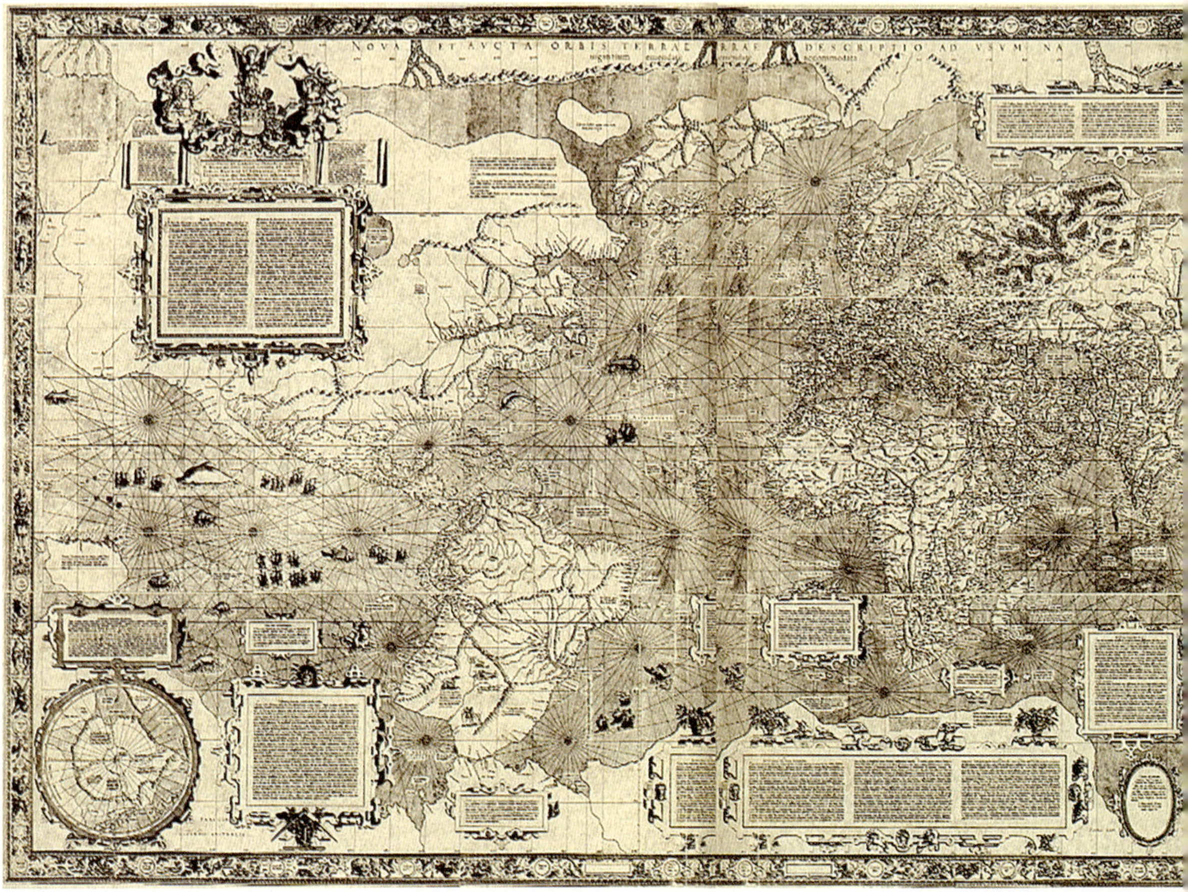

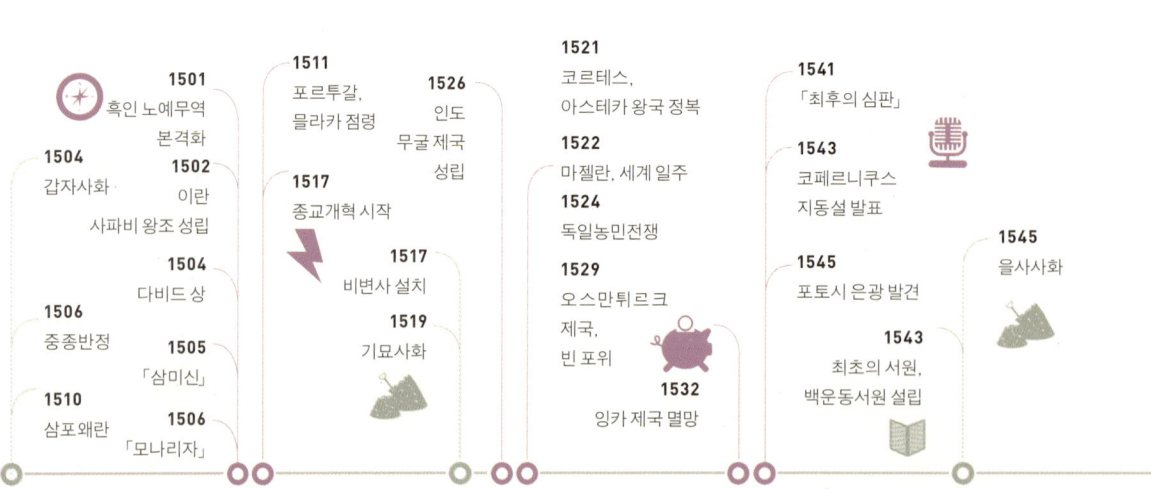

1501 흑인 노예무역 본격화
1504 갑자사화
1502 이란 사파비 왕조 성립
1504 다비드 상
1506 중종반정
1505 「삼미신」
1510 삼포왜란
1506 「모나리자」
1511 포르투갈, 믈라카 점령
1517 종교개혁 시작
1517 비변사 설치
1519 기묘사화
1526 인도 무굴 제국 성립
1521 코르테스, 아스테카 왕국 정복
1522 마젤란, 세계 일주
1524 독일농민전쟁
1529 오스만튀르크 제국, 빈 포위
1532 잉카 제국 멸망
1541 「최후의 심판」
1543 코페르니쿠스 지동설 발표
1545 포토시 은광 발견
1543 최초의 서원, 백운동서원 설립
1545 을사사화

16세기 — 성리학 유토피아

성리학 유토피아

16세기 조선은 당대 세계의 격동적인 모습과는 달리 외관상으로는 매우 차분했다. 아메리카 대륙의 대학살, 서유럽의 종교 전쟁, 이슬람 세계의 패권 경쟁 등이 조선에는 매우 낯선 풍경이었다. 심지어는 이웃의 명이 겪고 있던 북로남왜도 16세기 조선에는 그다지 골치 아픈 문제가 아니었다. 15세기에 몇 차례 전역을 치른 이후 이들과의 관계도 비교적 안정되어 있었기 때문이다. 명과도 주기적으로 사신을 주고받으며 안정적인 조공-책봉 관계를 이어가고 있었다.

그러나 조선은 내연하고 있었다. 갑자사화, 기묘사화, 을사사화 등 세 차례에 걸친 사대부의 떼죽음으로 조선의 지배층은 심한 내상을 입었다. 조선은 이 상처를 기존의 성리학적 질서로부터 탈출하는 것이 아니라 그것을 내면적으로 강화하는 데서 해결책을 찾았다. 성리학의 본고장인 명에서조차 양명학과 같은 반反 성리학 사조가 등장하는 흐름 속에서 조선은 더욱더 성리학을 천착했다. 성리학자들이 향촌 사회를 장악한 데 이어 중앙 권력에도 잇달아 진출했다. 유럽뿐 아니라 중국과 일본까지 흔들고 있던 상업의 성장은 조선에서는 아직 미미한 수준이었다.

다른 16세기 세계에서는 찾아보기 힘든 조선의 평온함은 어디서 유래한 것일까? 세월을 거슬러 가는 듯한 성리학에 대한 애착은 그러한 평온함과 어떤 관련이 있었을까? 16세기 조선이 추구한 '성리학 유토피아'의 세계로 들어가 보자.

메르카토르 도법 둥근 지구를 평면 지도에 나타내기 위해 고안된 지도 제작법. 실제의 방위가 지도에서 직선으로 표현되기 때문에 나침반을 이용한 항해에 적합했다. 메르카토르는 지도에 위도와 경도를 표시하고 각종 지도 기호를 개발해 '근대 지도의 아버지'라 불린다.

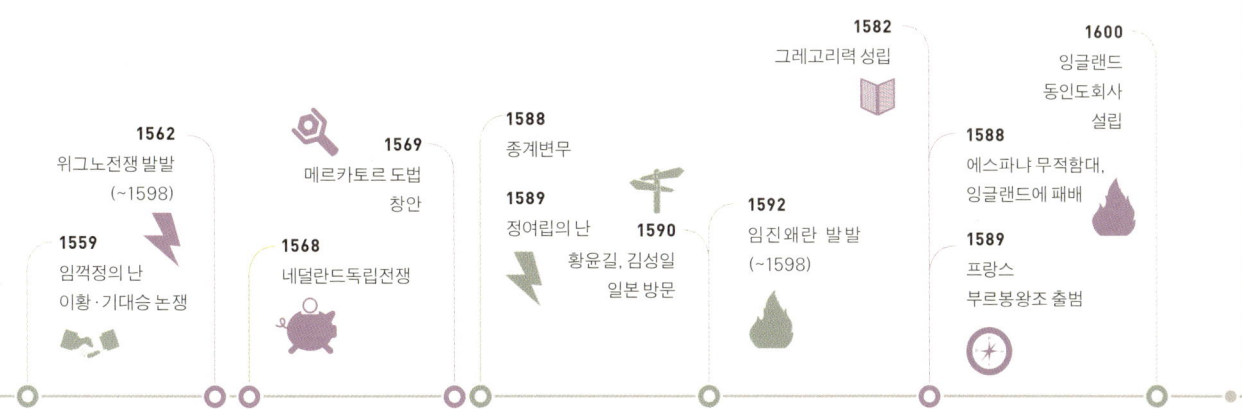

1559 임꺽정의 난 / 이황·기대승 논쟁
1562 위그노전쟁 발발 (~1598)
1568 네덜란드독립전쟁
1569 메르카토르 도법 창안
1588 종계변무
1589 정여립의 난
1590 황윤길, 김성일 일본 방문
1582 그레고리력 성립
1592 임진왜란 발발 (~1598)
1588 에스파냐 무적함대, 잉글랜드에 패배
1589 프랑스 부르봉왕조 출범
1600 잉글랜드 동인도회사 설립

조선 성리학의 판테온, 대성전 공자의 사당인 문묘의 전각. 공자와 더불어 중국과 한국의 역대 현인 111위를 배향했다. 한국인 18현은 설총·최치원·안유·정몽주·김굉필·정여창·조광조·이언적·이황·이이·성혼·김장생·송시열·송준길·박세채·조헌·김집·김인후이다. 이들이 문묘에 배향되는 과정은 곧 사(士)가 중심 세력으로 형성되는 과정이었다.

01
사랑란 무엇인가

15세기

가 군주를 중심으로 창업기의 과제들을 헤쳐 나가던 시대였다면, 16세기는 성리학으로 상징되는 조선 사회의 지향이 내면화되어 가는 가운데 사士의 정체성을 한층 더 자각해 가는 시기였다.

고려 말 성리학적 가치를 지향하는 사대부 관료들을 주축으로 새로운 왕조를 수립했지만, 15세기의 조선 사회에는 식자층識者層 자체가 그리 두텁지 못했다. 조선 후기 보편적인 사대부 문화로 유행하던 문집文集 간행이 아직까지는 소수에게 국한된 특별한 일이었으며, 서울에서조차 가묘家廟를 설치하고 사서四書를 소장한 집안이 드물다는 얘기가 그리 어색하지만은 않았다. 조선의 문화계 전반이 홍문관, 예문관 등 소수의 관각기관館閣機關 출신 관료들에게 좌우되던 그런 시대였다고 할 수 있다. 상황이 이렇다 보니 사대부들의 의식에서도 도덕적 자의식이 강한 사의 정체성보다는 국왕의 명을 충실히 따르는 관료적 지향이 강하게 나타나고 있었다.

하지만 이러한 사회 분위기는 16세기에 이르러 서서히 변해 갔다. 변화의 바람은 대체로 두 가지 방향에서 불어오고 있었다. 하나는 과거제와 관련한 것이었다. 과거가 지배층으로 편입할 수 있는 유일한 수단으로 자리매김함에 따라, 시간이 흐를수록 과거 응시생들의 숫자가 확대·누적되면서, 외형적으로나마 사의 모양새를 갖춘 독서인 층이 확대되었다. 사대부 문화의 확산에 기본적인 요건이라 할 수 있는 폭넓은 문한층文翰層의 구축이 이루어지고 있었던 것이다.

변화의 또 다른 바람은 정부 안의 권력구조 개편을 통해서 불어오고 있었다. 중·하급 엘리트 관료인 청요직들이 공론公論을 내세우며 권력의 중심부로 진입해 감에 따라, 도덕적 권위와 함께 사 의식이 한층 더 강조되었다. 청요직들은 도덕적 권위에 근거한 언론言論 행사를 통해 자신들의 주장을 관철해 나갔는데, 그 과정에서 도덕적 가치와 권위가 하나의 권력으로 실체화하고 있었다. 이제 조정의 신료들은 왕명에 순종하는 단순한 관료의 속성을 뛰어넘어, 한 사람의 도학지사로서 도덕적 정치 문화의 구현에 대한 책임을 강요받기에 이른 것이다. 그리고 그 같은 부담은 언론이 활성화할수록, 다시 말해 청요직들의 영향력이 확대될수록 더욱 강화되었다.

도덕적 권위를 주장하는 청요직들의 연대는 값비싼 대가를 치러야 했다. 국왕 중심의 권력 구조가 아무런 저항 없이 변할 수는 없는 노릇이었다. 그런 의미에서 16세기를 상징하는 사화士禍는 도덕을 추구하는 청요직들의 영향력 확대가 국왕의 권력과 충돌하면서 나타난 현상이었다고 해석할 수 있다.

사화를 통해 청요직과 사대부들은 깊은 좌절을 맛보았다. 하지만 사화가 반복되는 과정에서 조선의 사대부들은 국왕과 권신들의 부당한 권력에 맞서 도덕을 지향하는 사의 정체성을 자각해 나갔다. 특히 기묘사화로 희생된 조광조와 같은 인사를 사 계층 전체의 표상으로 삼으며, 도덕적 권위를 확대하고 공론 정치를 실현하는 꿈을 키워 가고 있었다.

이처럼 16세기의 조선 사회는 권력 중심부에 있는 엘리트 관료들의 도덕에 대한 지향이 독서인 층의 확대와 어우러지며, 도덕의 내면화와 사 의식의 강화가 시대적 과제로 추구되는 시기였다고 할 수 있다.

1. 왕과 사±의 충돌

사대부들의 잔치, 계회도
호조에서 낭관을 지낸 인물들의 계회를 그린 「호조낭관계회도」. 인물들은 의관을 정제하고 있으며 가운데 윗자리에 앉은 이는 차림새도 다르고 나이도 많으며 인물들이 이를 중심으로 둥그렇게 모여 있어 특별한 지위의 인물임을 알 수 있다. 인물들은 상석일수록 크게, 말석일수록 작게 표현되어 있다. 16세기 중엽에 나타난 계회도 화풍의 변화를 반영하고 있어 중요한 작품이다.

신하의 도는
의를 따르지
임금을
따르지 않는다

16세기는 국왕 중심의 국정 운영에 서서히 제동이 가해지면서 왕권이 도덕적 권위에 제약당하는 일이 잦아지는 시기였다. 이 시기를 상징하는 '사화'라는 것도 결국 도덕적 권위에 근거해 영향력을 키워가던 청요직[1]과 그것을 제어하려는 국왕이 충돌하면서 일어난 일이었다. 이러한 국왕과 청요직 신료들의 대립 구도는 성종대부터 본격화되기 시작했다.

성종은 호문好文의 군주라 일컬어질 만큼 학문에 많은 관심을 보인 군주이자, 조선의 역대 임금들 가운데 가장 적극적으로 언론을 용인하고 후원했던 군주였다. 하지만 성종의 학문과 언론에 대한 호의적인 자세는 현실 정치 무대에서 미묘한 긴장을 불러 왔다. 성종이 언관들의 의견을 경청하고 자신이 추구하고자 하는 사업들을 유교적 가치에 비추어 심사숙고할수록, 청요직 신료들과 더불어 시비를 가려야 하는 일이 많아졌다. 성리학이라는 조선의 지배 이념을 기준으로 군주가 청요직 관료들과 그 지향 정도를 경쟁하게 되었기 때문이다. 시간이 흐를수록 성종은 도덕적 권위라는 이름하에 군주로서의 특권에 제약이 생기는 일이 많아졌다.

성종의 보호와 우대를 받으며 성장한 대간[2]과 홍문관[3]에서 성종이 집행하고자 하는 일들에 제동을 거는 일이 많아진 것도 이 같은 맥락이라고 할 수 있다. 그들은 누구보다 군주의 권위를 존중하고 성종에게 남다른 애정을 품고 있었다. 하지만 유교적 가치에 맞는 국정 운영을 최우선으로 삼았기 때문에 도덕적 권위에 기대어 날카로운 비판을 가했다.

"신하의 도는 의義를 따르는 것이지 임금을 따르는 것이 아닙니다."

---

[1] **청요직** 깨끗한 명성을 중시하는 청직과 정치적으로 중요한 관직이라는 의미의 요직을 합친 말. 사헌부·사간원·홍문관 등 언론을 담당한 청직 계열과 이조와 병조의 낭관, 의정부의 사인·검상 등 관료 선발 등에 관여하는 요직 계열이 그 대표격이라 할 수 있다. 이 같은 청요직은 고위직에 오르는 과정에서 거쳐 가는 필수 엘리트 코스이기도 했다.

[2] **대간** 관료를 감찰, 탄핵하는 대관(사헌부)과 국왕을 간쟁, 봉박하는 임무를 가진 간관(사간원)을 합쳐 부른 말.

[3] **홍문관** 집현전의 후신으로 왕의 고문(顧問)에 대비하고 경연을 주관하는 관청. 성종대부터는 언론기관의 역할도 겸했다.

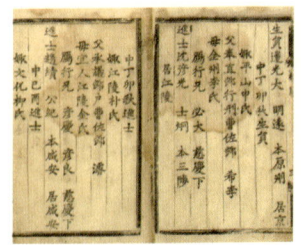
문과 시험의 합격자 명단 1513년에 실시한 문과 시험의 합격자 명단인 방목. 사관, 이조 낭관, 홍문관은 당상관은 아니지만 주요 관직이기 때문에 청요직이라 한다. 특히 홍문관은 학술 언론기관으로 승진에 유리한 핵심 청요직이었으며, 사관은 왕의 측근에서 근무하기 때문에 문과에 급제해도 좋은 문벌 출신의 급제자만 맡을 수 있었다.

오만하기 이를 데 없는 이 말은 1493년(성종24) 홍문관원 유호인의 항명을 동료 성세명이 두둔하는 가운데 나온 발언이다. 유호인은 어떤 인사의 사직을 만류하라는 성종의 명을 거부했다. 그 인사는 홍문관이 탄핵하고자 하는 인물이었으므로, 왕명이 부당하다는 것이었다. 공교롭게도 승정원의 주서注書가 일이 있어 자리를 비웠기 때문에 당직하고 있던 홍문관원에게 명을 내린 것이었는데, 유호인은 그 부당함을 지적하며 명을 거부했다. 자신들은 임금과 시비를 다투는 것을 업무로 삼고 있으므로 군주의 명이라 할지라도 그것이 잘못된 것이라면 따를 수 없다는 원칙을 적극적으로 표방한 사례다.

유호인 등이 이 같은 원칙적인 입장을 견지할 수 있었던 이유는 첫 번째로 언론에 대한 성종의 후원과 용인, 언관들에 대한 선대를 들 수 있지만, 그보다 직접적인 배경은 조정 내에 도덕적 가치를 지향하는 '청요직 연대'가 구축되면서 정치권력이 청요직들을 중심으로 재편되는 상황에 있었다. 그러면 청요직 연대의 구체적인 실상은 어떠했을까?

청요직들은 15세기 전반만 하더라도 독자적인 목소리를 내기 힘들었다. 대신들과의 공고한 유대를 통해 국왕이 국정 운영을 독점해서 청요직들 간의 소통 자체가 수월하지 않았기 때문이다. 하지만 성종의 즉위와 함께 이 같은 분위기는 서서히 변해 갔다. 나이 어린 성종의 즉위와 그에 따른 권력관계의 변화가 나타나며 수직적 권력 질서에 이완이 일어났고, 청요직들에 대한 국왕과 대신들의 압박이 점차 약화되었다. 또한 청요직들 사이에서 공감되는 국정 현안의 논의들을 대간과 홍문관의 언론을 통해 개진할 수 있게 되면서 청요직 상호 간에 소통과 연대의 분위기가 무르익어 갔다.

청요직들은 성리학이라는 조선 사회의 지향을 뚜렷이 자각하면서 연대의 기본적인 토대를 만들어가고 있었다. 청요직들은 도학이라는 기준으로 불합리한 국정에 대한 해결책을 찾아 가고 있었던 만큼, 연대의 이면에는 성리학이라는 공통의 기준이 결속의 매개체가 됐다. 청요직들이 도학에 기초한 언어를 적극적으로 구사한 것도 이 같은 맥락에서였

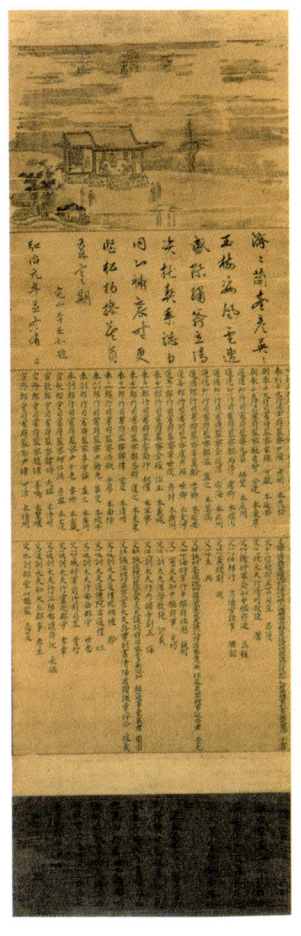

「이십삼상대회도(二十三霜臺會圖)」와 교지 성종대의 문신 김종한의 집안에 전해지는 계회도. 상대(사헌부의 별칭) 감찰관원 23인의 계회를 그렸다. 하단의 추기는 후손이 매만진 것으로 그림보다 참석자의 좌목과 제시 부분이 더 높은 비중을 차지한다.

다고 할 수 있다. 철저하게 도학에 기초한 주장을 전개하려는 노력은 도덕적 가치의 구현이라는 공동의 지향을 확인하는 방편이었다. 또한 자신들의 발언에 도덕적 권위를 실어 그만큼 정당성을 강변할 수 있는 수단이기도 했다.

청요직 연대를 가능하게 했던 더 실질적인 요인 가운데 하나로 청요직 간의 상호 연계된 인사체계를 들 수 있다. 그들 사이에는 상호 연계된 인사 이동 코스가 있었다. 성종대에는 무엇보다 홍문관과 대간 사이의 인적 교류가 활발하게 이루어지면서 청요직 전반의 구심점 역할을 담당했다. 세종대만 하더라도 집현전 관료들이 대간에 배속되는 일이 세종의 의지로 금지되었으나, 성종대에 이르러 이러한 금기가 거의 사라졌다. 특히 홍문관에 6품 이하의 참하직(박사,저작,정자)이 생기면서부터는 사헌부·사간원과의 인적 교류가 한층 더 활발해졌다. 따라서 홍문관의 참하관을 역임한 사람들이 사헌부·사간원을 거쳐 다시 홍문관의 참상직으로 되돌아오거나, 이조와 병조의 정랑·좌랑이나 의정부의 사인·검상으로 진출하곤 했다. 이처럼 홍문관을 기초로 한 청요직 사이의 인사이동 코스가 확립되어 청요직들 사이의 폭넓은 연대에 일조하게 되었다.

청요직 연대의 가장 직접적인 계기는 청요직의 여론이 반영된 자율적 인선 방식의 구축이었다. 청요직들은 『홍문록』, '서경(署經)', '피혐(避嫌)' 등을 적절히 활용해 청요직 인선에서 자신들의 의견이 반영될 수 있는 장치들을 확보해 갔다. 『홍문록』은 동료 평가에 기초한 홍문관의 자체적인 인선 명부라 할 수 있는데, 동료들의 평판이 인선에 직접적인 영향을 미치는 것이 특징이다. 서경은 대간에서 5품 이하의 관직에 임명된 관료들의 신원을 조사

성종의 시신을 묻은 선릉 성종의 무덤(사진)이 있는 언덕의 왼쪽 언덕에 성종의 계비이자 중종의 어머니인 정현왕후의 무덤이 자리 잡고 있다. 선릉은 이처럼 왕릉과 왕비릉이 서로 다른 언덕에 있는 동원이강릉(同原異岡陵)으로, 중종의 능인 정릉과 함께 1970년 5월 26일 사적 제199호로 지정되었다.

하는 일을 말한다. 하지만 성종대부터 서경은 단순한 신원 조사에 그치지 않았다. 당사자의 명망과 도덕적 흠결 여부까지도 평가해 부적합하다고 판단되면 그에 대한 서경을 거부함으로써 결국 임명을 철회하는 계기가 되었다. 피혐은 어떤 혐의를 받는 관료들이 사직을 요청해 국왕의 처치를 받는 것을 말한다. 대간은 피혐을 특정 안건을 거부하는 수단으로 활용했다. 특히 대간에서 부적합하다고 생각하는 사람이 사헌부나 사간원에 임명되면 피혐을 통해 끝까지 그의 임명을 저지하고자 노력했다.

『홍문록』·서경·피혐 등은 국왕과 대신들의 부당한 인사나 압력으로부터 자율성을 확보하는 일이었다. 이는 다른 한편 청요직 관료들로 하여금 스스로 자신들이 지향하는 원칙에 충실하도록 압박하는 자기통제의 수단으로도 작용했다. 한 사람의 출세에 동료들 사이에서 논의되는 도덕적 평가가 중요해짐에 따라, 관료들은 업무 능력뿐만 아니라 사士가 갖추어야 할 도덕성까지 적극적으로 의식할 수밖에 없었다. 그리고 이러한 부담은 결국 삼사의 언론을 통해 기성 권력을 향한 거침없는 비판과 견제로 이어지며, 청요직들의 연대를 한층 더 공고히 하는 배경으로 작용했다.

청요직 연대의 강화는 자연스럽게 대간과 홍문관의 언론이 그만큼 강경해지는 것을 의미했다. 실제로 삼사의 언론 활동은 어떤 상황에서라도 적극적 제기될 수 있는 관행과 패턴을 구축해 가고 있었다. 청요직들이 상호 연대하는 가운데 이루어진 강경한 언론 행사는 다음과 같은 경향을 띤다.

사헌부나 사간원에서 특정 사안에 대한 의견을 개진하면 국왕이 이에 대한 수락 여부를 결정하거나 대신과의 협의를 거쳐 결정을 내리게 된다. 만약 이 과정에서 사헌부나 사간원의 요구가 수용되지 않으면 수차례에 걸쳐 허락을 구한다. 그래도 수용되지 않으면 사헌부와 사간원이 합사해 압박을 강화한다. 이와는 별도로 경연의 자리에서도 입시한 대간이 강의가 끝난 후 이 문제를 다시 거론하고, 함께 한 홍문관원들도 경전의 근거를 통해

성종의 넋을 기리는 봉은사 중종의 어머니인 정현왕후가 지아비 성종이 묻힌 선릉을 위해 중창한 서울 강남구의 봉은사. 중종 때 승과를 치르던 곳으로, 서산대사와 사명대사도 여기서 등과한 것으로 전한다. 병자호란 때 불탄 것을 숙종 때 중건하고 1825년(순조 25) 중수했지만, 한국전쟁으로 다시 대부분의 전각들이 파괴되어 이후 재건했다.

이를 거든다. 물론 이런 과정을 거쳐도 재가가 나지 않으면 대간은 몇 달에 걸쳐 자신들의 요구를 수용해 달라고 요청하기도 한다. 그리고 그 과정에서 홍문관은 으레 대간의 주장과 같은 논조의 상소를 올려 국왕이 이를 수용하도록 압박한다. 하지만 끝내 허락이 떨어지지 않으면 사관이 논평을 통해 당시의 정황을 설명하고 이를 비평하기 마련이었다.

왕실 문제와 같은 민감한 사안은 대간이 주장을 고집하다가 국왕의 심기를 거슬러 사헌부나 사간원, 혹은 대간 전체가 교체되기도 했다. 그러나 새로운 인사들로 구성된 대간조차 이전 대간들의 주장을 그대로 이어 가며 같은 주장을 되풀이하는 것이 일반화되어 갔다. 간혹 대간이 왕의 위세에 눌려 적극적으로 의견을 개진하지 못하면, 홍문관에서는 언관의 책임을 다하지 못한다며 대간을 논박하기도 했다. 홍문관의 논박을 받은 대간은 일단 피혐을 통해 사직을 요청했다. 만약 국왕이 사직을 허락하지 않으면 다시 그 안건을 재개해 언관의 책임을 다하고자 했고, 체직遞職, 벼슬이 갈리는것이 허락되면 새로운 대간이 그 안건을 재개하는 일이 많았다.

대간은 언론 과정에서 피혐을 적극적으로 활용했다. 대간 내부의 의견을 나누는 '완의完議'라는 자리에서 동료들과 다른 의견을 가진 사람이 있으면, 피혐을 통해 체직됨으로써 대간의 의견이 하나로 귀결될 수 있도록 했다. 또한 성종 후반으로 가면서 동료들로부터 논박을 받거나 내부의 의견이 모아지지 못하면 대간은 반드시 피혐을 통해 체직되기를 희망했다. 이 경우 '괜찮다'는 국왕의 처치處置가 내리더라도 체직될 때까지 피혐을 고집해 대간 내부의 분열된 모습을 일소하고 대간으로서의 체모를 지키고자 노력했다. 급기야 명종·선조 연간에 이르면 대간의 피혐에 대한 처치 권한이 국왕에서 홍문관이나 사헌부·사간원으로 이관돼 대간의 진퇴가 훨씬 쉬워졌다. 피혐을 통해 대간이 자신들의 진퇴를 스스로 결정하면서 더욱 강경한 언론이 행사될 수 있었다.

결국 조정의 중·하급 엘리트 관료들인 청요직들은 홍문관을 중심으로 상호 연계되어 자율적인 인선 체계를 구축하고 청요직 연대를 추구해 나갔다. 그 기초 위에서 대간과 홍문관의 언론을 통해 청요직들의 주장을 적극적으로 제기했다. 상황에 따라 완의·피혐·서경·사신史臣 논평 등의 언론 관행을 적절하게 구사하며, 자신들의 주장이 강력하면서도 지속적으로 제기될 수 있도록 노력했다.

물론 청요직 연대의 밑바탕에는 성리학적 이상의 구현이라는 공통된 사명감과 도덕에 대한 지향이 있었다. 국왕과 대신의 압력에 맞설 수 있는 시스템을 구축하는 것 자체가 청요직 연대의 근본적 목표는 아니었다. 그보다는 국정 운영에서 도덕적 지향이 분명해질 수 있도록 노력한 덕분에 결국 청요직들의 연대와 그것을 가능케 하는 현실적인 장치들을 마련하게 된 것이다.

성종이 홍문관원으로부터 "신하의 도는 의를 따르는 것이지 군주를 따르지 않는다."라는 냉정한 답변을 듣게 된 것은 바로 이 같은 맥락에서 이해해야 한다. 홍문관을 비롯해 청요직들은 국왕에게 충성을 바쳐야 할 신하였지만, 그보다 더 중요한 사명은 군주와 시비를 다투는 가운데 도덕적 가치가 구현되는 국정이 되도록 하는 것이었다.

이처럼 성종대의 관료들은 청요직 연대 속에 단순한 관료의 정체성을 넘어 고원한 사士의 지향을 확고히 다지며 도덕 정치를 실현하고자 노력했다. 하지만 그러한 노력은 많은 반발과 희생을 수반할 수밖에 없었다. 특히 국왕의 입장에서 이 같은 도전은 용납하기 어려운 것이었다. 16세기 왕과 사가 충돌하는 지점이 여기에 있다고 할 수 있다.

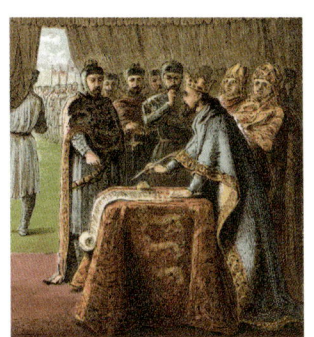

「마그나카르타」(아래)와 여기에 서명하는 존 왕(왼쪽) 1215년(고려 고종 2) 잉글랜드 왕 존이 귀족들의 강압에 따라 승인한 칙허장. '대헌장'으로 번역된다. 본래는 귀족의 권리를 재확인한 봉건적 문서였으나, 17세기 왕권과 의회의 대립에서 왕의 전제에 대항해 국민의 권리를 옹호하기 위한 전거(典據)로 활용되었다. 조선 성종대 이후 언론과 낭관 등으로 이루어진 청요직 연대가 국왕과 함께 도덕 정치의 주체로 떠오른 것이 「마그나카르타」에 비견되는 왕권과 신권의 타협으로 일컬어지기도 한다. 그러나 15세기 후반 이래 형성된 조선의 군신 공치(君臣共治)는 13세기의 「마그나카르타」에 비해 지배층의 범위와 자질에서 우위를 점하는 것이었다고 평가된다.

**대신의 살을
씹고 싶습니다**

청요직의 대두는 왕-대신-중·하급 관료로 이어지는 조정 내부의 서열 구조를 크게 훼손하는 것으로, 자연히 커다란 진통을 수반할 수밖에 없었다. 수직적 서열 질서를 고집하려는 입장과 도덕적 권위를 앞세우는 입장이 충돌하면서 갈등이 빚어지고 있었다. 다시 말해 국왕과 대신이 자신들의 위상을 지키고자 하는 노력과 청요직이 새로이 확보한 권리를 지키고자 하는 노력이 충돌하면서 대립이 잦아지고 있었다. 게다가 시간이 흐를수록 대신들 가운데 상당수도 강직한 언론을 제기하던 청요직 출신 인사들로 채워지고 있었기 때문에, 상황은 한층 더 복잡해져 갔다.

소위 사화라 불리는 잇단 정치적 소요로 점철되는 16세기는 이같이 격화된 갈등 구도 속에 그 서막을 열고 있었다. 그런 측면에서 16세기 초반의 두 임금인 연산군과 중종은 도덕적 권위에 대한 부담감이 이전과는 비교할 수 없을 정도로 컸던 왕들이었다. 두 사람 모두 성종의 아들이었다는 점에서, 그리고 그들이 겪는 부담이 성종대부터 본격화되고 있었다는 점에서 이들은 같은 딜레마에 처해 있었다. 즉 청요직 연대가 정치 운영의 기초로 자리 잡게 된 상황에서, 도덕적 권위를 부정하지 않으면서도 국왕의 권위를 확보해야 하는 과제를 안게 되었던 것이다.

연산군은 이처럼 군주의 권력이 청요직들로부터 커다란 제약을 받으며 위축되는 상황에서 즉위했다. 시간이 지날수록 군주를 향한 대간의 압박이 더욱 거세지면서 갈등의 골은 더욱 깊어 갔다. 그러잖아도 연산군과 대간의 대립은 애초부터 격렬하게 전개될 소지가 있었다.

먼저 청요직들이 볼 때 연산군은 학문을 대하는 성종의 자세나 경륜에 도저히 미치지 못하는 존재였다. 그는 이미 세자 시절부터 문리가 틔지 않았다는 우려가 있었던 데다 즉위 이후에도 이러저러한 핑계로 경연을 거부했다. 성종을 모시며 군왕의 자질에 한껏 높아진 기준을 세웠던 청요직들에게 연산군의 일거수일투족은 마뜩잖은 것일 수밖에 없었다.

수륙재 불교에서 물과 육지를 헤매는 외로운 영혼과 아귀를 달래며 위로하기 위해 불법을 강설하고 음식을 베푸는 의식.

　　게다가 성종 말 청요직들의 신임을 받던 허종, 홍응 등의 재상들이 잇따라 사망해 왕과 청요직 사이를 중재할 재상이 아쉬운 상태였다. 노사신, 윤필상, 신승선, 윤호 등 대간의 비난을 받는 인사나 외척들이 재상에 포진하면서는 재상과 청요직 간의 관계도 훨씬 더 경색될 수밖에 없었다. 더구나 차기 재상군으로 부상하고 있던 대신들 가운데 상당수정괄, 허침, 성현, 홍귀달, 성준 등는 성종대 청요직 연대를 경험하며 대신에 오른 사람들이었다. 따라서 노사신 등이 군주의 뜻에 영합해 대간의 예기銳氣를 억누르는 데도 한계가 있었다.

　　폐비 윤씨[1]의 처우 개선 문제도 어떤 식으로든 제기될 가능성이 있었다. 일단 이 문제가 불거지면 폐비 문제를 100년 동안 거론하지 말라는 성종의 유지遺旨를 고수하려는 입장과 연산군의 친모를 추숭하고자 하는 입장이 충돌하며 갈등이 격화될 수밖에 없었다. 더욱이 폐비 문제는 연산군의 불안정한 정서와 합쳐지면 어디로 튈지 모르는 예측 불가능한 요소여서, 당시의 정국에 드리워진 어두운 그림자와도 같았다.

　　연산군과 대간은 즉위하자마자 성종의 장례 문제로 격한 대립을 시작했다. 성종을 위해 수륙재水陸齋와 같은 불교식 재齋를 허용할 것인가 여부를 둘러싸고 충돌이 일어났다. 연산군은 할머니 인수대비의 의견을 따라 수륙재는 기왕의 관습이니 그대로 치러야 한다고 주장했고, 대간은 성종이 불교를 이단으로 규정해 철저히 배척했던 만큼 그런 성종을 위해 불교식 재를 치르는 것은 옳지 않다며 맞섰다. 결국 연산군과 왕실의 주장대로 수륙재가 시행되기는 했지만, 연산군은 이단을 옹호하며 대비의 그릇된 의견을 받아들이는 미숙한 군주라는 후문을 감수해야 했다.

　　수륙재 문제가 일단락되어 갈 즈음에는 폐비 윤씨의 사당 건립 여부를 놓고 연산군과 대간이 또 한차례 대립했다. 이번에는 이전보다 훨씬 더 격렬하게 충돌했다. 연산군은 왕의 생모를 추숭하는 것은 당연하다며 윤씨의 사당 건립과 신주 봉안을 강행했다. 그러나 대간은 성종

[1] **폐비 윤씨** 연산군의 친모로 성종 때 투기 혐의로 폐출된 뒤 사약을 받았다.

 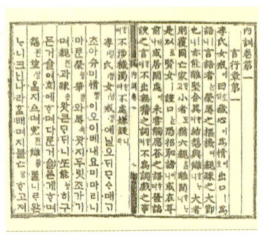

성종의 어머니 인수대비가 쓴 『내훈(內訓)』 중국의 『열녀전』, 『소학』, 『여교』, 『명감』에서 여성 교육에 필요한 부분을 간추려 만든 최초의 한글 여성 교육서. 3권 7장으로 나뉘어 있고, 각 장에는 행실이 뛰어난 여성들의 일화를 옮겼다.

이 윤씨를 추숭하지 말라는 명을 내렸으므로, 윤씨의 추숭을 강행하는 것은 선왕의 유지를 거스르는 것이라며 맞섰다. 수륙재 때와 마찬가지로 몇 달에 걸쳐 지루한 대립이 이어졌다. 그 사이 대간에서는 자신들의 의견이 받아들여지지 않는다며 수십 차례에 걸쳐 사직을 요청했다. 하지만 연산군은 추숭을 강행하고 대간을 향해서는 다음과 같은 불만을 드러냈다.

"폐비가 비록 득죄했으나, 어찌 낳아 길러 준 은혜를 잊을 수 있으며, 그 혼령이 있다면 어디에 의탁하겠는가? 그대들이 어찌 나의 애통망극한 정을 알지 못하는가? 지금 내 뜻을 보고는 그대들이 어찌 감격하지 않는가."
-『연산군일기』 권15, 1496년 6월 20일

연산군은 대간의 반대에 부딪혀 모친을 향한 애틋한 마음을 제대로 펼 수 없게 되자, 대간에 원망을 드러냈다. 비록 말을 정제해 크게 드러나지는 않았지만, 대간을 향한 연산군의 심리는 이미 즉위 초반부터 분노와 증오로 가득 차 있었던 셈이다.

연산군과 대간이 격한 대립을 반복하는 동안 대신들은 다소 복잡한 양상을 보이며 우왕좌왕했다. 이는 성종대 이래 국왕이 대신들을 친왕 세력으로 적극적으로 유인하지 못하게 된 상황에서 자연스럽게 나타난 결과라고 할 수 있다. 즉 재상과 대신들은 직급상으로는 대간보다 상위에 있었지만, 도덕적 명분을 선점한 대간이 공론을 표방하며 대신들의 비리를 들추거나 불합리한 국정 운영을 자유롭게 비판할 수 있게 되자 그만큼 대신들의 입지가 줄어들고 있었다. 게다가 태종대나 세조대처럼 대신들에게 도덕적인 흠결이 있어도 국왕의 신임을 내세워 대간의 공격으로부터 벗어나기도 어려워진 상황이었다. 따라서 국왕의 대신 보호는 약해지는 가운데 대간이 공론의 소재처라는 위상까지 얻게 되자 대

세 명의 대비를 위해 건축된 창경궁 창경궁은 자성대왕대비, 인수대비, 인혜대비를 모시기 위해 건축되었다. 인수대비는 창경궁 경춘전에서 기거했으며 이곳에서 승하했다. 훗날 인현왕후, 혜경궁 홍씨 등도 경춘전에서 사망했다.

신들은 그만큼 위축될 수밖에 없었다.

이 같은 상황에서 대신들은 청요직들의 공론을 예의 주시하면서 그에 저촉되는 일을 피하거나, 아니면 국왕의 입장을 적극적으로 지지해 왕의 신임을 얻고자 했다. 그런데 후자는 삼정승 정도 되는 최고 관직에 있거나 외척과 같은 혈연관계가 있을 때에나 가능한 것이었다. 게다가 그런 방식으로 왕의 신임을 얻은 노사신, 윤필상, 윤호 등은 대간으로부터 '권귀'니 '간신'이니 '국정을 좀 먹는 자'니 하는 모욕적인 언사와 함께 사직을 강요당하는 형편이었다.

상황이 그렇다 보니 대신들은 이율배반적 태도를 보이기도 했다. 대신들은 권력이 청요직들에게 기우는 정국이 매우 못마땅했다. 그래서 권력이 대간의 수중에 장악되었다는 의미로 '권귀대간權歸臺諫'이라는 말을 입에 올리며 불만을 표출하기도 했다. 그러나 막상 연산군이 대간을 벌주려 하면 '대간은 공론의 소재처이므로 마땅히 대간의 말을 너그럽게 받아들여야 한다.'라거나, '대간은 말을 하는 것이 임무이므로 대간의 언사가 다소 지나치더라도 벌해서는 안 된다.'라는 등의 발언으로 오히려 대간을 옹호해 주기까지 했다. 그러다가 연산군으로부터 '대신들이 대간을 두려워해 슬슬 눈치나 보며 소신을 제대로 밝히지 못한다.'라는 비난을 받기도 했다.

이 같은 상황에서 왕의 의중에 영합하려 하거나 대간의 언론을 부정적으로 언급하는 대신이 있으면 대간은 그들을 집중적으로 공격하고 나섰다. 무오사화 이전의 노사신이 바로 그런 사례에 해당한다. 노사신은 수륙재의 시행이나 폐비의 추숭 문제 등에서 연산군의 입장을 옹호하다가 대간으로부터 집중 공격을 받았다. 심지어는 사간원 정언 조순으로부터 '노사신의 살덩이를 씹고 싶다.'라는 말까지 듣게 된다.

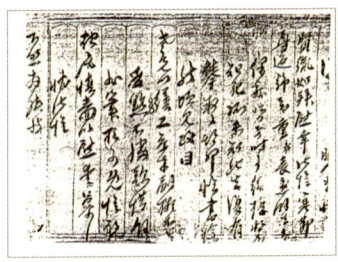
노사신의 필적 노사신은 조선 전기의 외척 출신 문신이자 학자로 학문에 조예가 깊어 집현전 학사가 되었다. 『경국대전』, 『동국여지승람』의 편찬을 총괄했다. 이런 대신조차도 대간으로부터 '살덩이를 씹고 싶다.'라는 말을 들을 정도였으니 성종대 이래 대간의 기상과 기세가 어느 정도였는지 알 수 있다.

조순이 아뢰기를 … 노사신이 군주 앞에서 대간에게 논박을 당했으면 대죄(待罪)하기에 겨를이 없어야 할 것인데도, 도리어 대간더러 "고자질을 해서 곧다는 이름을 취득하는 짓이다."라고 하니, 이는 전하께서 대간의 말을 듣지 않으시고 자기 말만을 믿게 하려고 감히 가슴속의 음모를 드러낸 것입니다. 춘추의 법을 말하면 노사신의 죄는 비록 극형에 처해도 도리어 부족하옵니다. 신 등은 그의 살덩이를 씹고 싶습니다.
-『연산군일기』 권25, 1497년 7월 21일

'노사신의 살덩이를 씹고 싶다.'는 조순의 말은 극단적인 것처럼 보인다. 하지만 그의 발언은 언론을 중시해야 한다는 원론적인 주장의 다소 과격한 표현이라고 할 수 있다. 즉 대간의 논박을 받으면 공론을 통해 당사자의 허물을 지적받은 것이니 마땅히 자신의 잘못을 되돌아보아야 하는 것이었다. 그리고 그것은 재상이라 할지라도 마찬가지였다. 하지만 노사신은 공론의 위상을 부정하며 공론을 전달하는 대간의 소임을 명예를 낚으려는 꼼수로 치부해 버렸다. 따라서 그의 죄는 결국 사문(斯文), 유학의 정신을 저해하는 것이어서 극형에 처해도 무방하다는 것이다. 언로의 확보가 도덕 정치를 보장하는 가장 기본적인 요건이라 전제하던 대간으로서는 그것을 저해하는 시도를 도저히 용납할 수 없었다. 게다가 이제 대간은 현실적인 힘도 가지고 있었다.

조순에게 전교하기를, "네가 노사신의 살을 씹어 먹고 싶다 말한 것은, 필시 '내가 대간이 되었으니 비록 이같이 말할지라도 나를 어찌할 수 없을 것이다.'라는 생각에서일 것이다."
-『연산군일기』 권25, 1497년 7월 21일

대간이 대신에게 함부로 말하는 것은 아무리 심한 말을 하더라도 공론을 전달하는 자

김종직의 『점필재문집』 책판 정몽주와 길재의 학통을 계승해 김굉필, 조광조로 이어지는 도학 정통의 중추적 역할을 한 김종직의 시문집. 1493년(성종 24) 원고를 모아 편집했으나 무오사화로 인해 소실되었고, 김종직의 제자 장중진이 나머지 글을 모아 1517년 경상북도 선산에서 목판본으로 간행했다. 경상남도 유형문화재 제175호.

신들을 국왕 역시 함부로 처벌할 수 없다는 것을 알고 있기 때문이라는 불만이 묻어 있는 발언이다. 연산군이 대간을 어떻게 인식하고 있었는지를 엿볼 수 있는 대목이다. 재상의 고기를 씹어 먹고 싶다는 말까지 나오는 상황은 청요직들 사이에서도 부담일 수밖에 없었다. 그들 사이에서도 자연히 이러한 경향을 우려하는 목소리들이 나왔다.

> 지금 물론物論이 심히 극성스러워 착한 사람이 모두 가 버리니, 누가 능히 그대를 구원하겠습니까? 지금 세상에 성명을 보전하기가 어렵습니다. … 요사이 종루鐘樓에 이극돈이 탐취貪聚한 사실을 방榜을 써서 붙였으니, 저도 또한 이로부터 몇 경頃의 논밭을 충주·여주의 지경이나 혹 금양의 강상江上에 얻어 수십 년 남은 생애를 보내고 다시 인간 세상에 뜻을 두지 않을까 하니, 그대도 또한 다시 올라올 생각을 하지 말고 공주의 한 백성이 되어 국가를 정세丁稅로써 돕는 것이 옳을 것입니다."
> ―『연산군일기』 권30, 1498년 7월 14일

위 편지는 무오사화 직전 임희재가 이목에게 전한 편지다. 두 사람 모두 김종직의 문인들이었다. 대간의 탄핵이 격증하여 장차 화를 입을 것을 염려한 많은 사람이 조정을 떠나고 있고, 자신 또한 지방으로 내려가 남은 생을 보전하려 한다며, 이목 역시 상경하지 말고 공주에 머물러 살 것을 종용하는 내용이다. 무오사화 직전 격발 일로에 있던 조정 안의 무거운 분위기를 탐지할 수 있다. 또한 그 같은 부담 속에 화를 면하고자 하는 사람들이 조정을 떠나고 있음을 엿볼 수 있다.

하지만 청요직 인사들을 중심으로 전개되는 강개한 언론은 멈출 수가 없었다. 눈앞에 뻔히 보이는 연산군의 허물을 묵과할 수 없었을뿐더러, 언관이 몸을 사리는 태도를 보였다가는 동료들 사이에서 자칫 소인으로 낙인찍힐 수도 있었기 때문이다. 게다가 이러한 상황을 중재할 만한 대신들의 활약 또한 기대하기 어려운 실정이었다. 따라서 대간들은 연산군과의 충돌이 부담스러웠음에도 계속해서 강경한 언론을 제기할 수밖에 없었다. 그리고 마침내 사화라는 독특한 형태의 탄압을 받게 된다.

폐비 윤씨도 달았을 봉황 문양 녹색의 구름 무늬가 있는 비단 바탕에 금실로 봉황을 수놓은 흉배의 일부. 왕비와 세자빈이 원삼을 착용할 때 원삼의 가슴과 등에 부착했다. 봉황은 상서롭고 길한 것으로 여겨져 왕가의 상징으로 각종 기물과 복식에 사용되었다. 연산군의 모후인 폐비 윤씨도 중전으로 책봉되어 이 같은 흉배가 달린 원삼을 입고 있었을 테지만, 투기의 죄명을 쓰고 폐서인 된 후 사약을 받았다. 연산군과 청요직의 긴장감 넘치는 대립은 결국 폐비 윤씨 문제로 폭발했다.

사화가
폭발하다

연산군대에는 모두 두 차례의 사화가 일어났다. 연산군 초반 왕과 대간의 갈등이 격해지면서 발생한 무오사화와 연산군의 폭압이 격화되는 과정에서 일어난 갑자사화가 그것이다. 무오사화는 김일손의 사초 문제[1]에서 시작해 김종직 문인들을 붕당으로 규정하고 일부 대간들을 능상凌上의 명목으로 단죄한 사건이다. 갑자사화는 연산군의 자의적인 국정 운영과 폐비 윤씨 문제가 결부되어 신료 전체가 치도곤을 당한 사건이었다.

두 사화의 공통점은 연산군 자신이 능상이라 부르던 조정 내 하극상의 분위기를 일소하려 했다는 점이다. 무오사화에서는 대간이 공론을 빌미로 대신과 국왕을 압박하는 상황을 능상으로 규정하고 있었고, 갑자사화에서는 자신의 통치에 직·간접적인 비판을 제기하던 대신들마저 능상으로 규정해 단죄했다.

연산군은 두 번의 사화에서 모두 끔찍한 폭력을 동원했다. 무오사화에서는 김일손 등 사초 문제에 연루된 자들은 능지처참하고, 김종직 문인들로 분류된 사람과 언사에 문제가 있었던 사람들은 유배를 보냈다. 이미 사망한 김종직과 남효온 등은 무덤에서 시신을 꺼내 참형을 가하는 부관참시를 시행했다.

하지만 이 정도는 갑자사화와 비교하면 아무것도 아니었다. 갑자사화 때에는 수많은 사람이 처벌을 받았다. 도대체 연산군의 광기 어린 살육으로부터 살아남은 사람은 누구이며, 계속된 처벌에 조정에 남아 국정을 담당할 사람이 얼마나 될까 하는 의문이 들 만큼 많은 사람이 처벌을 당했다. 형벌도 끔찍해서 낙신烙訊[2], 촌참寸斬[3], 부관참시, 쇄골표풍碎骨飄風[4] 등과 같은 잔혹한 형벌들이 가해졌다.

[1] **사초 문제** 『성종실록』을 편찬하기 위한 실록청의 당상관 이극돈은 평소에 사이가 나빴던 김일손이 사초에 김종직의 「조의제문(弔義帝文)」을 삽입한 것을 보았다. 「조의제문」은 항우가 조카인 의제를 몰아내고 왕이 된 것을 비판한 글로, 세조의 왕위 찬탈을 비유적으로 꼬집는 듯 보였다. 이극돈은 이 사실을 유자광에게 말했고, 일찍이 김종직에게 좋지 않은 감정이 있던 유자광은 왕에게 이 문제를 고하게 했다. 연산군은 크게 화를 내며 사초를 보려고 했으나, 왕은 사초를 볼 수 없으므로 사관인 이극돈이 사초의 내용을 발췌해서 보여 주었다. 연산군은 김일손을 역도로 몰아 처형하고 이미 죽은 김종직도 부관참시했다.
[2] **낙신** 불에 달군 쇠로 몸을 지지며 신문하기.
[3] **촌참** 토막토막 자르기.
[4] **쇄골표풍** 뼈를 갈아 바람에 날리기.

『연산군일기』 연산군의 재위 기간인 1494년 12월부터 1506년 9월까지 11년 10개월간의 국정에 관한 기록을 담은 책. 63권 46책. 다른 왕의 실록과 함께 국보 제151호로 지정되어 있다.

임금을 업신여기는 사람은 천지 사이에 용납될 수 없다. 땅에 묻자니 땅에서 나무가 나고 그 뿌리에서 줄기가 나고 줄기에서 가지와 잎이 나는 것이 모두가 순리이거늘, 어찌 패역한 사람으로 땅을 더럽힐 수 있으랴! 마땅히 들판에 버려서 여우나 살쾡이가 먹게 하거나, 물에 가라앉혀서 그 형체가 남지 않게 해야 한다.

-『연산군일기』 권57, 1505년 3월 24일

쇄골표풍은 연산군 이전에는 거의 시행된 적이 없던 형벌로, 연산군의 죄인 처벌은 당시 사람들에게 충격 그 자체였다. 임금을 업신여기는 가증한 자들의 흔적도 남길 수 없으니 그들의 뼈를 흩어 버리겠다는 연산군의 발언 속에서 살기등등한 광기를 느낄 수 있다. 대간의 언론에 과격한 측면이 있다 하더라도 이 같은 폭력으로 제압하는 것이 과연 정당한 일이었을까? 연산군이 잔혹한 형벌을 통해 궁극적으로 얻고자 한 것은 무엇일까? 그의 말마따나 능상의 분위기를 일소하려는 것이었을까? 그렇다면 폭력의 극대화를 통한 위엄의 과시는 연산군이 목적한 바를 성취하게 했을까? 과연 두 번의 사화를 거친 뒤에 능상의 분위기는 사라졌을까?

연산군이 폭력을 통해 국왕의 위상을 높이려던 시도는 실패했다고 볼 수 있다. 무오사화를 통해 언론을 제압하려 했지만 그것은 사화 직후의 일순간에 불과했을 뿐 결코 언론을 잠재울 수는 없었다. 이는 청요직 연대와 같은 체제의 작동 때문이기도 했지만, 대간의 언론이란 기본적으로 다양한 현실 문제들의 고발이자 권력 남용을 견제하는 장치였기 때문에, 현실의 여러 가지 폐단이 고쳐지지 않는 이상 결코 사라질 수 없었다.

무오사화 이전 대간의 과격한 언론도 기본적으로는 연산군의 자의적인 권력 행사와 남용을 저지하려는 데서 출발했다. 연산군의 치세를 맞이해 청요직들은 자신들이 구축한 안정적인 언로가 연산군의 미숙한 국정 운영과 그러한 국왕에게 영합하려는 일부 대신

금표 연산군이 사냥 등의 유흥을 위해 도성 외곽 경기도 일원에 민간인 통제구역을 설정하고 그 경계에 세운 통행금지 표지.

들 때문에 막힐 수도 있다는 위기의식을 품게 되었다. 따라서 모두가 인정할 수 있는 도덕적 가치를 적극적으로 제기하며 아첨을 통해 왕과 결탁할 소지가 있는 대신들을 매섭게 비판한 것이다.

과격한 언론을 가라앉히려면 현실 문제에 적절한 대책을 마련하고 국정을 공정하게 운영하거나 청요직들을 압도할 수 있는 도덕적 명분을 확보해야 했다. 폭력을 통해 마구잡이로 탄압한다고 언론을 제압할 수 있는 것은 아니었다. 연산군처럼 자의적인 통치로 격렬한 언론 행사의 빌미를 제공하면서 대간들의 반발만 문제 삼을 수는 없었다.

연산군은 끔찍한 폭력을 행사하며 기존의 가치와 질서를 송두리째 부정했지만, 그것을 대신할 만한 새로운 비전은 제시하지 않았다. 다시 말해 연산군의 폭력이 궁극적으로 무엇을 염두에 두고 있었는지가 불투명했다. 국왕으로서 상처받은 자존심을 치유하는 방편으로 과도한 폭력을 행사한 것 이상의 어떤 의미도 발견하기 힘들다.

그러나 이어진 연산군의 행보는 단지 자존심을 회복하는 방법이라기엔 너무 과도했고, 그의 왕위를 위협하기에 충분했다. 흥청5들과의 빈번한 연회나 주색잡기, 유희에 필요한 경비 마련을 위한 가렴주구, 경기 일대의 금표 설치에 따른 백성의 피해 등은 과도한 일탈로, 월산대군의 처로 자신에게는 백모伯母가 되는 박씨를 비롯해 선왕의 후궁과의 추문 역시 반정 세력의 악의에 찬 선전이라고 이해할 수 있을 것이다. 하지만 그렇다 하더라도 그의 폭정 중에는 조선 왕실이 도저히 용납할 수 없는 일들이 여전히 남아 있었다.

인수대비의 장례 시 이일역월제以日易月制6를 적용해 상례 기간을 단축하고 각종 국기일國忌日과 재계齋戒7를 폐지한 처사나, 각 능의 수호守護8·향화香火를 폐지하고 국기일에도 평상시와 같이

5 흥청 연산군 때 각 지방에 널리 모아 두었던 악기(樂妓) 중에서 뽑혀 대궐 안에 들어온 자들 가운데 하나. 임금 가까이에서 시중을 들었던 기생을 지과흥청(地科興淸), 임금의 총애를 받은 기생을 천과흥청(天科興淸)이라 불렀다. 이때 만들어진 악곡 이름의 하나이기도 하다.
6 이일역월제 상례(喪禮)를 빨리 끝내기 위해 달수를 날수로 바꾸어 계산해 상례를 치르던 제도.
7 재계 제사를 지내기 전 마음을 가다듬고 음식과 행동을 삼가며 부정을 피하는 것.
8 수호 능묘의 수호 관리를 담당하던 능지기.

연화사 1499년(연산군 5) 연산군의 생모 폐비 윤씨의 명복을 빌기 위해 창건된 절. 서울 동대문구 회기동 부근에 있던 회릉(폐비 윤씨의 능)의 원찰이었다.

풍악을 울리고 고기를 먹은 일 등은 선왕들에 대한 불경일 뿐 아니라 왕실의 정통성과 국왕의 정당성을 스스로 부정하는 행위였다.

뿐만 아니라 연산군은 문묘에 모셔져 있던 공자와 선현들의 위판^{位版}을 태평관·장악원·서학^{西學9} 등으로 옮기고, 성균관 강당과 대성전을 흥청들과의 연회 장소로 삼았다. 이러한 처사는 유교 이념에 기초해 왕권의 정당성을 확보하던 조선에서는 도저히 있을 수 없는 일이었다. 이는 부처의 공덕을 강조하며 불상을 앞세워 공공연하게 가두 행진을 벌이던 세조조차 하지 않던 일이었다. 그 밖에도 연산군은 사간원을 폐지하고 홍문관마저 혁파해 군주에 대한 간쟁과 왕이 들어야 할 수업 자체를 없애 버렸다. 또 사초를 검열해 자신에 대한 비평을 막았다. 이것은 정상적인 군주의 행동이라고는 생각할 수 없는 일이었다.

결국 폭력을 극대화한 연산군의 통치는 자연스럽게 또 다른 폭력으로 종말을 맞았다. 박원종, 유순정, 성희안 등이 주도한 중종반정이 일어난 것이다. 하지만 이들의 폭력은 단순한 폭력이 아니라 '어육^{魚肉}이 되어 가는 생민을 구원한 거사'로, 연산군의 치세를 부정하며 성종대로 돌아간다는 의미의 반정^{反正}이라는 말로 칭송되었다. 그러고는 모든 제도를 원상태로 되돌리면서 연산군을 폭군으로 규정하고, 그가 사문과 도덕에 씻을 수 없는 죄인임을 천명했다. 이제 도덕을 천명한 반정 세력과 반정 군주의 집권 속에서 또 다른 도덕의 시대가 전개되고 있었다.

---

9 **서학** 유학을 교육하던 4학의 하나. 서울 중구 태평로 1가에 있었다.

16세기 폭군 열전

가정제 북로남왜에 시달리고 민란이 이어지는 혼란의 시기에 정사에는 전혀 관심이 없고 오직 불로불사의 단약을 제조하는 데만 많은 시간을 허비한 황제. 또한 변덕스럽고 폭력적인 성격으로 임신 중이던 첫 번째 황후가 투기가 심하다며 발로 걷어차 아들과 함께 죽게 하고, 두 번째 황후는 자신이 만든 단약을 먹지 않는다며 폐출해 냉궁에서 병사하게 했다.

연산군이 폭정을 휘두르다 쫓겨난 지 얼마 되지 않아 명에도 전무후무한 폭군이 등장했다. 사촌인 정덕제^{正德帝}가 후사 없이 죽는 바람에 어부지리로 제위에 오른 가정제^{嘉靖帝}가 그 주인공으로, 묘호는 공교롭게도 조선의 성군과 같은 세종^{世宗}이다. 『주자가례』에 따르면 황제의 지위를 계승한 자는 그 전임자의 아들이나 다름없는 위치에 놓인다. 그렇다면 가정제는 사촌 형인 정덕제의 양자가 되어야 하나, 항렬이 같아 문제가 있었다. 성리학의 원칙을 중시하는 관료들은 이를 절충해 큰아버지인 홍치제를 양아버지로 삼으라고 가정제에게 건의했다. 그러려면 홍치제는 황고^{皇考}로, 생부인 홍헌왕은 삼촌 격인 황숙고^{皇叔考}라 칭해야 했다. 가정제는 이에 동의했으나 곧 슬그머니 생부 홍헌왕을 황제로 추존하려 했다. 성리학을 신봉하는 관료들은 이에 반대하며 궐문 밖에서 농성했다.

황제권과 신권이 정면으로 충돌한 이 대립에서 가정제는 자기 뜻을 밀어붙이고 중신 190명을 형부에 수감한 뒤 양정화를 비롯한 주모자를 파직하고 유배 보냈다. 3년에 걸친 이 논쟁에서 가정제가 승리함으로써 조선과 달리 명에서는 군주의 독재권이 확고해졌다.

방자해진 가정제는 정사를 멀리하고 불로장생약을 찾아 각지로 사람을 파견하는가 하면 열두어 살의 궁녀들에게서 강제로 월경액을 채취하기도 했다. 이런 폭정에 참다 못한 양금영 등 궁녀 16명은 가정제가 잠든 사이 그를 목졸라 죽이려 했다. 급히 달려온 황후 방씨 덕에 목숨을 구한 가정제는 궁녀들을 능지처참했다^{1542년 임인궁변}. 그때 가정제가 총애하던 후궁 영비도 이에 연루되어 주살당했는데, 가정제는 이를 황후 탓으로 보고 생명의 은인인 그녀에게 앙심을 품었다. 몇 년 뒤 황후의 거처인 곤녕궁에 불이 나자 가정제는 이를 방치해 황후를 불타 죽게 했다.

북로남왜의 위협이 커지고 화폐경제가 발달하는 등 안팎으로 변화가 거센 터라 올바른 대응이 절실한 시기였으나, 황제가 엽기 행각에 빠져든 사이 환관 엄숭이 정사를 농단하면서 매관매직과 부패가 성행해 명의 운명을 재촉하고 있었다. 말년에 척계광, 장거정 등 신진 관료가 엄숭을 탄핵하고 개혁 정치를 펴는 한편 왜구를 정벌하면서 명은 일시적 안정을 찾았다. 그러나 100년에 걸친 명 쇠퇴기의 시작이 가정 연간임은 움직일 수 없는 사실이다.

가정제의 폭정이 한창일 때 러시아에서는 16세기를 대표하는 또 한 명의 폭군 이반 4세가 즉위했다. 이때 그는 세 살배기의 어린아이였으며 왕권에 적대적인 귀족들 때문에 크렘린의 탑 속에 갇혀 있었다. 모두들 그가 곧 암살당할 것으로 예상했으나 귀족들의 분열로 그런 일은 일어나지 않았다. 열일곱 살이 된 이반 4세는 전 러시아의 차르^{황제}를 자임하며 귀족을 제압하고 중앙집권적인 황제 국가를 건설해 나갔다. 귀족들에 대항하는 제3신분의 선출회의를 구성해 자신의 편으로 삼고 토지개혁을 시행해 귀족의 경제적 기반을 파괴했다. 나아가 카잔한국 등을 병합하여 영토를 넓히고 서유럽과 통상을 강화하면서 강력한 전제군주의 위상을 확보해 나갔다.

이처럼 치세 전반기의 이반 4세는 나무랄 데가 없었다. 그러나 1553년 중병에 걸리면서 전환점이 찾아왔다. 선출회의는 이반 4세가 곧 죽을 것이라고 생각하여 쿠데타를 준비했으나 그는 기적적으로 살아났다. 이때부터 그에게 '뇌제^{雷帝}'라는 별명을 안겨 준 공포정치가 시작된다. 배신감을 느낀 이반 4세는 자신의 정책에 반대하는 자는 닥치는 대로 죽였다. 귀족이든 선출회의 출신이든 가리지 않았다. 반발이 거세지자 1564년 알렉산드롭스키 성에 틀어박혀 "귀족들이 정권을 위협해 국가를 다스릴 수가 없다."라는 편지를 모스크바의 자유민과 성직자들에게 보냈다. 이로 말미암아 자신들에 대한 여론이 악화되자 귀족들은 이반 4세의 귀환을 간청하기에 이르렀다. 돌아온 이반은 재판 없이 모든 신민을 처벌하고 재산을 몰수할 권리를 선포했다. 1566년^{명종 21}에는 러시아 북동부의 광대한 토지를 차르 직할령으로 몰수해 전제 권력의 물적 토대로 삼았다. 그리고 그곳에 사는 농민이 도망가지 못하도록 평생 이주할 수 없는 법을 제정해 악명 높은 러시아 농노제의 기틀을 마련하기도 했다.

1565년 선출회의 출신 안드레이 쿠릅스키가 외국으로 망명해 이반 4세에게 "차르는 민중의 목자로서 귀족의 권리를 존중하고, 평민의 생활을 보호해 주어야 한다."라는 내용의 편지를 썼다. 이반 4세의 답은 다음과 같았다.

> "차르는 누구의 비판도 받을 필요가 없다. …… 차르가 부도덕한 일을 저지르더라도 신하가 차르의 명령에 복종하지 않는 것은 중죄이며 영혼을 지옥에 떨어뜨리는 짓이다."

이반 뇌제 임신 중인 며느리가 단정하지 못한 옷차림을 하고 있다고 지팡이로 때려 유산시킨 뒤 항의하러 온 아들마저 때려 숨지게 했다. 오른쪽 그림은 그 직후 자신의 행동을 후회하며 오열하고 있는 이반 뇌제의 모습을 담은 것이다.

2.
조광조의 길

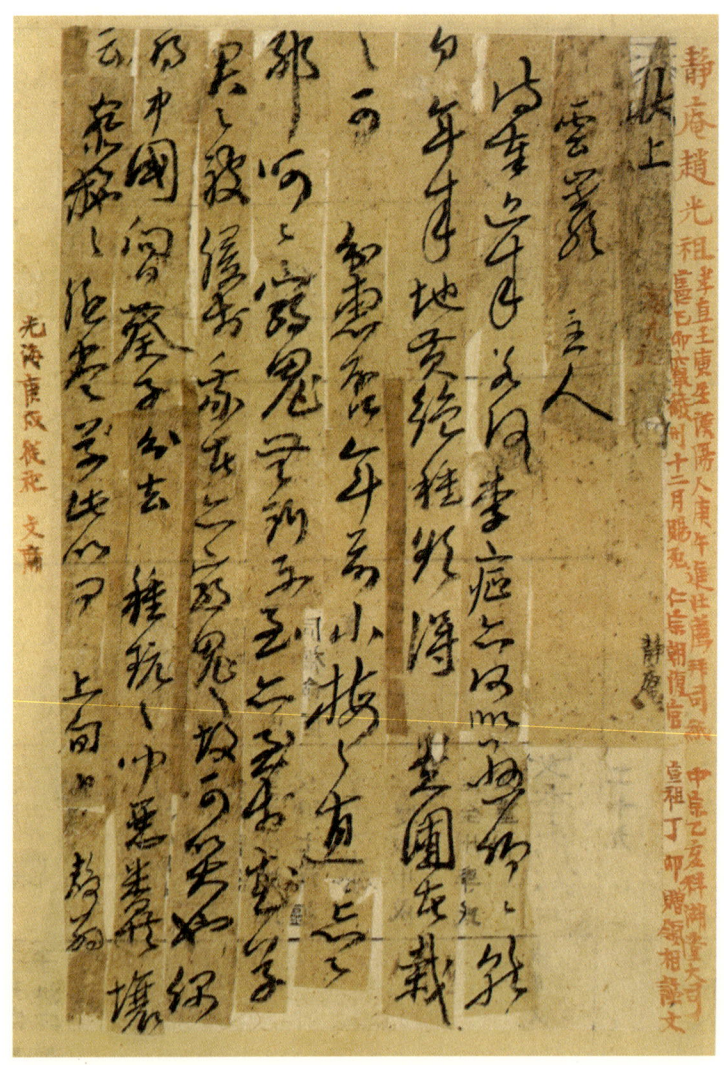

조광조의 편지 '운암주인'이라는 지인에게 안부를 물으면서 밭에 심을 약재의 일종인 지황의 종자를 요청하는 내용. 중국에서 얻은 해바라기 씨앗을 동봉하고 있다. 곤궁한 살림에 시달리고 있다는 것을 스스럼없이 밝히는 도학자적 면모가 엿보인다. 『조선명현필첩』에 실려 있다.

언론이 다시 활성화되다

연산군의 학정으로 불안에 떨던 신료들은 급기야 연산군을 폐위하려는 모의를 진행했다. 지중추부사 박원종, 부사용 성희안, 이조판서 유순정 등이 주동해 군사를 일으켰다. 이들은 조정 대신들에게 거사 계획을 알리고 협조를 요청했다. 소식을 들은 대신들 대부분이 거사에 동참했다. 약간의 시차가 있기는 했지만 조정 최고의 중신들이 모두 거사에 참여하고 있었다는 점에서 연산군에 대한 반감이 어떠했는지를 알 수 있다.

박원종 등은 연산군의 총애를 받고 있던 신수근, 신수영, 임사홍의 집에 군사를 보내 먼저 이들을 제거했다. 신수근은 연산군의 매형이었지만 진성대군의 장인이었기 때문에 박종원은 사전에 그에게 반정에 동참할 것을 권유했다. 하지만 신수근은 이를 거부했고 반정 과정에서 가장 먼저 제거되었다. 하지만 장차 왕이 될 진성대군의 장인을 제거했다는 점에서 이 사건은 또 다른 불씨를 남기게 되었다. 반정군은 신수근 외에도 장녹수[1], 전동, 김효손, 손사랑 등 연산군의 총애를 받던 여인들과 그들의 친척으로 세력을 믿고 전횡을 일삼았던 자들을 잡아다가 참했다.

흥미로운 사실은 반정 과정에서 군사적 충돌이 거의 일어나지 않았다는 것이다. 게다가 반정군이 우선 제거한 사람도 대부분 신수근, 신수영 형제처럼 연산군과 인척 관계에 있는 사람이거나 장녹수처럼 연산군의 총애를 받던 여인들 정도였다.

사실 연산군은 대부분의 조정 신료들과 우호적인 관계를 맺지 않았다. 연산군 말년에 그를 보필한 재상들 역시 갑자사화의 회오리바람 속에 운 좋게 목숨을 부지한 자들이었다. 이는 연산군이 휘두르던 광기 어린 폭력과 비교하면 그가 가진 권력이 얼마나 취약했는지를 보여 주는 대목이다. 반정이 일어나던 날 궁궐 안에 있던 여러 장수와 군사도 거병 소식을 듣고는 맞서 싸우기는커녕 궁궐을 빠져나가기에 바빴다. 입직하던 승지들마저 상황을 파악해야겠다는 핑계를 대며 하나둘 연산군 곁을 떠났다. 이

---

[1] **장녹수** 제안대군의 여종이었으나 용모가 뛰어나고 가무에 능해 연산군의 눈에 들어 입궐했다. 1503년(연산군 9)에 종3품 숙용(淑容)에 봉해졌다. 왕의 총애를 받으며 국사에 관여하고 재정의 궁핍을 초래했다.

연산군 묘를 지키는 문인
연산군은 1506년(중종 1) 9월 강화군 교동에 유배당했다가 11월 유배지에서 죽어 그곳에 장사 지냈다. 6년 후 폐비 신씨(단경왕후)의 진언으로 서울 도봉구 방학동으로 천장했다. 사적 제362호.

들 가운데 일부는 대궐 수챗구멍을 통해 궐 밖으로 도망한 뒤 반정 대열에 합류해 공신으로 책봉되기도 했다. 결국 궁궐 안에는 연산군과 그가 사랑했던 여인들만 남아 있었던 셈이다. 연산군은 기존의 권위와 질서를 철저하게 부정하는 방식으로 국왕으로서의 위엄을 추구했다는 점에서 분명 이상한 왕이었다.

거사에 성공한 박원종 등은 연산군을 폐위하고 정현왕후 소생의 성종의 둘째 아들 진성대군을 국왕으로 옹립했다. 그가 바로 조선 최초의 반정 군주인 중종이다. 중종의 입장에서 반정은 매우 황당한 일이었다. 사전에 박원종 등과 거사에 대한 어떤 논의도 없었기에 말 그대로 자고 일어났더니 왕이 되어 버린 셈이다. 그래서였는지 박원종 등으로부터 국왕에 오를 것을 종용받았을 때 모후인 정현왕후도, 당사자인 진성대군도 즉위에 부정적인 태도를 보였다. 오히려 정현왕후는 연산군의 세자를 옹립하는 것이 좋겠다고 말할 정도였다. 사실 연산군과 진성대군, 정현왕후 모자의 관계는 특별히 나쁘지 않았던 것으로 보인다. 정현왕후는 인품이 온화하고 모든 자녀를 자신의 소생처럼 돌보아서, 연산군이 세자 시절 그녀가 친모가 아니라는 것을 몰랐다는 기록이 있을 정도였다. 진성대군도 연산군과의 관계에서 별다른 갈등 관계가 보이지 않는다. 하지만 중요한 사실은 진성대군이 거절한다고 해서 국왕에 즉위하지 않을 수 없었다는 점이다.

반정에 아무런 지분이 없었던 진성대군, 곧 중종은 즉위 초반 정국을 예의 주시하면서 왕위 보전에 급급할 수밖에 없었다. 당시 중종이 취할 수 있는 우선적인 방편은 반정 공신들에게 전적으로 의존하는 것이었다. 즉위 직후 조정에서 중종이 하는 말이라곤 정승에게 물어보라거나 정승 말대로 하라는 말들뿐이었다.

왕위를 지키기 위한 중종의 또 다른 노력은 연산군과 대비되는 반정 군주의 면모를 적극적으로 드러내는 것이었다. 중종은 도덕의 이름으로 집권의 정당성을 수식하고 그를 통해 신료와 백성의 지지를 이끌어 내고자 했다. 실제로 중종은 반정으로 즉위한 도덕 군주

중종 금보 금보란 선왕이나 왕비, 선비에게 올리는 추상존호를 새긴 도장이다. 여기에는 중종휘문소무흠인성효대왕지보(中宗徽文昭武 欽仁誠孝 大王之寶)라고 새겨져 있다.

에 걸맞은 모습을 갖추고자 많은 노력을 기울였다. 우선 연산군 치하에서 자의적으로 바뀌거나 폐지된 제도들을 성종대의 모습으로 되돌리도록 명했다. 혁파된 사간원과 홍문관을 다시 세우고 경연을 재개하며, 성균관과 여러 학당들을 조속히 수리하도록 했다. 이리저리 옮겨 다니던 공자와 유현들의 위판들도 원래의 자리로 돌아가게 되었다. 또한 상기喪期를 짧게 마치는 이일역월제를 폐지해 예가 온전히 지켜질 수 있도록 하고, 종묘와 영녕전 등의 관료와 기신재[2]를 수행하는 내관을 복구했다. 또한 충신·효자·열부·절부의 정표 가운데 무너진 것을 세우게 하고, 1511년중종6에는 무려 2940질에 달하는 『삼강행실도』를 반포했다. 연산군의 집정으로 퇴락한 풍속을 삼강오륜을 밝힘으로써 회복하겠다는 포부를 담은 것이라고 할 수 있다. 이전에도 『삼강행실도』를 반포한 적이 있지만 거의 3000질에 달하는 분량은 이전과는 다른 무게감을 주었다.

도덕에 대한 지향은 중종이 경연을 통해 일상적으로 추구하는 일이기도 했다. 경연이 복구되면서 중종은 성종을 본받아 하루 네 차례에 걸친 경연에 참석했다. 즉위 초반 중종은 『상서』 조강, 『자치통감강목』 주강·석강, 『대학연의』 야대 등을 수업했다. 이것들은 모두 덕정을 베푸는 유교적 성왕들의 미담을 담은 제왕학의 전범 같은 책들로, 중종 자신이 그러한 성왕의 정치를 지향하고 있음을 상징하는 것이기도 했다.

중종의 속내가 실제로 어떠했는가와 별개로 그는 도덕을 지향하는 반정 군주의 면모를 통해 집권의 정당성을 증명해야 하는 위치에 놓여 있었다. 다시 말해 중종은 역대 국왕들 가운데 가장 큰 도덕적 부담을 지고 있었던 군주였다. 성리학 연구로 유명한 미국 하버드대 교수 피터 볼에 따르면 도학에서 규정하는 국왕의 위상은 '피라미드의 정점'이라기보다는 건축물의 중추적 역할을 담당하는 쐐기돌 같은 것이었다. 중종은 바로 그 쐐기돌 역할에 충실할 것을 강요당하는 위치에 있었다. 도학의 관점에서 볼 때 군주라는 지위 자체가 그의 도덕

2 기신재 죽은 사람의 명복을 빌기 위해 사찰에서 올리는 재(齋).

당당한 박원종 신도비 중종반정의 일등 공신으로 일세를 풍미한 박원종의 묘역. 묘표, 상석, 향로석, 장명등 각 1기를 갖추고 두 망주석과 두 문인석의 호위를 받고 있다. 경기도 남양주시 와부읍 도곡 1리. 경기도 기념물 제170호.

적 권위를 보장해 주는 것은 아니었다. 국왕 역시 일반인과 마찬가지로 적극적으로 도덕을 수양해야 하는 존재였다. 더구나 아무런 실권 없이 신료들로부터 추대된 반정 군주로서 중종은 도덕적 가치가 구현되는 국정 운영에 대한 부담이 클 수밖에 없었다.

국왕과 조정이 모두 도덕을 강조할 수밖에 없는 여건 속에서 언론의 재활성화는 필연이었다. 실제로 대간의 활동은 반정과 함께 활발히 재개되었다. 언관들은 성종이 언론을 용인하고 후원하던 모습과 연산군이 언론을 탄압하던 모습을 적절히 대비하며 활동의 폭을 조금씩 넓혀 갔고 발언의 수위 또한 차츰차츰 높여 갔다.

물론 대간의 활동이 그렇게 순조롭지만은 않았다. 정국공신에 책봉된 자가 무려 117명이었고 원종공신 또한 100여 명에 달하자 대간들은 반정 직후부터 공이 없는 자들을 공신에서 걸러 낼 것을 수년간 요구했다. 그 과정에서 대간들은 반정의 정당성을 강변하며 책봉의 불가피함을 주장하는 중종 및 공신들과 잦은 갈등을 빚었다. 실제로 1510년^{중종5}에는 반정의 핵심 무장 가운데 한 사람인 박영문이 대간의 탄핵에 반발한 일이 있었다. '대간과 문사가 무인이 삼공^{三公}에 오른 것을 싫어한다.'며 박원종을 충동질해 또 한차례 피바람이 일 지경까지 이른 것이다. 다행히 성희안의 중재로 무사히 넘어갔으나, 이 같은 상황은 조정 안에 여전히 불안 요소가 남아 있음을 보여 주는 것이었다.

그럼에도 불구하고 장기적인 추세는 대간의 위상이 점차 확대되는 것이었다. 도덕을 표방하며 다시 세워진 조정이었고 같은 신하들끼리 언관의 활동을 견제하는 데에는 한계가 분명했다. 그만큼 대간의 언론을 엄격하게 통제하는 것은 사화와 같은 비정상적인 방법을 동원하지 않고서는 불가능했다. 더구나 연산군의 언론 탄압을 경험한 만큼 대간의 자유로운 언론 활동을 보장해야 한다는 인식이 폭넓게 자리 잡고 있기도 했다. 대간의 모든 요구가 그대로 받아들여지지는 않지만 언로는 충분히 확대되고 있었다. 덕분에 국정의 거의 모든 부분에 언관들이 개입하며 자연스럽게 국정 운영의 중심에 서게 되었다. 더

숨어 있는 성희안 묘의 신도비 성희안은 중종반정의 일등 공신이었으나, 벼슬은 차례가 있다며 박원종·유순정에게 양보하고, 자신은 세 번째에 서기도 했다. 그런 성정을 반영하는 것일까, 그의 묘역은 경기도 일대의 산간에 숨어 있다. 묘 아래 있는 신도비는 비신을 받치는 귀부(거북)가 일반적으로 정면을 향하고 있는 것과 달리 옆면을 바라보고 있어 묘한 느낌을 준다.

구나 반정의 핵심 주인공 삼인방이 1510년^{박원종}, 1512년^{유순정}, 1513년^{성희안}에 모두 죽고 1513년 반정 당시 핵심 무장으로 활약했던 박영문과 신윤무마저 반역을 꾀하다가 제거당했다. 이제 '공론의 대변자'인 대간의 발언권은 한층 더 강화되어 마침내 대신을 압도하는 모습마저 보인다.

> 이때에 대간이 건의하는 바를 재상이 가부를 말하지 않고 모두 따르고 어기지 않았으니, 대간이 공론을 부지한 힘이 또한 자못 많다고 할 수 있다. 그러나 권한이 대각^{사헌부와 사간원}에 있으므로 대신은 데면데면하여 나라 일에 간여하지 않으니, 체통이 엄하지 않고 조정이 존엄하지 않아서 식자들은 근심했다.
> —『중종실록』권20, 1514년 9월 29일

재상들이 대간의 눈치를 보며 자신의 의견을 뚜렷이 밝히지 못하고 주변인으로 전락해 조정의 기강이 해이해지고 있다는 비평이다. 이 같은 분위기는 시간이 흐를수록 강해져 대간의 탄핵이 오히려 역기능을 초래한다는 비판까지 제기된다.

> 대간이 인물을 논박할 적에는 악을 드러내어서 못에 던져 버리듯 했으며, 임금이 만약 굳게 거절하면 혹 갑자기 그쳤다가 다시 다른 사람을 논박해 잇따른 논박이 일과처럼 되어 버렸다. 당시 사람들이 조롱하기를 "모인이 교체되었는데 또 논박을 당한다."라고 하니, 대간이 사람들에게 신용을 얻지 못한 것이 이와 같았다. 그러므로 임금도 사람들에 대한 대간의 논박을 보통으로 여겼으니 비록 시비가 분명한 일일지라도 들으려 하지 않았다.
> —『중종실록』권20, 1514년 11월 7일

여기서는 대간이 어떤 인물을 논박하면서 잘못을 헐뜯는 데 집착하여 그들의 탄핵이 시비를 가리지 못하고 의례적인 관행으로 치부될 뿐 아니라, 중요한 결정을 지연시키는 구실이 됨을 비판하고 있다. 이처럼 대간 언론은 연산군대 두 차례에 걸친 사화를 거치며 크게 위축되었지만, 중종반정을 통해 도덕을 지향하는 정치가 재천명되며 다시금 적극적인 면모를 보였다. 언론이란 기본적으로 관료제의 운영 과정에서 '공적 질서의 추구'를 지향하는 신료들의 목소리라고 할 수 있다. 그렇기 때문에 청요직들은 도학을 매개로 도덕의 기치를 내세우며 왕과 재상의 압박으로부터 벗어나고자 했고, 마침내 청요직 연대를 통해 언론이 하나의 시스템으로서 안정적으로 가동될 수 있는 장치를 마련했던 것이다. 그에 따라 언론은 이전과는 차원이 다른 적극성을 띠고 국정 운영의 기본적인 상수로 자리 잡게 되었다.

조광조의 진출은 이 같은 기초가 마련된 뒤에 이루어졌다. 그렇다면 그의 진출로 언론과 청요직에는 어떤 변화가 일어났을까? 다시 말해 조광조가 정부에 등용된 뒤 담당한 역할은 무엇이었을까?

정릉 서울 강남구 선릉로에 있는 중종의 능. 사적 제199호.

01. 사란 무엇인가

도덕이
권력을 장악하다

삼공신 중심으로 진행되던 반정 초반의 정국은 1513년 성희안을 끝으로 삼공신이 모두 운명하면서 일대 전환을 맞았다.

> 반정 후 공신들이 공로를 믿고 교만하고 사치해 희첩姬妾을 거느리되 많은 자는 예닐곱 명이었고, 적은 자도 서너 명을 밑돌지 않았다. 그중에서도 박원종, 유순정, 성희안은 더욱 많이 거느리다가 얼마 안 되어 병들어서 연이어 죽고 말았다.
> -『중종실록』 권18, 1513년 5월 29일

삼공신이 과도하게 여색을 밝히다가 운명했다는 사관의 논평이 사실인지는 논란이 있을 수 있다. 어쨌든 그들이 죽음으로써 조정 내의 역학 관계는 변할 수밖에 없었다. 무엇보다 정국공신들의 세력이 크게 위축되었다. 그중에서도 박원종의 막하에 있던 박영문·신윤무 등 무장 세력의 힘이 급속히 약화했다. 이들은 박원종 사후, 권력에서 점차 소외되는 현실에 불만을 품고 1513년중종8 반란을 획책했다가 사전에 발각되어 모두 처형당했다. 처음부터 공고한 결집력이 없었던 정국공신들이었기 때문에 삼공신이라는 구심점을 잃자 세력이 급속히 줄어든 것이다.

대체로 정국공신들은 반정을 일으킨 의의를 인정받아 지급받은 경제적 부산물에 만족해야 하는 처지로 하락해 가고 있었다. 다시 말해 중종 8~9년 정도에 이르면 정국공신들은 독자적인 공신 집단으로 존재하기보다는 관료 조직에 포섭된 수많은 관료 가운데 하나로 융해되어 가고 있었던 셈이다.

정국공신들의 세력은 위축되었지만 중종의 입지는 그만큼 탄탄해지고 있었다. 삼공신이 차례로 운명하며 생긴 권력의 빈자리를 국왕인 중종이 차츰차츰 메워 가고 있었다. 아무런 실권이 없는 상황에서 즉위한 중종이 어느덧 국정 운영의 주재자로 성장하며 반

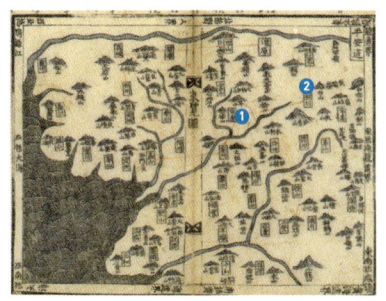

조광조와 김굉필의 만남 지도상의 ❶번이 조광조가 부친을 따라간 어천이고 ❷번이 조광조가 김굉필을 찾아가 사숙한 희천이다. 16세기에 만들어진 『신증동국여지승람』에 실린 평안도 지도.

정 군주의 위상을 찾기에 이른 것이다.

결국 삼공신 사후 국왕의 권력이 강화되는 가운데, 반정 직후부터 활발해진 대간들의 활동이 더 적극적으로 전개되었다. 상대적으로 대신들은 대간의 언론에 위축되어 영향력을 온전히 발휘하기 쉽지 않은 상황에 직면했다. 다시 말해 권력이 어느 한곳에 귀속되지 못한 채 대간이 각종 사안에 개입하면서 국왕, 대신 등과 곳곳에서 충돌하는 만성적 긴장 관계가 조성되고 있었다.

조광조가 조정에 첫발을 디딘 것은 청요직들의 영향력이 크게 신장하여 국왕 및 대신들과 어깨를 나란히 하던 1515년^{중종 10}이었다. 조광조는 출사와 동시에 청요직은 물론 중종에게도 신임을 얻었다. 그러면 무엇이 조광조로 하여금 청요직과 국왕의 신임을 동시에 거머쥐게 했던 것일까?

조광조가 청요직들 사이에서 높은 신망을 얻게 된 것은 크게 두 가지 이유에서였다. 하나는 연산군의 폭정으로 사회적 기강이 크게 퇴락한 상황에서도 그가 도학자로서 한결같은 면모를 지니고 있었다는 것이고, 다른 하나는 기성 청요직들을 압도하는 강직한 주론자^{主論者}로 기능했다는 점 때문이었다. 이 두 가지는 당시 청요직 사이에서 가장 중시되는 자질로 평가받고 있었다.

먼저 도학자 조광조의 모습을 살펴보자. 조광조는 개국공신 조온의 5대손으로 한양에서 대대로 녹을 먹던 뼈대 있는 반가의 자제였다. 하지만 안평대군과 의형제를 맺은 조부 조충손이 계유정난을 계기로 변방의 관노가 되면서 가세가 크게 기울었다. 그나마 조충손이 왕비의 친속이었기 때문에 그 정도에 그친 것이었다. 조광조의 부친 조원강은 감찰과 찰방 등을 전전하다가 조광조가 스물하나 되던 해에 생을 마감했다. 하지만 숙부 조원기가 조정에서 명망이 두터운 인사였기 때문에 조광조는 입신 과정에서 숙부의 도움을 어느 정도 받았을 것으로 보인다.

사은정(四隱亭) 조광조, 조광보, 조광좌, 이자 등 네 문인이 모여 학문을 논하기 위해 세운 정자. 16세기 초에 건립되고 1796년(정조 20)에 중수된 것으로 전한다. 경기도 용인시 향토유적 제50호.

조광조는 일찍부터 세인들의 주목을 받았다. 무오사화 이후 정국이 어수선한 상황에서 어천魚川, 지금의 평안북도 영변 찰방으로 부임하는 아버지를 따라가 희천熙川에서 유배 생활을 하고 있던 김굉필에게 수학했던 일은 그중에서도 단연 튀는 행동이었다. 그는 평소 김굉필의 명성을 사모하다 부친이 김굉필의 배소 근처로 부임하게 되어 따라나선 것으로 여겨진다. 조광조의 문집 『정암집』에 수록된 편지 한 통에서 이러한 정황을 엿볼 수 있다.

> 수재 조 군은 고인의 아들로서, 나이 스물도 못 되어서 도를 구하려는 뜻을 두었는데, 사문 김굉필의 학문이 연원淵源이 있다는 말을 듣고서 그의 부친이 있는 어천으로부터 그대의 희천 적소로 나가 옷을 여미고 공부를 청하려 함에, 나에게 소개하는 편지를 한 장 요우했다네. … 대유는 화를 받고 있다 해서 서로 주고받는 것을 꺼리지나 않을는지?

부친의 친구인 양희지가 조광조를 김굉필에게 소개하는 편지이다. 학문에 대한 조광조의 열망을 엿볼 수 있는데, 양희지는 그런 조광조가 기특하면서도 한편으로는 어수선한 시절에 그에게 화가 미치지 않을까 염려하는 기색을 보이고 있다.

조광조는 1500년연산군 6 부친상을 당하자 선영 밑에 초당草堂을 짓고 3년간 시묘하며, 『소학』, 『근사록』, 사서, 『통감강목』 등을 섭렵했다. 연산군 치하라는 시간대를 고려하면 그의 삼년상은 대단히 이례적인 일이다. 이 무렵 조광조는 이자 등과 교유하고 있었다. 두 사람 모두 선영이 용인에 있었던 까닭에 함께 교유하면서 '도학계道學契'라는 모임을 만들고 학문과 시사를 토론하며 도학자로서의 포부를 키워 갔다. 현재 경기도 용인에 있는 '사은정四隱亭'은 이들이 교유하며 마련한 정자로서, "낚시하고 나물 캐고 땔감 하고 밭 갈면서 속세를 벗어나 은인자중하겠다."라는 취지에서 사은四隱이란 이름을 붙인 것이다. 연산군의 폭정에 대한 암울함과 답답함이 배어나면서도 뚜렷한 도학의 지향을 엿볼 수 있다. 어쨌

단풍에 물든 성균관 고려 최고의 학부 기관으로 1289년(충렬왕 15) 국자감(國子監)을 성균으로 개칭하고 1308년(충선왕 1) 성균관으로 바꿨다. 조선 건국 후인 1395년(태조 4) 한성 숭교방(崇敎坊)에 문묘인 대성전, 학교인 명륜당, 도서관인 존경각 등을 지어 그 모습을 갖추었다. '태학(太學)'으로도 불리고, 중국 주대 제후의 도읍에 설치한 학교의 이름인 '반궁(泮宮)'으로도 불렸다.

든 조광조의 이런 모습이 사람들 눈에 그리 좋아 보이지만은 않았던 것 같다. 그를 가리켜 '미치광이狂人' 혹은 '화근 덩어리禍胎'라 부르며 교제를 끊는 사람이 있었고, 가족과 친지들도 자중할 것을 종용했다고 한다.

반정 이후에 조광조의 독특한 행적들은 오히려 그에게 도학자의 명성을 안겨 주었다. 많은 사람이 그와 사귀고 싶어했고, 조광조보다 나이가 어린 사람들은 그에게 가르침을 청해 사제 간의 연을 맺기도 했다. 이 무렵 조광조는 사마시에 합격하고[1510] 성균관에서 수학하게 되는데, 그때 또 한차례 세간의 주목을 받게 된다.

> 생원 김식, 조광조 등이 김굉필의 학문을 전수해 함부로 말하지 않고 관대를 벗지 않으며 종일토록 단정하게 앉아서 빈객을 대하는 것처럼 했는데 그것을 본받는 자가 있어서 말이 자못 괴이했다. 사관四館: 성균관, 예문관, 승문원, 교서관에서 통모通謀해 "그들이 스스로 사성십철四聖十哲이라 일컫는다."라고 해 죄에 몰아넣으려 하다가 이루지 못했다.
> ─ 『중종실록』 권12, 1510년 10월 10일

언뜻 보기에 전혀 문제 될 것 없는 평범한 선비의 일상에 불과하지만, 이 시기는 아직 성리학적 생활 방식이 자리 잡기 전이어서 조광조의 이런 행동은 매우 낯선 것이었다. 더구나 그의 생활 방식을 본받는 사람까지 나오자, 그를 더욱 경계하며 배척하려 했던 것이다. 다행히 김세필 등이 경연에서 조광조를 감싸 주어 무사히 넘어갈 수 있었지만, 출사 이전부터 조광조의 존재감이 뚜렷했던 것만은 분명한 것 같다.

시간이 흐를수록 조광조의 명성은 더욱 커져 갔다. 당시 명망 있는 유사儒士들 가운데 그와 교유하지 않는 자가 없었다고 할 정도로 조광조를 따르는 사람들이 늘어 갔다. 그리고 이 같은 분위기에서 조광조를 벌하려던 성균관마저도 학행이 뛰어난 자를 천거하라는

조지서 터 앞을 흐르는 냇물 서울 종로구 신영동에 있는 조지서 터 앞에는 지금도 맑은 냇물이 흐른다. 조광조가 살던 시절에는 이곳에서 종이를 만드는 작업이 행해졌을 것이다.

요구에 조광조를 추천하기에 이른다.

성균관의 추천이 있던 1511년 조광조는 모친상을 당해 다시 3년 동안 시묘를 했다. 그리고 상기를 마치고 돌아왔을 때[1514] 또다시 성균관의 추천을 받아 종6품의 조지서 사지造紙署 司紙에 제수되었다. 추천을 통해 실직實職을 받은 매우 파격적인 조처였는데, 조광조는 이를 계기로 과거를 통해 정식으로 출사할 것을 결심했다. 이왕 관료의 길에 들어설 거라면 정식으로 나가 후일을 도모하는 것이 낫겠다는 판단을 한 것으로 보인다. 또한 삼공신이 죽고 당시 사대부들의 염원이었던 소릉昭陵, 현덕왕후릉이 복위되는 분위기도 그가 관직 진출을 결심하는 또 다른 계기가 되었을 것으로 보인다. 조광조는 이듬해 시행된 성균관 알성시에 응시해 합격함으로써, 마침내 조정에 발을 디뎠다.

연산군 시절 유배 중인 김굉필을 찾아가 스승으로 모신 일, 두 번에 걸친 시묘, 성균관 수학 시의 생활 태도와 두 차례에 걸친 천거, 학문 수양과 명사들과의 교유 등은 당시 누구도 흉내 낼 수 없었던 조광조만의 독특한 이력으로, 도덕과 도학을 강조하며 강개한 언론을 펼치던 청요직 인사들이 인정하기에 충분한 자질이었다.

도학자적 자질 외에도 강직한 언관의 주론자적 면모는 그가 조정에서 실질적인 힘을 갖도록 하는 또 다른 요인이었다. 주론자란 대간 언론의 향방을 지휘하는 일종의 오피니언 리더였다. 조선 후기의 경세가 유수원柳壽垣은 조선 시대 첫 번째 주론자로 조광조를 꼽고 있는데, 이들 주론자는 청요직 연대를 통해 언론의 활성화가 일상화되는 상황에서, 대간 언론이 권력에 위축되지 않도록 독려하며 특정한 안건에 대한 언론의 개시와 종결에 영향을 미치는 사람들이었다. 성종대의 김흔, 연산군대의 김일손, 중종대 전반기의 이행과 이자, 그리고 조광조 등이 주론자의 대표적인 사례라고 할 수 있다.

조광조가 청요직들 사이에서 인망을 얻으며 주론자의 지위에 오르게 된 것은 '신씨 복위 상소 사건'을 통해서였다. 신씨 복위 상소 사건이란 중종비 장경왕후가 산고로 사망하

장경왕후의 희릉 1515년(중종 10) 인종을 낳고 사망한 중종의 제1계비 장경왕후의 능. 중종의 정릉은 본래 이곳에 있다가 성종의 선릉 곁으로 옮겨 갔다. 경기도 고양시 덕양구 원당동. 사적 제200호.

자, 담양 부사 박상과 순창 군수 김정이 반정 직후 폐위당해 사가私家로 쫓겨난 신씨를 복위해야 한다는 상소를 올려 조정 전체에 일대 논란을 불러일으킨 일을 말한다. 이 사건을 주목하는 이유는 당시 두 사람의 상소에 대신들 사이에서도, 그리고 청요직들 사이에서도 의견이 갈리며 한 동안 조정 전체가 격론에 휩싸였기 때문이다. 대체로 대간과 중종이 김정과 박상의 처벌을 주장하는 반면, 홍문관과 대신들은 처벌을 반대하는 형국이었다.

대간에서 처벌을 주장한 이유는 신씨가 복위되면 반정 이후 안정되어 가고 있던 정국이 또 한차례 격랑에 휘말릴지도 모른다는 우려 때문이었다. 즉 신씨가 다시 왕비가 되어 왕자라도 출산하는 날이면 장경왕후 소생의 원자인종와 신씨 소생 사이에 선후를 가려야 하는 난감한 문제가 발생할 수 있었던 것이다. 게다가 반정군에 부친을 잃은 신씨가 원한을 갚으려 하면 조정에 또 한차례 피바람이 일지도 모른다는 우려도 제기되었다. 이런 이유로 대간에서는 이들의 상소가 부적합한 것임을 지적하며 처벌을 요구했던 것이다. 그리고 중종 역시 대간의 입장을 두둔하고 있었다. 폐비 신씨의 환궁이 초래할지도 모르는 정치적 부담을 중종으로서도 원치 않았던 것으로 보인다.

한편 대신과 홍문관에서는 박상과 김정의 처벌에 반대했다. 무엇보다도 이들이 올린 상소는 국왕의 구언에 따른 응지상소였다는 것이 처벌을 반대하는 주된 이유였다. 응지상소란 나라에 재변이 있을 때 하늘이 국왕의 실정을 경고한다는 의미로 해석해 조정 신료와 백성들에게 군주의 과실과 조정의 잘못을 묻는 관행으로, 상소 내용이 다소 과격하더라도 벌하지 않는 것이 특징이었다. 따라서 대신과 홍문관은 이러한 이유를 들며 처벌을 반대했다. 하지만 이들의 요구는 받아들여지지 않았고, 두 사람은 모두 관직을 삭탈당하고 유배당했다.

박상과 김정의 유배로 신씨 복위 상소 사건은 일단락되는 듯했다. 하지만 불씨는 여전히 남아 있었다. 언로의 확보를 최우선으로 삼아야 하는 대간이 응지상소의 내용을 문제

사헌부 터 사간원, 홍문관과 더불어 언론을 담당하던 삼사(三司)의 하나로, 관리의 부정을 감찰하고 풍속을 바로잡던 관아 터. 국왕의 언행이나 나랏일에 대해 논쟁하고 비리 관원을 탄핵하던 관청. 서울 종로구 세종문화회관 정문 오른쪽에 있다.

삼았다는, 다시 말해서 대간 스스로가 언로를 막았다는 이유 때문이었다. 그리고 그러한 불씨는 이제 갓 사간원에 임명된 조광조로부터 되살아났다. 조광조는 사간원 정언에 임명되자마자 신씨 복위 상소 사건을 처리하는 과정에서 대간 스스로가 언로를 막았다며, 대간 전원의 체직을 요청하고 나섰다. 수면 아래로 가라앉고 있던 사안을 다시금 공론의 장으로 끄집어냈던 것인데, 중종과 대신들은 어쩔 수 없이 이 문제의 시비를 다시 가릴 수밖에 없었다. 그리고 시비의 초점은 상소의 본래 내용보다는 '구언상소를 올린 사람을 벌한 처사'에 맞춰졌다.

처벌을 주도한 양사(兩司)의 관원들은 조광조의 비판에 곧바로 피혐하고 체직되었다. '논박받은 언관은 그 자리에 머물 수 없다.'는 대간의 피혐 관행에 따라 조광조를 제외한 양사의 언관들 모두가 체직된 것이다. 새로이 사헌부와 사간원에 임명된 사람들은 조광조를 지지하는 사람과 이전 대간을 지지하는 사람들로 나뉘어 각자의 의견을 고집했고, 결국 대간끼리 서로 공격하며 피혐과 체직을 반복하는 일이 벌어졌다. 또한 홍문관에서도 조광조와 이전 대간 모두의 주장이 옳다는 '양시론(兩是論)'을 제기해, 신료들은 의견을 통일하지 못한 채 격한 논쟁을 이어 갔다. 시간이 흐를수록 반목이 심해지고 급기야 찬성하는 측과 반대하는 측으로 파벌이 갈리기에 이르자, 중종과 대신들은 이 문제를 결론지어야만 했다. 수차례의 회의를 거듭한 끝에 마침내 중종은 언로의 확보가 사직의 존망과 직결된 문제임을 확인하면서 조광조 측의 손을 들어 주었다. 아울러 박상과 김정도 유배에서 풀려났다.

신씨 복위 상소 사건의 의의는 몇 가지로 정리할 수 있다. 첫째, 이 사건을 통해 조광조를 중심으로 하는 정치 세력이 결집하고, 이후 이들이 언론을 주도해 나가며 조정의 실세로 등장했다는 점이다. 출사 이전부터 명망이 높았던 조광조는 신씨 복위 상소 사건의 판세를 뒤집는 데 결정적인 역할을 담당함으로써, 청요직들의 언론을 이끌어 가는 주론자

사간원 터 사헌부와 함께 대간(臺諫), 사헌부·홍문관과 함께 삼사(三司), 사헌부·형조와 함께 삼성(三省)이라 불렸다. 서울 종로구 삼청동길 경복궁 건춘문 맞은편에 있다.

의 지위도 갖추게 된다. 그리고 그가 주도하는 언론에 청요직 관리들은 물론 대신들까지 동조하면서 응집력 있는 목소리를 내게 되자, 어느덧 조정에서 조광조와 그의 추종자들은 가장 영향력 있는 집단이 되었다. 조광조와 기묘사림은 기성 관료들과 구별되는 새로운 존재들이 재야에서 세력을 형성해 왕의 비호를 받으며 조정으로 진입한 것이 아니라, 이미 출사해 있던 청요직과 대신들 가운데 조광조의 청론에 공감하는 사람들이 결집하면서 형성된 세력이었다.

둘째, 신씨 복위 상소 사건 이후 조광조가 홍문관으로 자리를 옮겨 경연을 주도해 나가며 중종의 신뢰마저 얻기에 이르자 이제 정부 안에서 조광조의 위상을 따라올 자가 없게 되었다. 조광조가 명망이 두터운 도학자로서, 언론을 이끌어 가는 주론자로서, 그리고 국왕의 신임을 받는 총신(寵臣)으로서 모든 지위를 갖추게 되자, 단시일 내에 그를 중심으로 권력이 집중됐던 것이다.

셋째, 신씨 복위 상소 사건을 종결한 조광조의 활약으로 말미암아 청요직들 사이의 담론을 주도하는 중심인물은 청요직 내부의 직급에 기초하기보다 도덕적 권위에 근거한 주장을 제기할 수 있는 인물로 옮겨 갔음이 확인되었다. 다시 말해 청요직들 사이에서 주론자의 역할이 이전보다 훨씬 더 중요해졌다는 것이다. 청요직들이 도덕에 기초한 언론을 제기하며 조정 내 서열 질서를 파괴하던 것과 마찬가지로 청요직 내부에서도 서열 파괴가 일어나고 있었다. 기묘사림의 언론이 격렬할 수밖에 없었던 이유가 여기에 있다. 근본주의적 성향의 목소리들이 지지를 얻는 구조가 정착되었기 때문에 언론이 그만큼 과격해질 수밖에 없었다.

넷째, 조광조의 사례로 말미암아 도덕적 권위를 주장할 수 있는 누군가가 공론을 주도할 수 있다는 사실이 확인되면서, 공론의 조성이 조정의 신료들에게만 국한될 필요가 없다는 주장이 가능해졌다. 도덕적 권위를 가진 재야의 누군가도 공론 형성을 주도할 수 있

사대부들의 필수품인 책장 사대부가에서는 서고를 따로 두어 많은 책을 보관했으며, 항상 가까이 두고 읽어야 하는 책들은 왼쪽 사진과 같은 책장에 보관했다.

는 계기가 마련되고 있었던 것이다. 그리고 공론 형성의 기제가 도학과 밀접해짐에 따라 사대부들의 정치 참여 기회 역시 그만큼 확대될 수 있었다. 그런 의미에서 조광조와 기묘사림의 부상은 결국 조선 사회에서 도학이 단순한 학문 활동을 넘어 하나의 권력으로 자리매김했음을 의미했다.

바로 이 같은 맥락에서 조광조와 그에 동조했던 사람들은 조정에서 강력한 힘을 갖고 그동안 청요직들 사이에서 숙원으로 여겨지던 다양한 현안을 하나씩 들춰 가며 공론이 요구하는 방향대로 바로잡아 가고자 했다. 기묘사림의 개혁 활동이 본격적으로 시작된 것이다.

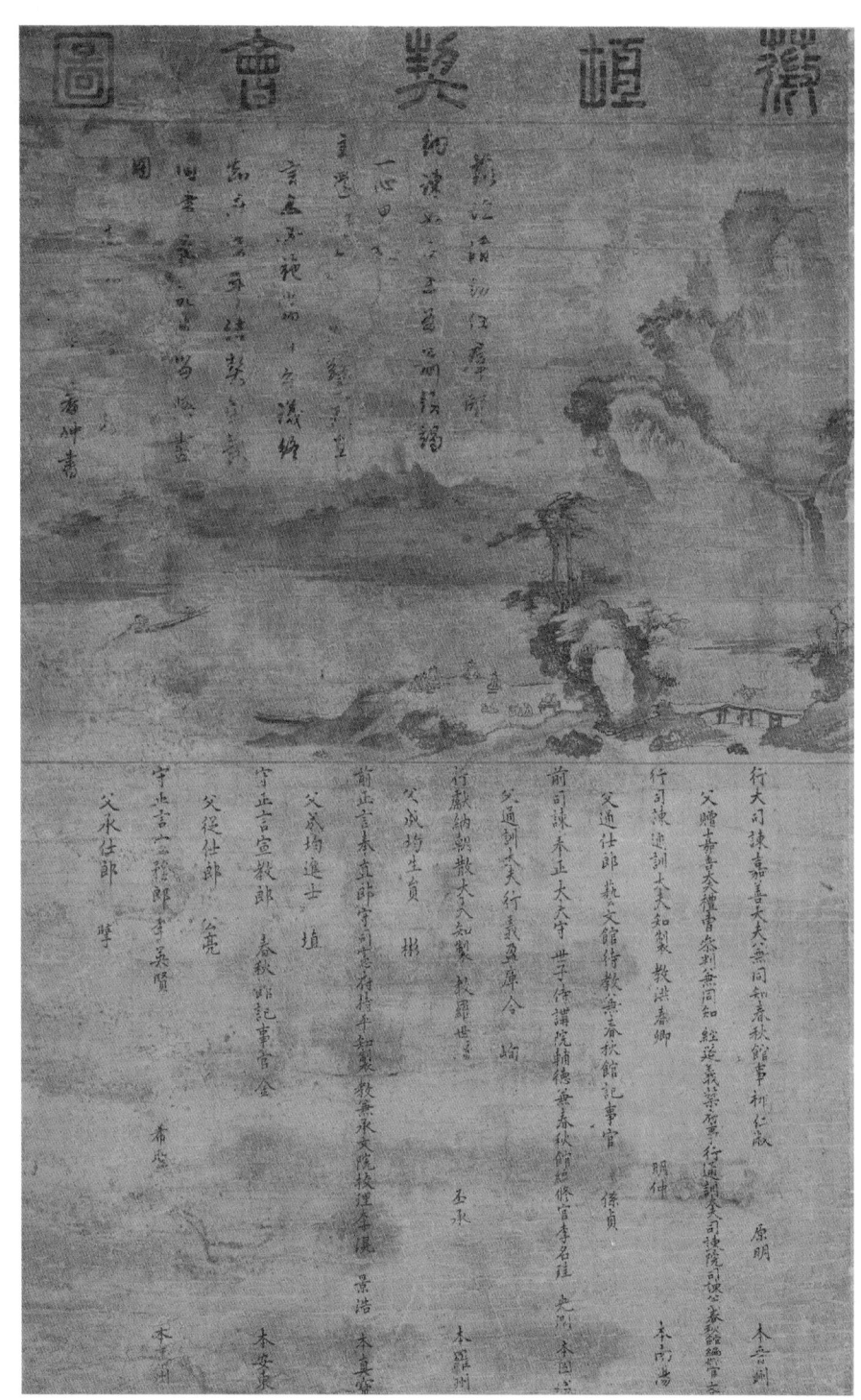

조선 언론인의 친목회 16세기 사간원들의 계회를 그린 「성세창 제시 미원계회도(成世昌題詩薇垣契會圖)」.

동아시아 속의 사士

중국 전국시대 이래 사士, 사대부는 정치적 지배계급인 문무 관료 집단을 가리키다가 송대에 들어와 중요한 변화를 맞는다. 관직의 유무보다 독서인의 자질과 소양이 중시되었다. 포의布衣의 독서인까지 사로 지칭되면서 독서인이 주도적 사회계층으로 부상했다.

이때 과거제는 사람들의 사고방식을 규정하고 인적 네트워크를 구축하는 등 사회의 기저에서 독서인 중심의 사회 운영을 추동하는 거대한 시스템으로 기능했다. 한편 국가의 적극적인 문치주의 정책, 교육 시설 확대, 인쇄술의 발달, 서적의 광범위한 보급 등 문화적 인프라의 구축도 독서인 층의 성장에 영향을 미쳤다.

과거제와 문화적 인프라가 독서인 층을 성장하게 한 물적 기초라면, 성리학은 사가 단순한 독서인을 넘어 더 고원한 이상을 추구하도록 유인하는 기제로 작용했다. 도학의 주창자 정호·정이 형제는 우주에는 모든 생명을 창조하고 지탱하는 '통합적이고 조화로우며 일관된' 과정들이 존재한다고 생각했고, 인간 내부에도 통합적이고 조화로우며 일관된 질서에 필요한 원리들이 있다고 믿었다. 따라서 인간은 자신이 본래 가지고 있는 이理를 의식하고 그에 따라 행동함으로써 통합적이고 조화로우며 일관된 사회를 만들 수 있다고 주장했다. 그런 의미에서 '도학'은 세계의 원리를 이해하고 그것을 적용하는 방법이자, 마음에 내재한 어떤 힘을 사용해 세계를 인식하는 방법이며, 성인의 경전에 담겨 있는 고대의 이상을 이해하고 구현하는 방법이라 할 수 있다. 따라서 사라면 문장의 기교나 과거 합격에 만족해서는 안 되고, 성인과 같은 도덕적 완성을 목표로 삼고 실천해야 하는 존재가 된다.

성리학을 지향하는 사가 건국의 주역인 조선도 과거제를 시행하고 지방 군현에 학교를 세우는 등 문치주의에 입각한 정책을 펼쳤다. 건국 초기에는 사의 성장이 미약했으나, 과거 합격이 유일한 지배층 진입로로 자리매김하면서 식자 능력을 갖춘 사람들이 급속히 늘어났다. 16세기 이래 이러한 경향은 더 두드러져 과거 응시자가 대폭 늘었고, 정규 시험 외의 별시 시행 역시 늘어났다. 시험 관련 서적이 널리 유포되고, 종이 소비도 늘어 중종대에는 새로운 제지법까지 등장했다.

사가 확대되고 도학의 권위가 증대되는 가운데 국가는 산림山林을 우대해 성리학 이념에 입각한 국정 운영을 강하게 표방하기도 했다. '한 번도 과거에 응시하지 않은 사람'이라는 의미가 상징하듯 산림은 오로지 도학에만 정진하는 사람이었다. 그런 산림을 국가가 주목하고 중용할 정도로 사의 정치적·사회적 의미는 매우 컸다. 북학파의 선두였던 연암 박지원이

"천자天子 역시 사原士"라고 한 것도 이 같은 맥락에서 이해할 수 있다. 박지원은 천자는 작위를 가리킬 뿐 신원 자체는 사라고 주장했다. 비록 '원사原士'라는 표현을 쓰고는 있지만, 천자를 사의 범주에 포함했다는 자체가 흥미로운 발상이 아닐 수 없다. 그만큼 조선에서 성리학을 지향하는 고원한 선비로서 사의 존재가 존중된 것으로 보인다.

중국과 조선에 비해 일본의 사 전통은 다소 독특한 양상을 띠고 있다. 일본의 사는 기본적으로 사무라이, 즉 무사 계급을 가리킨다. 일본의 봉건제 핵심 집권층은 상징적 의미가 강한 천황과 실질적 집권자인 바쿠후의 쇼군, 바쿠후의 통제를 받는 전국의 다이묘 등으로 구성되어 있었고, 사무라이들은 이들 쇼군과 다이묘들을 보좌하고 있었다.

따라서 이러한 봉건제하에 중앙 관료를 선발하는 과거제가 시행될 수 없음은 물론, 과거제의 시행으로 나타나는 지식인 계층과 그 문화의 확대도 이루어지기 어려웠다. 또한 전국 군현에 학교를 설치하고 유교 서적을 보급하는 등 문치주의에 입각한 정책도 기대할 수 없는 실정이었다. 에도 시대에는 장기간의 평화 속에 일이 없는 사들이 문文에 관심을 두기도 하고, 또 유학적 사고를 통치에 적용하려는 다이묘도 등장했다. 하지만 지배층 전체를 놓고 볼 때 이러한 사람의 숫자는 극히 소수에 불과했다. 식자층 자체가 매우 적은 상황이었기에 자연히 중국과 조선보다 책값도 비쌌고, 성리학 교설과 사고방식의 사회적 통용도 미약한 실정이었다. 유학을 전공하는 사람들이 다이묘에게 고용되어 그를 보필하는 일도 있었지만, 과거에 합격해 왕의 대리인으로 한 지역을 다스리는 중국과 조선의 관료와는 확연히 달랐다. 그들은 어디까지나 특수한 기능을 습득한 사람에 불과했던 것이다.

중국과 조선에서는 과거제가 자리 잡은 이후 신분의 세습이 확고하게 유지되기 어려웠고, 지배층이 되기 위한 조건이 가문으로부터 학문으로 전환되어 갔다. 현실에서 다소 차이가 있기는 했지만 적어도 사회적 지향만큼은 개인의 학문 능력을 중시하는 분위기였다고 할 수 있다. 이와 비교해 일본에서는 봉건제의 시행으로 사무라이士, 햐쿠쇼농민, 조닌상공인의 철저한 신분 구별 속에서 지배층인 사는 학문을 연마하는 학인學人이 아닌, 자신이 소속된 영지의 주군을 섬기는 무사武士로 존재했다.

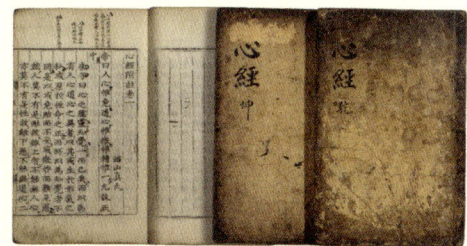

『**심경부주**』 송의 학자 진덕수가 경전과 도학자들의 저술에서 심성 수양에 관한 격언을 모아 편집한 『심경』에 명의 학자 정민정이 주석을 붙인 주석서. 『심경』은 16세기 중엽 중종대부터 널리 알려지기 시작해 도학을 중시하는 조선 사대부들의 필독서가 되었다. 이황은 『심경』을 얻은 뒤 비로소 심학(心學)의 근원과 심법(心法)의 정밀함과 미묘함을 알았다고 토로했다.

3.
기묘한 사화

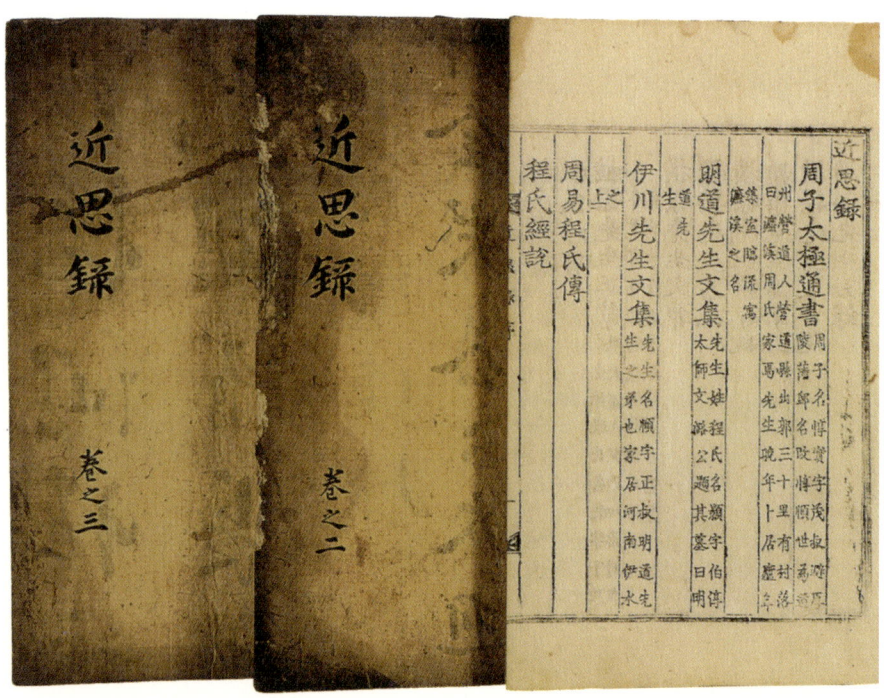

기묘사림의 교과서 『근사록』 주희가 저술한 송대 신유학의 학문 지침서. 고려 말 신유학이 수입될 때 들어왔고, 강조되기 시작한 것은 조선 초기이다. 사장(詞章) 중심 학문을 비판하고 신유학을 깊이 이해하기 시작한 사림에 의해 널리 퍼졌다. 『소학』과 함께 중종대 사림의 상징적인 서적으로 인식되어 기묘사화 후에는 엄격히 금지되기도 했다.

도덕 사회의 건설을 위하여

신씨 복위 상소 사건 이후 조광조를 중심으로 하는 일군의 세력이 형성되며 적극적인 개혁 활동이 이루어지고 있었다. 조광조와 기묘사림의 권력은 단순히 세를 규합하는 데서 오는 것은 아니었다. '낭관권'이라 불리는, 이조전랑銓郎의 청요직 인선에 대한 영향력과 맞물려 있는 것이었다. 중종대에 이르러 청요직 연대는 한층 더 강화되었고, 그 체제 역시 보완되고 있었다. 청요직 연대의 형성에서 성종대가 홍문관을 구심점으로 삼은 인선 체계와 서경·피혐 같은 언론 관행의 적절한 조합을 통해 청요직에 대한 인사권 일부를 확보한 시기였다면, 중종대는 이조의 실무 관료인 전랑들이 후임자를 스스로 천거할 수 있는 후임자 자대권自代權을 확보해 청요직의 인선 전반에 영향력을 미칠수 있게 된 시기였다. 따라서 청요직 인선에서 전랑의 도움을 얻게 된 조광조와 기묘사림은 언론으로 적극적인 개혁을 전개해 나갈 수 있었다.

이른바 기묘사림의 개혁이라는 것은 크게 두 가지 방향에서 시도되었다. 하나는 도덕적 가치의 확산을 추구하는 것으로, 일상의 구석구석까지 성리학적 질서에 바탕을 둔 사회 운영이 이루어지도록 하는 것이었다. 성리서들의 보급, 문묘 종사 운동, 향약의 보급, 사전祀典 체제의 정리, 여악의 폐지 등이 여기에 해당한다.

먼저 기묘사림은 『소학』·『근사록』 등의 성리서를 보급하고, 또 성리학에 조예가 깊은 관료들을 선발해 『성리대전』을 왕에게 강의하기 위한 특별 전담조를 꾸리는 등 성리학의 장려에 힘썼다. 서적을 보급해 성리학 기초 지식을 전파하고 이의 실천을 시도했다. 민간의 풍속이 성리학적 질서에 따를 수 있도록 향약 보급 운동도 추진했다. 이 운동은 성종대부터 드문드문 시행되던 향사례·향음주례 따위 교화책의 뒤를 잇는 것이라 할 수 있다. 기묘사림 가운데 한 사람인 김안국의 교정을 거친 『여씨향약언해』가 팔도에 배포되었고, 얼마 뒤에는 함양과 온양 등지에서 시행된 향약이 민간의 풍속을 교정하는 데 매우 유익하다는 보고가 올라오기도 했다. 이에 중종은 팔도의 감사들에게 향약을 장려하는 전교

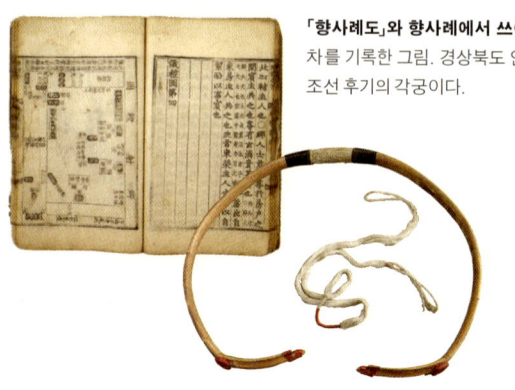

「향사례도」와 향사례에서 쓰이는 활 의례도 가운데 활쏘기 의식인 향사례의 절차를 기록한 그림. 경상북도 안동 예안향교에 전해 내려온 16세기 목판본. 활은 조선 후기의 각궁이다.

를 내리고 급기야 한성에서도 이를 시행하도록 했다. 여악女樂의 폐지 또한 사대부들의 행동을 단속한다는 측면에서 추진되었다. 여악은 궁중의 내연과 외연에서 관기들이 행하는 가무와 풍류인데, 조정 신료들이 관기들과 사통하는 일이 빈번해지면서 물의를 빚곤 했다. 수차례 논란 끝에 '중궁진하연' 같은 내연을 제외하고, 정전正殿에서 베푸는 외연에서는 여악을 폐지하라는 명이 내려지기에 이르렀다.

문묘 종사 운동은 절의와 도덕으로 명망이 높았던 정몽주·김굉필·정여창 등을 문묘에 모심으로써 도학자의 구체적인 전범으로 삼고자 한 노력이었다. 기묘사림은 국초부터 문묘종사 논의가 진행된 정몽주와 도학자로 명성이 높던 김굉필, 정여창의 문묘 종사를 추진했다. 하지만 김굉필과 정여창에 대해서는 반대하는 여론이 만만치 않았다. 조정 대신들은 김굉필과 정여창이 자신들과 연배가 비슷하다는 점과 그들이 조광조 등과 사승관계로 이어져 있었던 점 등 때문에 배향에 부정적이었다. 논란 끝에 정치적 이해관계에서 자유로웠던 정몽주만이 배향될 수 있었다. 하지만 기묘사림의 문묘 종사 운동은 성리학적 세계관을 지향하는 사대부들의 궁극적인 목표인 '성인聖人'에 대한 지향이 조정 내에서 공개적으로 논의되었다는 점과 광해군대에 이루어지는 5현김굉필, 정여창, 조광조, 이언적, 이황 종사의 시발이 되었다는 점에서 의의가 크다.

또한 구래의 비유교적 풍습들을 혁파한다는 의미에서 불교식 제례 가운데 하나인 기신재忌晨齋를 폐지하고 도교 의식 집행 기관인 소격서昭格署를 혁파했다. 기신재와 소격서 폐지 주장은 이전부터 제기되었던 청요직들의 숙원이었는데 조광조 등이 강하게 밀어붙여 마침내 폐지되고 말았다. 폐지 과정에서 약간의 마찰을 빚기도 했지만, 중종은 퇴청하지 않고 밤새 폐지를 청하는 상소를 올리는 조광조 등에게 그만 항복하고 말았다. 기묘사림의 입장에서는 국가의 제례에서 비유교적인 색채를 배제해 유교적 가치를 한층 더 강화하려는 노력이었지만 간곡한 만류에도 폐지를 강행한 것은 조광조에 대한 중종의 신뢰에 금

소격서 터 1392년 11월 고려의 도교 관련 시설인 복원궁(福源宮) 등을 없애고 소격전(昭格殿)만 남겨 둔 뒤 한성 천도 후인 1396년(태조 5) 정월 소격서를 세웠다. 기묘사림에 의해 중종 때 일시 폐지되었다가 임진왜란 이후 완전히 없어졌다. 서울 종로구 삼청파출소 자리에 있었다.

이 가게 하는 계기가 되기도 했다. 기신재와 소격서 제사가 대체로 궁중의 내명부들과 깊게 연관되어 있었기 때문에 소격서 혁파로 중종은 입장이 매우 난처해졌다. 기묘사림에 대한 왕실 여인들의 불만 역시 매우 커졌을 것이다.

개혁의 두 번째 방향은 '누가 정치를 할 것인가' 하는 문제와 관련된 것으로, 성리학에 조예가 깊은 사람을 관료로 선발하고 그렇지 못한 사람들을 퇴출하는 것이었다. 기묘사림은 성리학 이념에 충실한 새로운 인재들을 선발해야 한다고 주장하면서 과거 시험의 한계, 즉 문장을 위주로 하는 시험 방식을 바로잡아 응시자의 성리학 지식과 도덕 수양을 중시하는 현량과賢良科를 시행했다. 현량과는 기본적으로 천거 방식이었는데, 서울에서는 성균관 등 과거에 관한 일을 맡아보던 사관四館과 중추부·육조·한성부·홍문관·사헌부·사간원 등이 예조에 후보자를 천거할 수 있었다. 지방에서는 유향소留鄕所에서 수령에게 천거하면 수령은 관찰사에게, 관찰사는 예조에 전보하도록 했다. 이와 같은 과정을 거친 다음 예조에서는 후보자의 성품·도량·재능·학식·행실과 행적·지조·생활 태도·현실 대응 의식 등을 종합해 의정부에 보고한 뒤, 그들을 전정殿庭에 모아 왕이 참석한 자리에서 대책對策을 통해 최종 선발하도록 했다.

이 같은 절차에 따라 1519년 4월 13일 추천된 120인의 후보자들을 근정전에 모아 시험해 김식과 박훈 등 28인을 최종 선발했다. 현량과의 시행은 조선 왕조 최초의 천거과라는 의의와 함께 도학에 소양을 가진 사람이 정치를 해야 한다는 점을 시험제도를 통해 선언했다는 점에서 매우 상징적인 사건이라고 할 수 있다.

현량과의 시행이 누가 정치할 것인가라는 질문에 하나의 기준을 마련한 것이라면, 위훈 삭제僞勳削除는 반대로 정치에 참여해서는 안 되는 부류의 기준을 제시한 것이었다. 사실 위훈 삭제 문제는 조광조 진출 이전에도 이미 제기된 바 있다. 반정 초반 대간에서는 아무런 공로도 없는 자들이 뇌물과 인적 관계를 통해 공신에 책봉된 사례를 지적하면서 이를 바로잡을 것을 요청한 바 있다. 그러나 삼공신이 정권을 장악하고 있었기 때문에, 그리고 지지 세력 없이 권좌에 오른 중종의 불안 심리로 말미암아 대간의 의견은 받아들여지지 않았다. 하지만 조광조와 기묘사림은 중종의 신임을 굳게 믿고 자칫 민감할 수 있는 문제를 다시 제기했다.

> 세월이 오래 지나기는 했으나, 정국공신에 참여한 자 중에는 폐주(廢主)의 총신(寵臣)이 많은데, 그 죄를 논하자면 워낙 용서되지 않는 것입니다. 폐주의 총신이라도 반정 때에 공이 있었다면 기록되어야 하겠으나, 이들은 또 그다지 공도 없습니다. 대저 공신을 중히 여기면 공을 탐내고 이(利)를 탐내어 임금을 죽이고 나라를 빼앗는 일이 다 여기서 말미암으니, 임금이 나라를 잘 다스려지게 하려면 먼저 이(利)의 근원을 막아야 합니다.
> ─『중종실록』권37, 1519년 10월 25일

중종반정 이후에는 김공저·박경의 옥사, 이과의 옥사, 박영문의 옥사 등 일종의 의사(擬似) 역모 사건이 연이어 일어났다. 반정 이후 아직 민심이 정리되지 않은 상태에서 조정에 대한 불만이 반역으로 바뀌어 정국을 요동치게 했던 것이다. 이때 이들을 고발한 사람들은 공신에 책봉되거나 국가로부터 상을 받아 하루아침에 부귀영화를 누리게 되었다. 중종은 사실 여부 자체를 판별하기보다 고발한 사람과 취조한 사람들을 적극적으로 포상함으로써 왕권을 안정시키고자 했다. 조광조 역시 김공저·박경의 옥사에서 그들과 교유하고 있었다는 이유로 조사를 받기도 했는데, 이 사건의 고변인이 다름 아닌 심정과 남곤이었다. 이들 사이의 악연이 시작되는 시점이기도 하다.

조광조 등은 이러한 사회 분위기를 일소하려면 무엇보다도 정국공신의 책봉 과정에서 무리하게 공신에 속한 사람들을 정리하는 작업이 필요하다고 생각했다. 즉 심정, 남곤 등을 그냥 내버려 두면 이익을 추구하는 것이 풍속이 되고 결국 하지 못할 일이 없게 될 것이라는 판단이었다. 조광조와 기묘사림은 아무런 공도 없이 공신에 책봉되어 조정에서 녹을 먹는 자들의 거짓된 공훈을 삭제해 그 부당함을 드러내는 한편, 사대부들로 하여금 잘못된 이익을 추구하는 것에 경종을 울리고자 했다.

이처럼 기묘사림의 개혁 정치는 조선을 성리학 이념이 철저하게 적용된 세상으로 만드는 데 집중되어 있었다. 왕을 도학자로 만들고, 성리학적 풍토가 정착할 수 있는 기반을 조성하며, 그러한 작업이 제대로 이루어질 수 있도록 도학적 식견을 가진 사람들을 관료로 선발하고 그렇지 못한 사람들을 퇴출하려 했다. 하지만 기묘사림의 이러한 시도는 정치적 이해관계가 엇갈린 사람들의 반발을 사게 되었고, 급기야는 중종마저 조광조에 대한 신임을 거두게 만들었다. 그리고 조광조에 대한 중종의 신임이 철회되는 시점에서 기묘사화가 일어나게 되었다.

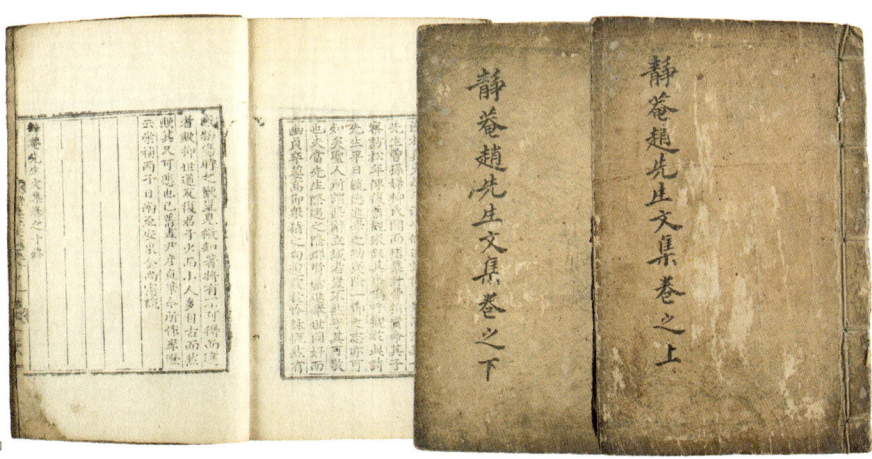

『정암 조 선생 문집』

기묘사화,
그 끝나지 않는
이야기

조광조와 그를 추종했던 사람들이 일군의 세력으로 결집하고는 있었지만, 이를 곧바로 정치 세력으로 분류하기에는 곤란한 측면이 있다. 만약 기묘사화가 일어나지 않았다면 이들 가운데 일부는 대신과 재상으로 승진한 뒤, 후배 청요직들의 비판과 견제를 받았을 것이다. 실제로 기묘사림들에게 비판을 받았던 재상들 가운데 신용개, 정광필, 김응기 등은 성종대 후반에서 연산군대까지 강개한 언론을 제기하던 청요직의 일원이었으며, 김응기는 최고의 성리학자로 인정받던 사람이었다. 심지어 기묘사화의 주모자인 남곤과 심정 역시 조광조와 대립하기 전까지는 청류로 분류해도 무방한 인사들이었다.

다시 말해서 청요직을 거쳐 대신과 재상에 오르는 인사 구조상 성종대 이후 고위직에 오른 문신 관료들은 기본적으로 젊은 시절 강개한 언론으로 명망을 쌓거나 최소한 청요직들의 물의物議에 배척되지 않는 사람들이었던 것이다. 조정 내에서 도덕과 도학의 명분을 독차지한 청요직 연대가 구축되면서, 젊어서는 강직한 언론을 제기하다가 재상에 오르면 후배 청요직들의 강직한 언론을 허용하는 구조가 형성되었던 것이다. 연산군이 사화를 일으켜 그것을 부정하고자 했으나 결국 실패했고, 중종반정 이후 이 구조가 재개되어 그들 가운데 일부가 대신으로 성장해 가고 있었다.

하지만 조광조가 등장하면서 분위기가 다소 달라졌다. 처음으로 청요직들의 정치 세력화 양상이 나타나기 시작했다. 이에 조광조 등으로부터 배척받던 자들은 조광조와 기묘사림을 붕당朋黨으로 간주했다. 그리고 조광조를 왕안석王安石에 빗대며 견제했다.

이렇듯 도학적 가치와 질서가 구현되는 세상을 만들려는 조광조와 기묘사림의 거침없는 행보는, 기왕의 구습을 없애고 새로운 사회를 건설해 간다는 측면에서 적지 않은 반향을 일으켰지만, 결국 붕당이라는 혐의를 받으며 곤란을 겪게 된다. 게다가 위훈 삭제처럼 특정 인사들을 배제하려는 움직임이 본격화되면서 혐의가 현실화되고 안팎의 거센 반발에 직면했다. 여전히 정치적 실권은 조광조와 기묘사림에게 있었지만 이들을 비난하는 목

왕안석 중국 북송 때의 문필가이자 정치인. 1069~1076년에 신법(新法)으로 일컬어지는 개혁 정치를 실시했다. 보수파의 발발로 황제(신종)에 의해 좌천되자 정치 일선에서 물러났다.

소리가 커지면서 뭔가 일어날 것 같은 긴장감이 조정 안에 팽배해졌다.

> 어느 날 조광조·김식·김정·김구 등이 모여 얘기하고 있었는데 최수성이 불쑥 들어와서는 인사도 하지 않은 채 "노천老泉,김식아, 술 한 그릇만 다오." 하기에 술을 주니, 시원히 마시고는 "내가 부서진 배를 탔다가 물에 빠질 것 같아 매우 두려웠는데 한잔 마시고 나니 두려움이 가신다."라고 말하고는 다시 인사도 없이 나가 버렸다. 좌중이 그를 괴이하게 여기니 조광조가 말하기를, "부서진 배란 우리를 말한 것이다." 했다.
>
> ―『대동야승(大東野乘)』,「병진정사록(丙辰丁巳錄)」

동료 최수성의 기이한 행동을 통해 이들이 당면하고 있던 위기를 엿볼 수 있는데, 자신들의 처지를 '부서져 곧 침몰할 배'로 표현한 부분이 눈에 띈다. 조광조와 기묘사림에 대한 반발이 그만큼 거세어 이들 또한 위기의식을 느끼고 있었던 것이다. 실제로 기묘사화가 일어난 1519년에는 조광조 등에게 반감을 품은 자들의 저항이 직접 표출되는 사례가 잦았다. 그해 2월에는 정부와 궁궐에 익명서를 매단 화살이 여러 차례 날아 들어왔는데, 대체로 '조광조 등이 현량과를 통해 입사한 인사들과 연대해 구신舊臣들을 제거할 것이다.'라는 내용이었다. 또한 3월에는 김우증의 옥사가 일어났는데, 정국공신 김우증이 공신전功臣田이 축소된다는 소문을 듣고 '조광조 등이 정국공신들을 모두 내치기 전에 이들을 제거해야 한다.'라며 가까이 지내는 사람들과 의견을 주고받다가 고발되면서 일어난 사건이었다.

그럼에도 불구하고 조광조와 기묘사림의 거센 언론은 쉽사리 그치지 않았다. 조광조가 권신權臣이 아니라는 점을 여기서 확인할 수 있다. 조광조는 당대 청의淸議를 대변하는 공론 정치의 상징이었을 뿐 결코 세력화를 추구하지도 않았고 추구할 수도 없는 위치에 있

서연을 마치고 세자(훗날의 인종)가 강학의 춘추를 마친 기념으로 중종이 39명의 서연관들에게 베푼 연회를 기록한「중묘조서연관사연도(中廟朝書筵官賜宴圖)」. 세자 시절이 없었던 중종은 서연에 나가 본 적이 없었으므로 아들이 더욱 대견했을 것이다.

었다. 그가 사적으로 권력을 모으는 순간 그는 청의의 구심점 역할을 상실하기 때문이다. 실제로 조광조는 형조판서로 재직하면서 앞서 언급한 김우증 사건을 역모가 아닌 난언亂言으로 처리했는데, 그 같은 처사로 청요직들로부터 탄핵을 당하지 않을까 우려하고 있었다. 즉 조광조의 권력은 청요직들의 공론을 대변한다는 위치에서 말미암은 것이었다. 그렇기 때문에 강직한 언사로 자신들이 위태로워질 수도 있다는 사실을 알면서도 그것을 그만둘 수 없는 것이 조광조의 위치이기도 했다. 따라서 이들의 거침없는 행보는 결국 자의가 아닌 타의로 멈추게 된다.

조광조와 기묘사림의 권력을 제지한 것은 뜻밖에도 그들을 전폭적으로 신뢰하던 중종이었다. 사실 중종은 조광조가 왕권을 반석에 앉혀 주리라는 판단에서 그를 발탁했다. 물론 중종이 도학자로서의 조광조의 학식과 인품, 그리고 이상을 향한 열정에 매혹되기도 했지만, 그보다 더 중요한 것은 불안한 자신의 왕좌를 안전하게 지키는 일이었다. 자고 일어나 보니 왕이 된 중종으로서는 그럴 수밖에 없었다. 그에게는 세자 시절도 없었고, 그렇기에 세자로서 받아야 했던 서연書筵의 자리 한 번을 갖지 못했다. 그랬던 그가 어느 날 갑자기 왕이 된 것이다. 신하들이 입혀 준 곤룡포에 익선관을 쓰고 즉위를 했지만, 왕이 되는 과정에서 그가 했던 일은 아무것도 없었다. 따라서 안건을 처리할 때마다 삼공신의 의중을 살펴야 했고 심지어는 함께 즉위했던 부인마저 내쳐야 하는 수모를 당했다. 어쩌면 국왕의 자존심을 생각할 겨를도 없었을 것이다. 즉위 직후부터 시작된 역모 사건은 잊을 만하면 다시 일어나 긴장의 끈을 놓을 수가 없었다. 게다가 도덕과 도학의 명분을 전유한 청요직들이 언론을 통해 국정의 한 축을 담당하면서 조정은 시끄럽지 않은 때가 없었다. 대신들의 불법과 비리를 탄핵하는 상소가 끊이지 않았고, 윤허를 받지 못한 언관들이 고집스럽게 피혐과 사직을 요청하며 자신들의 의견을 관철하려 했다. 삼공신의 사후에는 그 정도가 더 심해졌다. 대신들 또한 행여 언관들로부터 탄핵이나 당하지 않을까 눈치를 보며

「왕세자입학도(王世子入學圖)」 『왕세자입학도첩』 중 세 번째 장면인 「왕복도(往復圖)」. 왕세자가 『소학』과 『주자가례』를 배울 수 있는 나이에 이르면 입학례를 치르고 배움을 청한다.

방관하는 모습을 보일 뿐이었다. 시간이 흐르면서 이전보다는 조금 여유가 생기고 국왕으로서의 체통도 갖추어 갔지만, 여전히 불안감을 떨쳐 버리기는 쉽지 않은 상황이었다.

조광조는 바로 그런 상황에서 중종에게 선택되었던 것이다. 믿고 따를 만한 사람을 간절히 바라던 중종은 도학자 조광조에게 완전히 매료되었다. 그가 하자는 일이면 무엇이든 했고 그것이 자신의 권좌를 튼튼히 하는 일일 것이라는 생각에 조금도 의심을 품지 않았다. 그러나 중종은 소격서 혁파와 위훈 삭제를 추진하는 조광조를 보면서 자신과 그의 길이 다를 수도 있다는 사실을 깨달았다. 조광조를 신임하면 할수록 국왕인 자신의 권위보다는 도덕과 도학의 권위가 높아졌으며, 그것은 다시 자신의 권력을 제약했다. 간혹 성군이라는 소리를 듣기는 했지만, 자신이 손에 쥘 수 있는 실질적인 힘은 아무것도 없어 보였다. 결국 중종은 조광조와 기묘사림으로 대표되는 청요직 연대가 통제할 수 없는 권력이라는 사실을 깨달으며 현실적인 길을 선택했다. 그리고 그 선택의 결과 기묘사화가 일어났다.

『중종실록』을 조금만 자세히 살펴보면 기묘사화를 이끌어 가는 주인공이 중종임을 알 수 있다. 남곤·심정·홍경주 등이 조작한 '조광조가 왕이 된다.'는 '주초위왕走肖爲王'과 같은 참요讖謠에 속아 하루아침에 조광조를 내친 것이 아니었다. 중종은 밀지密旨를 직접 써서 남곤 등에게 전달하며 이들을 제거할 동조자를 규합하고 있었다.

> 임금이 신하와 함께 신하를 제거하려고 꾀하는 것은 도적의 모의에 가깝기는 하나, 간당이 이미 이루어졌고 임금은 고립해 제재하기 어려우니 함께 꾀해 제거해서 종사를 안정하게 하려 한다.
> ―『중종실록』 권37, 1519년 12월 29일

중종이 손수 썼다는 밀지의 일부이다. 남곤 등은 이 밀지를 가지고 재상과 대신들을 만나며 동조자들을 규합했는데, 김전·성운·이항 등이 동참 의사를 밝혔다. 영의정 정광

신무문 경복궁의 북문. 평소 음기가 강하다고 여겨져 좀처럼 열리지 않았다. 이 문이 열리면서 기묘사화가 시작되었다.

필은 이를 거부했다. 그러나 계획을 철회할 수는 없었다. 소문이 돌아 결국 대간의 귀에 모의 사실이 들어가기라도 하는 날엔 자신들의 입지 자체를 보장할 수 없었기 때문이다. 결국 남곤 등은 1519년 11월 14일 새벽에 경복궁의 북문인 신무문으로 몰래 들어가 기묘사화를 일으켰다.

> 입대했던 여러 사람이 모두 두렵고 놀라운 일로써 임금을 크게 놀라게 하고, 이어 속히 선전관과 금오랑을 부장으로 삼아 군사를 거느리고 당인*들을 잡아 궐문에 와서 주살하도록 주청했다.
> ―『기묘록보유(己卯錄補遺)』「이장곤전(李長坤傳)」

중종을 비롯해 기묘사화를 꾸민 자들의 계획은 조광조를 비롯한 기묘사림의 핵심 구성원들을 궁궐로 잡아 온 다음 그 자리에서 주살하는 것이었다. 마치 계유정난 당시 수양대군이 왕명을 빌려 대신들을 궐 안으로 불러들인 다음 반대파들을 숙청했던 모습을 연상케 한다. 사헌부·사간원·홍문관 등 삼사와 청요직은 물론 이조판서^{신상}와 병조판서^{이장곤}, 그리고 좌의정^{안당}에 이르기까지 조정 대부분이 조광조에게 호의적인 인사들로 채워져 있던 상황에서, 이들을 제거할 방법은 처음부터 그리 많지 않았다. 조정 회의를 열어 이들을 제거할 수도 없었고, 무력을 동원하기도 어려웠기 때문에 일종의 친위 쿠데타와 같이 한밤중에 왕명으로 이들을 잡아들여 그 자리에서 제거하려 했던 것이다.

하지만 중종과 남곤 등의 계획은 처음부터 어긋나기 시작했다. 조광조에게 우호적이었던 병조판서 이장곤이 재상들도 모르게 죽일 수는 없다고 굳게 저항하며 남곤과 홍경주를 압박하자, 중종은 한발 물러나 영상 정광필을 비롯한 대신들을 소집했다. 그러나 재상들과 대신들은 중종의 처사를 비판하면서 오히려 조광조를 구하는 데 적극적으로 나섰다. 특히 정광필은 조광조 등으로부터 재상의 체모를 갖추지 못했다는 비난을 들어 왔

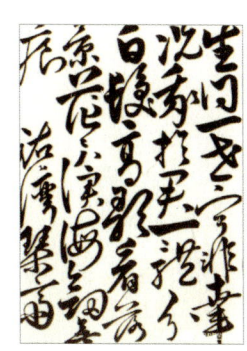

이장곤의 필적 이장곤은 병조판서로서 심정, 홍경주 등에게 속아 기묘사화에 가담했다. 그러나 이들의 목적이 조광조를 비롯한 신진사류의 숙청임을 알고 이들의 처형을 반대했다. 이 때문에 심정 등의 미움을 사서 결국 관직을 삭탈당했다.

음에도 불구하고, 누구보다 앞장서서 조광조가 사지에 빠지는 것을 막았다. 조광조의 거침없는 행보는 실제로는 중종이 조장했다는 것이 정광필의 기본적인 생각이었다. 아울러 연산군대 두 번에 걸쳐 일어난 사화로 그와 같은 정치적 폭력은 더 이상 일어나서는 안 된다는 인식도 있었다. 군주가 일부 신하와 야합해 은밀하게 신하들을 제거하는 것은 정당한 행동이 아니라는 것이다. 어쨌든 정광필 등의 반대에 힘입어 조광조는 간신히 목숨을 부지한 채 유배 길에 오르게 된다.

그러나 이번 사건은 그쯤에서 그칠 수 있는 일이 아니었다. 이미 밀지까지 써서 조광조를 제거하려 했다는 사실이 만천하에 공개된 이상 중종으로서는 어떻게 해서든 이 일을 자신이 원래 의도했던 대로 매듭지어야 했다. 자칫하다간 조광조와 같은 충신을 제거하려 했다는 비난 속에 그동안 어렵사리 키워 온 자신의 권위가 송두리째 날아갈 수도 있었다. 이에 중종은 인사 이동이라는 방법으로 조광조 등의 제거를 다시 추진해 나갔다. 사화를 주모했던 남곤을 이조판서에 임명하고 남곤이 추천한 인사들로 대간을 구성했다. 그리고 대간으로 하여금 조광조가 진행하던 개혁들의 부당함을 지적하며 이들을 처벌해야 한다는 여론을 조성해 나갔다. 이어 현량과 합격자가 취소되는 가운데 기묘사림과 조광조에게 우호적인 인사들이 하나둘씩 탄핵을 받고 쫓겨났다. 급기야 조광조를 옹호하던 정광필마저 중종으로부터 면박을 받고 체직되기에 이르렀다.

이제 조정 안에서 조광조를 비호해 줄 사람은 더 이상 남아 있지 않았다. 그리고 그것은 조광조의 죽음과 기묘사림의 실각을 의미했다.

임금 섬기기를 어버이 섬기듯 했고	愛君如愛父
나라 걱정하기를 집안 걱정하듯 했네.	憂國如憂家
광명한 저 태양이 세상을 굽어보며	白日臨下土

조광조 적려유허비 조광조는 기묘사화를 당해 지금의 광주광역시 근처인 능주로 유배되었다가 그 해 겨울에 사약을 받았다. 전라남도 화순군 능주면 남정리. 전라남도 기념물 제41호.

밝디밝게 나의 충심을 비춰 주네.　　　　　　　昭昭照丹衷

　조광조가 사약을 받고 죽으며 남긴 절명시이다. 짧지만 강렬했던 자신의 삶을 돌아보며, 비록 억울하게 죽지만 그래도 최선을 다한 인생이었음을 담담하게 고백하고 있다. 한편 기묘사화가 일어나고 조광조가 귀양길에 올랐을 때 동료들이 그에게 이번 사건에 중종이 깊이 개입했음을 알려 주었다고 한다. 그러나 조광조는 '임금께서 그럴 리가 없다.'며 그 말을 믿지 않고, 남곤과 심정의 농간이라고 생각했다. 그만큼 중종에 대한 조광조의 믿음은 절대적이었다. 하지만 그것은 조광조만의 생각이었다. 통제되지 않는 권력을 용인하지 않으려 했던 중종의 입장을 미처 다 이해하지 못했던 것이다. 당시 사대부들은 이런 조광조의 처지를 매우 안타까워하고 있었다. 조광조의 죽음에 대한 안타까움의 말들이 사람들 사이에서 오르내릴 때에, 성세창이라는 사람이 조광조를 꿈속에서 만나 시 한 수를 얻어들었다고 한다.

해 질 녘 하늘은 먹빛처럼 어둡고　　　　　　日落天如墨
깊은 산 골짝은 구름 낀 듯 아득하네.　　　　山深谷似雲
임금과 신하의 천년 의리여!　　　　　　　　君臣千載義
처량하도다! 한 무더기 외로운 무덤뿐일세.　惆愴一孤墳

　먹구름이 가득한 하늘과 깊은 산속 골짜기의 무거운 이미지를 통해, 천년만년 변치 않아야 할 군신 간의 의리를 배반당한 조광조의 상실감을 읊은 시라고 할 수 있다. 차마 말은 못 하고 죽었지만 조광조의 서운함이 이렇지 않았을까 하는 당시 사람들의 안타까움이, 아니면 조광조는 끝까지 중종을 의심하지 않더라도 모든 상황을 지켜보아야 했

성세창의 시 성세창은 기묘사림과 친했으나 기묘사화가 일어나자 신병을 이유로 파주 별장에 은거하면서 화를 면했다. 이후 홍문관 직제학, 경상도 관찰사, 성균관 대사성 등을 역임하고 명종대에는 우찬성에 올랐다. 을사사화(1545) 때 황해도 장연으로 유배되었다가 죽었다. 글씨는 「성세창 제시 미원계회도(成世昌題詩薇垣契會圖)」(71쪽)의 일부.

던 당시 사람들의 착잡한 심정이 성세창의 꿈속에 투사된 것으로 여겨진다. 중종이 조광조를 기용하다가 헌신짝처럼 버렸다는 인식이 당시 사대부들 사이에 널리 퍼져 있었던 것이다.

서글픈 이야기는 조광조에만 그치는 것이 아니었다. 김식은 조광조가 사약을 받았다는 소식을 접하고 유배지를 탈출해 망명 길에 올랐다가 결국 거창 인근에서 목을 매었고, 김정과 기준은 유배 길에 양해를 얻어 잠시 모친을 만나러 갔던 일이 배소 이탈로 몰려, 거의 죽음 직전에 이르렀다가 겨우 목숨을 부지했다. 그러나 2년 뒤에 일어난 안처겸의 옥사로 죄가 더해져 마침내 자진하게 된다. 한충 역시 안처겸 옥사 때 모진 고초를 당하다가 옥중에서 목 졸려 죽은 채 발견되었다. 안처겸은 남곤과 심정을 죽여야 한다고 불만을 토로하다가 역도로 몰렸다. 그 결과 안처겸 본인은 모진 고문 끝에 처형되었고, 부친 안당을 비롯해 많은 기묘사림 또한 희생되었다. 게다가 이 일로 기묘사림은 역도라는 누명까지 뒤집어쓰게 되었다.

살아남은 자 역시 고통 가운데 있기는 매한가지였다. 기묘사화 직후 조광조를 보호하기 위해 노력하던 유운은 조정에서 쫓겨난 뒤 연일 과음하며 괴로워하다가 세상을 떠났고, 조선 중기 명필 중의 한 사람인 김구는 무려 15년 동안이나 유배 생활을 하다가 풀려난 지 1년 만에 사망했다. 조광조와 가장 가까운 친구였던 이자는 기묘사화 당시 온화한 성격 덕에 파직에 그치는 가벼운 처벌을 받았으나, 남은 인생을 슬픔 가운데 보냈다.

> 슬프다. 이 어찌 사람의 계획이 잘못된 것일까? … 때로 술을 얻으면 몹시 마시고 십여 일씩 일어나지 않으니, 양치질하고 빗질하는 것을 오랫동안 폐하여 티끌이 손톱에 가득하다. … 신하 되어 잘한 일이 없어 죄가 쌓이고 쌓여 헐뜯고 욕하는 것이 만 가지나 되건만, 오히려 능

음애 이자 묘역 이자는 조광조와 함께 개혁 정치를 펴다가 기묘사화 때 파직되어 이 지역에 은거하던 중 54세로 생을 마쳤다. 경기도 용인시 기흥구.

히 입을 벌려 먹을 것을 기다리고, 사람을 향해서 말하고 웃으니, 어찌 완고하고 추한 물건이 아니겠는가?
- 『음애일기(陰崖日記)』

기묘사화 이후 충주로 퇴거해 살던 이자가 죽음이 얼마 남지 않은 상황에서 그간의 삶을 돌아보며 지은 글이다. 사람들과의 접촉을 피하며 은거하는 와중에, 폭음으로 10여 일씩이나 몸을 주체하지 못하는 생활을 하며 먼저 간 동지들을 향한 안타까움과 미안함으로 연명하는 쓸쓸한 모습이다.

기묘사화는 이처럼 수많은 사람의 처절한 이야기를 남기며 사대부들의 가슴속 깊이 자리 잡아 갔다. 기묘사화의 상처를 간직한 사람 중에는 성수침처럼 국왕의 부름에도 응하지 않고 남은 생을 향촌에 머물며 독서에 전념하는 처사형 학자도 있었다. 조광조의 제자이기도 했던 그의 처사적 삶은 척신들이 장악한 조정에 출사하기를 꺼린 탓이기도 했지만, 결국 조광조를 버린 군주에 대한 불신이 관료로 사는 삶보다는 '성인'을 지향하는 도학자의 삶을 선택하게 했던 것으로 보인다. 조광조에 대한 성수침의 회한은 그의 아들인 성혼과 그 친구 이이 등에게 전해지며 조광조와 기묘사림에 대한 추모의 불씨가 됐다. 그리고 그 불씨는 선조대 척신 정치의 종식과 더불어 타오르게 된다.

흥미로운 사실은 조광조와 기묘사림의 권력 형성에 기본적인 동력을 제공한 청요직 연대가 기묘사화 이후에도 없어지지 않았다는 것이다. 물론 명종대까지 이어지는 외척 권신들의 집권기를 거치는 과정에서 청요직들의 활동도 위축되는 측면이 있었다. 하지만 청요직은 관료 조직의 근간을 이루는 것이었기 때문에, 그리고 권신과 척신들도 청요직들의 협력을 받아야 했기 때문에 미약하나마 청요직 연대의 분위기를 이어 갈 수 있었다. 그러다가 선조대 정치 여건이 개선되면서 다시 적극성을 띠게 된다. 그리고 청요직 연대의 부

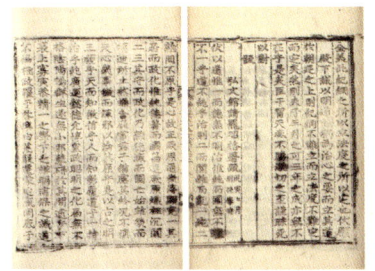

기묘사림을 본받자! 김굉필, 정여창, 조광조, 이언적 등 사현(四賢)의 행적과 문헌을 모아 편찬한 『국조유선록』. 1570년 선조가 기묘명현의 도학과 지치(至治)의 정치를 본받기 위해 부제학 유희춘에게 명해 편집하도록 했다.

활은 대간 언론의 적극적인 활성화와 함께 도덕과 도학을 주장하는 또 다른 조광조와 기묘사림의 출현을 예견케 하는 것이었다.

소위 '사화의 시대'라 불리는 16세기에는 이처럼 도덕과 도학을 추구하는 청요직들의 적극적인 언론 활동을 통해 한편으로는 정치 구조의 변화가 이루어지고 있었고, 다른 한편으로는 사의 정체성에 대한 자각이 본격적으로 이루어지고 있었다. 그 과정에서 조광조와 기묘사림은 도학자의 표상으로 상징되면서 사대부 사회의 정신적 자산으로 자리매김해 가고 있었다.

중국은 양명학, 유럽은 프로테스탄트

왕수인(1472-1528) 호는 양명이다. 명 중기의 대표적 철학자이자 유학자. 양명학파의 시조로 후진을 양성하고 명 사상계에 큰 영향을 끼친다.

16세기는 '역사적'이다. 역사적이라는 말은 어떤 사건이 발생해 과거와 질적으로 단절된 미래를 열었을 때에만 사용될 수 있는 용어다. 그러니까 역사적 사건이 발생한 다음, 우리는 원하든 원치 않든 그 사건이 일어난 과거로 다시는 돌아갈 수 없는 법이다. 그렇지만 16세기는 특이하다. 동아시아와 유럽, 유라시아의 양 끄트머리에서 같은 정신사적 사건이 앞다투어 발생했기 때문이다. 객관주의의 몰락과 주관주의의 대두가 그것이다. 16세기 유럽에서는 천여 년간 유럽인의 내면을 지배하던 가톨릭이 퇴조를 보이고, 프로테스탄티즘이 힘을 얻기 시작한다. 같은 시기 동아시아, 특히 중국에서는 주자학을 대신해서 양명학陽明學이 태동한다.

여기서 객관주의와 주관주의라는 말에 설명이 필요하다. 편하게 이해하자면, 객관주의는 인간 외부의 세계에 필연적인 법칙이 있어서, 세계와 제대로 관계하려면 그 법칙을 따라야 한다는 주장이다. 반면 주관주의는 인간 자신이 세계에 법칙을 부과하는 존재라는 주장이다. 객관주의적 경향은 세계가 안정적인 질서로 유지될 때 강화되고, 주관주의적인 경향은 세계가 낯설거나 불안정할 때 대두하곤 한다. 당연한 일이다. 안정된 세계에 산다면, 그냥 그 세계의 법칙이나 규범을 따라서 살면 된다. 반대로 불안정한 세계라면 우리는 그 세계에 자신이 생각한 법칙을 부과해야만 한다.

객관주의적 사유가 안정된 농업 공동체에서 강하게 나타나고, 주관주의적인 사유가 유목민, 여행자, 혹은 상인들에게 강하게 나타나는 것도 다 이유가 있었던 셈이다. 16세기 유라시아의 양 끄트머리를 살펴보면 우리는 새로운 움직임이 발생하고 있다는 것을 파악하게 된다. 그것은 상인 계층의 등장과 그에 따라 확대되었던 그들의 정치적·사회적 영향력이다. 그러니까 이미 삶의 차원에서 16세기 이전에도 변화는 지속되었던 것이다. 단지 그 변화가 16세기 들어 인간의 내면에까지 영토를 넓혔을 뿐이다.

객관주의니 주관주의니 하고 이야기하고 있지만, 16세기에는 말할 필요도 없는 합의 사항이 존재했다. 바로 모든 것을 지배하는 절대자의 존재다. 그것이 기독교처럼 인격적인 신일 수도 있고, 유학에서처럼 비인격적인 태극太極일 수도 있다. 가톨릭이든 프로테스탄든 기독교 사유는 신(God)이라는 존재를 부정하지 않고, 주자학이든 양명학이든 유교적 사유는 태극 혹은 이(理)의 존재를 부정하지 않는다. 객관주의적 사유 경향은 객관을 거쳐야만 절대자의 뜻이나 법칙을 알 수 있다는 입장이고, 반대로 주관주의적 사유 경향은 객관을 거칠 필요도 없이 자신의 마음을 통해 절대자의 그것을 파악할 수 있다는 입장인 셈이다.

그러니까 16세기의 지적 변화를 이해하는 객관주의나 주관주의라는 용어는 조심스럽게 쓸 필요가 있다. 정리하자면, 외부 세계의 법칙을 알아야 신의 뜻을 안다는 입장, 혹은 사물의 법칙을 알아야 전체 법칙을 지배하는 하나의 법칙, 즉 태극을 파악할 수 있다는 입장, 바로 이것이 가톨릭과 주자학으로 대표되는 16세기의 객관주의다. 반대로 외부 세계나 사물들을 거치지 않고도 자기 마음을 통해 신의 뜻이나 태극의 원리를 이해할 수 있다는 것이 바로 당시 새롭게 대두하던 프로테스탄티즘과 양명학이 표방한 주관주의적 사유 경향이라 할 수 있다.

객관적 질서를 긍정하는 탓인지 가톨릭과 주자학은 중앙집권적 체제를 신이나 태극의 명령이라고 긍정한다. 가톨릭에서 교황의 권위가 절대적인 자리를 차지하는 것도 이런 이유에서인지 모를 일이다. 반면 프로테스탄티즘과 양명학에서 중앙집권적 체제는 절대적인 필연이라기보다는 역사적인 우연에 가까운 것이었다. 이런 주관주의적 경향에서 중요한 것은 절대자와 자신의 마음뿐이었기 때문이다. 프로테스탄티즘의 경우 개인이 성경이나 기도를 통해 교황의 개입 없이 신과 접촉할 수 있다고 믿었던 것도 이런 이유에서다.

가톨릭에서 프로테스탄티즘으로의 이행에 대해서는 많은 사람이 잘 알고 있을 것이다. 그래서 여기서는 잠시 16세기 유라시아 동쪽 끝에서 펼쳐진 객관주의에서 주관주의로의 이행, 그 익숙하지 않은 풍경을 구체적으로 살펴보자.

주자학과 양명학 사이의 차이를 가장 극적으로 보여주는 것은 사서 중 하나인 『대학』에 등장하는 '격물치지(格物致知)'라는 구절에 대한 상이한 해석이라고 할 수 있다. '물(物)을 격(格)해서, 앎을 이룬다.'는 뜻이다. 결국 '물(物)'이란 명사와 '격(格)'이라는 동사를 어떻게 해석하느냐가 관건인 셈이다.

장 칼뱅(1509~1564) 프랑스 출신의 종교개혁가. 1535년(중종 30) 프랑스 국왕 프랑수아 1세가 프로테스탄트를 박해하자 스위스의 바젤로 피신해 복음주의의 고전이 된 『크리스트교 강요(綱要)』를 썼다. 이후 제네바의 종교개혁에 투신해 신정정치 체제를 수립하고 루터보다 한층 더 근본적인 프로테스탄트 사상인 칼뱅주의를 확립했다.

주자학의 창시자 주희는 '격'을 '궁리窮理'라고 독해한다. 이치를 철저하게 파악한다는 의미다. 그래서 주희에게 격물치지는 '사물의 이치를 철저하게 파악해 앎을 이룬다.'는 의미가 된다. 그렇지만 양명학의 창시자 왕수인은 '격'을 전혀 다르게 해석한다. '격'이란 글자에 '자격'이라는 의미가 있는 것에 주목한 왕수인은 '격'을 '바르지 않은 것을 바르게 한다.'는 뜻을 가진 '정기부정正其不正'으로 이해한다. 그래서 왕수인에게 격물치지는 '바르지 않은 것을 바르게 해서 앎을 이룬다.'는 뜻이 된다.

이런 해석 차이 때문에 물物의 의미도 심각하게 달라진다. 주희에게 '물'은 내 마음과 무관한 객관적인 사건이나 사물을 가리킨다. 반면 왕수인에게 '물'은 '바를 수도 있고, 바르지 않을 수도 있는 것', 그러니까 이미 인간적 가치가 부여된 것일 수밖에 없다. 한마디로 말해 그것은 객관적인 사물과는 전혀 무관한 것이다. 왕수인이 평상시 "마음 바깥에 사물은 없다心外無物."라고 강조했던 것도 이런 이유에서다. 모든 것은 마음 안에 들어와 있다는 것이다. 그러니 어떻게 나와 무관한 객관적인 사물이 있을 수 있겠는가?

자신의 주저 『전습록傳習錄』에서 왕수인은 주희를 비판하면서 말했다.

"무릇 각각의 개별적 사물에서 이를 구한다는 것은 가령 부모에게서 효의 이를 구한다는 말과 같다. 부모에게서 효의 이를 구한다면 효의 이理는 과연 내 마음에 있는가, 아니면 부모의 몸에 있는가?"

이제야 우리는 왜 왕수인이 '격'을 '바르지 않은 것을 바르게 한다.'로 해석했는지, 그리고 '물'을 나와 관련된 것이라고 말했는지 이해하게 된다. 부모를 모시는 데 불효한 것이 바로 '바르지 않은 것其不正'이라면, 이런 바르지 않은 것을 '바로잡아正' 효를 행하는 것이 바로 '격물'이었던 것이다.

외부의 사물로부터 내면의 마음으로 시선 돌리기, 즉 주자학에서 양명학으로의 변화는 이렇게 일어난 것이다. 결국 중요한 것은 바로 내 마음이다. 내 마음이 바르지 않으면 그것을 바로잡으면 된다. 이런 강한 주관주의적 경향은 부를 축적하는 데 성공하며 등장한 상인 계층에게 크게 환호를 받을 수밖에 없었다. 누구

왕수인의 글씨 「정방서(鄭邦瑞)에게 보내는 편지」. 일본에 소장되어 있다.

나 마음만 바로잡으면 성인聖人이 될 가능성이 열린 것이다. 특히 전통적으로 사농공상의 말단에 있다고 천대받던 상인들에게 이보다 기쁜 일이 어디에 있겠는가?

농사를 짓는 사람에게 춘하추동 사계절의 법칙은 너무나 중요하다. 그 법칙을 어기고서 어떻게 농사에 성공할 수 있다는 말인가? 반면 상인들에게는 객관적인 법칙보다는 주관적 결단이 더 중요한 법이다. 무엇을 팔 것인지, 어디 가서 사고팔 것인지, 그리고 가격을 어떻게 책정해야 하는지, 이런 주체적인 결단에 목숨을 거는 계층이 바로 상인들이니까 말이다.

양명학에 환호했던 또 하나의 계층도 상인처럼 개인적 결단을 강조하는 사람들이었다. 그들은 농부처럼 안정된 문신文臣들이 아니라 상인처럼 불안정한 전쟁에 뛰어들어 매사 신속하게 결단할 수밖에 없는 무신武臣들이었다.

중앙집권적이고 객관적 질서를 중시했던 사람들, 즉 관료, 관료 후보자들, 혹은 농민들은 주자학과 공명하는 경향을 강하게 띤다. 반면 상인 계층이나 무신들처럼 다원적이고 주체적인 역량을 긍정하던 사람들은 양명학에 깊은 호감을 피력하곤 했다. 분명히 16세기 이후 조선과 일본의 사상사적 경향을 변별해 주는 요소도 없을 것이다. 문신과 농민의 정치적 우월성을 강조했던 조선은 개항 때까지 집요하게 주자학적 사유를 고집했지만, 무신과 상인이 강한 사회적 영향력을 행사했던 일본은 개항 때까지 양명학적 사유를 면면히 이어 갔다.

16세기에 유라시아 대륙 양 끝에서 자본주의를 예감하는 주관주의적 사유 경향이 대두하게 된 것은 흥미로운 사실이다. 프로테스탄티즘과 양명학, 그것은 정착민적 사유에서 유목민적 사유로의 이행이라고 말할 수도 있고, 농민적 사유에서 상인적 사유로의 이행이랄 수도 있다. 실제로 20세기에 들어서면 독일의 막스 베버Max Weber가 『프로테스탄티즘 윤리와 자본주의 정신Die Protestantische Ethik und der Geist des Kapitalismus』을 출간하고, 중국의 위잉스余英時가 『중국 근세 종교 윤리와 상인 정신中國近世宗教倫理與商人精神』이란 책을 출간해 이 문제를 탐구한 것도 다 이유가 있었던 셈이다.

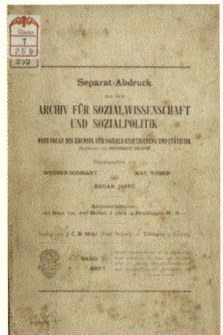

『프로테스탄티즘 윤리와 자본주의 정신』 1934년본 표지
자본주의 발전과 프로테스탄티즘을 연관지은 막스 베버의 대표작. 구원의 징표를 합리적 금욕주의에서 찾는 프로테스탄티즘이 자본주의 발전을 촉진했다는 주장을 펴서 전 세계 사상사에 큰 영향을 끼쳤다.

16세기의 창 窓 A Graphic View of History

성리학 국가 조선의 국토 비망록

『신증동국여지승람』

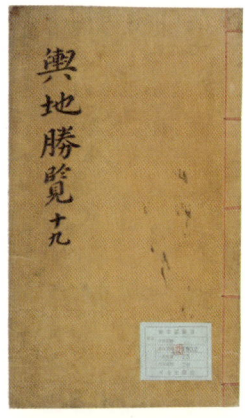

『신증동국여지승람』

분량	55권 25책
발간연도	1530년 (중종 25)
제작기간	1481~1530년 (50년간)
편저자	이행, 윤은보, 신공제, 홍언필, 이사균

동람도

『신증동국여지승람』에는 '팔도총도'라는 이름의 전국 지도 1장과 팔도의 도별 지도 8장 등 총 9장의 지도가 수록되어 있다. 이들 지도의 판심에는 '동람도(東覽圖)'라는 표기가 있어 흔히 그 이름으로 통칭된다. 이 지도들은 이전 시기에 제작된 「혼일강리역대국도지도」의 조선 지도와는 형태나 내용면에서 큰 차이를 보인다.

『신증동국여지승람』의 구성

 서문

 팔도총도

 경도: 1~2권

 한성: 3권

 개성: 4~5권

 경기: 6~13권

 충청도: 14~20권

 경상도: 21~32권

 전라도: 33~40권

 황해도: 41~43권

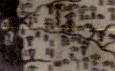 강원도: 44~47권

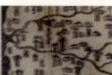 함경도: 48~50권

 평안도: 51~55권

● '팔도총도(동람도)'에 포함되지 않은 지역(경도, 한성, 개성)은 「팔도총도」의 해당 부분으로 표시했다.

「팔도총도」

도입부에 수록된 지도로 산천사전제(山川祀典制, 산천에 대한 제사 규범)에 따라 제사를 행하던 대상들이 주로 그려져 있다. 지도가 전체적으로 일그러져 있는데, 이 비현실적인 모습에 16세기적인 『신증동국여지승람』의 비밀이 숨겨져 있다. 그 비밀을 다음 장에서 확인하기 바란다.

각 지방별 수록 내용

건치연혁(建置沿革) 고을의 간략한 역사.

군명(郡名) 고을의 이름.

토산(土産) 고을의 산물.

봉수(烽燧) 봉화를 올리던 곳.

명환(名宦) 고을의 이름난 관료.

불우(佛宇) 사찰.

학교(學校) 향교나 서원.

풍속(風俗) 예부터 전해 오는 유행과 습관.

형승(形勝) 경치가 좋은 곳.

관방(關防) 군사 요충지.

제영(題詠) 유명한 시문.

인물(人物) 고을이 배출한 유명 인물.

사묘(祠廟) 사당과 문묘.

창고(倉庫) 고을의 세곡을 저장하던 곳.

고적(古跡) 옛날의 유적.

산천(山川) 산과 내.

성곽 고을의 읍성과 산성.

누정(樓亭) 누대와 정자.

역원(驛院) 역마와 숙박을 제공하던 곳.

궁실(宮室) 궁궐과 관청 건물.

성씨(姓氏) 고을의 성씨로 토착 성과 외부에서 들어온 성씨를 포함.

『신증동국여지승람』은 국가적 사업으로 수십 년에 걸쳐 만들어진 16세기의 대표적인 인문 지리서이다. 조선에서는 세조대를 거치면서 통치 기반이 확고해지고 자연스럽게 유교 문화가 정착되기 시작했다. 이에 지리지의 편찬 의도도 15세기와는 달라져 갔다. 15세기에는 실용성을 강조했다면 『신증동국여지승람』에서는 유교적 덕목과 관련된 내용의 비중이 커졌다.

『신증동국여지승람』은 어떻게 만들어졌을까?

15세기의 대표적인 지리지 『세종실록지리지』에 이어 1478년(성종 9) 양성지가 『팔도지리지』를 편찬했다. 1481년 성종은 이 책에 동국시문(東國詩文, 우리나라 문사들의 시문)을 첨가해 『동국여지승람』을 편찬토록 했다. 성종대와 연산군대에 걸쳐 『동국여지승람』을 수정하고 중종대에 증보해 1530년(중종 25) 55권으로 새롭게 펴낸 것이 『신증동국여지승람』이다.

	『세종실록지리지』 1454년	『팔도지리지』 1478년	『동국여지승람』 1481년	『신증동국여지승람』 1530년
편저자	변계량, 맹사성, 권진, 윤회, 신장	양성지	노사신, 강희맹, 서거정	이행, 윤은보, 신공제, 홍언필, 이사균
분량	8권 8책	8권	35권	55권 25책

15세기 지리지와 비교하면

「혼일강리역대국도지도」

『세종실록지리지』를 비롯한 15세기의 지리지들은 행정, 국방 등을 위한 실용적인 목적으로 제작되었다. 반면 16세기를 대표하는 인문 지리지 『신증동국여지승람』은 자세한 국토 정보보다는 성리학적 명분 질서를 강조하는 내용과 시문을 주로 담고 있다.

『세종실록지리지』

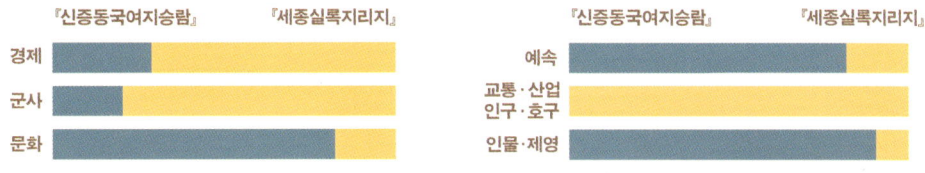

『신증동국여지승람』의 기록을 비문에 담고 있는 제주 한남리 정씨열녀비 정씨는 목마를 담당하던 몽골인 관리의 부인으로, 1374년 목호(牧胡, 몽골인 관리)의 난 때 고려 진압군의 군관이 강제로 취하려 하자 이를 거부하고 끝내 절개를 지켰다. 이를 조선이 높이 보고 정려한 것이다. 이민족인 몽골인 남편을 위해 수절한 여인에게 최고 수준의 국가적 표창을 한 것은 혈연을 강조하는 민족주의적 시각에서는 낯설다. 그러나 보편적 인륜을 강조하는 성리학적 시각에서는 똑같은 열녀로 인정한다. 성리학 이념은 혈연적·지연적 한계를 뛰어넘었던 것이다. 1834년(순조 34) 제주 목사 한응호가 망실되었던 정려문과 비석을 다시 세웠다.

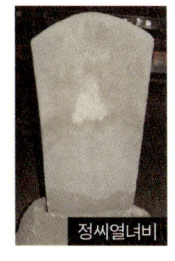

정씨열녀비

『신증동국여지승람』을 보는 여덟 가지 키워드
「팔도총도」에는 왜 금강산이 없을까

Q1 압록강
왜 압록강의 유로가 두만강의 유로보다 더 북쪽에 그려져 있을까?

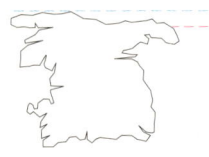

Q2 소략한 내용
왜 수록된 내용들이 주요 산과 강, 섬들로 매우 소략할까?

Q3 바다
왜 동해, 서해, 남해가 육지에 표기되어 있을까?

Q4 섬
왜 지도 전체에서 섬들의 비중이 높게 그려져 있을까?

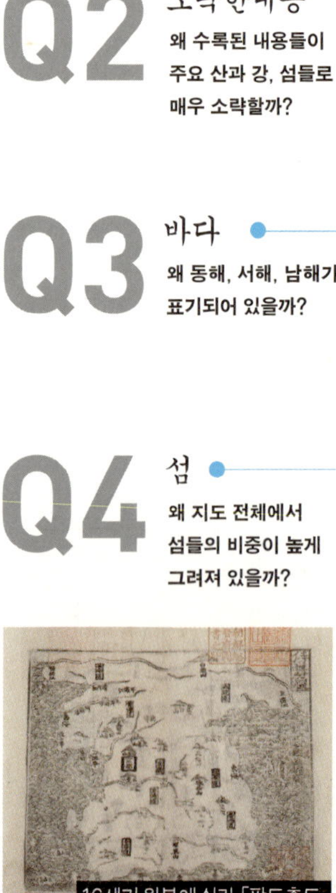

16세기 원본에 실린 「팔도총도」

여기 『신증동국여지승람』의 「팔도총도」가 있다. 지도에 그려진 산을 보면, 맨 위에 민족의 영산인 백두산이 있고 삼각산(북한산), 계룡산, 지리산 등이 보인다. 낯선 우불산, 주흘산, 금성산, 비백산 등도 있다. 그러나 명산으로 알려진 금강산, 설악산, 한라산 등은 보이지 않는다. 예로부터 명산의 대표격인 금강산이 빠진 이유는 무엇일까? 제작자의 단순한 실수일까? 수십 년간의 교정을 거쳤으니 그럴 가능성은 없다. 바로 이 질문 속에 『신증동국여지승람』의 비밀을 여는 코드가 숨어 있다.

Q5 금강산
왜 금강산, 한라산 등과 같은 명산이 빠져 있고 우불산, 주흘산 같은 생소한 산은 그려져 있을까?

Q6 독도
왜 독도가 울릉도의 서쪽에 그려져 있을까?

Q7 쓰시마
왜 일본 땅인 쓰시마(대마도)가 포함되어 있을까?

Q8 납작한 모양
한반도는 왜 실제보다 위아래로 짓눌린 듯한 형상을 하고 있을까?

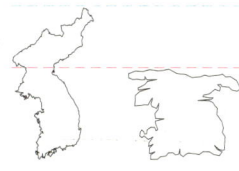

16세기 이후에 제작된 「팔도총도」

「팔도총도」에 관한 여덟 가지 풀이

금강산은 국가의 제사를 지내는 산이 아니다

A1 왜 압록강의 유로가 두만강의 유로보다 더 북쪽에 그려져 있을까?
전반적으로 북방 지역에 대한 정보나 지식이 부족한 데서 비롯한다. 조선 전기의 전도들에는 대부분 북방 지역을 압축하여 압록강과 두만강이 거의 평행으로 그려졌으며 그다지 많은 정보가 담기지 못했다.

A2 왜 수록된 내용들이 주요 산과 강, 섬들로 매우 소략할까?
이 지도는 전국의 행정망을 표현하려는 것이 목적이 아니라, 전 국토에 대한 이념적 지배를 상징적으로 표현한 것이다. 이 지도에 표현된 산과 강들은 모두 전통적으로 신성하게 인식된 산과 강으로 이들에 대한 제례 체계를 국가적으로 갖춤으로써 전 국토를 지배하고 있다는 점을 표현한 것이다.

A3 왜 동해, 서해, 남해가 육지에 표기되어 있을까?
당시 바다의 신은 중간 규모의 제사인 중사(中祀)로 중시되었는데, 강원도, 전라도, 황해도에 제단이 설치되어 있었다. 그리고 지도의 해당 위치에 동해, 서해, 남해 등으로 표기되어 있다. 즉 바다의 신에게 제사 지내는 제단이 있는 곳에 동해, 서해, 남해라고 각각 써 넣었던 것이다.

A4 왜 지도 전체에서 섬들의 비중이 높게 그려져 있을까?
우리 강역의 대략적인 영역을 나타내려는 의도에서 비롯된 것이다. 비록 절대적인 위치나 방향 등에서 오류가 있지만 육지뿐만 아니라 도서 지방까지 강역으로 분명하게 인식했던 상황을 보여 준다.

국가의 제사를 지내는 산들

국가의 제사로는 대사(大祀), 중사(中祀), 소사(小祀)가 있다. 대사는 종묘와 사직에 지내는 제사를 말한다.

지리산

중사를 지내는 산들
중사는 바다, 산악, 하천의 신을 기리는 제사다. 바다에 대한 제사는 동해, 남해, 서해에서 지내고, 산악에 대한 제사는 지리산, 삼각산, 송악산, 비백산에서 지낸다. 또 하천에 대한 제사를 지내는 곳은 한강, 압록강, 두만강 등이다.

남산

소사를 지내는 산들
소사는 명산과 대천의 신을 기리는 제사다. 명산은 치악산, 계룡산, 죽령산, 주흘산, 목멱산, 오관산, 감악산 등이고 대천은 양진명소, 장산곶, 덕진명소 등이다.

A5 왜 금강산, 한라산 등과 같은 명산이 빠져 있고 우불산, 주흘산 같은 생소한 산이 그려져 있을까?

지도에 수록된 내용은 유교적 의례에 따라 국가적 차원에서 제사를 지내던 곳으로 한정되어 있다. 조선 초기에 확립된 산천사전제에 따르면 해(海, 바다) · 악(嶽, 산악) · 독(瀆, 하천)의 신은 중간 규모의 제사인 중사(中祀), 명산과 대천의 신에게는 작은 규모의 제사인 소사(小祀)를 드리게 되어 있다.

A6 왜 독도가 울릉도의 서쪽에 그려져 있을까?

「팔도총도」는 조선 강역의 대략적인 범위를 보여 주는 데 초점이 맞춰져 있다. 지도는 동해상에 울릉도와 우산도가 있는 곳이 조선의 강역임을 명시적으로 표현하려 했다.

A7 왜 일본 땅인 쓰시마(대마도)가 포함되어 있을까?

고려 말 조선 초 몇 차례에 걸쳐 쓰시마 정벌이 있었으며 당시 쓰시마 정벌의 당위성을 설명할 때에는 이곳이 원래 우리 땅이었다는 언설이 있었다. 또한 쓰시마는 제주도와 함께 조선의 양발로 인식되기도 했다.

A8 왜 「팔도총도」에서 한반도는 실제보다 위아래로 짓눌린 듯한 형상을 하고 있을까?

책의 판형상 가로가 길고 세로가 좁았기 때문에 판형에 최대한 지도를 넣기 위하여 이러한 형태를 취한 것으로 보인다.

『신증동국여지승람』

임꺽정의 무대로 알려진 고석정 강원도 철원군에 있는 고석정은 임꺽정이 활약한 것으로 알려진 전국 곳곳의 활동 무대 가운데 하나다. 잇따른 사화와 훈척의 전횡으로 조선 중기 사회는 큰 혼란에 빠졌다. 이 혼란을 뚫고 나온 민중의 항거 가운데 가장 대표적인 것이 임꺽정의 난이었다.

02 흔들리는 조선 사회

1562년

희대의 도둑이 잡혔다. 그들의 우두머리는 백정 출신의 임꺽정이라는 자였는데, 조선 정부는 그를 단순한 도적이 아니라 반란군의 수괴로 지목해 처형했다. 임꺽정 무리는 황해도의 산간 지대에 근거지를 두고 동에 번쩍 서에 번쩍 하면서 관아와 부호를 공격하고, 얻은 재물은 가난한 백성에게 나눠 준다고 해서 의적으로까지 불렸다. 그들은 심지어 한성에까지 출몰하여 전옥서를 공격할 계획까지 세웠다. 공권력을 무시하고 기득권 계층을 적으로 삼은 이들을 정부가 반란 세력으로 규정한 것도 무리는 아니었다.

그러나 임꺽정 세력이 활개 치던 명종대의 역사를 기록한 『명종실록』은 뜻밖에도 그들이 도적 노릇을 한 것이 그들 자신의 죄가 아니라 왕정의 죄라고 전대의 왕실과 정부를 신랄하게 비판하고 있다. 요즘처럼 주기적인 정권 교체가 가능한 민주주의 체제에서야 현 정권이 지난 정권을 비판하는 것은 얼마든지 있을 수 있지만, 세습으로 이어지는 왕정 체제에서 이런 일이 어떻게 가능했을까?

『명종실록』은 선조대에 편찬되었다. 선조대는 역사적으로 사림이 승리를 쟁취한 시대로 알려졌다. 그리고 명종의 앞 시대인 중종대에는 조광조를 중심으로 한 기묘사림이 의욕적으로 개혁을 추진하다가 기묘사화로 철퇴를 맞았다. 중종의 뒤를 이은 인종은 과거의 어느 임금 못지않게 도학 정치에 관심을 갖고 지치에 따른 통치를 펴고자 했지만, 건강이 좋지 않아 제대로 뜻을 펴 보지도 못하고 삶을 마감했다.

인종의 뒤를 이은 국왕이 바로 명종이다. 명종대는 명종 자신보다도 어머니인 문정왕후의 시대로 더 많이 인식된다. 문정왕후의 치세에서 마지막 사화인 을사사화가 일어났고 임꺽정의 난도 일어났다. 수많은 사람이 목숨을 잃거나 유배를 떠났고 백성의 삶은 피폐하기 짝이 없었다. 세조가 훈척의 세력화를 조장한 이래 공공의 선보다는 사익 추구를 더 밝히는 훈척 세력의 폐단이 가장 극성을 부린 시대가 바로 문정왕후의 치세였다. 적어도 선조대의 사림은 이전 시대를 그렇게 기억했고, 그래서 선대에 반란군 수괴로 규정된 임꺽정을 변호하며 그 시대의 왕정을 극렬하게 비난할 수 있었던 것이다.

문정왕후가 사망한 뒤 명종은 뒤늦게 사림을 등용해 자신만의 정치를 해 보려고 했으나, 남명 조식이나 퇴계 이황 같은 거유들은 한사코 관계에 진출해 국왕을 돕는 것을 꺼렸다. 문정왕후의 치세가 남긴 부정적인 영향이 그토록 컸던 것이다.

임꺽정을 낳은 문정왕후 치세의 가장 큰 폐단은 공납에서 비롯되었다. 공납은 왕실과 정부가 사용할 물건을 직접 전국의 군현에 배당해서 각 지역의 특산물로 거둬들이는 수취 체제였다. 이것만 해도 백성의 부담이 만만치 않은데 중앙에 도사리고 있는 훈척은 훈척대로, 지방의 수령과 아전들은 그들대로 사익을 추구하며 공납의 근간을 흔들어 댔다. 특히 공납을 대신 내 주고 나중에 이자를 쳐서 받아내는 방납의 폐단은 극심했다. 과중한 공납과 이자에 시달린 백성들은 집과 땅을 잃고 유리걸식하다가 임꺽정 같은 산적이 되기도 했다. 『명종실록』의 사관이 정확하게 표현하고 있는 것처럼 그 시대의 백성들은 모이면 도적이고 흩어지면 양민이었다.

훈척 세력은 이런 사회 경제적 파탄을 아랑곳하지 않고 지방 관아와 결탁해 토지를 넓히며 농민의 생활 터전을 빼앗았다. 지도층이 공공성과 도덕성을 상실한 조선 사회는 거세게 흔들릴 수밖에 없었다.

1.
흔들리는 정치

명종의 시대가 열리다 명종은 중종대 비빈 간의 암투 끝에 이복형인 인종의 뒤를 이어 왕위에 올랐다. 하지만 그의 치세에는 암투의 그림자가 드리워져 있었다. 명종이 서총대(창덕궁 후원에 쌓은 석대와 정자)에서 관리와 군사들을 사열하고 있는 모습을 그린 「명묘조서총대시예도(明廟朝瑞蔥臺試藝圖)」.

을사사화가 4대 사화의 대미를 장식하다

중종 말년의 정국은 왕위 계승 문제를 둘러싸고 불안한 양상을 띠고 있었다. 중종의 합법적 후계자인 세자가 정해져 있었지만, 세자의 배경이 되어 줄 친모 장경왕후 윤씨는 진작 세상을 떠났다. 게다가 세자는 후사를 두지 못해 왕위 승계에 안정감을 주지 못했다. 여기에 중종의 제2계비인 문정왕후 윤씨는 중전의 지위를 확고히 하면서 자기 아들인 경원대군을 지원해 왕위 계승을 넘보고 있었다. 친정 오라버니들인 윤원로·윤원형이 문정왕후를 지원했다.

이처럼 중종대 후반의 정국은 세자의 외숙부로서 세자를 보호하려는 윤임 일파와 문정왕후를 배경으로 경원대군을 지원하는 윤원형 일파가 대립하는 양상이었다. 당시 사람들은 윤임 세력을 대윤大尹이라 하고 윤원로·윤원형 형제를 소윤小尹이라 불렀다. 양측은 서로를 공격하면서 인사권을 둘러싸고 각축을 벌였다. 윤원형 형제와 결탁한 이기, 임백령 등은 중종을 부추겨 세자를 경원대군으로 바꾸려고 시도하기도 했다.

중종 말년에 들어 중앙 정계에 사림이 다시 등장해 꾸준히 성장하고 있었다. 이들은 대윤과 소윤 사이에서 명분상 세자를 보위하는 대윤의 입장을 지지했고, 따라서 문정왕후·소윤 일파와 첨예하게 대립했다. 훗날 을사사화가 일어났을 때 소윤과 더불어 많은 사림이 희생당한 배경이 여기에 있다.

중종은 대윤과 소윤의 갈등을 봉합할 의지와 능력이 없는 상태에서 세상을 떠났고, 세자가 인종으로 즉위하면서 대윤이 득세했다. 윤임을 둘러싼 세력 중에는 인종을 세자 시절부터 보위하던 사람이 많았다. 따라서 인종이 재위한 8개월간 사림은 중앙 정계로 많이 진출했다. 또한 인종은 성리학에 밝은 군주로서 즉위한 이듬해 기묘사화로 폐지된 현량과를 복구하고, 조광조 등 기묘명현을 신원伸冤, 억울하게 입은 죄를 풀어 줌해 주었다. 그리하여 명분상 인종을 지지했던 사림의 정치적 위상은 상당히 높아졌다.

인종이 성종 못지않은 호학의 군주인 데다 사림의 정치적 영향력이 조금씩 커지고 있

인종의 글씨 1520년(중종 15)부터 25년간 세자의 자리에 있던 인종은 성품이 온화하고 조용하며 효심이 깊고 형제간의 우애가 돈독했다. 화려한 치장을 한 시녀를 궁 밖으로 내쫓을 만큼 검약한 생활을 한 것으로도 유명하다. 학문을 좋아했고, 글씨 또한 당대의 명필이었다. 조선 왕조 국왕들의 친필을 담은 『열성어필첩(列聖御筆帖)』에 실려 있다.

어서 그대로 가면 기묘사화로 중단된 도학 정치가 다시 꽃필 수 있다는 기대감이 커졌다. 다만 인종의 후사가 없다는 것이 정치적 불안 요인이었다. 그런데 문제가 생겼다. 중종이 세상을 떠난 지 1년도 지나지 않은 1545년 6월부터 인종의 병환이 위독해진 것이다. 인종은 이질 증세가 계속 이어지면서 음식을 제대로 먹지 못하고 눈에 띄게 쇠약해졌다. 의원들이 진찰해 처방을 내리고 제관(祭官)을 보내어 사직, 종묘, 소격서, 명산, 대천에서 옥체의 회복을 기도하게 했지만 별다른 차도가 없었다. 인종은 자신이 병석에서 일어나지 못할 것을 짐작했다. 마지막 순간이 다가오자 영상, 좌상 등 대신들을 불러들여 명령을 내렸다.

"내 병세가 더하기만 하고 줄지는 않으니 마침내 일어나지 못할 것이다. 그러므로 이제 경원대군에게 전위하노라."

후사가 없는 인종의 뒤를 경원대군이 잇는 것은 당연한 일이었다. 그해 인종이 죽고 12세 어린 나이의 경원대군이 명종으로 즉위하자 대윤과 소윤의 갈등은 새로운 양상으로 전개되었다. 명종이 즉위한 직후에는 인종 재위 때처럼 대윤의 정치적 영향력이 우세했다. 사림도 명분과 정통을 내세우며 대윤을 지지하고 소윤을 견제하려 했다. 이러한 조정의 상황을 급변케 한 것이 바로 그해 일어난 을사사화였다.

당시 사실상의 집권자는 명종이 아니라 그의 모후인 문정왕후였다. 명종의 나이가 어렸기 때문에 문정왕후가 수렴청정했기 때문이다. 문정왕후는 중종 말기의 어지러운 분위기를 쇄신하고 안정적인 국정 운영을 해 나가겠다고 밝혔다. 그런데 조정 대신들은 중종과 인종을 승하하게 한 원흉으로 문정왕후의 오빠인 윤원로를 지목하면서 그를 처벌하라고 요구했다. 문정왕후는 이를 거부했지만 신하들이 포기하지 않는 바람에 어쩔 수 없이 윤원로를 전라도 해남으로 유배 보내야 했다. 문정왕후는 이 사태의 배후에 윤임이 있다고 확신해 보복의 의지를 다졌다. 이처럼 수렴청정 초기부터 대윤과 소윤의 갈등은 언제든 다시 불붙을 소지가 있었다.

문정왕후의 태릉 중종의 두 번째 계비 문정왕후의 무덤. 문정왕후는 중종 옆에 묻힐 마음으로 희릉(장경왕후릉) 옆에 있던 중종의 정릉을 선릉 옆으로 옮겼다. 하지만 새로 옮긴 정릉의 지대가 낮아 홍수 피해가 자주 일어나자 본인은 결국 현재의 위치에 묻혔다. 왕비의 단릉(單陵)으로는 규모가 웅장해 그녀가 얼마나 큰 권력을 누렸는지 짐작케 한다. 서울 노원구 화랑로. 사적 제201호.

문정왕후는 윤원형에게 밀지를 내려 윤임 등을 처벌하라는 상소를 올리게 했다. 그에 따라 그해 8월 병조판서 이기가 윤임·유관·유인숙 등 3인의 잘못을 지적하는 상소를 올렸다. 문정왕후는 기다렸다는 듯이 대소 신료를 소집해 윤임의 흉악한 생각을 지적하면서 종사와 관련된 사안으로 다스릴 것을 지시했다. 윤임을 가혹하게 처벌할 수 있는 구체적이고 확실한 증거를 만들어 내라고 독촉하는 것이나 마찬가지였다. 그에 따라 윤임은 유배, 유인숙은 파직, 유관은 체직을 당했고 이로써 사안은 마무리되는 듯했다. 그러나 이것은 더 큰 정변의 시작일 뿐이었다.

윤임 등 3인의 처벌이 확정된 뒤 여기에 이의를 제기하는 여론이 계속 일어났다. 그때 정순붕이 윤임을 사형에 처하라는 상소를 올렸다. 윤임이 중종대에 문정왕후를 시해하려 했고, 유언비어로 정국을 불안하게 만들었다는 것 등이 근거였다. 그러자 일은 걷잡을 수 없이 커졌다. 윤임이 봉성군[1]을 옹립하려 했다는 편지가 공개되면서 윤임 등 3인의 죄목은 종사를 전복하려 한 반역으로 확정되었다. 또한 인종이 승하할 당시 윤임이 자신의 조카인 계림군[2]을 옹립하려 하자 유관, 유인숙 등이 동조했다는 말도 나왔다. 경기 관찰사 김명윤은 이 같은 상소를 올리면서 계림군도 처벌해야 한다고 주장했다.

윤임·유관·유인숙은 반역음모죄로 유배되었다가 사사되고, 봉성군은 귀양 갔다가 죽었으며, 계림군은 능지처사되었다. 이 외에 이휘, 나숙, 이문건 등 10여 명이 화를 입어 사형당하거나 유배되었다. 이것이 1498년(연산군4) 무오사화로 시작된 4대 사화의 대미를 장식한 을사사화이다.

1547년(명종2) 9월 문정대비의 수렴청정과 이기 등의 정권 농단을 비방하는 익명의 벽서가 서울의 양재역[3]에서 발견되었다. 익명으로 작성된 벽서는 "위로는 여주(女主), 아래로는 간신 이기

[1] **봉성군** 중종과 희빈 홍씨의 아들로 부인은 영의정 정유인의 딸이다. 이기, 윤원형 등이 종친 중에서 명망 있던 그를 제거하고자 "인종의 병이 위독할 때 윤임 등이 봉성군으로 왕위를 이으려고 하다가 형세가 불가해 명종에게 전위했다."라고 참소했다. 울진에 유배되었다가 사사되었다. 1570년(선조 3) 신원(伸冤)되고 복관되었다.
[2] **계림군** 성종의 셋째 아들인 계성군의 양자. 1577년(선조 10) 신원되었다.
[3] **양재역** 조선 시대 공문 전달, 숙식 제공 등을 담당하던 역의 하나.

가 권력을 휘두르니 나라가 곧 망할 것"이라는 내용이었다. 이기·정순붕 등은 앞서 연루자의 처벌이 미흡해 이러한 일이 벌어진 것이라며 관련자를 처벌할 것을 주장했다. 그에 따라 이언적·노수신·유희춘 등 20여 명이 유배당했다. 을사사화의 연장선에서 발생한 이 사건을 '양재역 벽서 사건' 또는 '정미사화'라 부른다. 을사사화 이래 수년에 걸쳐 소윤 세력과 훈척 세력의 손에 조정에서 쫓겨나거나 죽임을 당한 인물은 무려 100여 명에 달했다.

윤원형과 훈척 세력은 을사사화를 확대하는 과정에서 '택현설擇賢說'이라는 논의를 활용했다. 중종 말년, 세자인종에게 끝내 후사가 없으면 경원대군명종이 당연히 즉위하는 것이 아니라 다른 왕자들 가운데 가장 현명한 자를 선택해 왕위를 계승하도록 해야 한다는 주장이 있었다. 이것이 바로 택현설이다. 택현설은 실제로 조정의 대소 신료들 사이에서 거론되었을 가능성이 있지만 공론화할 수는 없는 논의였다. 왕실의 고유 권한인 왕위 계승 문제에 신하들이 특정인을 지목해 후계자로 정하려는 시도 자체가 있을 수 없는 일이었기 때문이다. 그런데 문제는 택현설에서 현명한 왕자로 지목된 사람이 봉성군과 계림군이었다는 데 있었다. 따라서 명종대에 이 문제가 불거지면 봉성군과 계림군을 비롯해 여기에 조금이라도 연관된 인물은 정치적 생명을 전혀 보장할 수 없었다. 소윤과 훈척 세력은 바로 이러한 택현설을 활용해 을사사화를 일으키고 그들의 위상을 권력 집단으로 더 확고히 다질 수 있었다. 훈척이 정치 권력에 기대어 중앙과 지방에서 설치며, 토지와 교역을 둘러싼 경제 이권을 온통 장악해 나가던 시절이었다.

그래도 국왕은 나 명종이니라 1560년(명종15) 9월 19일 명종이 창덕궁 서총대에서 문무 재상들에게 제술(製述)과 활쏘기를 시험하고 잔치한 모습을 그린 「서총대친림사연도(瑞葱臺親臨賜宴圖)」. 1564년 완성되었다.

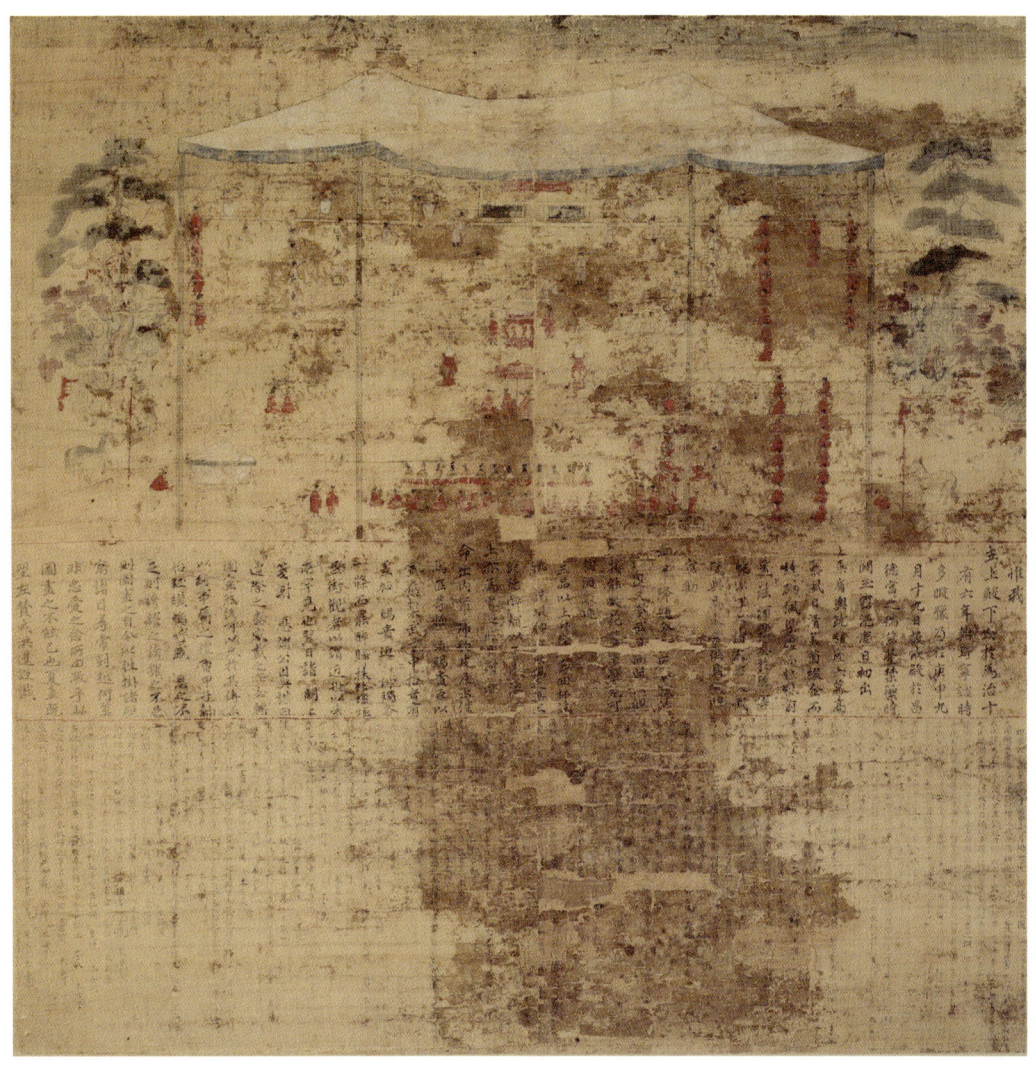

**문정왕후와
훈척의 시대가
열리다**

문정왕후의 수렴청정은 8년여에 걸쳐 계속되었다. 문정왕후는 현실 권력관계의 정점에 선 데다 소윤 세력과 결탁했기 때문에 더욱 막강한 권력을 휘두를 수 있었다. 그런데 문정왕후는 공식적으로 정무를 논의하는 자리에 종종 불참해 국정 운영에 차질을 빚곤 했다. 이는 문정왕후가 국정의 공식적인 통로를 활용하는 대신 윤원형을 비롯한 소윤 세력, 훈척 세력들과 사적으로 밀착해 논의를 주도했기 때문이다. 윤임을 제거하기 위해 윤원형에게 밀지를 내린 일이 대표적인 사례이다.

수렴청정 동안 명종은 국정을 총괄하는 자리에 있었지만 그 역할을 제대로 수행하지 못했다. 최종 결정을 내리는 일도 할 수 없었다. 시정의 득실을 논하고 국가의 중요한 정책을 토의하는 자리인 경연에서도 명종은 임금의 책무를 다하지 못했다. 더구나 경연에서 하는 일은 서적 강독으로만 국한되었고, 국정 논의는 이루어지지 않았다. 경연을 형식적인 자리로 만들어 버린 것이다. 명종 본인도 신하들과 공적인 정책 토론이나 현안을 논의하는 데 소극적이었다.

명종을 대신해 국정을 총괄한 문정왕후는 개인적으로 관심 있는 정책이나 사안에 대해서는 자신의 뜻을 철저히 관철했다. 을사사화에서 윤원형이 커다란 공로를 세웠다며 관직을 내려 주고, 노비와 전답을 더 지급했다. 이를 통해 공신 윤원형이 정치적인 자리를 굳건히 다지도록 도움을 주었다. 또한 인종의 정통성을 인정하지 않으려는 태도를 보이고 인종의 상례 기간을 단축했다. 이는 수렴청정 당시 문정왕후의 정치적 위세가 절대적이었기 때문에 가능한 일이었다.

독실한 불교도였던 문정왕후는 불교 정책에서도 개인적인 관심을 현실화했다. 문정왕후는 왕실 재정을 관리하던 내수사에서 승도僧徒에 관한 일도 같이 다루게 했다. 더불어 승려 보우를 등용하고 1550년명종 5에 선교禪教 양종을 되살렸다. 대간과 유생들이 수많은 상소를 올려 반대 투쟁을 벌였지만 문정왕후는 뜻을 굽히지 않았다. 선교 양종은 문정왕후

명종 금보 15세기 중반 이래 만들어지던 단아한 형태의 거북 조각은 때때로 이처럼 위풍당당한 모습의 용머리 거북 조각으로 변형되기도 했다. 1567년 (명종 22) 작품.

가 죽은 뒤에야 폐지됐다.

이처럼 문정왕후는 명종의 왕권을 안정시키는 데 도움을 주었지만, 사적인 이해관계 때문에 왕권의 이름을 빌린 적도 많았다. 문정왕후가 여기에 활용한 것이 내관과 내수사[1]였다. 내관은 궁궐 내 음식물의 감독, 왕명 전달 등의 일을 맡아 했다. 그리고 내수사는 왕실 소요 경비를 마련하고 집행하는 부서로서 다른 기구보다 왕실과의 연관성이 많았다. 따라서 문정왕후는 일상적이고 공식적인 업무의 처리보다 개인적인 업무에 이 둘을 주로 활용했다. 특히 숭불 정책을 추진할 때 이들에 많이 의존했다. 성리학을 신봉하는 대신들을 상대하는 공식적인 자리에서는 개인적인 불교 신앙을 거론하는 것조차 어려웠기 때문이다.

을사사화에서도 나타났지만 문정왕후는 사림을 견제했다. 문정왕후는 국정은 언관의 독자적인 판단에 따르기보다는 대신과 상의해서 펼쳐야 한다고 생각했고 언관의 활동은 왕권을 제약하지 않는 범위에서 이루어져야 한다고 믿었다. 따라서 언론을 축으로 도학 정치를 펴려는 사림의 지향과 왕실의 권위를 우선으로 여기는 문정왕후의 지향은 서로 갈등을 빚을 수밖에 없었다.

훈척 세력은 문정왕후의 통치 방식과 맞물려 명종대 권력의 핵심을 차지하고 조정의 정책을 좌우지했다. 문정왕후가 여러 가지로 국정을 원만하게 운영하기 위해서는 훈척 중심 관료들의 협조가 필수적이었다. 특히 을사사화 과정에서 문정왕후의 권력 장악에 협조했던 훈구 재상의 존재를 무시할 수 없었다. 문정왕후는 정권의 기반이 안정될 때까지 대신의 협조가 필요하다는 것을 잘 알고 있었다.

명종 초 시행된 원상제院相制[2]는 문정왕후가 조정 대신의 협조를 받으며 정국을 운영했음을 보여 준다. 왕후의 지시에 따라

---

1 내수사 궁중에서 쓰는 미곡·포목·잡화와 노비 등에 관한 일과 고려 때부터 내려온 왕실의 재산, 광대한 왕실 사유 토지 등의 관리를 맡은 정5품 아문.

2 원상제 어린 임금이 즉위할 경우 재상들이 승정원에 있으면서 임금을 보좌하는 제도. 단종 재위 기간에도 시행되었다가 수양대군과 재상들 사이의 격렬한 정쟁을 야기했다.

이상좌의 나한상(羅漢像)
조선 초기의 화가 이상좌는 그림 실력이 뛰어나 중종의 특명으로 도화서의 화원이 되었다. 중종 서거 후 중종의 어진을 그렸으며, 명종 때 공신들의 초상을 그려 원종공신이 되었다.

원상은 국정 전반에 의견을 개진하고, 내려온 명령을 의논해 처리했다. 따라서 원상의 활동은 국정 전반에 걸쳐 이루어졌는데, 그 대부분은 을사사화 이후 반대 세력의 탄핵이나 공신 관계의 논의였다. 1547년(명종 3) 원상제가 혁파된 뒤에도 문정왕후는 계속해서 대신들을 이용해 국정을 운영했다.

문정왕후의 수렴청정은 훈척 세력[3]의 지원을 전제한 것이고, 훈척 세력에 의지해 국정을 운영할 수밖에 없었다. 위사공신으로 책봉된 훈척 세력은 의정부의 대신으로서 국정 전반을 주도했다. 이들은 인사권을 장악하면서 앞서 형성된 이조전랑의 낭관권을 없애려고 시도했다. 그와 더불어 인사 청탁에 따라 관직을 제수하는 것이 일반화되었다.

그러나 사림은 끝내 낭관권을 지켜냈다. 문정왕후는 수렴청정의 공식적인 통로로는 확인할 수 없는 각종 정보를 혈족과의 사적인 관계를 통해 얻고 이를 정국 운영에 이용했다. 이러한 정국 운영은 공적 체계에서 벗어난 변형된 형태였으므로 정국 운영의 투명성을 요구하는 사림에게 비판을 받았다. 이러한 사림의 무기는 성종대 이래 숱한 희생을 치르며 제도화한 낭관권과 언관권일 수밖에 없었다.

사림은 공론에 따른 정치를 주장했기 때문에 군신 공치를 표방하면서도 최종적으로는 신료 중심의 정국 운영을 추구하는 집단이었다. 이러한 사림의 지향은 끊임없는 왕권 견제를 의미하므로 왕실의 권위를 확립하려는 문정왕후는 사림이 윤임 일파와 친했다는 이유가 아니더라도 사림에게 우호적일 수 없었다.

을사사화의 피바람에도 살아남은 사림은 언론으로 왕후와 훈척 중심의 정국 운영을 비판하고 그들의 보루인 낭관권을 지키는 데 사활을 걸었다. 문정왕후가 죽은 뒤 훈척 세력의 힘이 약해지자 사림이 조정의 권한을 장악한 배경에는 그들이 지켜 온 낭관권과 언관권이 있었다.

[3] **훈척 세력** 세조대에 여러 차례 공신을 책봉하면서부터 하나의 권력 집단으로 등장했다. 세조의 즉위가 명분과 정통성에서 약점을 갖고 있었으므로 일부 신료의 지지를 확보하고자 공신 책봉을 남용한 것이다.

인종이여 편히 잠드소서 1550년 (명종 5) 인종비 인성왕후가 인종의 명복을 빌기 위해 만든 「도갑사 관세음보살 삼십이응신탱 (道岬寺觀世音菩薩三十二應身幀)」. 제작 당시에는 전라남도 영암 월출산에 있는 도갑사 금당에 봉안했으나 현재는 일본에서 소장하고 있다.

16세기의 여성 권력자

이사벨 1세 힘난하고 불우했던 공주 시절을 불굴의 의지로 이겨내고 카스티야의 여왕으로 등극, 그라나다 정벌에 성공하여 에스파냐 왕국의 여왕이 된다.

갑자사화로 연산군의 폭정이 극에 달했던 1504년, 서유럽 역사상 가장 위대한 군주 가운데 한 명인 이사벨 1세가 눈을 감았다. 이사벨 1세는 이베리아 반도 중부에 있는 카스티야 왕국의 공주로 태어나 포르투갈을 제외한 반도 전역을 통합해 에스파냐 왕국을 탄생시키고 아메리카 식민지를 개척해 에스파냐를 서유럽 최강의 제국으로 만든 여왕이다. 이처럼 거대한 업적을 쌓을 수 있었던 계기는 결혼이었다. 동화처럼 백마 탄 왕자를 만나 그의 사랑을 얻음으로써 이사벨에게는 왕위와 천하 평정의 기회가 한꺼번에 주어졌다. 동화와 달랐던 것은 이러한 기회가 우연히 다가온 것이 아니라 집요하고 적극적인 노력으로 얻어졌다는 점이다.

당시 카스티야의 엔히크 왕은 강대국인 포르투갈이나 프랑스와 혈연을 맺기 위해 이사벨을 그중 한 나라로 시집 보내려 했다. 그때 이사벨은 가톨릭 전도사들을 유럽 각지로 보내 각국 왕자들의 정보를 수집하도록 했다. 프랑스의 신랑 후보는 유약하고 무능하며, 포르투갈 국왕은 마흔이 넘은 아저씨였다. 반면 큰 나라는 아니지만 이웃 나라 아라곤 왕국의 페르난도는 외모와 능력을 갖춘 젊은이였다. 이사벨은 페르난도를 선택했지만 엔히크 왕은 포르투갈로 시집갈 것을 명했다. 그러자 이사벨은 페르난도에게 편지를 보내 상황을 설명하고 먼저 청혼을 했다. 이미 이사벨에 대해 알고 있던 페르난도 왕자는 군대를 끌고 와서 그녀와 강압적으로 결혼했다. 그 후 이사벨은 카스티야의 국왕이 되고 페르난도는 아라곤의 국왕이 되면서 두 나라는 합병했다. 이것이 에스파냐 역사의 시작이다.

이사벨은 남편과 공동 국왕이 되어 "여왕께서 일하시던 방에는 종종 동이 틀 때까지 불이 꺼지지 않았다."라는 말이 날 만큼 열심히 일했다. 이베리아 반도에 남아 있던 이슬람 국가 그라나다를 정벌해 레콩키스타를 완성하고, 남편의 반대를 무릅쓰고 이탈리아 항해가 콜럼버스를 지원해 아메리카 대륙을 에스파냐 세력권으로 만들었다. 에스파냐는 그녀의 영도 아래 '태양이 지지 않는 제국'으로 우뚝 설 수 있었다. 또 다른 여왕이 이 제국을 제압하고 그 지위를 가져가기 전까지는 말이다.

이사벨 1세가 세상을 떠난 지 반세기가 지난 1558년 명종 13, 그녀 못지않게 영민한 엘리자베스 1세가 스물다섯의 나이로 잉글랜드 왕에 즉위했다. 헨리 8세와 앤 불린 사이에서 태어난 그녀는 어머니가 왕에게 이혼당하고 사생아 취급을 받았지만, 당대 최고의 교육을 받으며 자라났다. 그리스·로마의 고전, 특히 철학과 역사 서적을 탐독하며 지식과 야망을 키운 그녀는 왕위에 오른 뒤에도 자기보다 많은 책을 읽은 학자는 거의 없다고 자랑했으며, 키케로와 플루타르코스의 작품을 번역하는 것을 취미로 삼았다. 화를 가라앉히기 위해 26시간 동안 쉬지 않고 『철학의 위안』이란 책을 번역하기도 했다.

열렬한 가톨릭교도였던 이복 언니 메리 1세가 그녀를 신교도로 의심해 석 달간 런던 탑에 가두는 위기도 있었지만, 메리 1세가 서거하면서 갑작스럽게 그녀의 시대가 열렸다.

엘리자베스 1세는 메리 1세가 탄압한 개신교를 국교로 삼고 식민지 개혁을 위한 해외 원정에 국력을 기울였다. 북아메리카에 최초로 잉글랜드 식민지를 건설한 월터 롤리 경과 세계를 항해한 프랜시스 드레이크 경이 엘리자베스 1세의 신하들이었다. 식민지 개척자들은 평생을 독신으로 보낸 여왕을 기리고자 미국 플로리다 북부를 '버지니아처녀의 땅'라 불렀다. 엘리자베스 1세는 이렇게 말했다.

"한 시대를 통치했던 여왕이 평생 처녀로 살다 생을 마감했다는 비석을 세울 수만 있다면 그것으로 만족한다."

엘리자베스 1세가 여성의 삶에 무관심했던 것은 아니다. 그녀는 궁정에서 가장 아름다운 여인이란 말을 듣는 것을 즐겼고, 성적 매력과 자신감으로 남성들을 사로잡으려 했다.

그녀의 보석 컬렉션은 유럽 최고 수준이었다고 한다. 그러나 국왕의 책무와 개인적인 고독은 그녀를 종종 신경 불안으로 몰아넣었다.

엘리자베스 1세가 통치한 45년간 잉글랜드는 유럽의 변방으로부터 명실상부한 최강국으로 변화했다. 이사벨 1세가 세계 최강으로 육성한 에스파냐의 무적함대는 1588년 잉글랜드 해군에게 격파당해 제해권을 넘겨주었다. 승승장구로 가득한 반세기를 보내고 엘리자베스 1세는 의회에서 이렇게 말했다.

"나보다 더 강하고 현명한 군주는 과거에도 있었고 앞으로도 있을지 모르지만 나만큼 백성을 사랑하는 군주는 이제까지 없었고 앞으로도 없을 것이다."

엘리자베스 1세 국교의 확립과 종교의 통일을 이루어 냈으며 저 유명한 동인도회사를 설립하는 등 영국 절대주의의 전성기를 만들어 냈다.

2.
흔들리는 경제

산속에 열린 시장 이상적인 산수화의 대표격으로 조선 전기에 유행한 소상팔경도 가운데 주로 첫 번째로 그려진 「산시청람도(山市晴嵐圖)」(일부). 산시청람이란 푸른 기운이 감도는 산촌의 소박하고 청아한 모습을 뜻하며 산촌에 펼쳐진 작은 시장의 모습이 조감도 식으로 펼쳐져 있다. 작자 미상의 16세기 전반기 작품.

**농촌에
장시가
열리다**

농촌 지역 주민들이 서로 필요한 물품을 교환하는 장시場市가 정기적으로 열리기 시작한 것은 15세기 후반의 일이었다. 농업 생산력의 발달을 바탕으로 등장한 장시는 처음에 장문場門이라고 불렸다. 『성종실록』에 따르면 1472년성종 3 전라도 무안 등 여러 읍에서 이득을 좇는 무리가 장문이라 이름 붙인 곳에 매달 두 차례 모여 서로 필요한 것을 교환한다는 보고가 올라왔다. 대흉작을 맞자 물산이 풍부한 여러 읍에서 사람들이 모여 장문을 열고, 여기에 의지해 흉년을 넘길 수 있었다는 것이다.

이러한 보고를 접한 조정은 갑론을박을 벌였다. 일부 신하들은 사람들이 장시에 모여 필요한 것을 교환하는 행위를 천하의 근본인 농사짓기를 버리고 말단인 상행위를 좇는 일이라고 규정했다. 그리고 장시의 물물교환으로 인해 물가가 치솟고 있으니 금지하는 것이 마땅하다고 주장했다. 그러나 조정은 흉년을 극복하기 위한 구황救荒의 차원에서라도 결국 장문의 개설을 받아들일 수밖에 없었다.

성종대 장시의 등장에서 하나 더 생각해 볼 점은 장시의 등장이나 상품유통의 발달을 앞당기는 계기가 자연재해였다는 것이다. 물난리·가뭄 등으로 수확이 줄어 수많은 농민들이 굶어 죽으면 형편이 좀 더 나은 지역에서 부족한 지역으로 미곡이 대량 유출되었다. 그러다 보면 때로 투기를 유발해 커다란 사회 문제가 되기도 했다. 바로 이때 자연재해로 인한 곡물 가격의 지역 차를 이용해 상인들이 활발한 상업 활동을 벌이기도 했다. 마찬가지로 농민도 장시 교역을 통해 이득을 얻으려 했다. 장시에서 벌어지는 교역에서 발생한 이득은 이에 참여한 농민·수공업자에게 곧바로 귀속되었기 때문이다. 농민의 새로운 교환 시장으로 등장한 장시는 이전에는 없던 유통기구였다.

관리들이 지적한 대로, 장시는 이익을 탐하는 무리가 몰려드는 곳이었다. 도적들이 훔친 물건이 장시에서 처분되기도 했다. 하지만 장시는 흉년이 닥쳤을 때 굶주린 백성들이 필요한 것을 얻을 수 있는 생존의 장이기도 했다. 이웃한 농민들이 각자 필요한 물건을 교

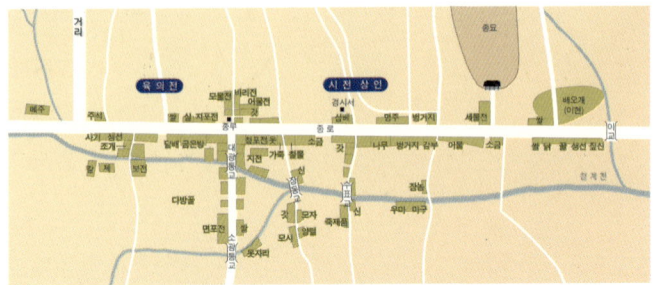

시전 운종가 일대는 개성의 시전 상인이 이주해 형성한 상업 지역이었다. 시전은 90여 종의 물품을 전문적으로 판매하는 상점을 가리키기도 하고, 그러한 상점을 경영하는 상인들을 가리키기도 한다.

환할 수 있는 공간이고, 상인이 일일이 농민을 찾아다니지 않고도 거래할 수 있는 장소였다. 흉년을 극복할 수 있는 사회적 공간이 된다는 점에서 장시는 유용한 기능을 수행하고 있었고, 이 때문에 정부도 이를 용인하지 않을 수 없었다.

조선이 개창된 지도 100년 가까운 세월이 흘렀으니 향촌 사회에 정기시장이 등장한 것은 어찌 보면 자연스러운 일이다. 그사이 많은 지역의 농업 개발이 진척되어 농경지가 늘어나고, 농업생산력도 향상되었기 때문에 농민이 잉여생산물을 유통 과정에 투입할 역량이 커지고 있었다.

그러나 조선왕조는 기본적으로 상업을 억제하는 정책을 시행하고 있었다. 근본에 힘쓰고 말단을 억누른다는 무본억말務本抑末을 내세워 농업을 중요시하고 상업을 업신여겼다. 따라서 조선의 상업 활동은 애초부터 국가의 통제 아래 이루어졌다. 그 중심은 한성부의 시전이었다. 시전 상인은 여러 가지 특혜를 받았고, 그에 대한 대가로 국가에 일정한 부담을 지고 있었다. 시전 상인에 대한 국가의 규제는 점포의 크기, 상품의 종류·수량·가격 등 다방면으로 정해져 있었다.

시전은 운종가雲從街, 즉 지금의 서울 종로 거리에 만들어진 행랑을 중심으로 모여 있었다. 시전 중에서도 비단·무명·명주·모시·종이·어물을 파는 육의전六矣廛이 가장 활발했다. 시전 상인 중심의 조선 초기 상업 활동은 한성부 내로 국한됐다.

장시의 등장은 시전 상인의 활동과 무관한 농촌 지역에서 농민과 수공업자가 잉여생산물을 확보했다는 것을 보여준다. 향촌 사회에 상품을 교역할 수 있는 상품화폐 경제체제가 수립된 것이다. 이 같은 농촌 경제의 활성화에 힘입어 장시는 급속하게 확산하고 성장했다.

전라도에서 발생한 장시는 이후 곳곳으로 퍼졌다. 매월 몇 차례 무리를 지어 교역하는 장시는 이후 경상도, 충청도에서 나타나기 시작해 16세기 초반까지 모든 도에 장문이 개

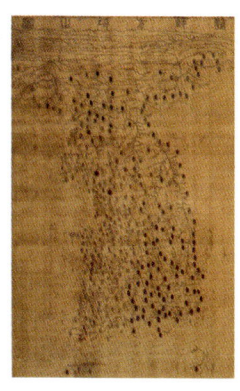

16세기의 조선 1557~1558년(명종 12~13)경 조선 8도의 주현을 그린 「조선방역지도(朝鮮方域之圖)」. 모시·마포·인삼 등의 진상과, 교환 수단으로 통용되던 베의 관리를 담당한 제용감에서 계회도 형식을 빌려 만들었다. 이 지도가 그려질 무렵 전국으로 장시가 퍼져 나가고 있었다. 국보 제248호. 국사편찬위원회 소장.

설되었다고 할 만큼 빠르게 보급되었다.

장시는 농민과 수공업자가 자기 생산물의 일부를 자유롭게 처분할 수 있음을 조건으로 한다. 장시는 그런 조건 아래 농민층의 분화로 여러 사회층이 생겨난 현실을 바탕으로 출현하고 발전한다. 장시에서 교환되는 물품은 토지에서 나오는 생산물이나 가공품이다. 그런데 농민이 자기 물품을 장시에 내놓으려면 그 물품을 생산한 토지를 안정적으로 소유해야 한다. 따라서 장시가 나타났다는 것은 직접 생산자인 농민이 토지의 사적 소유권을 한층 안정적으로 보유하게 되었음을 뜻한다.

장시는 소상품 생산이 출현하고 발전한 데 따라 생겨난 교환경제의 장이다. 농민은 장시를 통해 자신들에게 이익이 되는 사회적 분업과 교환경제를 형성해 갔다. 이러한 장시의 교환 활동에는 농민과 수공업자뿐 아니라 향촌 사회의 사족을 포함한 지역 주민들도 참여했다. 장시에서는 농민들 사이의 상품 거래를 비롯한 다양한 상업 활동이 이루어졌다.

16세기를 거치면서 장시는 전국 각지로 퍼져 나가 정기적으로 개설되는 시장으로 자리매김해 갔다. 장시가 처음 발생했을 때의 개설 주기는 매월 2회였다. 16세기 들어 농민의 교역 활동이 더욱 활발해지자 장시는 각 도와 읍으로 퍼져 나갔다. 이 과정에서 수요가 늘어나 장시가 열리는 횟수도 늘었다. 월 3회 개설되는 십일장도 생겨났다. 16세기 말에 이르면 장시는 30~40리 지점마다 설치되고 개설 주기도 빨라져 오일장으로 발전하고 있었다. 16세기 전 기간에 걸쳐 장시의 수가 증가하고 개시(開市) 횟수는 늘어 갔다. 그만큼 농민층의 교역이 성행하고 교역 물자의 수요가 증대하고 있었다. 농민과 수공업자는 활발하게 소상품 생산과 유통에 참여하면서 필요한 물자를 장시에서 구하곤 했다. 이처럼 장시는 농민 경제의 유통기구로 확고히 자리를 잡고 발달해 갔다.

16세기 중반 무렵 농촌 사회에서 장시를 통해 활발한 교역이 이루어지면서 각 지방 장시를 연결해 물품을 교역하고 각지에 지점을 두어 상권을 장악한 사상(私商) 계층이 성장한다. 임진왜란을 지나면서 시전 중심으로 재화가 유통되던 경기 지방에서도 장시가 자주 개설되었다. 17세기 이후에는 장시가 읍치의 범위를 벗어나 산림 지대까지 확대되었다. 읍치란 지방 고을의 중심 공간으로 대개 읍성으로 둘러싸여 있으나 해안 지방의 경우 읍성이 없는 곳도 있었다. 행정이 행해지는 읍치에는 각종 관청과 부속 건물, 사직단 등의 제사 시설, 향교, 장시 등이 들어서게 마련이었다. 농업 사회인 조선에서 읍치를 벗어나 장시가 뻗어 나갔다는 것은 중대한 변화였다. 뿐만 아니라 인접한 장시들 간에 흡수·통합·이동 등의 변화가 일어나면서 장시의 연계망이 형성될 기반도 마련되었다.

중국에서는 벌써 이런 화폐가 조선에서는 16세기 들어 장시가 생겨났지만 아직 화폐는 널리 쓰이지 않았다. 반면 중국은 일찍부터 금속화폐와 지폐가 광범위하게 유통되고 있었다. 1436년(세종18)부터 강남의 지조(地租)를 걷을 때 징수 수단으로 쓰이던 금화은(金花銀, 왼쪽 위). 실크로드 상의 한원(漢源) 지방에서 칭량화폐로 유통되던 은정(銀錠, 왼쪽 아래).

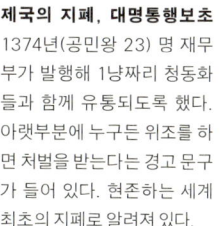

제국의 지폐, 대명통행보초 1374년(공민왕 23) 명 재무부가 발행해 1냥짜리 청동화들과 함께 유통되도록 했다. 아랫부분에 누구든 위조를 하면 처벌을 받는다는 경고 문구가 들어 있다. 현존하는 세계 최초의 지폐로 알려져 있다.

그 시절 중국에는 이처럼 번화한 시장이 명의 초기 수도이자 강남 지방의 중심 도시인 남경의 시가지를 그린 「남부번회도」. 각종 상점이 즐비하고 물건을 사고팔기 위해 몰려나온 사람들로 번화한 모습이 명대의 상업 발달 정도를 짐작하게 한다.

양반도 장시에서 이익을 탐하다

16세기 장시의 발달 양상을 구체적으로 전해 주는 자료가 오희문의 『쇄미록瑣尾錄』이다. 고향을 떠나 떠돌아다닐 때의 기록이라는 뜻이다.[1] 한성부에 살던 선비 오희문은 1592년선조25 때마침 전라도 지역에 떨어져 살던 노비들의 신공身貢[2]을 받기 위해 길을 나섰다가 왜적이 쳐들어왔다는 소식을 듣게 된다. 이때부터 피란 생활을 시작하면서 일기를 작성한 것이다. 이 책에서 당시 사족들이 장시를 어떤 경제활동의 공간으로 삼았는지 구체적으로 살펴볼 수 있다.

오희문은 가족들이 살아가는 데 필요한 물품을 집에서 생산할 수 없으면 장시를 활용했다. 장시가 열리면 집 안에 마련해 두었던 물품을 가노家奴에게 들려 다른 품목으로 바꿔 오게 했다. 오희문은 자신이 거주하던 임천의 장시뿐 아니라 이웃한 홍산·한산·대흥·서천·비인·남포 등지에서 열리는 장시도 이용했다. 그리고 금강 남쪽 전라도 지역의 함열 장시도 찾았다. 『쇄미록』에 따르면 임천장·홍산장·한산장이 모두 1·6일 개장이고, 금강 너머 함열장은 3·8일 개장이었다.

오희문이 장시를 이용한 방식은 본래 장시가 등장할 때 농민들이 '유무상통有無相通'의 거래처로 이용하던 모습 그대로라고 할 수 있다. 1593년 4월 21일 사내종 막정에게 쌀 열 말을 싣고 대흥 장시로 가서 면포를 사 오게 한 일이 있다. 의복을 만들기 위해서였다. 그해 5월 25일에는 면포를 가지고 가서 보리와 모시를 사 오게 했는데, 가격이 맞지 않아 빈손으로 돌아왔다.

필요한 물품을 사들이는 데서 한 단계 더 진전된 장시 활용의 사례도 많이 찾아볼 수 있다. 장시의 교역 활동에 적극적으로 참여해 수익을 꾀한 경우다. 집에서 부리는 종에게 술을 빚게 해 장시에 내다 팔아 수익을 내려고 계획한 사례를 찾아볼

1 **쇄미록** 『시경(詩經)』에 나오는 "瑣兮尾兮 流離之子"라는 구절에서 따온 것이다. '瑣兮尾兮'는 자잘하고 긴요하지 않은 모양을 가리키고, '流離之子'란 물에 뜬 채로 흩어진 처지에 빠진 사람을 가리킨다. 가련한 사람이 어려움에 빠져 있는 모습을 형용하고 있어, 오희문 자신이 난리를 피해 살던 곳을 떠나 이리저리 흘러 다니는 처지를 빗대어 제목으로 삼은 것으로 보인다.
2 **신공** 공노비 가운데 납공노비(納貢奴婢), 사노비 가운데 외거노비가 소속 관청이나 상전과 떨어져 살며 자유로운 생활을 하면서 매년 신역(身役) 대신 바치는 공물.

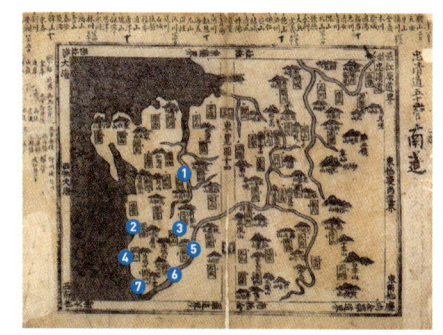

오희문이 관계한 임천, 함열 등의 시장 현황 ❶ 대흥 ❷ 홍산 ❸ 남포 ❹ 비인 ❺ 임천 ❻ 함산 ❼ 서천

수 있다. 같은 해 윤11월 12일 일기에는 전날 장시에 술 파는 일로 향비^{香婢} 등이 여덟 항아리를 짊어지고 갔는데, 중간에 발을 헛디뎌 술 항아리가 깨져 버린 일이 기록되어 있다. 오희문의 처지에서는 애써 빚은 술을 허비한 데다 빌린 항아리 값까지 보상해야 하므로 큰 손해를 본 셈이다.

장시에서의 교역 활동으로 이윤을 얻으려는 행적은 다음 기사에서도 확인된다. 1594년 3월 일기를 보면, 오희문은 아내에게 떡을 찌게 해 임천장에 내다 팔려다가 마침 비가 오는 바람에 장시가 서지 않아 떡을 아이들과 나눠 먹었다. 그러면서 쌀을 허비해 안타까운 심정을 기록하고 있다.

오희문은 함열장을 자주 이용했다. 금강 나루를 건너야 다다를 수 있는 장시였지만, 개장 때마다 필요한 물건을 사거나 팔기 위해 종을 보냈다. 임천 주변 여러 읍의 장시도 이용했다. 1594년 5월에는 사위인 함열 군수 신응구가 보내 준 갈치를 임천장에 내다 팔고도 남는 것이 있자 다른 읍 장시에 내다 팔 계획을 세우고 있다. 이때 오희문은 시세의 변화에 민감하게 반응하고 있다. '지금 밀과 보리가 지천이어서 값이 싸지만 다른 날이 되면 어떻게 변할지 모른다.'라는 계산을 하고 있었던 것이다. 또한 그는 여러 장시에서 거래되는 물품이 무엇인지 잘 파악하고 있었다. 어느 날 말을 잃어버리자 아들에게 장시들을 돌아다니면서 찾으라고 지시하기도 했다. 말을 훔쳐 갔거나 얻은 자가 장시에서 말을 팔 것으로 판단했기 때문이다.

멀리 떨어진 군현에서 개설되는 장시도 이용했다. 1593년 12월 13일 새벽 오희문은 두 명의 노비를 무주에 보내 그 지역에 사는 노비의 신공을 받아 오게 하려고 했는데 비가 많이 내려 출발하지 못했다. 그때 오희문은 노비로 하여금 장계장에 들러 곶감을 사 오도록 해서 어머니에게 드릴 계획을 세웠다. 『쇄미록』에는 보이지 않지만 오희문은 장계장의 개장일이 언제인지 알고 있었던 게 분명하다. 또한 오희문은 장계장의 주요 거래 물품 가

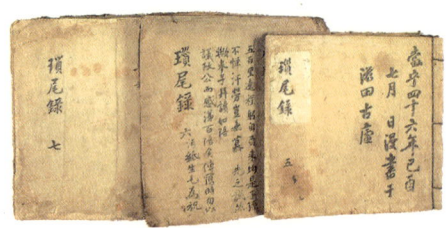

『쇄미록』 1591년(선조 24) 11월~1601년(선조 34) 2월까지 9년 3개월간의 일기. 처음 몇 개월의 기록은 훗날 한꺼번에 썼고, 1593년 정월 이후로는 거의 매일 기록했다. 임진왜란기 사람들의 일상생활과 함께 의병의 활동 상황, 국가의 운영 등에 관련된 내용도 많이 담겨 있다.

운데 하나가 곶감이므로 그곳에 가면 곶감을 구할 수 있다는 정보도 확보하고 있었다. 멀리 떨어진 장계장의 정보를 소상히 알고 있었던 것이다. 이는 여러 지역 주민들이 특정 장시에 대한 정보들을 공유하고 있었음을 알려 준다.

오희문의 경제생활에서 장시가 차지하는 비중은 일반 농민과 다름없었을 것이다. 그는 장시를 통한 교역에 경제생활을 전적으로 의존하지 않았다. 물건을 팔아 이득을 보려고 한 사례가 있긴 하지만, 이를 제외한 대부분의 장시 활동은 생활에 필요한 물품을 다른 물건과 교환해 장만하는 것이다. 이렇게 볼 때 16세기 말 장시는 농촌 지역을 중심으로 개설된 정기시장으로, 지역 주민들이 필요한 물건을 교환하는 물물교환의 장소였다. 그리고 점차 이웃하는 장시끼리 개장 일자를 조정함으로써 지역적인 연계망을 형성해 가고 있었다.

16세기 말 17세기 초 각 지역의 장시는 점차 한 달에 6회, 5일마다 열리는 오일장으로 발전했다. 1607년(선조40) 6월 사헌부는 임진왜란 이후 상업에 종사하는 백성이 크게 늘어났다고 지적한다. 또한 하나의 읍 안에 장시가 서는 곳이 최소한 서너 군데여서 주변 읍과 합치면 한 달 30일 동안 장이 서지 않는 날이 없다는 사실도 보고했다. 이에 대해 사헌부는 간사함이 성행하고 이익을 좇는 것이 매우 심하니, 앞으로 큰 고을에는 두 곳, 작은 고을에는 한 곳에서만 장시가 서게 하되 모두 같은 날에 개시하게 해야 한다고 건의한다. 17세기 초반에 이르면 한 읍에서도 여러 곳에서 개장일을 달리하며 장시가 열리기 시작했다. 이는 곧 오일장 체계가 형성되고 있었음을 뜻한다.

오희문의 묘 오희문의 아들은 인조 때 영의정을 지낸 추탄 오윤겸이고 손자는 병자호란 때 청에 끌려가 죽은 삼학사 중 한 명인 추담 오달제이다. 오희문의 묘는 경기도 용인시 모현면 오산리 추탄 오윤겸 묘역에 있으며, 그의 무덤 뒤로는 부친 오경민의 묘가 있다(위 사진). 아래 왼쪽 사진은 오희문 묘의 문인석이고, 오른쪽 사진의 묘비는 오희문이 죽은 지 40년 뒤인 1653년(효종 4) 건립한 것으로 화강암 비좌(碑座)의 상단에 연판문이 조각되어 있다. 용인시 향토유적 제34호.

방납을 어찌할 것인가

16세기의 공납제 논란

16세기 들어 공납의 공물 부과 기준이 가호가 아닌 토지로 바뀌었다. 이에 따라 공물은 전역田役으로 불리고 각 관에서 충당하는 각종 잡물도 토지에 부과하기 시작했다. 그러나 공물의 품목이 다양하기 때문에 모든 전결에 균일하게 부과할 수는 없었다. 필지들 사이에 순서대로 부담을 지우기도 하고, 특정한 공물을 일부 전결에 전담시키기도 했다. 땅 주인의 위세에 따라 '힘 있는 자는 쉬운 공물을 부담하고, 힘없는 자만 힘든 공물을 부담하고 차례도 자주 돌아온다.'는 비판이 일었다.

지방 각 관이 상납하는 공물을 중앙 각사各司의 서리들이 갖은 구실을 달아 퇴짜를 놓고는 공물을 대신 납부해 대금을 받아 챙기는 방납防納도 확산되었다. 지방의 공물 납부를 막는防 것이 전제되므로 그런 이름이 붙었다. 특정 공물은 전문 기술이나 도구가 없는 백성이 직접 만들 수 없었기 때문에 울며 겨자 먹기로 방납을 수용할 수밖에 없는 경우도 있었다.

방납을 하는 서리들은 본래 공물의 가격보다 훨씬 높은 대가를 받았다. 서리뿐 아니라 사주인, 권세가의 하인 등도 방납에 참여해 방납가를 놓고 경쟁했다. 이들 방납인은 방납가에 해당 공물의 시장가격만 책정하는 것이 아니었다. 공물을 수납하는 과정에 필요한 인정人情, 작지가作紙價 등 중간 비용을 포함하고 여기에 자신의 이득을 덧붙였다.

15세기에는 대개 수령이나 호조가 방납가를 높이 올리지 못하게 규제했다. 그러나 방납이 법으로 금지된 뒤에는 오히려 아무런 제재가 가해지지 않아 방납가가 크게 올랐다. 이는 백성의 공물 부담을 가중해 살던 곳을 떠나 정처 없이 떠돌아다니는 백성이 늘어났다.

공안을 개정하자

방납의 문제점을 해결하려는 시도 가운데 대표적인 것이 중종반정 이후 공안貢案, 군현별로 공물을 배정한 장부을 개정하자는 논의였다. 토산물이 아닌 공물을 재배정하고, 1501년에 확대된 공안을 개정하자는 것이었다. 하지만 공물을 재배정해 다른 곳으로 옮기는 것은 또 다른 문제를 야기할 수 있다는 반대론이 제기되어 공안이 개정되지는 않았다.

공안 개정 논의가 커진 것은 선조대였다. 1574년선조 7 우부승지 이이는 만언소萬言疏를 올려 공안의 개정을 제안했다. 그는 각 읍에서 바치는 공물이 대부분 그곳 산물이 아니어서, 다른 고을에서 사들이거나 서울에 와서 사다가 바치지 않을 수 없게 되었다고 지적했다. 이러한 현실 인식을 바탕으로 이이는 연산군 때 분량을 모두 없애 조종의 옛법을 회복하고, 각 읍의 물산 유무, 전결과 민호의 형편을 조사해 공물을 고르게 배정하는 것이 급선무라고 주장했다. 이이는 민의 공물 부담이 가중되는 이유를 방납보다 공물의 과다에 두고 있었다. 심지어 공물의 70~80퍼센트를 줄이자고 요청하기도 했다. 그러나 전세田稅 수입이 크게 줄어든 당시 상황에서 이 주장은 받아들여지지 않았다.

공물을 쌀로 통일해 받자

방납의 폐단을 없애고자 현물이 아닌 쌀로 공물을 대신 받자는 논의도 제기되었다. 현물 공물을 사는 데 들어가는 비용을 종합해 쌀로 환산하고 이를 전결로 나누면, 1결에서 부담해야 할 쌀의 액수가 나오는데 이를 거두어 필요한 물품을 구입하는 데 사용하자는 것이었다. 이러한 방식을 '공물 작미作米'라 했다. '작미'는 쌀로 환산한다는 뜻이다.

1569년(선조 2) 이이는 해주에서 공물가로 1결에 1두씩 걷은 다음 관에서 일괄적으로 공물을 갖춰 납부하는 사례를 보고했다. 그는 이처럼 공물가를 쌀로 환산해 거두면 방납가를 함부로 많이 거두는 폐단이 없다는 점을 강조했다. 그런데 이이가 뒤에 공안 개정을 주장하며 공물 작미를 언급하지 않은 것을 보면 이 의견은 당시 큰 호응을 얻지 못했던 것으로 보인다.

공물 작미 방식은 임진왜란 중에 유성룡의 제안이 받아들여지면서 최초로 실행에 옮겨졌다. 1594년(선조 27) 유성룡은 공안 개정의 성과가 별로 없다는 점을 지적하면서 공물 작미를 제안했다. 그는 공물의 부담이 읍마다 달라 균등하지 않다면서 1결의 공물 값을 따지면 미米 1~2두를 내는 곳도 있고, 7~8두나 10두를 내는 곳도 있다고 지적했다. 그러니 각사의 공물을 모두 헤아려 값을 정하고 국가가 직접 미두米 豆로 공물가를 징수해 방납의 빌미를 없애자고 했다. 그리고 각사의 공물은 시전에서 값을 치르고 구매할 것을 제안했다. 유성룡의 제안은 지방 군현에서 공물의 대가를 징수하는 현실을 국가적 제도로 수용해 현물 상납을 폐지하고 공물을 작미함으로써 방납을 없애자는 것이었다. 1594년부터 이 안이 부분적으로 수용되어 전국의 토지에서 공물가로 매 결당 2두씩 징수하는 공물 작미가 시행되었다.

그런데 전란 중 이 법이 시행되면서 예상치 못한 문제들이 발생했다. 우선 징수나 상납이 원활하지 못했다. 게다가 시전 물가가 폭등해 각사는 강제로 싼값에 필요한 물건을 매입할 수밖에 없었다. 그 과정에서 시장 상인들의 반발을 사게 되었다. 그나마도 시전의 상품 유통이 활발하지 못해 방납인을 통해 물품을 구매하기도 하고, 부족한 물품을 수시로 지방 군현에 현물로 부담시키기도 했다. 결국 공물 작미는 완전하게 실행되지는 못한 셈이다.

하지만 유성룡의 공물 작미법은 16세기 후반 공물의 부과 기준이 토지로 바뀌고 대가 징수를 통한 방납이 일반화되는 현실을 수용해 국가 역시 현물 상납과 방납 금지의 원칙을 고수하기보다는 공물을 전결세로 전환하자고 제안한 데 의의가 있다 하겠다.

3.
흔들리는 민심
-임꺽정 연대기

고개 숙인 저 나귀처럼 16세기 문인화가 함윤덕이 나귀를 타고 산야를 떠도는 선비의 모습을 그린「기려도(騎驢圖)」. 일반적으로 산수에 비해 인물이 작게 묘사되는 동양의 산수화와 달리 인물에 초점을 맞추고 있다. 선비의 무게를 못 이기는 듯 머리를 숙이고 앙상한 다리를 벌려 버티고 있는 나귀의 모습이 양반의 억압과 수탈에 힘겨워 하던 당시 민중의 모습을 떠올리게 한다.

**왕정의 잘못이지
그들의 죄가 아니다**

임꺽정은 명종대의 인물로, 경기도 양주에서 소나 돼지 같은 가축을 도살해서 살아가는 백정이었다. 그는 가축 도살을 담당하던 관리들의 수탈에 허덕이다 못해 도적의 우두머리가 된다. 그의 무리는 황해도 봉산에 소굴을 두고 평안도·강원도까지 활동 범위를 넓히다가 서울까지 잠입하기도 했다. 오랜 기간 동안 관군과 대항하고 심지어 관리까지 살해하면서 명종과 조정 관료에게 커다란 충격을 주었지만, 백성들은 그를 의적이라고 불렀다.

임꺽정 세력은 시대의 산물이었다. 『명종실록』에 적힌 사론史論에도 이 점은 분명하게 나타나 있다. 사관은 "나라에 선정이 없고, 교화가 밝지 않은 것"을 임꺽정의 난이 일어난 배경으로 적시했다. 나아가 "재상의 욕심과 수령의 포학이 백성들의 살과 뼈를 깎고, 기름과 피를 말리는 상황"이었다고 지적한다. 그리고 이런 상황에서 백성들이 "손발을 움직일 곳이 없고, 붙잡고 호소할 곳도 없으며 굶주림과 추위가 절박해 아침에 저녁을 보장하기 어려운 처지"라고 설명한다. 사관은 계속해서 "이런 상황에서 백성이 잠시라도 목숨을 이어 가기 위해 도적으로 변신한 것"이라며 "이들을 도적으로 만든 것은 왕정王政의 잘못이지 그들의 죄가 아니다."라고 결론을 내린다.

사관이 지적하는 것처럼 당대 훈척 정치의 폐단이 가져온 문제는 정치의 문란으로 그치지 않았다. 권력의 한 자락이라도 잡을 수 있는 관리들은 저마다 배를 채우려 그 한 자락을 마구 휘둘렀다. 목민牧民의 책무를 지닌 수령들은 눈앞의 전답과 주변의 백성으로부터 이익을 뽑아내는 데 혈안이 되었다. 위에서 썩은 물이 아래까지 더럽히고, 결국 백성의 삶을 어지럽게 만드는 악순환이 이어졌다.

임꺽정의 난이 백성들의 어쩔 수 없는 선택의 결과였다는 것은 다른 사관도 분명히 지적하고 있다. 그는 임꺽정 집단이 패두牌頭[1] 이억근을 죽인 사건을 다룬 실록 기사에서 "도적이 치열하게 발생하는 것은 수령의

---

[1] **패두** 장용위(壯勇衛) 소속 군사의 인솔자.

감악산의 임꺽정 굴 경기도 파주 감악산 장군봉 아래에는 임꺽정이 관군의 추격을 피해 몸을 숨겼다고 하는 굴이 있다.

탐학 때문이고, 수령의 탐학은 재상이 염치가 없기 때문"이라고 지적하고 있다. 그리고 "민인들이 곤궁한데 하소연할 곳이 없어 어쩔 수 없이 도적이 되었다."라고 사정을 설명한다. 사관은 "조정이 청명해지고 수령이 제 소임을 다한다면 칼을 찬 자들이 귀농하겠지만, 그러지 않고 병사를 동원해 그들을 붙잡으려고만 한다면 붙잡는 대로 다시 일어나 다 잡아내지 못할 것"이라고 단정하며 글을 맺고 있다.

두 사관의 사론으로 임꺽정의 난이 일어난 역사적 배경은 분명해졌다. 당시 조선 사회의 문제들로 말미암아 백성은 칼을 차고 도적질을 하지 않을 수 없었다. 임꺽정으로 대표되는 백성의 불만과 저항은 오랜 세월 축적되었다. 그리하여 백성이 삶의 끝자락에 내몰렸을 때 임꺽정의 난이라는 몸부림으로 폭발한 것이다.

16세기 조선에서 살아가던 보통 백성은 훈척 정치의 농단에 그대로 노출된 채 시달리고 있었다. 그들은 방납의 폐단 등 부세^{賦稅} 제도의 문란 때문에 제대로 살길을 헤쳐 나갈 수 없었다. 훈척 세력은 토지를 넓히고 사행^{使行} 무역[2]에 개입해 이득을 꾀했다. 게다가 연안 지역에서 개간할 수 있는 땅을 차지하고 백성을 동원해 간척하는 방법으로 대토지를 손에 넣었다. 지방 수령은 탐욕을 감추지 않고 공물의 방납 등을 자행하고 있었다.

임꺽정의 난은 결국 훈척 정치와 방납의 폐단에 시달린 백성이 도적 집단을 결성하고 조정에까지 대항한 반란 사건이었다. 문헌 자료에 임꺽정 집단이 등장하는 것은 조정에서 본격적으로 이 집단의 토벌을 논의하던 1559년^{명종 14}이다. 1562년^{명종 17} 황해도 서흥에서 임꺽정이 붙잡혀 죽을 때까지 3년여 동안의 기록을 사료에서 찾아볼 수 있다.

주목할 부분은 중앙정부에서 임꺽정 무리의 활동에 주목한 때로부터 진압할 때까지 3년여의 세월이 필요했다는 점이다. 중앙정부에서 일개 도적 무리를 토벌하기로 작정하고 이를 완수하는 데 어떤 연유로 이렇게 오랜 시간이 걸린 것인지, 또한

2 사행 무역 사절단이 외국을 오갈 때 이루어지던 무역. 중국 쪽 사행 무역에서는 은·종이·수달피 등을 수출하고 채색 비단·말안장·책 등을 수입했다.

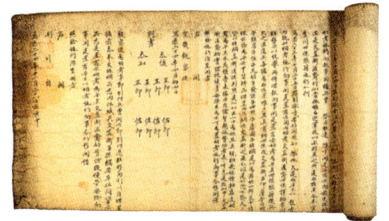
전준(傳准) 조선 시대에 나라가 하사한 땅이나 노비, 기타 개인의 일정 재산에 대해 관이 소유권을 인증해 주는 문서.

임꺽정 세력이 어떤 활동을 벌였기에 조정의 토벌 대상이 되고 나아가 반란 집단으로 지목되었는지 그 이유에 호기심이 생기지 않을 수 없다.

임꺽정이 반란을 일으킨 가장 큰 원인은 농민들이 땅을 잃어버린 데 있다. 훈척 세력과 내수사가 자기 소유의 토지를 넓혀 나간 데다 수령들이 부세 과정에서 탐학을 부리는 바람에 농민들은 경작할 토지를 잇따라 빼앗겼다. 살길이 없어진 농민들이 무리 지어 도적으로 변신했고, 그 도적들 가운데 유력한 이가 바로 임꺽정의 무리였다.

그렇다면 임꺽정 무리가 주요한 활동 무대로 삼은 황해도 지역의 농민 사정은 어떠했을까? 황해도 지역에서 벌어진 토지 개간, 농경지 확대의 특수한 양상으로 주목할 것이 바로 노전蘆田, 즉 갈대밭이었다. 갈대밭을 둘러싼 경제적·사회적 갈등 속에서 백성들을 수탈하는 일이 벌어졌고, 그것이 임꺽정의 난으로 가는 도화선이 되었다.

황해도 백성들은 갈대밭에서 얻을 수 있는 경제적 이득을 그대로 누리지 못했다. 내수사는 왕실 재원을 마련하기 위해 갈대밭 확보에 나서고, 왕은 내수사를 적극적으로 후원했다. 내수사가 이 지역에서 어찌나 탐욕을 부렸는지 백성은 두 손 두 발 다 들 수밖에 없었다. 그들에게는 형편없는 삶의 질에 만족하며 목숨을 이어 나가든가, 산속으로 들어가 도적이 되든가 하는 결단의 순간만이 남아 있었다.

본래 갈대는 소금기를 많이 머금은 습지에서도 무성하게 잘 자란다. 때문에 바닷가 어느 곳에서나 갈대밭을 쉽사리 찾아볼 수 있다. 그런데 당시 황해도 황주 등지의 갈대밭은 저녁 무렵 좋은 풍광을 선사하는 눈요기의 대상이 아니라 치열한 삶의 현장이었다. 조선 사회에서 갈대밭은 그 자체로 경제적인 수익을 낼 수 있는 재화나 다름없었다. 갈대밭에서 채취할 수 있는 갈대의 여러 구성물들은 경제적 측면에서 여러 가지로 이용됐다. 갈대 이삭은 빗자루를 만드는 데 쓸모가 있었고, 성숙한 줄기는 갈대발, 갈삿갓, 삿자리 등을 엮는 데 요긴했다. 그리고 갈대의 여러 부위는 한약재로 활용할 수 있었는데, 뿌리·줄기·

인간은 경제적 욕망에 흔들리는 갈대 명종대에 벌어진 황해도의 갈대밭을 둘러싼 소란은 멋진 풍광을 제공하는 갈대가 인간의 욕망을 부추기는 부가 가치를 가지고 있다는 사실을 새삼 일깨워 준다.

잎·꽃 등이 소염·진통·이뇨·해열·해독에 효능이 있었다.

갈대밭 주인이나 갈대밭을 공유한 사람들에게 갈대는 경제적으로 유익한 자연의 산물이었다. 갈대밭 주인이 주변 지역의 농민이라면, 그는 다른 농민들과 갈대밭을 공유하며 협력했다. 그리고 농민들이 갈대를 베어 내 여러 용도로 활용하거나 공물로 바치면 그것으로 충분했다. 하지만 권세를 지닌 부류가 갈대밭을 차지하려고 덤벼들면 긴박한 문제가 생기지 않을 수 없었다.

명종대 왕실 세력과 훈척들은 황해도 지역 갈대밭의 경제적 가치에 주목했다. 이들은 갈대밭 자체의 경제성뿐 아니라 장차 갈대밭을 개간해 전답으로 바꿨을 때 생길 수익성도 고려했다. 1553년^{명종 8} 왕명에 따라 황해도 황주·봉산·재령·안악 등지의 갈대밭을 해당 지역의 빈민에게 돌려주었다. 따라서 그 지역 갈대밭 주변 주민들은 갈대밭에서 나오는 산물로 생계를 유지할 수 있었다. 그런데 3년 후 이 갈대밭들을 다시 내수사에 소속시키라는 왕명이 내려오면서 황주·봉산 등지의 주민은 갈대밭에서 나오는 이득을 내수사에 빼앗기게 된다. 그러자 사간원은 명종에게 이 잔인한 조치의 철회를 요구했다. 간관들은 갈대밭을 내수사에 소속시키면 이는 곧 나라와 백성이 서로 이익을 다투는 것이라고 갈파했다. 하지만 명종은 갈대밭을 내수사에게 주려는 의지를 군건히 하면서 결코 물러나려 하지 않았다. 왕실의 금고 노릇을 하는 내수사가 힘들게 확보한 재원인데, 그것을 왕실 금고의 최종 사용자인 왕이 쉽게 걷어찰 리가 없었다. 또한 왕실의 여러 구성원이 내수사의 재원에 목을 매고 있다는 점도 고려했을 것이다. 그렇지만 분명한 것은 백성들이 누려야 할 갈대밭의 수익을 내수사가 가로챘다는 점이었다.

한편 권세가, 특히 훈척 세력은 황해도 연해 지역의 간석지를 개척해 경작지인 언전^{堰田}으로 개발하는 작업을 주도면밀하게 진행했다. 내수사를 앞세운 왕실 세력도 대토지를 확보하려고 언전을 개발하고 있었다. 권세가들은 수령을 통해 이러한 언전 개발에 지방민을 동원했다. 결국 연해 지역의 개간 가능한 땅은 농민의 피와 땀으로 간척돼 경작지로 변했다. 그러나 그곳에서 나오는 수확의 많은 부분은 훈척, 내수사 등 권세가들의 차지가 되고 말았다. 이 같은 언전 개발 과정은 백성들에게 새로운 결단을 재촉하고 있었다.

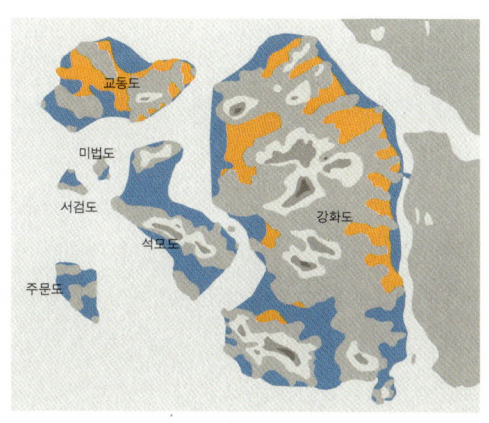

간척의 위용 고려 시대 이래 더 넓은 농경지의 필요성, 땅에 대한 기득권 세력의 욕망, 기타 국가적 필요 등이 결합해 의욕적인 간척 사업이 벌어져 왔다. 인천 강화도는 예로부터 적극적인 간척 사업이 벌어진 대표적인 지역이다. 오른쪽은 역대 간척 상황을 알려주는 지도로, 주황색 부분은 고려 시대의 간척지이다. 간척 사업으로 해안선이 단순해졌다. 파란색 부분은 현대(1990년대)의 간척지이다. 고려 시대부터 진행된 간척 사업으로 강화도에는 약 1300제곱킬로미터에 이르는 간척 평야가 생겨났다.

모이면 도적이요, 흩어지면 양민

임꺽정[1]은 교활한 성격에 날쌔고 용맹스러웠다고 전해지며, 그의 도당도 모두 지극히 날래고 민첩했다고 한다. 그는 경기도 양주 출신의 백정이었다고 알려져 있다.

조선 사회에서 백정은 가축을 도살하거나 유기(柳器)[2]를 만들어 생활하던 천민층이었다. 백정은 농경에 종사하지 않으면서 독자적인 집단을 형성해 주거지가 일반 양인과 구별되었다. 조정에서는 이들을 농민과 섞여 살게 했지만 농경에 정착하지 못하고 도살업을 독점적으로 수행했다. 이처럼 임꺽정이 백정 출신이라면 그의 무리에도 백정이나 백정과 친근 관계에 있는 천인층인 재인(才人)[3], 노비 등이 많이 있었을 것이다.

임꺽정 세력은 경기와 황해도 일대의 아전, 백성과 비밀리에 결탁하고 있었기 때문에 관에서 임꺽정 세력을 잡으려는 어떤 조처를 하더라도 그 내용이 금방 임꺽정 세력에게 전달되었다. 이러한 사정 때문에 임꺽정 세력이 여기저기서 발호하는 것을 관에서 막기 어려웠다. 아전이나 백성들이 임꺽정 세력의 조력자로 활동한 것은 생명의 위협이나 재산상의 이득 때문이기도 했지만 다른 이유도 있었다. 그들은 관군에 협력해 임꺽정 세력을 소탕하는 것은 불가능하다고 판단했거나, 임꺽정 세력의 행동을 의적의 행동으로 파악해 자발적으로 협력했을 가능성이 높다.

또 임꺽정 세력의 행적이 자신들 같은 피지배층의 이해관계와 통한다고 판단했을 것이다. 당시 임꺽정 세력에 대한 백성들의 지지가 폭넓게 퍼져 있었기 때문이다. 결국 조정이 임꺽정 세력을 제때에 소탕하지 못한 것은 임꺽정이 단순한 산적이 아니라 사회적 모순에 맨몸으로 대항하는 첨병이었기 때문일 것이다.

구전에 따르면 임꺽정이 근거지로 삼은 곳은 경기도 양주 천마산, 파주 감악산 일대, 강원도 철원 고석정 등 여러 곳으로 황해도·경기·강원도에 걸쳐 있다. 문헌 기록에 나타난 임꺽정

[1] **임꺽정** 『명종실록』, 『국조보감』, 『기재잡기』, 『연려실기술』 등의 자료가 있다. 사서인 『명종실록』과 『기재잡기』 등의 기록은 서술의 주체가 양반이기 때문에 지배층의 관점에서 기술되어 있다. 이를 보완하기 위해 백성들 사이에 전승되는 전설을 찾아볼 수 있다.
[2] **유기** 가늘게 쪼갠 대나무 가지를 엮어서 상자 모양으로 만든 그릇으로, 옷을 담는 데 쓰인다.
[3] **재인** 노래와 춤과 줄타기를 업으로 하고, 농업에 종사하지 않는 광대의 한 부류.

임꺽정이 파옥하려 했던 전옥서 터 전옥서는 한성의 미결수를 판결이 내려질 때까지 수감하는 일을 담당하던 관청이다. 1392년(태조 1) 고려의 제도를 계승해 설치했다. 조선시대에는 지금의 징역형 같은 수감 형벌이 없었기 때문에 옥에 갇힌 자는 모두 미결수였다. 관원이나 양반 출신 범죄자는 의금부에서 담당하고, 전옥서는 주로 상민 출신 범죄자를 수감했다. 여성과 남성 범죄자를 분리 수감하기 위해 여옥(女獄)과 남옥을 운영했다. 서울 종로구 보신각 맞은편.

의 출몰 지역과 근거지는 황해도 구월산 일대, 한성부 장통방, 개성 청석령 일대 등이다. 나중에 토포사 남치근이 임꺽정 세력을 쫓아 구월산 일대를 포위한 것을 보면 임꺽정 세력의 주요 활동 거점은 황해도였다. 그러나 그들의 영향력은 황해도에서 한성부를 연결하는 주요 도로에 인접한 곳은 물론 멀리는 평안도, 강원도 지역까지 미쳤다. 임꺽정은 조정의 추격을 피해 평안도 성천·양덕·맹산, 강원도의 이천 등으로 달아나기도 했다.

『명종실록』의 기록은 임꺽정의 약탈 행위, 조정에 저항하는 행동 등을 집중 조명하고 있다. 당시 조정은 임꺽정 세력을 잔인한 도적 집단으로 파악하고 있었다. 민가를 불사르고 말과 소를 닥치는 대로 약탈하며, 저항하는 사람은 살을 발라내고 사지를 찢어 죽였다고 한다. 또 조정이 파견한 군관을 살해하는가 하면, 조정의 관원이나 감사를 사칭하기도 하고, 임꺽정의 처를 구하겠다고 전옥서典獄署를 파옥하려는 대담한 계획을 세우기도 했다.

이처럼 임꺽정 무리가 난적亂賊으로 규정된 것은 1559년 3~4월의 일이다. 그해 3월 27일 개성부 도사의 보고 내용을 토대로 영의정 상진 등이 논의한 바에 의하면 임꺽정 무리는 황해도에서 활동하다가 개성 부근까지 진출해 있었다. 이들은 개성 성저 지역의 여러 가호를 약탈하고 인명까지 해쳤다. 이때 개성부 포도관 이억근이 임꺽정 소굴에 군사를 동원해 쳐들어갔다가 오히려 화살을 맞고 죽는 일이 일어났다. 이억근은 도적 수십 명을 잡은 관록 있는 포도관이었지만 임꺽정 무리를 당해 내지 못한 것이다.

설화집에 따르면 임꺽정 세력은 미투리를 거꾸로 신고 다녀 뒤쫓는 사람이 그 발자국을 보고 들어간 것인지 나간 것인지 알지 못하게 했다고 한다. 그리고 이억근이 바로 그 함정에 빠져 화살에 맞아 죽었다는 것이다. 조정은 이억근이 평소 도적의 추포에 열성을 다해 도적들의 미움을 받고 보복을 당한 것으로 보고 그를 표창했다.

임꺽정 세력이 황해도에 거점을 마련한 것은 조정의 큰 근심이었다. 황해도는 도적 소굴이 되어 대낮에도 사람을 죽이고 도로가 막힐 지경이 되었다. 임꺽정 세력은 한성부 한

임꺽정이 한성의 탈출로로 생각한 오간수문 서울 동대문에서 을지로 6가로 가는 성벽 아래에 있던 수문(水門). 5칸, 즉 5개의 수문으로 이루어졌다는 뜻에서 붙은 이름이다. 그림은 18세기 영조 때 『준천계첩(濬川契帖)』에 실린 것으로, 개천(청계천)을 준설하는 모습을 그렸다. 수문 위 빈 자리는 영조가 앉아 있던 곳으로, 임꺽정 무리는 바로 그 아래 수문을 통해 한성을 빠져나갈 계획을 세웠던 것이다.

복판에 소굴을 만들고 조정의 관원이나 감사를 사칭하기까지 했다.

　1560년 11월 24일 포도대장 김순고는 임꺽정의 일당인 서림이 엄가이라는 가명으로 숭례문 밖에 와서 살고 있다는 정보에 따라 그를 붙잡았다고 보고했다. 서림은 포도청에서 임꺽정 무리의 행적을 소상히 실토했다. 임꺽정 무리는 그해 9월 이전에 이미 한성부 장통방에 근거지를 마련해 놓고 있었다. 9월 초 포도청이 이곳을 습격했는데, 임꺽정은 놓치고 임꺽정의 처 3인[4]을 붙잡는 데 그쳤다.

　임꺽정의 처가 붙잡힌 다음 날 임꺽정 세력은 장수원에 모여 화살과 도끼로 무장하고 밤을 틈타 성안에 들어가 전옥서의 옥문을 부수고 두목 임꺽정의 처를 구출하려는 계획을 짰다. 오간수문을 지키는 군졸은 힘이 없어 화살만으로도 겁줄 수 있으니, 오간수문을 깨고 한성을 빠져나가자는 계획이었다. 무리 가운데 두 명이 성공하기 힘들 것이라 했다가 그 자리에서 죽임을 당했다고 한다.

　서림은 26일에 평산 남면 마산리에 사는 대장장이 이춘동의 집에 모여 새로 봉산 군수로 부임하는 이흠례를 죽이기로 모의한 사실도 밝혔다. 이흠례는 신계 군수로 있을 때 임꺽정 세력을 많이 잡아들인 인물이었다. 따라서 그를 해쳐 임꺽정의 위세를 세우고 후환도 없애자는 것이었다. 이 소식을 들은 포도청은 부장 한 명, 군관 한 명에게 말을 타고 속히 달려가게 해 이흠례와 함께 임꺽정 세력을 체포하겠다고 요청했다. 명종은 이를 허락하고 선전관 정수익도 함께 보내라고 지시했다.

　『명종실록』에는 임꺽정이 붙잡혔다는 기사가 여러 차례 나온다. 그 가운데 두 건은 가짜 임꺽정을 붙잡고는 진짜인 것처럼 꾸몄다가 들통 난 사례였다. 두 번 다 임꺽정을 붙잡는 소임을 맡았던 관리들이 벌인 일이다. 도저히 진짜 임꺽정을 잡을 수 없을 것 같아 가짜를 내세운 것인지, 아니면 그들도 누군가에게

4 임꺽정의 처 3인 『명종실록』은 "다만 그 처 삼인을 붙잡았다(只獲其妻三人)."라고 기록하고 있는데, 임꺽정의 처를 포함해 3인이라는 말인지 임꺽정의 처가 3인이라는 말인지 불확실하다.

감옥 문을 부수고 나오는 임꺽정 임꺽정의 은거지 중 하나였다는 전설이 전해지는 강원도 철원의 고석정 앞에 세워진 임꺽정 동상.

속은 것인지는 알기 어렵다. 하지만 조정에 올린 공식 보고에 두 차례나 가짜 임꺽정이 등장한다는 점만으로도 임꺽정 세력을 잡으려는 조정의 절박함을 알 수 있다. 또한 임꺽정 세력을 도적 집단이 아닌 반란 세력으로 규정한 것도 어느 정도 이해할 수 있다. 그들을 내버려 두면 국가를 전복하려는 세력들이 하나로 규합할까 봐 크게 우려했을 것이다.

첫 번째 가짜 임꺽정 포획 사건은 1560년 12월에 일어났다. 이달 하순 황해도 순경사 이사증이 임꺽정을 붙잡았다고 보고했다. 순경사는 이 무렵 조정이 임꺽정을 잡기 위해 황해도와 강원도에 내려보낸 특별 수사관이었다. 이사증의 장계를 본 명종은 가상하다고 칭찬하면서 군관·군졸을 내려보내 임꺽정을 압송하도록 지시했다.

그런데 실상은 달랐다. 이사증이 도적 무리의 일원인 가도치를 붙잡아 형장으로 위협해 거짓 진술을 받아 내고는 임꺽정이라 속이려 한 것이다. 이 사실을 확인해 준 이는 앞서 붙잡혀 있던 서림이다. 서림은 의금부에서 잡혀 온 자를 보고는 임꺽정이 아니라 임꺽정의 형인 가도치라고 진술했다. 의금부는 이를 바로 명종에게 보고했다. 신하가 임금을 속이는 일이 벌어졌으니 세상의 비웃음을 사기에 충분했다. 반드시 임꺽정을 잡으라는 왕명을 받았건만 아무리 애를 써도 공을 세울 가망이 없자 저지른 짓이었다.

두 번째로 임꺽정이 잡혔다는 소식이 전해진 것은 1561년^{명종 16} 9월 7일이었다. 평안도 관찰사 이량이 조정에 계본^{啓本}을 올려 의주 목사 이수철이 임꺽정을 잡았다고 보고했다. 명종은 사람을 보내 속히 잡아 올리라고 명령했다. 서울에는 내관과 선전관을 보내고 지방에는 금부 낭청을 나누어 보냈다. 9월 21일 임꺽정과 한온이라고 지목된 자들이 한성부로 압송되었다. 그러나 이들을 문초한 조사관들은 뜻밖의 보고를 올렸다. 임꺽정으로 알려진 자는 실은 해주에 살고 있던 군사로 의주에 파견 근무 중인 윤희정이라는 것이다. 서림을 포함해 임꺽정의 얼굴을 아는 사람들이 모두 아니라고 진술한 내용도 첨부했다. 한온이라고 알려진 자도 조사해 보니 윤세공이란 자였다.

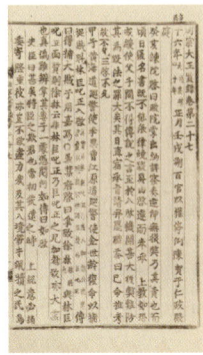
임꺽정 체포를 기록한 『명종실록』 27권, 1561년(명종 16) 1월 3일자에 황해도와 강원도 순경사가 임꺽정을 체포했다는 기록이 나온다. "황해도 순경사 이사증과 강원도 순경사 김세한이 복명하고, 적괴 임꺽정을 체포했다고 입계하니, 전교했다. '대적을 잡았으니 내가 매우 가상히 여긴다.'"

결국 임꺽정과 한온은 모두 가짜였다. 그러나 윤희정과 윤세공은 의주에서 진술한 볼온한 말 때문에 사형을 당하고, 중대한 일을 자세히 살펴 처리하지 못한 의주 목사 이수철도 파직당했다. 『명종실록』의 사관은 이수철이 공을 노리고 임금을 기만한 것을 격하게 비판했다. 이 모두가 국가에 기강이 없고 사람들이 친분에 얽매여 거짓을 알고도 침묵하는 풍조가 만연한 데 따른 것이며, 언관이 할 일을 못한 소치라는 것이었다.

가짜 소동이 일어날 정도로 임꺽정 체포가 난항을 거듭하는 가운데 1561년 10월 들어 조정은 새로운 방책을 모색하게 된다. 한 도의 주요 군병을 차출하는 단계까지 나아간 것이다. 그때 도적들이 평산에 들어가 민가 30여 채를 약탈하고 사람들을 많이 죽였다고 황해도 관찰사 김주가 보고했다. 그러자 명종은 삼공, 포도대장 등을 불러들여 대책을 논의하고, 위망과 지략이 있는 장수로 하여금 한 도의 병력을 거느리고 사방에서 포위 공격하도록 했다. 이 임무를 수행할 황해도 토포사로 남치근을, 강원도 토포사로 김세한을 뽑았다. 남치근은 즉시 장연·옹진·풍천·서흥 등 인근 4~5개 고을의 군사를 동원해 임꺽정 세력 소탕에 나섰다.

3년에 걸친 조정의 토벌 작전을 비웃듯 이리저리 빠져나가며 날아다니던 임꺽정 세력도 결국 최후를 맞이한다. 1562년 1월 3일 남치근은 대적大賊 임꺽정을 붙잡았다는 보고를 올렸다. 임꺽정 세력이 황해도 서흥 어느 곳에 머물러 있었는데, 군관 곽순수·홍언성 등이 그들을 사로잡았다는 것이다. 남치근이 임꺽정을 대적이라 부른 것은 그만큼 임꺽정 세력이 큰 규모의 도적 집단이어서 체포가 쉽지 않았다는 것을 시사한다.

『명종실록』은 남치근이 서흥에서 임꺽정을 붙잡았다는 사실만 간단하게 기술하고 있다. 임꺽정이 붙잡힌 자세한 경위를 훨씬 더 자세하게 서술하고 있는 야사가 『기재잡기』이다. 그것은 토포사 남치근이 재령 지방으로 나아가 일대를 장악하는 대목부터 시작한다. 토포사의 압박을 받자 임꺽정은 도당을 거느리고 구월산으로 들어가 험한 곳에 나누

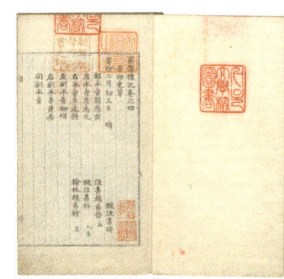

『기재잡기(寄齋雜記)』 조선 인조 때 문신 박동량(朴東亮)이 야사와 일기를 모아 기록하고 자기 의견을 넣어 정사(正史)에 빠진 유명한 인물의 모습과 출처, 진퇴 등의 사실을 보충했다. 임꺽정의 난 등 중종 이후에 관한 기사가 풍부하다.

어 칩거했다. 남치근은 수많은 군마를 동원해 산 아래를 포위하고 사람들의 출입을 감시하면서 임꺽정 세력의 도주로를 차단했다. 그런 다음 남치근은 군사를 몰아 숲을 샅샅이 뒤지며 올라가 임꺽정 일당을 하나하나 무력화하고 체포했다. 산적 가운데 일부는 항복했다. 임꺽정을 바로 옆에서 호위하는 자가 대여섯 명이었는데, 이들은 모두 베어 죽였다. 문화에서 재령까지 한 집 한 집 낱낱이 수색한 끝에 겨우 임꺽정을 잡을 수 있었다. 3년 동안 온 나라를 들썩이게 한 희대의 도적을 여러 도의 군사를 출동시키고서야 겨우 체포하게 된 것이다.

임꺽정 체포에 공을 세운 자들 가운데 한 명이 서림이었다. 그는 관군에 체포된 다음 관군에 협력했기 때문에 예전 동료들의 원수가 되었다. 서림은 1561년 10월부터 남치근을 따라다니며 임꺽정 세력을 뒤쫓는 데 공을 세웠다.[5] 나라에서 자신을 죽이지 않고 살려 준 은혜를 갚으려 길잡이 노릇을 감수한 것이다.

임꺽정은 도적으로 체포돼 극형을 받았지만 그가 남긴 여운은 길었다. 앞에서 살펴본 것처럼 『명종실록』의 사관은 임꺽정의 난에 지극히 객관적인 평가를 내렸다. 사관은 해서海西의 적도賊徒에 대해 "비록 꺼리거나 어려움 없이 제멋대로 막돼먹었다고 말하지만 그 원흉이 되는 이는 여덟아홉 명에 지나지 않는다."라고 평가했다. 관군과 맞서 싸울 정도로 규모가 있었던 임꺽정 세력을 사관이 지나치게 평가절하하고 있는 것일까?

그러나 이러한 평가에는 나름대로 근거가 있다. 사관에게는 "모이면 도적이며, 흩어지면 백성"이라는 판단 기준이 있었다. 백성은 궁벽한 산골짜기에 들어가서 도적이 되었다가도 다시 생업에 종사하게 되면 백성으로 되돌아온다는 것이 그의 생각이었다. 그러니 임꺽정 세력이 아무리 크고 흉포했다 해도 그들 대부분은 본래 선량한 백성이었으며, 그들을 산적으로 몰아간

[5] **서림의 공로** 임꺽정 세력이 붙잡힌 뒤 그 일당이었던 율이는 "서림이 다시 임꺽정과 몰래 통했다."라고 주장했다. 의금부는 서림을 엄히 조사하게 해 달라고 요청했다. 그러나 율이의 주장은 서림이 투항한 것을 분하게 여겨 같이 죽게 만들려는 계략으로 간주되었다. 고초를 모면한 서림은 임꺽정 체포에 세운 공으로 포도청에서 일하게 되었다.

것은 국가였다.

 임꺽정은 평범한 좀도둑이 아니라 반역하는 극적劇賊, 즉 극악한 도적으로 지목되었다. 또한 임꺽정 세력은 대적으로 지목되었을 뿐 아니라 반국叛國의 혐의까지 받았다. 극악한 도적으로 규정된 것만으로도 극형을 면할 수 없을 터에 나라를 배반했다는 역모의 혐의까지 덧씌울 필요가 있었을까? 이것은 당대 조선의 조정이 임꺽정을 단순한 도적이 아니라 나라의 지배 체제를 뒤흔들 수 있는 인물로까지 파악하고 있었음을 보여 준다.

 중앙정부의 권력이 지방에 파견된 수령을 거쳐 지방 사회 구석구석까지 미치지 않는 곳이 없는 상황에서 지방민의 일부가 도적으로 등장하는 것은 그 자체가 권력에 대한 도전이었다. 16세기에는 왕과 왕실, 관료와 이들의 모집단인 사족 세력으로 구성된 권력 구조가 있었다. 이들은 자신들의 권력 재생산을 저해하는 세력의 등장을 용인할 수 없었다. 또한 같은 맥락에서 기성 권력에 대한 저항 움직임은 그것이 작든 크든 절대로 내버려 둘 수 없었다. 임꺽정이 단순한 도적에서 반역 죄인으로 '격상'된 것은 그의 세력에 기존 권력을 허물 수 있는 근원적인 잠재력이 있었기 때문이다.

임꺽정은 이런 모습이었을까 1928년 11월 28일자 《조선일보》에 연재되기 시작한 벽초 홍명희의 「임꺽정전(林巨正傳)」. 1939년 3월 11일까지 연재하고 1940년 《조광》 10월호에도 발표했으나 미완으로 끝났다. 민족 문학사에 길이 남을 이 대하소설의 제목은 1937년부터 「임꺽정」으로 바뀌어 오늘날까지 그 제목으로 통용되어 널리 사랑받고 있다.

역사 속의 산적과 의적

세계사를 훑어볼 때 산속의 도적, 즉 산적은 기존 권력 질서에 대항하며 약탈이나 강도질을 하는 무리들이었다. 그런데 산적과 같은 도적들에게 의적이라는 이름이 붙기도 했다. 영국의 로빈 후드가 의적으로 형상화된 대표적인 사례이다. 법적·사회적으로 볼 때 산적은 산이나 숲에 머물면서 법과 당국의 테두리에서 벗어난 남자들의 무리였다. 이들은 자신들의 생존이나 향락을 위해 무장을 하고 난폭한 약탈이나 강도질 등으로 자신들의 뜻을 관철했다.

경제적인 측면에서 볼 때 이들은 직접적인 생산 활동에 종사하지 않는 주변인이었다. 또한 산적은 권력·법·자원에 대한 통제권을 보유하거나 소유권을 주장하는 사람들에게 도전함으로써 경제적·사회적·정치적 질서에 도전하는 세력이었다. 산적은 현 사회질서를 그대로 따르지 않고 그들만의 물리적·사회적·정치적 힘을 가졌다. 따라서 사회질서 자체가 성립되지 않은 곳에서는 산적이란 존재가 나타날 수 없었다.

산적이나 비적, 도적은 가장 원초적 형태로 조직화된 사회적 항쟁으로 규정된다. 많은 사회에서 도적 행위를 사회의 기존 권력 체제와 특권 세력에 저항하는 사회적 항쟁으로 파악하며, 도적들을 우상화해 자신들을 위해 싸우는 투사로 간주하고 심지어 보호하기까지 한다. 때로는 도적들이 부자들의 재물을 빼앗아 빈민을 도와주는 의적이라는 신화를 만들어낸다. 이러한 의적들의 활약상은 구비 전승이나 문헌 기록으로 전해진다.

산적들이 목표로 삼는 것은 사회 전복, 왕조 교체와 같은 사회혁명이 아니다. 산적들은 사회혁명가처럼 혁명을 위해 자기를 헌신하지 않는다. 그들이 혁명적인 존재로 보일지라도 최대한의 목표는 현실 사회에서 불공정한 부분, 불합리한 부분을 원래대로 회복하려는 데 있다. 왕정 체제하에서는 국왕의 관대한 처사를 호소하는 정도에 그친다. 이들에게 자유나 평등 같은 혁명적인 구호를 기대하거나, 이들을 자유롭고 평등한 사회 건설의 선구자·투사로 보는 것은 역사적 관찰과 분석의 결과가 아니라 역사의 진보에 대한 신념을 역사적 인물과 사건에 투사하는 것에 불과하다.

산적들이 혁명가는 아닐지라도 당대 현실

『수호지』의 무대인 양산박 양산박은 중국 북송 시기 일어났던 민란인 '송강의 난'을 모델로 한 『수호지』의 무대가 되는 장소다.

노팅엄의 의적 로빈 후드 중세 영국의 전설적인 영웅이자 의적인 로빈 후드의 동상. 노팅엄 지역 여기저기에서 로빈 후드와 관련된 구조물이나 흔적들을 심심치 않게 마주칠 수 있다.

사회에 대한 저항 세력임은 분명하다. 특히 공권력과 지배 세력에 저항할 자그마한 움직임조차 용인되지 않는 사회체제에서 도적 떼들은 기성 체제에 대한 공공연한 반대 세력이기 때문이다. 이러한 점에서 산적은 권력에 복종하지 않고 권력의 테두리 밖에 있는 사람이다. 그런데 기존 권력의 범위 바깥에 있다는 점 또한 하나의 권력이라는 점에 주의해야 한다. 산적의 힘이 미치는 범위가 현실적으로 존재한다는 점에서 산적들은 현실적인 권력을 휘두르고 있고 나아가 잠재적으로 기존 권력을 위협하는 존재들이다. 잠재적인 반란군이라고 할 수 있다.

역사상 특정 시기에는 경우에 따라 산적이 장래성 있는 직업으로 간주되기도 했다. 경제적인 측면에서 산적들은 농업 노동과 같은 힘든 일을 하지 않으면서도 많은 수익을 거둘 기회를 잡을 수 있었다. 하지만 산적이 되는 것은 대개 어쩔 수 없는 주위 환경 때문이었다. 그중 가장 중요한 것은 경제적인 동기였다. 물론 산적들 사이에서 복수가 횡행했고, 복수를 위해 산적 집단의 일원이 되는 일도 있었다. 하지만 산적이 되는 일차적이고 주요한 원인은 경제적인 것이었다. 생존을 위해, 평상시 자신을 지켜 줄 울타리로 여겼던 법규 밖의 세계로 나아가는 것이었다.

근대 영토 국가에서는 권력의 집중이 옛날 제국의 황제보다 훨씬 더 강력하게 갖추어져 있다. 이러한 권력의 집중은 농촌의 산적들을 사라지게 만들었다. 자생적으로 발생한 경우든 외부에서 유입된 경우든 산적은 집권화된 권력 밑에서는 생존할 수 없다. 넓은 의미에서의 자본주의화, 즉 경제 발전과 효과적인 통신수단 및 행정 체계의 결합이 이루어지자 의적을 비롯한 어떤 종류의 산적도 활약할 만한 환경을 찾아볼 수 없게 되었다.

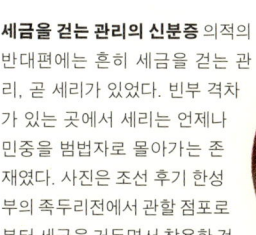

세금을 걷는 관리의 신분증 의적의 반대편에는 흔히 세금을 걷는 관리, 곧 세리가 있었다. 빈부 격차가 있는 곳에서 세리는 언제나 민중을 범법자로 몰아가는 존재였다. 사진은 조선 후기 한성부의 족두리전에서 관할 점포로부터 세금을 거두면서 착용한 것.

조선 최초의 서원인 소수서원 서원은 조선 중기 이후 학문 연구와 선현의 제향을 위해 설립된 사설 교육기관이자 향촌 공론의 집합처였다. 낙향한 사림은 향촌에서 서원을 만들어 학문을 닦고 후학을 양성하며 성리학의 이상을 실현하기 위해 노력했다. 특히 경상북도 영주의 소수서원은 조정에서 특별히 서원의 이름을 쓴 현판과 서적, 노비 등을 내린 최초의 사액서원이었다.

03
사±의 시대

500년 역사를 가진 조선 왕조의 질서는 크게 전기와 중·후기로 나뉜다. 나라 이름은 바뀌지 않았지만 전기의 조선과 중·후기의 조선은 다른 나라였다고 말할 수 있을 정도로 차이점이 많았다. 흔히 생각하는 성리학의 나라, 족보와 가문을 따지는 문화, 장자 우선의 질서, 여성의 사회적 차별 등은 엄밀하게 말하면 중·후기 조선 사회에 집중된 현상이다. 전기의 조선은 사회의 주도 이념, 주도 계층, 문화 등의 측면에서 중·후기와는 매우 큰 차이가 있었다.

무엇 때문에 그렇게 변했을까? 그러한 변화는 언제부터 시작됐을까? 변화의 결과는 어떤 것이었을까? 조선 시대를 조금만 자세히 살펴보면 이 같은 질문이 자연스럽게 떠오를 것이다. 전 시기를 놓고 보았을 때 조선은 건국 이후 일정한 질서를 만들었다. 그리고 그러한 질서는 약 150여 년이 지난 16세기 중반에 이르러 크게 흔들린다. 원래 조선 왕조가 추구했던 질서가 흐트러지면서 조선은 국가의 존망을 위협하는 심각한 위기에 직면하게 된다. 후에 사람들이 '중간의 쇠망기'로 표현하기도 했던 시기이다.

이러한 위기를 중대한 문제로 받아들여 조선을 새롭게 바꿔 보려던 시기가 16세기였다. 16세기는 조선 초에 만들었던 질서가 무너지면서, 이를 바꿔 보려고 안간힘을 쓰던 시기였다. 따라서 사회적 갈등도 적지 않았고, 기존의 질서를 대체할 새로운 질서와 새로운 설계를 시도하는 노력도 줄기차게 이어졌다.

흔히 훈구파와 사림파의 대결로 설명하는 16세기에는 정치적 갈등을 넘어서는 조선 사회의 전체적인 변화가 숨어 있다. 정치권력의 교체뿐 아니라 이전까지 조선이 기반을 두고 있었던 사회·경제적 질서, 곧 사회 구성 및 사회 신분의 변화가 이 시기에 이루어졌다.

사림들은 훈구와의 정치적 대결이었던 사화에서 계속 패배했다. 그러나 사림들은 조선 사회의 전반적인 변화를 수용해 그에 걸맞은 새로운 질서를 모색했다.

고려 말 세계 제국 원으로부터 수입해 조선 건국의 이데올로기로 삼았던 성리학은 이 시기에 다시 주목을 받았다. 하지만 이때 주목한 성리학은 15세기를 움직인 성리학과는 달리 변화된 조선의 현실 속에서 새롭게 찾아내 재인식한 성리학이었다.

조선 전기를 움직인 성리학이 원에서 유래해 체제를 작동시킨 것이었다면, 16세기에 재인식한 새로운 사상으로서의 성리학은 세계와 인간, 근본적인 존재에 대한 설명에서부터 사회를 작동시키는 원리까지 훨씬 더 다양하게 접근할 수 있는 형태로 기능했다.

종래에는 볼 수 없었던, 16세기 성리학을 둘러싼 논쟁은 조선 전기의 성리학으로는 더 이상 현실의 조선을 끌고 갈 수 없다는 통렬한 반성 위에서 이루어진 새로운 사상적 모색의 결과 나타난 것이다. 그 결과 성리학은 부계父系 남성 위주의 가족 질서, 붕당을 중심으로 한 사림 정치, 서원과 향약 등을 기반으로 한 향촌 질서 등 사회 전반을 가로지르는 질서의 원형을 제공하게 된다. 우리가 흔히 알고 있는 조선이 바로 이 시기, 16세기에 탄생한 것이다.

조선 건국 이후 200년 만에 맞은 미증유의 외침인 임진왜란도 이러한 조선의 변화를 막지는 못했다. 사림 또는 사족을 중심으로 변화된 질서는 오히려 전란을 극복하는 과정에서 더욱 활성화되거나 공고해졌다. 중국과 일본이 참여한 국제 전쟁의 한가운데, 전란의 피해가 가장 극심했던 조선이 각각 왕조 교체와 정권 변동을 경험한 중국이나 일본과는 달리 계속해서 왕조 체제를 유지할 수 있었던 이유가 여기에 있다.

1.
세기의 편지

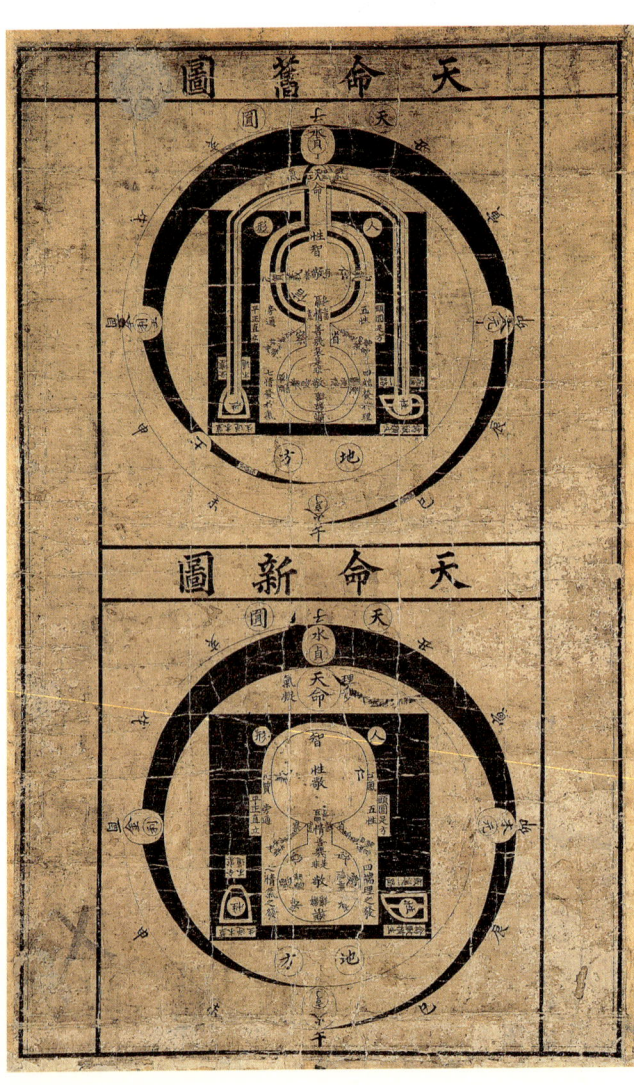

「**천명도**」 성리학에 의거해 하늘과 인간의 관계를 그림으로 풀이한 것으로, 조선 중기의 학자 정지운이 작성하고 그의 청에 따라 이황이 증보했다. 정지운이 작성한 것을 「천명구도(天命舊圖)」, 이황이 작성한 것을 「천명신도(天命新圖)」라 한다. 천원지방(天圓地方)의 현상을 본떠 위로 천명원을 설정하고 아래로는 인체의 각 부위를 본떠 그렸다.

**전무후무한
철학 대토론의
서막이 열리다**

1517년 영남의 선비 이언적은 「서망기당무극태극설후書忘機堂無極太極說後」라는 글을 썼다. 오늘날의 논문에 해당하는 이 글은 그의 외숙부인 망재 손숙돈과 망기당 조한보 사이에 토론으로 활용되던 편지 「무극태극논변無極太極論辨」을 보고 지은 것이다. 조선의 역사뿐 아니라 중국의 역사에서도 쉽게 찾아볼 수 없는 성리학에 관한 치열한 대토론의 서막은 이 글에서 시작되었다.

손숙돈과 조한보에 대해서는 전하는 자료가 충분하지 않아서 자세하게는 알 수 없다. 이언적의 글을 참고해 보면 조한보는 손숙돈·이언적처럼 고향이 경주인 사람이고, 이언적보다는 훨씬 선배였다. 이언적은 외숙부인 손숙돈을 두고, 그의 무극과 태극에 관한 논변이 육구연陸九淵[1]에서 나왔으며, 이것에 대해서는 이미 주자가 집중적으로 비판했으므로 조한보에 대해서 집중적으로 비판한다고 했다.

그리고 이언적은 조한보의 설에 대해 "유儒,유교와 석釋,불교을 뒤섞어 하나로 만들어 놓았으며, 심지어 '무엇을 구태여 분변하랴.'라고 한 말까지 있으니, 이것이 내가 몹시 두려워해 감히 논쟁하지 않을 수 없는 것"이라고 했다. 조한보에 대해 매우 비판적인 입장을 취한 것이다. 조선은 성리학을 국시로 여길 만큼 기본적인 사상으로 받아들이고 있었는데, 당시 조한보가 유교와 불교를 하나로 인식했다는 사실은 매우 흥미롭다.

조한보와 주고받은 편지에서 논란이 된 문제는 무극과 태극의 실체에 관한 것이다. 조한보는 '무극은 태극이다.'라는 말의 의미를 만물의 근본이자 통달한 도인 태극은 곧 무극으로 설명될 수 있는 것으로, 영원한 존재인 무극과 다르지 않은 것이라고 풀었다. 무극과 태극이 영원한 진리이자 무차별의 상태를 말한다는 이 생각은 사상적 측면에서 불교나 도가의 영향을 받은 것으로 이해할 수 있다. 이에 대해 이언적은 말한다.

[1] **육구연** 중국 남송의 유학자. 호는 상산이다. 주자와 대립해 중국 전체를 양분하는 학문적 세력을 형성했다. 주자는 객관적 유심론을 주장한 반면, 상산은 주관적 유심론을 주장했다.

팔괘가 새겨진 벼루 약포 정탁이 1582년(선조 15) 명에 사신으로 갔다가 황제로부터 하사받은 벼루. 검은 돌로 만들고 팔괘를 조각해 넣었다.

망기당의 설을 보니 "태극은 무극이다."라고 한 것은 옳다. 그러나 "어찌 있음을 논하고 없음을 논하며 안과 밖을 나누어 개념의 말단에 막히는가?"라고 한 것은 잘못되었다. "그 큰 근본을 얻으면 인륜의 일용과 수작의 모든 것이 보편적인 도가 아님이 없다."라는 말은 옳다. 그러나 "큰 근본과 보편적인 대도는 혼연히 하나이니, 어디서 또 무극·태극·중*의 있음과 중이 없음의 구별이 있다고 말하겠는가?"라는 말은 잘못되었다.

— 『회재집(晦齋集)』

무극과 태극을 조한보처럼 이해하면 이를 실천할 때에도 무극과 태극을 절대적인 가치로 삼아 이를 마음의 중심으로 받아들이는 형태가 될 수밖에 없다. 그런데 일반적으로 성리학의 이론에서는 이러한 절대적인, 또는 위로부터 제시된 가치보다는 일상에서 격물치지의 공부 과정을 거쳐 획득한 이치를 확대하는 방법을 선호했다. 이언적은 무극과 태극에 대한 조한보의 이해가 궁극적으로 불교나 도가에서 유래했다는 것을 집중적으로 비판했다.

왜 이런 현상이 나타났을까? 성리학은 이미 고려 말에 원으로부터 수입되었고, 조선이 건국된 후 100여 년이 지났으니 이제 거의 완벽한 이해에 도달했다고 보아야 할 것이다. 그런데 여전히 성리학에서 가장 기초적이고 중심적인 개념인 태극을 둘러싸고 논쟁이 벌어진 것을 어떻게 이해할 수 있을까?

그러나 문제는 이러한 논쟁이 이 시기에 처음으로 일어난 역사적 현상이라는 점이다. 고려 말 조선 초에는 성리학을 둘러싸고 이러한 이론적 논쟁이 일어나지 않았다. 고려 말에는 새로운 왕조를 어떻게 구성하고 운영할 것인가의 문제를 둘러싼 논쟁이 있었고, 조선 초에는 구체적인 운영의 방법으로 유교적인 제도나 의례를 둘러싼 논쟁이 있었다. 그에 비해 철학적인 논쟁, 근본적인 개념에 관한 논쟁은 거의 드물었다.

「공자관기기도」 공자가 기기를 보고 있는 모습을 그린 상상도. 기기는 적당량이 담겨야 바로 서는 기물로, 중용의 이치를 상징했다고 한다.

이렇게 논쟁이 치열하게 된 이유는 고려 말에 성리학을 수입하는 데 몇 가지 역사적 배경이 있었기 때문이다. 우선 고려 말에 수입된 성리학은 원나라에서 국가를 운영하는 학문으로서 체제의 교학으로 기능했다. 따라서 이를 수입해 모델로 삼음으로써 조선에서도 역시 체제의 교학으로 기능할 가능성이 높았다. 두 번째로 원래 유학 중에서도 새로운 이론으로 제시된 성리학은 중국에서 송, 특히 남송 때 중소 지주 출신 사대부의 이념으로 제시된 것이었다. 그러나 고려 말에 수입되어 조선에 본격적으로 적용된 성리학은 외래 이념으로서, 중소 지주를 배경으로 한 사대부의 이념으로 작동된 것이 아니었다. 이 문제는 앞의 배경과 맞물려 성리학이 주로 왕실을 비롯한 국가 체제를 움직이는 이념으로 기능하게 된 이유이기도 하다.

국가의 공적 가치를 우선시해 국가를 운영한 조선 전기의 체제는 국왕을 중심으로 과거로 선발된 관료가 보좌하는 일원적인 사회였다. 신분도 양인과 천인으로 나뉘어 있었으며, 양반 역시 과거에 합격한 관료 이상의 의미가 없었다. 그러나 강력한 왕권에 기대어 세력을 확대한 공신 세력 및 기득권 세력은 조선 전기의 공적 질서를 무너뜨리기에 이르렀다.

세조대의 정난공신이 대표적인 예로서 이들은 정치·경제적인 비리의 온상이었다. 사림은 훈척 세력의 비리를 비판하며 등장했지만 실권을 잡고 있던 훈척 세력에게 번번이 정치적인 화를 당할 수밖에 없었다.

조광조 일파가 기묘사화에서 당한 정치적 피해는 사림이 현실 정치에서 패배했음을 상징적으로 보여 준다. 기묘사화를 전후로 한 16세기 초기의 이 같은 상황에서 사림은 기존의 질서, 곧 조선 전기적 질서로 기능한 체제 교학적 성리학으로 움직이는 사회를 대체할 새로운 사회를 모색하기 시작했다. 여기에는 외래 사상인 성리학의 한계를 새롭게 자각하고 현실을 다시 움직일 수 있는 새로운 사상을 모색하는 것이 필수적이었다. 현실 정치에서 권력투쟁의 방식으로는 더 이상 출구가 없기 때문이었다.

이황과 기대승이 편지를 주고받으며 논쟁하다

조선을 움직이던 기존 사상에 대한 근본적인 재검토. 이것이 16세기를 맞은 중종 초 조선의 사상적 환경이었다. 이언적에 앞서 서경덕도 이러한 작업에 동참했다. 서경덕은 흔히 기氣에 관심이 많은 학자로 알려진다. 그는 기에 관해 송대의 주돈이, 소옹, 장재의 사상을 조화시켜 독자적인 이론인 기일원론氣一元論의 학설을 만들었다. 우주 공간에 충만해 있는 원기元氣를 형이상학적 대상으로 삼고, 그 기의 본질을 태허로 보아서 우주의 선천先天으로 이해했다.

기에 대한 서경덕의 이 같은 이해는 우주에 대한 이언적의 이해, 곧 태극과 무극에 대한 이해에 앞선 것으로, 우주의 본체에 대한 고민을 담고 있었다. 그래서 서경덕의 저술은 우주 본체론에 관한 것이 대부분이며, 인성론人性論에 관한 것은 적다. 이러한 주제는 북송에서 태동기의 성리학자들이 불교나 도교와 대결하는 가운데 우주 본체에 대한 근원적인 고민을 했던 것과 유사하다.

이처럼 16세기 조선에서는 성리학의 발생기부터 문제가 된 부분을 반복하면서 조선을 이끌어 갈 새로운 사상을 모색하기 시작했다. 이는 기존의 성리학과는 전혀 다른 차원의 접근이었다. 문제는 이러한 사상적 모색이 단순하게 성리학을 다시 기초부터 이해하는 형태로 이루어진 것이 아니었다는 점이다. 고려 말과는 달리 16세기 조선의 성리학은 당대의 사회와 현실을 반영하고 있었다. 외형적으로는 중국의 송에서 일어났던 성리학의 발생사를 비슷하게 반복했다는 점도 특기할 만하다.

그래서 마치 북송의 유명한 오자五子, 즉 주돈이·장재·소옹·정호·정이가 태극과 같은 우주 본체론에서 시작해 이기理氣와 같은 논리 전개 방식, 심성心性과 같은 인간 본성에 관한 이론을 발전시키고, 결국에는 국가와 사회에 대한 전체적인 구상을 하게 된 것과 비슷한 사상적 발전을 하게 된다.

16세기 중반으로 접어들면서 본격적으로 치열한 사상적 논쟁이 전개된 것은 이러한

이황의 편지 "병중에 보내온 편지를 받으니 감사하고 위로됨이 헤아릴 수 없습니다. 근래 이세순을 만나 일찍이 공과 더불어 경치 좋은 곳을 노닐었다는 말을 들으니, 부러운 마음이 그치지 않습니다. 정으로 나타낸 두 절구에 화답합니다."라면서 시를 적어 넣었다. 55세 때 쓴 것.

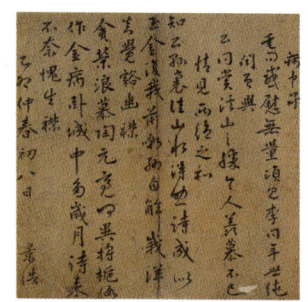

배경에서 이해할 수 있다. 태허·기·무극과 태극 같은 우주 본체에 대한 토론에 이어 이황과 기대승 사이에 사단四端과 칠정七情에 관한 논쟁이 발생했다.

명종·선조대를 대표하는 사상계의 큰 별 이황은 스물여섯 살 연하인 기대승과 장장 8년에 걸친 논쟁을 벌였다. 이는 16세기의 상황을 잘 보여준다. 이황이 본 정지운의 「천명도天命圖」에는 "사단은 이에서 발하고, 칠정은 기에서 발한다."라는 글이 있었다. 이황이 이를 "사단은 이가 발한 것이고, 칠정은 기가 발한 것"이라고 수정했다. 그러자 기대승은 이황이 사단과 칠정을 이와 기에 직접 연결해 이원론으로 이해한 데 문제를 느끼고 이황에게 이를 토론했다. 이에 이황은 "사단의 발發은 순정한 이純理이므로 선하지 않음이 없고, 칠정의 발은 이기를 겸했기 때문에 선악이 있다."로 수정했다. 그러나 기대승은 이를 받아들이지 않고 다음과 같이 지적했다.

> 대체로 이는 기의 주재主宰이고 기는 이의 재료입니다. 이 둘은 진실로 구분되는 것입니다. 그러나 사물로 존재할 때에는 진실로 혼합되어 분리될 수 없습니다. 다만 이는 약하고 기는 강하며 이는 조짐이 없으나 기는 형적이 있기 때문에, 그 유행하고 드러날 때에는 '지나침과 모자람'의 차이가 없을 수 없습니다. 이것이 '칠정의 발'이 선도 되고 악도 되며, 성性의 본체가 때로 완전하지 못하게 되는 까닭입니다. 그러나 선이란 천명天命의 본연이고 악이란 기품의 지나침과 모자람이니 사단과 칠정은 애초부터 두 가지의 형태가 있는 것은 아닙니다.

기대승은 이황이 근본적으로 사단과 칠정을 이와 기에 연결시켜 해석하는 데 의문을 품고 이를 지적한 것이다. 개념적으로는 이와 기가 구분될지 몰라도 실제의 사물, 현실에서는 구분하기 어렵다는 것이 기대승의 문제의식이었다. 우주 본체론에서 한 단계 진전해 이와 기가 인간에게 어떻게 적용되는 것인지에 대한 논의로 나아간 것이다. 여기에는 인간

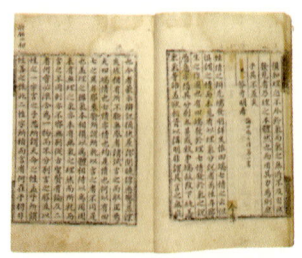

『논사단칠정서』 퇴계 이황이 사단과 칠정의 문제를 놓고 고봉 기대승과 1559년부터 8년간 주고받은 편지글. 서신으로 논쟁을 했기 때문에 흔히 '사칠왕복서'라고도 한다.

이 지닌 칠정의 선악 문제와 사단의 위상 문제가 개재되어 있었다.

이황은 기대승의 문제 제기에 대해 "합쳐서 같은 것을 좋아하고 분리하는 것을 싫어하며, 섞어서 온전하게 하는 것을 즐기고 분석하는 것을 꺼린다."라고 평가했다. 여기에 더해 자기 주장의 근거를 『주자어류朱子語類』[1]에서 확인할 수 있다면서 근본적인 입장은 수정할 수 없음을 밝혔다.

옛사람이 이르지 않았던가. 감히 자신을 믿지 말고 스승을 믿으라고. 주자는 내가 스승으로 여기는 분이며, 또한 천하에서 예나 지금이나 으뜸으로 여기는 스승이시네. 주자의 설을 얻어 본 뒤에 내 견해가 크게 잘못되지 않았음을 믿게 되었으며, 애초 정지운의 설 역시 자연스럽게 문제가 해결되었으니 반드시 수정할 필요는 없을 듯하네.

-『도산전서』

기대승은 이를 다시 비판하며, 이황이 새롭게 설명한 본연의 성性과 기질의 성에 대한 해석의 문제점을 지적했다. 사단과 칠정의 문제를 깊이 있게 논하자면 자연스럽게 인간 본성에 대해서도 논의하지 않을 수 없었다. 이에 대한 반론과 재반론이 이어졌다.

논쟁의 결과 이황은 혼합해서 말할 때는 주리·주기의 구분이 없지만 대비해서 말할 때는 분별이 있다고 해 자기 주장이 기대승과 다르다는 점을 확인하고 있다. 기대승 역시 사단과 칠정을 이기에 나눠 속하게 한 이황의 해석을 인정하면서도 사단과 칠정이 근본적으로 다르지 않다는 주장을 굽히지 않았다. 이에 이황은 논쟁이 어느 정도 정리됐다고 판단하고 기뻐하면서, 자신이 '성현의 희로애락과 일반인의 것이 다르다.'고 한 것과 '사단과 칠정이 각각 유래가 서로 다르다.'고 한 주장은 타당하지 않은 점이 있다고 인정하며 마무리한다.

[1] 『주자어류』 주자가 제자들과 토론한 내용을 수록한 책.

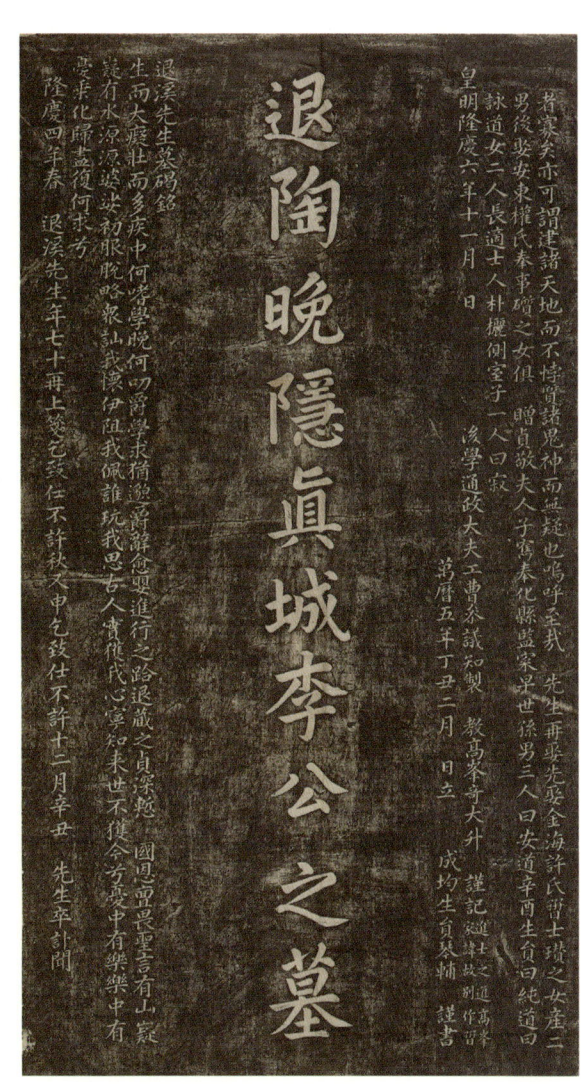

이황 묘비의 탁본 이황은 병세가 위독해지자 조카를 불러 4언 24구의 한시를 남겼다. 이황은 자신의 행적이 지나치게 미화될 것을 걱정해 묘비명도 생전에 직접 써 두었다. 묘비의 한가운데에는 退陶晩隱眞城李公之墓(퇴도만은진성이공지묘)라 썼고 좌우에 묘비명이 있다. 이 묘비명은 묘비 뒷면에 기대승이 명을 붙여 그대로 새긴 것이다.

이이와 성혼이
편지를 주고받으며
논쟁하다

이후의 논쟁은 인간에 대한 더 깊은 이해를 둘러싸고 이어졌다. 이황과 기대승에 이어 이이와 성혼 사이에 벌어진 인심人心·도심道心 논쟁이 그것이다. 사단과 칠정은 그 자체로는 인간이 가지고 있는 본질적인 것이나 감정을 지적하는 것에 불과하다. 성리학에서는 선한 인간이 되거나 본성을 회복하기 위해서는 인간의 실천이 필요하다고 가르쳤다. 이러한 실천에 필요한 이론이 마음의 수양이었는데, 그 수양의 핵심은 '천리를 보존하고 인욕을 제거함存天理去人欲'을 실천하는 것이었다. 이때 실천하는 주체가 마음인데, 이 마음에 바로 도심과 인심이 있다고 보았다. 문제는 사단과 칠정의 관계처럼 이 도심과 인심의 관계가 어떻게 연결되고 자리 잡히는가 하는 것이 간단하지 않은 데 있다. 인심·도심 논쟁은 이이와 성혼에 앞서 노수신과 이항에 의해 이루어졌다.

노수신은 중국의 학자인 나흠순을 따라 인심과 도심을 인욕과 천리에 대비할 수는 있으나 인욕은 중절中節¹의 대상으로서 가치 중립적인 것으로 보았다. 그래서 인심과 도심을 대립하는 가치로 이해하는 것을 부정했다. 그러나 이항은 도심이 체體가 아니라 이理의 용用이라는 전제로 성性은 체이고 심心은 용이라고 주장했다.

이런 바탕을 두고 성혼은 편지를 통해 사단칠정과 인심·도심에 대한 이이의 설을 비판했다. 이황과 기대승의 논쟁이 끝나고 6년이 흐른 1572년선조 5이었다.

> 마음의 허령²한 지각은 하나일 뿐이로되 인심·도심의 두 이름이 있는 것은 무엇 때문인가? 그것이 혹 형기形氣³의 사사로움에서 생기기도 하고 성명性命⁴의 바름에 근원하기도 해서, 이기의 발출이 부동하며 그 용이 위태롭기도 하고 은미隱微하기도 한 차이가 있기 때문에 이름이 둘로 나뉘지 않을 수 없는 것이다. 그렇다면 이른바 사단칠정과 더불어 같은 것이다. 지금 도심을 일러 사

1 중절 희·로·애·락·애(愛)·오(惡)·욕(欲) 등의 감정이 나타나기 전의 상태를 중(中)이라 하는 데 비해, 그러한 감정이 이미 나타나 화(和)의 상태를 이루기 위한 조건으로 제시된 것.
2 허령 마음이 신령(神靈)하고 잡된 생각이 없는 상태.
3 형기 겉으로 보이는 형상과 기운.
4 성명 인성(人性)과 천명(天命)을 아울러 이르는 말.

이이의 편지 성혼과 이이는 백인걸의 문하에서 함께 수학한 친구로, 사단칠정 이기설을 토론하며 새로운 학설을 주창했다. 오른쪽은 이이가 최 참봉댁에 보낸 편지로, 아픈 몸에 가을을 맞으니 고향 생각이 간절해지고 벼슬살이에는 정을 못 붙여 서울 생활을 오래 하기 힘들 것 같다는 등 일상생활의 소회를 전하고 있다.

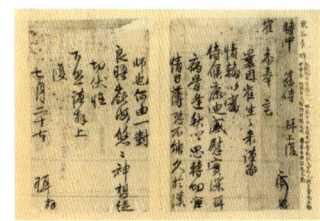

단이라고 하는 것은 가하나 인심을 일러 칠정이라고 하는 것은 불가하다. 또한 사단칠정이란 성에서 발출한 것을 말하는 것이요 인심·도심이란 심에서 발출한 것을 말하는 것이다. … 사단은 칠정 가운데 이 일변을 가리켜 말한 것이요, 칠정 가운데 부중절한 것은 기의 과불급으로 인해 악으로 흘러가게 된 것이라 운운한다면, 이기의 발출이 혼동되지도 않고 또한 두 갈래로 분기하는 근심도 없지 않겠는가?

—『우계집』

성혼은 기만 발할 수 있다고 한 이이의 관점을 비판하고자 했다. 그는 이황과 같이 인심·도심설과 사단칠정설을 연결해 가치 대립 개념으로 파악해야 한다고 생각했다. 그러나 성혼은 이황의 주장에 온전히 공감한 것은 아니고, 논쟁을 통해 이이 학설의 일정한 부분에 찬성함으로써 두 사람의 설을 절충하고자 했다.

이러한 복잡한 논쟁, 즉 우주와 세계의 궁극적 실체, 그것과 관련한 인간의 심성·본성을 이해하고자 한 시도를 어떻게 이해할 수 있을까? 현대적 관점에서 볼 때 이들의 논쟁에는 적지 않은 문제점도 있었다. 기대승과 이이가 이와 기의 개념을 형이상과 형이하를 뜻하는 존재론적 의미에서 강조했다면, 이황과 성혼은 도덕이나 욕구를 구분하는 의미에서 이와 기를 구분하려고 했다. 애초에 이와 기에 접근하는 방법에서 차이가 있었던 것이다.

그러나 이 논쟁은 결국 우주와 세계에 대한 철학적 인식을 정리하고, 인간에 대한 깊은 이해를 바탕으로 새로운 인간상을 만들어 내려는 노력의 소산이었다. 그 결과 사림은 새로운 인간상을 통해 새로운 사회를 구상할 수 있게 되었다. 그것은 조선 전기와 달리 성리학적 질서를 강화하는 형태로 나타났다. 조선 전기에 인간과 사회를 지배했던 고려 이래의 질서, 불교적 세계관, 체제 교학적 성리학에 따른 질서를 넘어서 새로운 성리학에 근거를 둔 질서였다. 중국에서 성리학이 사대부의 이념으로 태어났듯이 조선 중기 성리학적

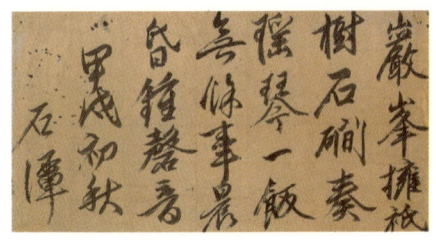
이이의 시 가을의 정취를 표현한 이이의 시. "산봉우리는 절의 나무를 감싸고 계곡 물은 신비한 거문고를 연주하네. 밥 먹는 것 외엔 다른 일이 없이, 새벽부터 저녁까지 종소리, 풍경 소리뿐."

질서는 재발견되고 재구조화되어 조선을 지배하는 이념이 되었다.

성리학의 재발견과 재구조화에는 두 가지 요인이 중요하게 작용했다. 우선 사림은 새로운 지배 이념으로서 성리학의 가치를 탐구하며, 성리학의 기본 경전인 『소학』과 사서삼경 등에 구결을 붙이고 한글로 풀이했다. 그리하여 이황의 『삼경사서석의』, 이이의 사서언해, 경서언해교정청의 『소학언해』·사서삼경 언해 등이 출현했다.

성리학의 기본 경전을 한글로 풀이한 것은 이전에는 전혀 없던 현상이다. 경서의 해석을 한문에만 의지하던 경향에서 벗어나 조선인의 독자적 사고, 독자적 기준을 적용하려고 한 것이다. 성리학적 가치의 재발견과 재구조화는 이처럼 조선인의 가치와 기준으로 성리학을 이해하게 됨을 의미했다. 16세기에 개념에 대한 논쟁을 지속할 수 있었던 배경에는 이처럼 대대적인 노력이 있었다.

성리학은 북송에서 발흥해 중소 지주 출신 사대부의 이념으로 제시됐다. 조선에서도 전기에는 관료적 성격이 강했던 양반 계급이 점차 중소 지주적 성격을 강하게 띠었다. 과전법이 사전의 지급 대상을 현직 관료로 제한하는 직전법으로, 다시 관에서 전조田租를 수취해 전주에게 지급하는 관수관급제官收官給制로 변하며 해체해 가자 양반들의 경제적 지위가 불안정해지면서 나타난 현상이다. 따라서 새로운 사상이었던 성리학은 조선 전기와는 달리 중소 지주층의 이념으로도 재발견될 수 있었다.

학문적 논쟁은 새로운 이론이 나오는 데 밑거름이 된다. 조선 전기에는 볼 수 없었던 치열한 논쟁은 그 자체로도 매우 귀중하지만 이를 통해서 걸출한 사상가들을 배출했다는 점에서 의미가 있다. 조선의 성리학사에서 가장 중요한 위치를 차지하는 이들이 대개 16세기 중반을 전후해 등장했다. 종래에는 이 점을 주목해 영남학파를 대변하는 이황과 기호학파를 대변하는 이이로 16세기를 나누기도 했다.

그러나 이황과 이이를 중심으로 한 구분은 조선 후기에 서인과 남인의 정치적 대결을

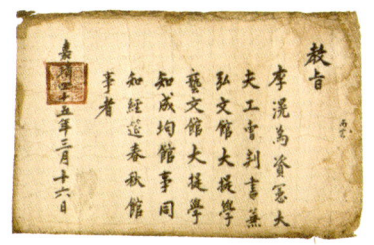

명종이 이황에게 내린 교지 1566년(명종 21) 3월 16일 퇴계 이황을 공조판서 겸 홍문관 및 예문관 대제학 등에 임명한다는 내용이 적혀 있다.

학문적 대립으로 소급해 16세기의 갈등 관계를 과장한 측면이 있다. 물론 이황과 이이는 분명 논쟁의 중심에 서 있던 인물이었다. 그러나 16세기 중반에는 각 지역에서 여러 인물들을 중심으로 활발한 학문 활동이 전개되면서 학파가 형성되고 있었다는 것이 역사적 실상에 가깝다.

원래 학파란 특정 인물을 중심으로 그 학설을 계승하면서 형성하는 학문적 집단이라 할 수 있다. 이러한 학파가 존재하려면 학설을 창안할 정도의 탁월한 학문적 업적을 지닌 종조宗祖가 필요하다. 따라서 새로운 학파가 다수 등장했다는 사실은 그만큼 탁월한 학자군이 존재했다는 사실을 뜻한다. 이 사실은 곧 조선 중기의 역사적 상황이 새로운 학파의 출현을 낳을 만큼 격심한 사상적 변화를 겪었음을 보여 준다.

이에 해당하는 인물이 박영·이항·서경덕·이언적·성수침·조식·이황·김인후·이중호·기대승·송익필·성혼·이이·정철 등이다. 그들은 각기 지방에서 기반을 다지면서 새로운 성리학을 주체적으로 이해하고 이를 중심으로 학파의 결성을 시도해 일부는 성공하기도 했다. 그중에 대표적인 것으로는 개성 중심의 서경덕 학파, 안동 중심의 이황 학파, 진주 중심의 조식 학파, 호남 중심의 호남 학파, 경기 중심의 이이 학파 등이 있었다.

호남에 인물이 없었던 것은 아니다. 호남, 곧 전라도에도 이항·김인후·기대승 등 쟁쟁한 학자가 있었다. 하지만 이들을 계승해 학파로까지 성장한 세력이 뚜렷하지 않았다. 여기에는 1589년선조 22 정여립의 모반 사건으로 호남의 인재들이 등용되지 못한 정치적 여건도 영향을 미쳤다.

또한 각 지역의 중심인물 외에도 이에 필적할 만한 인물이 적지 않았다. 예를 들어 경기 지역의 이이 학파에서는 이이뿐 아니라 성혼·송익필 등이 서로 학문적 토론을 하며 학파를 일구어 나갔다. 16세기는 가히 학파의 시대였다.

성리학은 예로 통한다

성리학에 대한 새로운 이해가 생겨나면서 이를 실천하려는 성향도 강해졌다. 15세기에는 성리학적 질서가 주로 국가의 제도·문물 등에 집중되면서 사회적·개인적 실천은 전부터 내려오던 질서를 따랐고, 때로는 불교적 의례에 영향을 받기도 했다. 그런데 16세기 중반에는 성리학적 질서가 이전의 질서를 대신하는 중요한 원리로 기능했다. 그 대표적인 예가 예학禮學이다.

물론 15세기에도 국가 의례에서는 오례吉凶軍賓嘉를 중심으로 했고, 사대부의 예에는 『주자가례』를 적용했다. 특히 『주자가례』는 사대부의 예로서 국가적인 의례에도 영향을 주었고, 왕실을 비롯한 국가에서 적극적으로 사대부에게 실천하도록 권장하기도 했다. 그러나 이에 대한 이해와 실천은 매우 제한적이었다.

16세기 중반까지 현실의 의례는 『주자가례』에 의거하지 않는 일이 더 많았다. 『주자가례』에 포함된 관혼상제 가운데 가장 중요한 혼례도 『주자가례』의 예대로 시행되지 않았다. 당시까지 조선에서 일반적으로 시행된 결혼 풍습은 남자가 혼인 후에 여자의 집에서 생활하는 남귀여가男歸女家의 솔서혼率壻婚, 즉 데릴사위 형태였다. 혼인 후 의례적으로 처가에 며칠 머무르는 것이 아니라 아예 처가에서 사는 일도 적지 않았고, 처가 외동딸이면 처가의 제사까지 물려받아 외손이 제사를 지내는 외손 봉사奉祀도 적지 않았다.

이러한 혼인 풍습에서는 17세기 이후 전형적으로 나타나는 친가나 적장자 중심의 문화가 나타날 여지가 거의 없었다. 남녀 모두 똑같이 재산을 나누는 균분상속이 이루어졌고, 여자의 재산은 철저히 보호되어 결혼 후에도 따로 관리할 수 있을 정도였다. 『안동 권씨 성화보成化譜』 같은 조선 전기의 족보가 남녀순이 아니라 출생순으로 기록된 것이나 아들딸이 돌아가며 부모의 제사를 지낸 사실은 이러한 질서와 이어진다.

이러한 풍습은 『주자가례』와는 반대된다. 유교식 혼례는 남자가 여자의 집으로 '장가를 가는 것'이 아니라 여자가 남자의 집으로 '시집오는 것'이기 때문이다. 이 과정 자체가

상례에 입는 상복 상의를 '최의(衰衣)'라 한다. '최(衰)'는 심장의 슬픔을 나타내기 위해 심장이 있는 왼쪽 가슴에 다는 것으로, 나중에는 양쪽 가슴에 달고 '눈물받이'라고도 했다. '상(裳)'은 치마 형태의 하의이다. 상주가 두건 위에 덧쓰는 것을 '굴건(屈巾)'이라 하고 굴건에 두르는 둥근 테를 '수질(首絰)', 허리에 두르는 것을 '요질(腰絰)'이라 한다.

매우 중요하므로 『주자가례』에 친영親迎 항목이 있었다. 즉 남자가 친히 신부의 집으로 가서 신부를 맞이하는 예절이었다. 『주자가례』의 혼례에는 의혼議婚·납채納采·납폐納幣·친영親迎의 네 가지 과정이 있는데 그 가운데서도 친영이 가장 중요했다.

상례도 마찬가지였다. 『주자가례』는 상을 치르는 기간을 3년, 즉 27개월로 규정했다. 그러나 15세기에는 이를 그대로 받아들이기보다는 1개월을 1일로 계산해 27일 만에 상을 마치는 일이 많았다. 이처럼 『주자가례』는 현실에서 거의 받아들여지지 않았다.

16세기 들어 예에 관련된 저술이 등장하면서 『주자가례』에 관한 이해와 실천의 폭이 넓어졌다. 이현보의 『제례』는 서신으로 이황에게 자문을 구해 저술한 것으로, 항목은 대체로 『주자가례』와 같고, 설명은 『주자가례』를 간단히 요약한 책이다. 이언적의 『봉선잡의奉先雜儀』와 송기수의 『행사의절行祀儀節』 등도 비슷하게 『주자가례』를 기본으로 다른 예서를 인용하거나 요약하고 있다.

16세기 중반으로 가면 본격적인 제례서가 출현해 예에 대한 학문적 관심도 증폭된다. 서경덕·김인후·이황·조식 등이 모두 『주자가례』의 실천에 적극적인 관심을 보였다. 김인후가 지은 『가례고오家禮考誤』는 『주자가례』를 학문적 탐구의 대상으로 삼았다는 점에서 의미가 있다. 이이는 『격몽요결擊蒙要訣』을 지으며 『제례』를 보완하기 위해 『제의초祭儀抄』를 쓰기도 했다.

16세기 후반에는 제례뿐 아니라 상례에까지 관심의 폭이 넓어진다. 『상례초喪禮抄』를 지은 유희경은 천얼賤孼 출신으로 가례에 조예가 있었고, 각종 예서에 정통해 사대부가 상을 당하면 그를 초청해 상례를 주관하게 할 정도였다. 신의경은 『주자가례』를 기본으로 여러 학자의 예설을 보완하고 시속의 제도를 덧붙여 『상례비요』를 저술했다.[1] 1583년선조 16 김장생[2]은 이 책

1 상례에 관한 기타 저작 심수경의 『상제잡의(喪制雜儀)』, 김성일의 『상례고증(喪禮考證)』, 이정암의 『상례초』, 유성룡의 『상례고증(喪禮考證)』 등이 있다.
2 김장생 16~17세기 문신 겸 학자. 경학을 비롯해 산수부터 풍수에 이르기까지 정통했고 특히 예학에 밝았다. 당대의 명문장가로 글씨도 뛰어났다.

을 자세하게 교정하고 가감해 최종적으로 완성했다. 특히 상례 관련 본문을 중심으로 예경과 여러 학자의 해석을 참고해 초상에서 장제葬祭에 이르는 모든 예절을 정리했다. 1648년인조 26 『상례비요』는 김장생의 아들인 김집이 교정해 재간행한다. 비록 분량은 2권 1책으로 많지 않지만 상례와 관련해서는 김장생·김집 부자가 요령 있게 설명해 평판이 높았다.

16세기 말에는 상례 말고도 관혼상제의 사례를 다루는 사례서四禮書가 많이 등장한다. 송익필의 『가례주설家禮註說』과 김장생의 『가례집람家禮輯覽』이 그것이다. 비교적 완벽한 체제와 내용을 갖춘 본격적인 가례의 주석서는 『가례주설』에서 시작되었다. 송익필은 천인이라는 불우한 출신 배경 때문에 뛰어난 재주를 가졌음에도 높은 대우를 받지 못했다. 그럼에도 불구하고 문장과 학문에 조예가 깊어 많은 학자와 학문을 논했으며, 김장생이나 김집·정엽·서성 등을 제자로 키웠다.

이러한 과정을 거쳐서 비로소 『주자가례』는 조선에 뿌리내리고, 그 예절이 거의 실천으로 옮겨졌다. 이로써 관례冠禮와 친영이 포함된 혼례, 3년상의 상례 및 가묘에서 제사 지내는 제례까지 완벽하게 실천함으로써 조선 하면 흔히 떠오르는 장자 중심·친가 중심의 가족 질서와 예의 질서가 완성된다. 17세기 조선에 나타난 장자 중심의 질서·족보·선산·제례 등은 16세기 『주자가례』에 대한 태도의 변화에서 시작했던 것이다.

그리하여 17세기 조선에서는 예학에 관한 논쟁까지 일어나게 되었다. 이 과정에서 중국의 예학에서 벗어나 조선의 현실을 반영하는 예학이 표면화된다. 이 시기에는 서인과 남인의 붕당 간 경쟁도 치열했는데, 이러한 대립은 예설에서도 나타났다. 이처럼 성리학에 근거해 건국된 조선에서 그에 걸맞은 예의 실천은 200여 년이 지난 다음에야 본격화된 것을 알 수 있다.

사당에 조상의 제사를 모신 그림 「감모여재도(感慕如在圖)」 「사당도」라고도 한다. 집 안에 별도의 사당을 가지지 못한 사람들이 제사를 지낼 때 사용했다. 보통 낡은 기와집에 사당과 그 중앙에 빈 위패 자리를 두고, 그 앞에는 제사상을 그려 놓기도 했다.

『주자가례』란 무엇인가

『주자가례』는 남송의 유학자 주희가 만든 예서로서 『문공가례文公家禮』라고도 한다. 『주자가례』는 관·혼·상·제라는, 사람이 살면서 치르게 되는 통과의례에 해당하는 사례四禮에 관한 구체적인 예제를 그 내용으로 한다. 조선 시대에 이르러 주자학이 국가 정교의 기본 강령으로 확립되면서 이의 실천이 권장되었다. 이의 실천에는 왕실부터 사대부, 나아가 일반 서민에 이르기까지 영향을 주었고 점차 그 실천 대상이 확대되었다. 따라서 『주자가례』는 조선 시대에 가장 큰 영향을 미친 예서라고 볼 수 있다.

그렇다면 어떻게 『주자가례』가 중국에서 나오게 되었을까? 원래 예는 높고 낮음, 등급을 나눠 차별하는 계층 질서를 유지함으로써 사회질서를 도모하는 규정이라고 할 수 있다. 원래는 친족 집단이나 향촌 사회에서 볼 수 있는 가부장적인 존비尊卑 질서를 규정하는 것이었지만, 나중에는 범위가 확장되어 군신 관계나 국제 외교의 양태 같은 통치자 계층 상호 간의 내부 질서를 유지하기 위한 규범까지 가리키게 되었다. 예의 대상은 인륜 질서의 규정에서부터 관혼상제와 같은 통과의례를 수행하는 데 필요한 규정과 지시 등 포함하는 범위가 매우 넓다.

이러한 예를 관념화하는 데에는 중국의 고대 사상 가운데서도 유가의 힘이 컸다. 공자와 맹자는 예를 인仁과 함께 중요한 개념으로 보았고, 순자 역시 예를 외적인 규칙으로 보아 이를 이론화하는 데에 힘을 보탰다. 이후 예는 법과 더불어 그 중요성이 더욱 두드러졌다. 법이 이미 일어난 사태에 대비하는 것이라면 예는 일이 일어나기 전에 방지하는 것으로 교화의 핵심 원리로서 자리매김했다. 나아가 예는 예악禮樂으로 확대되어 일상적인 의절을 넘어서 사회와 문화를 관통하는 보편적인 도덕의 존재로까지 여겨지기도 했다.

이처럼 예가 확대 이해됨에 따라 예에 대한 학문, 곧 예학禮學이 경학의 하나로서 성립하게 되었다. 그 결과 한대에 『주례周禮』, 『의례儀禮』, 『예기禮記』의 삼례가 만들어지게 된다. 『예기』가 예의 기록, 즉 예의 경經에 대한 해설서를 의미한다면 『주례』는 행정 법전에 해당했다. 주라는 나라를 운영하는 데 필요한 국가 의례를 모두 포괄하는 것으로, 나중에 국가의 예에 해당하는 오례의 내용이 포함되었다.

한편 『의례』는 『주례』의 내용에 사대부의 예에 해당하는 사례士禮를 더한 것이다. 관혼상제의 사례와 똑같지는 않지만 사대부의 일상생활에 중점을 두는 예가 여기에서 유래했다.

후한이 유교를 국교로 삼으면서 예제는 황제권의 행사에서 군신 관계를 규정해 주는 지극히 사소한 부분에 이르기까지 확대되었다.

이후 수·당대에 이르기까지 예는 귀족을 포함한 지배층의 내부 질서를 규제하는 수단으로 활용된다. 예학에서 획기적인 변화는 경학에서와 마찬가지로 송 대에 이루어졌다.

『주례』는 북송에서도 통치의 이념을 서술한 행정 법전으로 계속 존중되었으며, 개혁 정치가 왕안석은 『주례』를 개혁의 이론적 근거로 삼기도 했다. 그러나 남송에 이르러 『주례』는 과거 과목에서 배제되었고 대신에 『대학』과 『중용』이 『예기』에서 독립해 별도의 경서로 다루어졌다. 이 책들이야말로 주자 성리학의 전체와 통치 이념을 설명하는 전범이 됐다.

주희는 오경의 하나로서 경서로 대우받던 『예기』 대신 『의례』를 경으로 삼고 『예기』는 『의례』의 전傳으로 낮춰 보았다. 주희는 만년에 예학에 대한 구상을 『의례경전통해儀禮經典通解』에서 제시했다.

그런데 예학은 단순히 이론만을 표현하는 학문은 아니었고, 실제 행위, 행동의 규범을 제시하는 측면도 있었다. 북송 때의 사마광은 이미 『서의書儀』에서 관혼상제 등 가정 내의 의식을 규정한 예서를 만들었다. 주희가 이 책과 정이의 예설을 참조해 만든 것이 관혼상제의 실행 안내서인 『주자가례』이다.

『주자가례』는 여러 의식을 함께하는 단위인 소가족을 통합하는 종법을 염두에 두고 있었고, 당시 사대부 계층의 생활양식과 맞았기 때문에 널리 받아들여졌다. 주희는 이렇게 『주자가례』를 통해 이론과 실제의 양면에서 예를 정리한 것이다. 이러한 주희의 예학은 후에 원·명·청을 거치면서 계승되고 발전되었다.

『**주자대전차의**』 조선 후기의 문신·학자 송시열(宋時烈)이 『주자대전』 중에서 난해한 구절을 뽑아 주석을 붙인 책. 『주자대전』의 차례대로 어려운 단어나 구절을 뽑아 크게 적고, 그 아래 작은 글자로 나누어 주석을 달았다. 주석의 범위는 어구·인명·사건 등을 총망라하고, 필요하면 원전이나 출전을 밝혔다. 『주자대전』은 조선 성리학자의 필독서였으나 100여 권에 달하는 책을 독파하는 것은 쉽지 않았다. 그래서 이황은 『주자서절요(朱子書節要)』를 만들고, 이이는 이 책에 주석을 달아 『주자서절요기의(朱子書節要記疑)』를 편찬하기도 했다. 송시열은 이이의 학통을 이어 주자학 연구에 일생을 바친 학자로, 『주자대전』에 대한 그의 주석서는 중국에서도 달리 전하는 것이 없을 정도의 역작이다. 규장각과 고려대학교·성균관대학교 도서관 등에 있다.

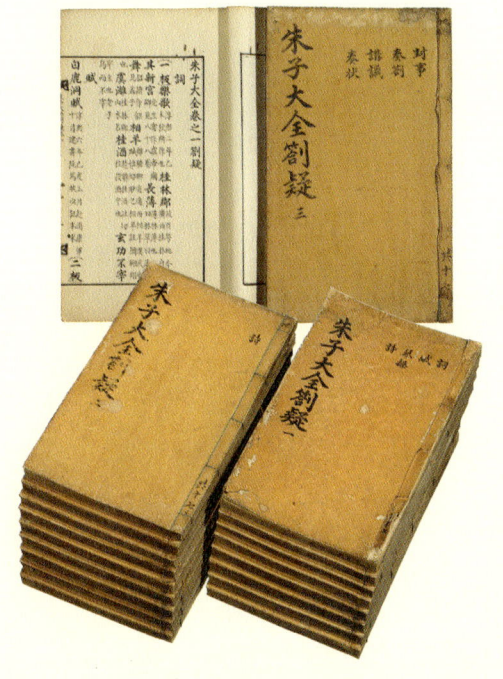

2.
성리학
유토피아

농암 이현보 영정 연산군 때 문과에 급제해 벼슬을 지내다가 어지러운 정치를 논박해 연산군의 노여움을 사는 바람에 안동에 유배되었다. 중종 때 다시 등용되어 호조참판에 오른다. 조선 중기의 대표적인 사대부로 꼽힌다. 보물 제872호.

**서원에서
성리학을
재발견하다**

역설적이지만 사림들이 새로운 사상을 만드는 데 몰두할 수 있었던 계기는 사화였다. 그들은 사화 때문에 정계에 진출하지 못하고 향촌 사회에 머물며 학문을 닦을 수밖에 없었다. 네 차례 사화 가운데 사림에게 결정적 피해를 준 기묘사화 이후 사림은 정치적 탄압을 피해 주로 충청도 충주를 중심으로 남한강 주변에 모여들었다. 이들은 당시 중국에서 유행하던 최신 학문인 양명학 관련 서적을 탐독했다. 그뿐 아니라 북송의 성리학, 심지어 불교 서적까지 검토해 새로운 사상을 만들어 내고자 했다. 그러한 흐름 속에서 자연스럽게 기존의 공립 교육기관을 대체할 민간 교육기관인 서원에 주목하게 되었다. 성리학을 재발견해 사회를 바꿀 수 있는 교육기관으로서 서원 운동이 일어난 것이다.

원래 중국에서 발달한 서원은 성리학 발달사에서 각별한 위상을 차지한다. 주자는 전통 학교 제도를 대신할 장치로 서원에 주목했고, 선비들이 제대로 학문을 할 수 있는 장소로 여겼다. 그 과정에서 주돈이^{周敦頤}[1]와 연관 있는 백록동서원[2]에 주목해 이를 발전시킨다.

이러한 특징은 조선에서도 마찬가지였지만, 조선에서 서원의 발전이 처음부터 순조롭지는 않았다. 조선에서는 1542년 어득강이 처음으로 서원의 설치를 건의했다. 그리고 이듬해 풍기 군수 주세붕이 백운동서원을 건립했다. 그 전에도 1461년^{세조 7} 단성^{지금의 경상남도 산청}에 도천서원, 1543년^{중종 38} 전라도 부안에 도동서원이 세워지기는 했다. 그러나 이들은 선현의 제사를 받드는 봉사^{奉祀}의 공간이었다. 이에 반해 백운동서원은 고려 말 성리학을 최초로 들여온 안향을 배향하려고 그의 집터에 사당을 짓고 제사를 지내는 선현 제향의 공간이었을 뿐 아니라 선비의 자제를 교육하고자 만든 교육의 공간이기도 했다.

백운동서원은 1550년^{명종 5} 풍기 군수로 부임한 이황이 사액^{賜額}[3]을 받아 소수서원으로 이름을 바꾼다. 사액할 때는 토지와

---

1 주돈이 북송의 유학자. 호는 염계. 도가 사상의 영향을 받아 새로운 유교 이론을 창시했다. 주자는 그를 송대의 신유교인 도학(道學)의 개조라 칭했다.

2 백록동서원 지금의 장시 성 싱쯔 현 북쪽 여산 오로봉 밑에 있었다. 당의 학자 이발(李渤)이 은거해 백록(白鹿)을 기르면서 독서를 했다 해서 백록동이라 부르게 되었다. 송대에 이 서원을 건립해 지방 자제를 교육했다. 주자는 스스로 백록동서원 원장이 되어 삼강오륜과 『중용』을 강의하고 천하의 학자를 초청하며 유교의 이상 실현에 힘썼다.

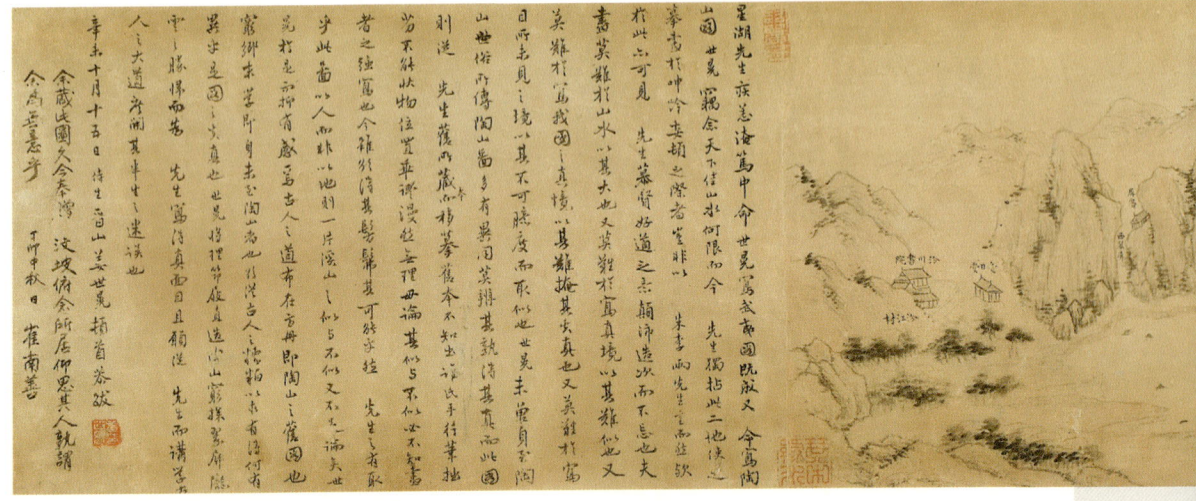

노비를 함께 주었으며, 심지어 면세나 면역의 특혜까지 함께 주는 일이 보통이었다. 따라서 사액에는 국가에서 합법적으로 서원을 인정하고 경제적 지원까지 한다는 의미가 있었다. 오늘날 사립학교가 공교육 체계에 포섭되면 국가의 지원을 받는 것과 유사했다.

서원이 성립한 배경에는 관학의 쇠퇴와 사림의 등장이 있었다. 15세기 말 평민이 군역을 피해 향리로 몰려들자 사족이 향교를 꺼려 관학은 더욱 쇠퇴했다. 또 훈척이 판을 치자 사림은 이들을 비판하다가 사화로 큰 피해를 입었다. 사림은 정치적 운동만으로 사회 변화를 끌어내는 데 한계를 느끼고, 조선을 더 근본적으로 바꾸는 쪽으로 노선을 전환했다. 그들은 지방에 서당을 열어 학문을 연구하고 가르치면서 새로운 사상을 모색해 나갔다. 그 과정에서 사림은 주자의 성리학을 재발견하게 됐고, 이를 조선의 현실을 바꿀 수 있는 도구로 삼았다. 그 과정에서 주자의 백록동서원을 주목하게 된다.

주세붕은 향교를 꺼리는 사족을 위한 과거 준비 기구로 서원을 자리매김하려 했다. 서원 교육을 통해 유향소[4]나 사마소[5]를 중심으로 활동하던 사족을 포섭하려 한 것이다. 그러나 풍기 지역 사족들의 호응은 크지 않았다. 그러다 이황이 임금의 사액을 받자 비로소 지역 사족들도 서원의 운영에 적극적으로 참여하게 됐다. 이황은 이때 서원의 학규와 교과 내용, 운영 등은 지역 사림의 자율에 맡기고 관은 경제적 지원만 할 것을 요

3 **사액** 국왕이 직접 서원의 이름을 쓴 편액(扁額)을 내려 주는 것.
4 **유향소** 주·부·군·현에서 수령의 지방 통치를 보좌하며 향리를 감독하거나 지방의 풍속을 바로잡는 일을 담당한 기구.
5 **사마소** 조선 중기 지방의 생원·진사들이 각 고을에 설립한 자체 협의 기구. 16세기 초 훈척 세력이 유향소를 장악해 나가자 이에 대한 반발로 사마시(司馬試) 출신 젊은 유림이 향촌의 주도권을 쥐기 위해 설립했다.

도산서원 전경 1751년(영조 27) 화가 강세황이 그린 실경산수화 「도산서원도(陶山書院圖)」. 왼쪽의 제발(題跋)에는 몸져누운 성호 이익의 부탁으로 그렸다는 내용도 적혀 있다.

청했다. 국가는 관학과 같은 역할을 기대하면서 이를 허용했다. 이황은 10여 곳의 서원 건립에 관여했고, 조선 서원의 전형을 제시했다. 이후 서원은 학문·교육이라는 외피로 훈척이나 수령의 견제를 피하면서 유교적 향촌 질서를 세우고 사림을 결집하는 기능을 수행해 나갔다.

따라서 서원의 성립이 갖는 사회적 의의는 세 가지로 집약할 수 있다. 첫째 사족이 자율적으로 지역 여론을 공론화하고 도학적 모범을 보인 인물에게 제사를 지냄으로써 사림의 정체성을 가질 수 있었다. 둘째 서원의 강학 활동을 통해 각 지역에서는 학파가 성립하고 재생산됨으로써 성리학이 융성하는 계기가 되었다. 셋째 지역사회에서 서원을 중심으로 사림의 공론을 결집해 사족 지배 체제를 확립·유지할 수 있었다. 나아가 서원과 연결된 산림이 출현해 도학을 무기로 중앙의 정계까지 좌우할 수 있었다.

이황 이후 선조대에 사림이 중앙의 정계를 장악하게 되자 지방에서도 자연스럽게 사족의 지배 체제가 확립된다. 이때 사림의 공론에 따른 붕당정치가 전개됐는데, 각 붕당은 자연스레 학파와 연결돼 있었다. 이 때문에 사림이 모여 있고 사림의 여론을 공론화하는 서원은 그 숫자가 급격히 늘어났다. 선조 때만 60여 개의 서원이 세워졌다. 서원은 이후에도 계속 증가해 향촌 사회 내에서 사족의 중심 기구 가운데 하나로 기능했고, 중앙과 지방의 여론을 잇는 통로의 역할도 맡게 된다.

양반 사족이
향촌을 장악하다

16세기 사림이 성리학을 재발견하고 이를 사상적 기반으로 삼으면서 달라진 것은 사상 뿐만이 아니었다. 사실 그러한 사상의 변화 밑에는 더 큰 사회·경제적 변동이 있었다. 현존하는 한국의 촌락은 대체로 15~18세기에 성립했고, 그 가운데서도 특히 15~16세기에 형성된 것이 거의 절반에 이른다. 그것은 대체로 조선 초 산을 등지고 형성된 촌락이 점차 평야를 배경으로 하는 촌락으로 발전하는 형태를 띠었다. 또 촌락 내에 사는 지배층의 구성도 점차 변화했다.

15세기까지 조선의 풍습은 남자가 여자의 집으로 장가를 가서 생활하는 남귀여가혼이 일반적이었다. 모계 혈연도 부계 혈연과 같은 비중으로 중시되었으며 양반들 사이에서 재산상속을 할 때 남녀의 균분상속이 행해지기도 했다. 이러한 풍습 아래서는 조선 후기처럼 일가친척이 함께 살고, 부계 위주의 족보를 만들며, 동족 집단을 이루어 사는 것은 어려운 일이었다.

16세기로 접어들자 중소 지주의 성격이 강해진 사족들은 점차 양반 계층 내에서 남자를 우대하고 그중에서도 장자를 우대하는 상속 제도를 만들게 되었다. 또 혼인 이후의 거주 형태도 처계妻系 위주에서 부계 위주로 변해 갔다. 부계에 따른 혈연관계가 중요시되면서 부계 위주의 동족 결합이 이전보다 더욱 강화되는 것은 필연적이었다. 부계를 중심으로 한 족보와 동족 마을의 출현은 이러한 배경에서 이루어졌다.

그런데 새롭게 발견한 성리학에 근거해 새로운 사회를 이루고 유지하는 것은 친족 내부의 일에만 국한되는 것은 아니었다. 15세기에는 양인 위주의 일원적 질서, 즉 제일적第一的 지배 체제를 지향했다. 지방에서도 국가가 지방을 직접 지배하려는 관 주도의 성격이 강했다. 그러나 16세기 들어 지방에서 양반 사족이 성장하자 이들은 재발견한 성리학에 근거해 새로운 지방 지배 질서를 구현하고자 했다. 국가 역시 군·현 이하의 면·리까지는 거의 영향을 미치지 못한 현실을 인정하고 재지在地 사족을 적극적으로 끌어들이려 했다. 곧

향촌을 향하여 농암 이현보가 지방 현감으로 나가면서 가족들과 작별하는 모습을 그린 「한강음전도」.

재지 사족의 자율성을 인정하고 그들을 매개로 간접적으로 지배하는 방식을 택했다. 이는 중앙집권적인 지배 질서와 지방분권적인 자치 질서가 상호 공존하는 형태의 타협이라고 할 수 있다.

향촌 사회에서 사족이 지위와 체모를 유지하는 동시에 주도적인 역할을 할 수 있었던 배경은 무엇일까? 서원이라는 사립학교가 중요한 역할을 하기는 했지만 교육기관이 지닌 한계는 명백했다. 따라서 사족은 향촌 사회 내에 자신들의 조직을 만들고 이를 중심으로 활동했다. 그러한 조직으로는 향회鄕會·향안鄕案·향약鄕約·유향소 등이 있다.

향회는 양반 사족이 정기적으로 여는 모임을 말한다. 여기에 참여할 수 있는 사람은 향안에 등록된 사족이다. 따라서 향안에 올라 있어야 양반 사족이라고 할 수 있다. 그런데 향안에 이름을 올리는 것은 쉬운 일이 아니었다. 향안은 부·군 또는 현 단위로 작성되는데, 여기에 들려면 아버지·어머니·처의 세 가문 각각의 3대조 조상까지 심사해 적절한지를 살펴보았다. 그래서 어느 한쪽 가문이라도 한미하면 비록 후보자가 고관이라고 하더라도 향안에 들어가기 어려웠다.

이것은 향촌 사회를 이끌어 가는 집단이 확고하게 성립됐음을 뜻한다. 비록 과거에 합격해 양반이 되더라도 향촌 사회에서는 또 다른 인증이 필요했고, 그렇게 엄격한 인증을 거친 이들을 중심으로 향촌 사회가 운영됐다. 실제로 향회에 모인 이들은 친목 모임만 가진 것이 아니라 유향소의 임원을 선출하기도 했다. 유향소는 비공식적 성격을 띤 기관이었지만, 관아 다음가는 위상이 있었기에 이관貳官으로 불리기도 했다. 고려 시대에는 지배층이었던 이족吏族들이 조선 초에 양반과 향리로 분화되었다가 16세기에는 양반 사족 중심의 지배 체제에 부속된 것이다.

그런데 이러한 유향소조차 15세기에는 관권 위주의 일원적 질서 속에서 혁파당했다. 이에 김종직 등 성종대 사림으로부터 향촌 질서를 안정시키는 방책으로 유향소 복립 운

공직에 나아가 백성을 보살피고 이현보가 안동 부사로 재직할 때 안동의 80세 이상의 노인들을 남녀나 귀천을 가리지 않고 초대해 성대한 연회를 베풀었다. 「화산양로연도(花山養老燕圖)」. 이 자리에는 이현보의 부모와 사족과 천민의 부모도 참석해 신분을 불문한 경로 의식이 엿보인다.

동이 일어났다. 이 운동의 목표는 성리학적인 향촌 교화의 방법 가운데 하나인 향사례와 향음주례를 실천함으로써 향촌 자치 체제를 확립하는 것이었다. 그러나 이 역시 서울에 있던 경재소京在所[1]와 연결되어 훈신과 척신 계열에 장악되는 바람에 실패했다.

그러자 중종대의 조광조와 기묘사림은 다시 여씨향약 보급 운동을 펴서 새로운 향촌 질서의 안정을 추구했다. 원래 향약은 중국의 북송 때 향촌을 교화하고 선도하고자 만들어진 자치 규약이다. 섬서성 남전현의 여씨 문중에서 만든 것을 후에 주자가 약간 수정해 『주자여씨향약朱子呂氏鄕約』으로 만든 것이 훗날 큰 영향을 끼쳤다. 그 내용은 향촌에서 향민 사이의 상호부조를 도모하는 것이었다.[2]

이러한 향약 보급 운동은 15세기 이래 기존의 훈신과 척신 계열이 장악해 온 유향소-경재소 체제를 바꾸려는 시도에서 추진됐으나 기묘사화와 함께 실패했다. 하지만 사회·경제적인 측면에서 향촌의 향민 사이에 상호부조와 협화協和를 강조한 향약은 16세기 당시 논밭을 잃고 떠돌아다닐 위기에 놓여 있던 소농민들을 안정시키는 대책으로 의미가 있었다.

사림이 중앙 정계를 장악한 선조 연간을 즈음해 이황의 『예안향약禮安鄕約』, 이이의 『서원향약西原鄕約』이 만들어져 다시 향촌 안정책으로 제시된다. 이황은 그가 살았던 충청도 예안에서, 이이는 수령을 지낸 서원지금의 충청북도 청주, 처가가 있는 황해도 해주, 선산이 있는 경기도 파주에서 향약을 시행했다. 이들의 향약은 주자의 향약을 전범으로 삼으면서도 이를 조선의 현실에 맞게 변용해 적용한 것이었다.

이황의 향약은 사족 중심의 자율적 성격이 강했고 이이의 향약은 시기와 장소에 따라 여러 가지 형태를 띠었다. 가령 해주 향약은 반관半官 기구인 유향소를 활용해 관권을 활용하는 경향

1 경재소 조선 초기에 중앙 정부와 유향소 사이의 연락 기능을 담당하기 위해 서울에 둔 기구. 유향소를 통해 지방자치를 허용하면서도 이를 중앙에서 직접 통제할 수 있게 함으로써 중앙집권을 효율적으로 강화한 정책이었다.
2 주자여씨향약 "무릇 향약을 같이하는 자는 덕업을 서로 권하고, 과실은 서로 경계하며, 예속으로 서로 어울리고, 환난은 서로 구제해 착한 일이 있으면 기록에 올리고 과실이 있거나 규약을 위반한 자 또한 이를 기록해 세 번 범하면 벌을 주고 뉘우치지 않은 자는 추방한다."(『남전여씨향약』)

고향에 돌아가 관의 보살핌을 받다 이현보가 60세이던 1526년(중종 21), 부모를 뵙고자 휴가를 얻어 고향인 분강촌으로 왔다. 이러한 이현보의 효심을 기리기 위해 경상도 관찰사 김희수가 연회를 주관하고 그림으로 남긴 「분천헌연도(汾川獻燕圖)」. 분강촌의 실경에 가장 근접한 그림으로 알려졌다.

이 있었다. 그런가 하면 사창계약속(社倉契約束)[3]처럼 범위가 20리를 넘지 않는 지역의 공동체 기구 역할을 하는 것도 있었다. 그러나 부세의 수취, 환곡의 분배, 군역의 차출 등에 대해 직·간접적으로 관여하는 것은 대체로 비슷했다.

사림이 향촌 사회의 안정책으로 제시한 향약, 사창[4] 등은 원래 남송의 성리학이 발달하는 데에도 중요한 기능을 했다. 주자 사후 그의 제자들인 이학(理學) 계열 인사들은 향촌 공동체가 위기에 빠지자 향촌을 안정시키기 위해 향약·사창 등 다양한 시책을 추진했다. 이는 성리학이 관학화하면서도 사회의 주도 이념이 되는 데 크게 기여했다.

조선에서 세종 말, 문종대에 사창법을 시험적으로 추진한 것도 비슷한 문제의식에서 나온 것이었다. 그러나 이때의 사창법은 국가가 주도한 것이고, 관리 소홀로 시행한 지 20년 만에 폐지됐다. 그러다가 16세기 들어 다시 사창제를 시행하자는 논의가 제기된다. 이미 지방의 일부 사족은 간헐적으로 사창을 시행하고 있었다. 이러한 사창은 향약 가운데 어려울 때 서로 돕는다는 '환난상휼' 항목에 주목해 향촌 내에서 처지가 어려워진 소농민을 구휼하는 방책으로 모색한 것이다.

이처럼 향촌 사회의 사족은 자기가 살고 있는 향촌 사회 내에서 주변 농민의 사회·경제적 처지를 개선하는 방법을 제시했다. 더불어 이들과 함께 향촌 사회를 조직해 이를 정치적 기반으로 삼았다. 그에 따라 16세기에 중앙에 진출한 사림은 향촌 사회의 경제·사회적 기반을 배경으로 삼아 정치 활동을 할 수 있었다. 또한 중앙 정치의 현장에서 물러나 향촌에 머물게 될 때는 향촌 사회가 사족들을 위해 거대한 저수지가 되어 주었다.

[3] **사창계약속** 1577년(선조 10) 해주의 야두촌을 중심으로 실시한 것으로, 사창과 계와 향약이 결합된 특별한 사창 향약계였다. 이러한 향약계는 임진왜란을 치른 뒤 후기로 내려올수록 더욱 성행했다.

[4] **사창** 각 지방의 사(社, 현재의 면)에 두었던 곡물 대여 기관. 춘궁기에 곡식을 꿔 주고 가을에 이자와 함께 받아들이는 일종의 민간 자치적 빈민 구호 제도. 의창·상평창과 같이 3창(三倉)으로 불린다. 중국에서 주자의 제창으로 처음 실시되었고, 조선에서는 1436년(세종 18) 충청 감사 정인지가 설치를 주장했다.

주자의 여씨향약과 조선의 향약

북송 말기 섬서성 남전현에 거주하던 도학자 여呂씨 4형제는 일가친척과 향리 사람들을 교화·선도하기 위해 덕업상권德業相勸, 과실상규過失相規, 예속상교禮俗相交, 환난상휼患難相恤이라는 4대 강목을 내걸고 향약을 시행했다. 이것이 후대의 남전향약이다. 여씨 형제는 장재·정호·정이의 문하에서 성리학을 수학했고, 향촌 사회를 도덕적 관점에서 교화하고자 이를 추진한 것이다.

북송 멸망 이후 주희는 왕안석으로 대표되는 신법파의 공리주의에 대항해 그들이 주목했던 경세적 관심과 구법파의 도덕적 대의론의 조화를 이루고자 했다. 이때 주희가 시도한 해결책

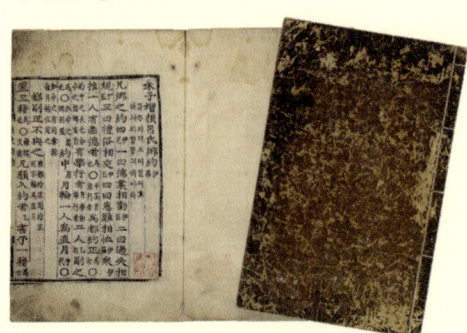

「**여씨향약**」 중국 북송 때 여씨 문중의 4형제가 문중과 향리를 위해 만든 향약. 중종 때 전국적으로 시행되었고, 이를 토대로 이황의 「예안향약」, 이이의 「서원향약」이 만들어졌다.

이 여씨향약을 재조명하고 수정·보완하는 것이었다. 여씨향약은 북송대에는 별다른 사회적인 반향을 일으키지 못해 제대로 시행되지 못했다. 북송은 향촌의 자치적 질서가 허용되지 않는 분위기였기 때문이다. 그러나 남송 때에는 장강長江 이남이 개발되면서 향촌에 기반을 둔 재지 세력들이 자신들의 뜻대로 향촌 질서를 구축하는 것이 무엇보다도 필요하게 되었다. 향약뿐 아니라 사창, 서원 등은 모두 이러한 향촌 질서의 안정을 위해 필요한 기구였다. 주희는 이러한 관심 속에서 여씨향약에 약간의 수정을 가해 『증손여씨향약』을 만들어 보급했다.

향약은 사대부 사회 내부의 자치 규약인 동시에 강력한 사회적 구속력을 지닌 규범이었다. 주희는 지방자치에 대한 국가의 간섭을 최소한으로 제한하면서 좀 더 자율적인 지역 자치 단위들이 권한을 나눠 가진 기초 위에, 형벌과 법률 대신 교육과 예법의 준수를 근간으로 하는 사회 개혁을 추구했다.

이러한 향약은 고려 말 성리학이 전래될 때 알려진 것으로 보인다. 그러나 우리 향촌 사회에는 이미 자생적인 계 조직이 있었고, 조선 초기 중앙집권적 국가 운영이 이루어진 탓에 향약이 시행되기 어려웠다. 김안국은 『증손여씨향약』 언해본을 보급하는 등 향약을 시행하고자 했으나 조광조조차 이를 비판할 정도로 당시로서는 급진적인 면이 있었다.

본격적으로 향약이 시도된 것은 이황이 입안한 『예안향약』부터이다. 이황은 중종대의 실

패를 거울삼아 개별 지역 차원에서 향약을 시행하려 했고, 관권의 우위를 부정하지 않으면서도 실질적인 부분에서 자율적으로 향촌사회를 운영할 수 있도록 했다. 이황의 시도는 실패했으나, 제자와 문인들에 의해 영남 지역을 비롯한 각지에서 활용된다.

조선식 향약을 다시 시도한 것은 이이였다. 그는 이황과 달리 향약의 대상을 사대부만이 아니라 향촌 공동체의 모든 구성원으로 확대했다. 이이가 만든 『서원향약』의 특징은 양반·양민·천민 등 모든 주민이 참여하는 계 조직을 향약 조직 및 행정 조직에 연계해 활용하고 있다는 점이다. 이이는 또 협의와 토론의 과정을 중시해 도덕적 공감을 확보하고 이를 정치에 반영코자 했다. 결국 이이의 향약은 국가권력과 향촌 세력 사이의 균형을 기해 조선을 안정적으로 이끌어 가는 데 이바지했다.

이 점은 사창도 마찬가지이다. 사창은 상평창·의창과 함께 대표적인 사회 구제 기구로 중국에서 유래한 것이다. 국가가 주도한 상평창·의창과 달리 사창은 12세기 초 남송 효종 연간에 주희 등 민간이 주도해 만들었다. 주희는 사창을 향촌의 사대부층이 자율적으로 운영해야 한다고 주장했다. 그러나 실제로는 향촌 유력자층을 중심으로 운영되면서 지방관이나 관아의 권위가 덧붙여지는 형태를 띠기도 했다.

조선에서는 세종대에 시험적으로 사창을 시행하다가 세조대에 전국적으로 확대했다. 의창은 무상으로 곡식을 주거나 원곡만 돌려받았으나 사창은 이자곡도 받았다. 그러나 점차 진휼보다는 고리대의 성격이 강해지고 사창의 원곡도 감소하자 시행된 지 20여 년만인 성종대에 혁파되었다.

사창의 부활이 거론된 것은 16세기 들어서였다. 16세기 이후 토지 겸병에 따른 농민의 토지 이탈과 기아 현상이 심해지자 농민의 진휼 정책이 다시 강구되었다. 또 사창을 향약과 연결해 향촌의 안정과 통제의 방편으로 삼으려 했다. 일종의 자치적 향촌 진대제로서 향촌민의 기근을 막아 향촌 공동체를 안정시키는 데 목적을 둔 것이다. 송준길·이유태 등이 사창의 실시를 역설했으나 결국 제도로서의 사창제는 시행되지 않았다.

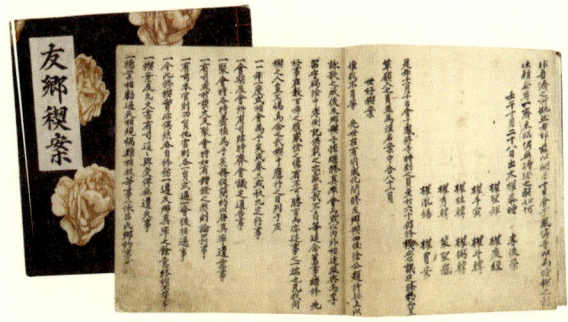

「우향계안」 조선 시대 계 조직의 하나인 우향계의 계첩. 안동 지역 선비 13인의 모임인 우향계의 계축 내용을 정리한 것으로, 425년간 계속된 우향계의 조직과 발전에 관련된 기록을 싣고 있다.

3.
학파에서 붕당으로

선조대 사대부들의 잔치 서울 삼청동의 관아에서 일흔이 넘은 노모를 모시고 있는 13명의 재신들이 봉로계를 결성하고 자신들의 노모를 위해 개최한 경수연을 그린 「선묘조제재경수연도(宣廟朝諸宰慶壽宴圖)」. 1605년(선조 38) 작품.

**사림이
중앙 정계를
장악하다**

건국 후 100여 년이 지나면서 조선 전기의 질서는 체제의 완성을 기하는 한편 급격한 누수 현상을 보이기 시작했다. 훈구와 사림으로 대표되는 신구 정치 세력의 갈등은 기득권을 지키려는 세력과 문제가 드러난 체제를 바꾸려는 세력 간의 치열한 싸움이었다. 네 차례나 거듭된 사화는 정치적으로는 훈척 세력에게 승리를 가져다주었다. 기묘사화 이후 보수화된 정치 질서를 조금이나마 개혁하려 한 노력 역시 을사사화로 좌절하면서 개혁의 희망은 사라진 것처럼 보였다. 그러나 1565년[명종 20] 문정왕후가 죽고 선조가 즉위하면서 사림은 중앙 정계를 빠르게 장악해 마침내 사림 중심의 정치 질서를 만들었다. 거듭된 정치적 실패로 지방에 은거하거나 화를 입었음에도 불구하고 사림이 결과적으로 정권을 잡을 수 있었던 이유는 무엇일까?

첫째, 사림은 훈척 세력과 달리 역사적 정당성을 확보하고 있었다. 훈척 세력은 각종 비리에 연루돼 있었고, 사림은 공론에 따라 이를 비판했다. 특히 마지막 사화인 을사사화에 화를 입은 사림이 많았는데, 그들의 신원에 힘쓰기도 했다. 이는 기존의 질서를 대신해 새로운 질서를 추구하는 것이었다.

둘째, 사림은 공론에 따라 정치와 사회를 운영할 것을 주장하고 이를 구체적으로 실현했다. 사림은 훈척 세력을 비판하며 성장하는 과정에서 독특한 제도를 만들었다. 즉 사헌부·사간원·홍문관의 삼사가 권력의 중요한 축으로 기능하도록 한 것이다. 이들 삼사에 소속된 사람이라면 하급 관료들조차 고위 관리, 나아가 국왕까지 비판할 수 있게 한 것이다. 이들은 삼사의 인사권을 쥐고 있던 이조전랑의 독립성을 근거로 대신과 국왕을 견제할 수 있을 만큼 강력한 권한을 행사했다. 이러한 삼사의 독립성과 비판 정신은 정상적인 관료제에서는 거의 불가능한 구조로, 사림이 훈척 세력에 대항하면서 만들어 낸 역사적 산물이었다. 이는 중국을 포함한 다른 나라에서는 찾아보기 어려운 조선의 특징적 현상이었다.

셋째, 사림 세력은 당시 국왕이었던 선조를 자기편으로 끌어들였다. 이 역시 사림이 중앙 정계를 장악하는 데 결정적인 역할을 했다. 사림은 문정왕후가 죽은 뒤 정계가 조금씩 변화할 때 척신 세력이 좌우하던 정국에서 벗어날 계기를 맞았다. 3년 후 선조가 즉위한 것은 사림이 국왕의 지지를 얻을 수 있는 절체절명의 기회였다. 사림은 선조의 교육에 참여하면서 새 국왕을 통해 훈신과 척신 정치를 청산하고 사림 정치를 실현하고자 했다.

선조의 아버지 덕흥군은 중종의 후궁인 창빈 안씨 소생으로 적자가 아닌 서자였다. 그래서 선조는 왕위를 계승하는 데 부족한 정통성을 사림의 지지로 해결하려는 생각이 있었을 것이다. 성종대나 중종대에는 군주의 정통성이나 정치적 기반이 약하면 사림이 이를 뒷받침하며 정계에 진출하는 경향이 있었다. 선조대도 비슷했다. 더욱이 선조는 사림의 기반이 전보다 더 확대된 유리한 배경에서 출발할 수 있었다.

1567년(명종 22) 명종이 서른넷의 나이로 후사 없이[1] 죽음을 맞았을 때, 16세였던 선조는 한 달 전인 5월 18일에 돌아가신 어머니 하동부대부인 정씨의 상을 치르고 있었다. 선조의 왕위 계승은 이미 2년 전에 정해진 것으로, 명종비 인순왕후는 그 같은 내용이 담긴 명종의 유명교서를 받들어 선조를 모셔오게 했다. 상중이던 선조는 눈물을 흘리면서 사양했으나 신하들의 옹대(擁戴)로 왕위를 이어받아 7월 3일 경복궁 근정전에서 즉위했다. 이때 선조는 이미 성동(成童)[2]의 나이가 지났지만, 이준경의 요청으로 인순왕후가 다음해 2월까지 수렴청정을 했다.

사림의 지지를 받으며 등극한 선조는 학문에 정진해 날마다 경연에 나아가 경사(經史)를 토론했다. 명종 때 여러 차례 징소(徵召)[3]를 받고도 조정에 나오지 않던 명유(名儒) 이황에게는 예폐(禮幣)[4]를 극진히 해 나오도록 권유했다. 이에 이황은 정치에 관련된 여섯 조항을 올리고, 「성학십도(聖學十圖)」·「서명고증(西銘考證)」[5]을 찬술

[1] **순희세자** 명종과 인순왕후 사이에서 태어나 1563년(명종 18) 13세의 나이로 죽었다.
[2] **성동** 열다섯 살 된 사내아이.
[3] **징소** 임금이 특별히 부름.
[4] **예폐** 경의를 표하기 위해 보내는 물건.
[5] **「서명고증」** 송대 성리학자 장재가 지어 서재의 서쪽 창에 걸어놓은 명(銘). 유교의 기본 윤리인 인(仁)의 도리를 설명한 글로 중국 철학사상 중요한 논문의 하나로 꼽힌다.

했으며, 정이의 「사물잠」을 손수 써서 올렸다. 선조는 이를 잘 베껴 써 병풍을 만든 다음 좌우에 두고 아침저녁으로 볼 수 있도록 했다. 이렇게 선조는 사림의 정치적 보좌 속에 성장했고, 정치 역시 여기에서 크게 벗어나지 않았다. 이 점은 선조대에 사림이 중앙 정계로 진출하는 데 결정적인 영향을 미쳤다.

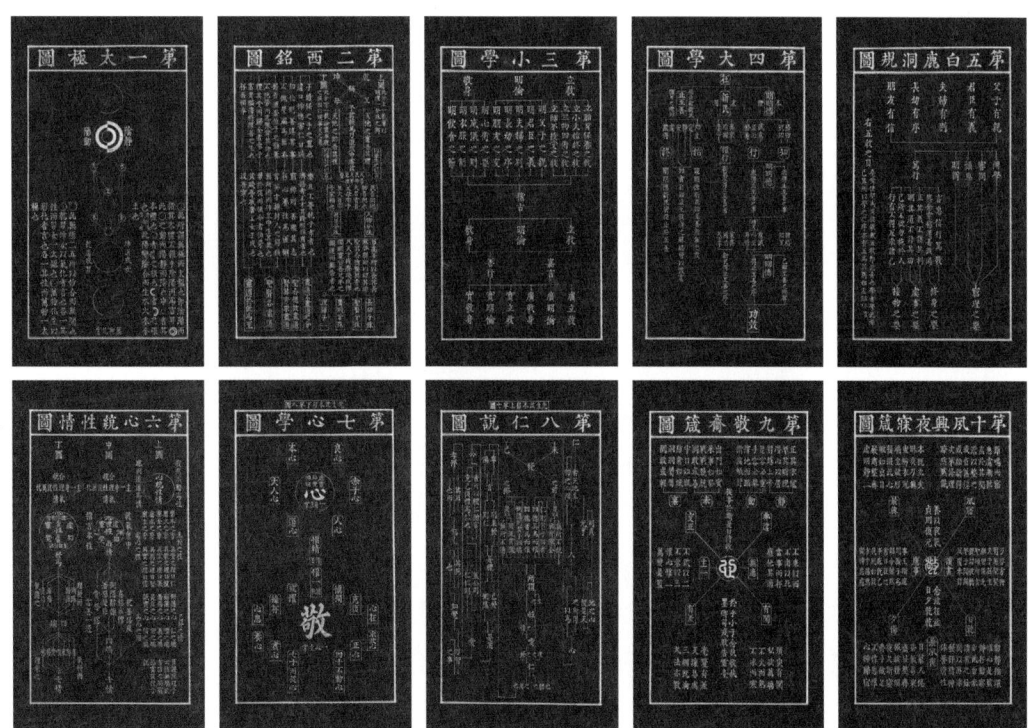

「성학십도(聖學十圖)」 선조가 성군이 되기를 바라는 뜻에서 이황이 군왕의 도리에 관한 학문의 요체를 도식으로 설명해 올린 상소문. 성학이란 곧 유학을 지칭하는 것으로 성인이 되도록 하는 학문이 내재되어 있다는 의미이다.

바람직한 군주의 상이 변하다

사림이 중앙 정계를 장악한 것은 조선의 역사를 바꾸는 일대 전환점이었다. 사림은 중종에서 명종으로 이어지는 16세기 초·중반의 시기를 조선 왕조의 중간 쇠망기로 이해했다. 따라서 사림의 출현과 이들이 이끄는 국정은 이러한 쇠퇴의 흐름을 구제할 기회로 여겨졌다.

사림은 이전과는 다른 새로운 방식의 국가 운영을 모색했다. 조선 초기에는 국가 운영에서 국가 중심적·국왕 중심적 경향이 강했다. 예를 들어 국왕의 학문인 제왕학에서 대표적 감계서[1]로 인정되던 『대학연의大學衍義』가 경연에서 읽히고, 그에 따라 이 책에서 제시된 원칙이 조선 군주의 기준으로 적용되었다. 그것은 한편으로 수신修身을 바탕으로 한 치국治國을 이상으로 삼는 성리학적 군주상을 제시하면서, 다른 한편으로 국왕의 정치적 존엄을 보장했다. 그리하여 체제의 중심에 있는 존재로서 국왕의 위상은 확고해졌다. 이처럼 국왕을 중심으로 국가가 운영되었기에 공신들이 훈구 세력화할 수 있었다.

이전 체제에 대한 반발로 16세기 전반에 등장한 사림은 제왕학에서도 그 기준서 역할을 했던 『대학』에 대한 활발한 이론적 탐구를 벌였다. 그리하여 이에 기반한 사림의 제왕학 이론이 출현하게 된다. 그러나 이 시기에 이미 성리학의 심학화心學化가 진행됐고, 여기에 양명학의 영향으로 양명학적 심학까지 수용되는 형편에서 『대학』의 구체적인 해석도 이에 영향을 받게 된다.

중종대에 『대학』에 본격적으로 관심을 표명하고 후대에 영향을 끼친 대표적 인물은 유숭조였다. 유숭조는 자치自治로 치인治人의 기준으로 삼아야 한다며 『대학』의 논리를 중시했다. 그리고 이러한 생각을 『대학삼강팔목잠大學三綱八目箴』에서 더욱 구체화했다. 이후 『대학』에 대한 관심은 기묘사림 사이에서도 유행했으니, 그러한 관심은 박영에게서 발견할 수 있다. 박영은 양명학의 영향을 일부 수용하면서도 이를 주자 성리학의 틀 안에서 정리하려고 노력했고, 동시에 이를 통해 체

[1] **감계서** 교훈이 될 만한 본보기를 내용으로 수록한 책.

왕가의 정통성 문제를 해결하고 받은 선물 배삼익이 『대명회전(大明會典)』에 잘못 기록된 이성계의 세계(世系)를 바로잡기 위해 명의 사신으로 파견되어 개국 이래 중요 외교 현안이었던 이 문제를 해결하고 황제에게서 받은 옥적, 앵무배, 상아홀.

제 교학적 성리학을 극복하려 한 학자였다.

조광조는 새로 등장한 성학^{聖學}2의 원칙을 군주에게 직접 적용하려고 했다. 이후 제왕학으로서 성학에 대한 탐구는 이언적을 통해 확대되었고, 그의 제자인 이황으로 이어졌다. 『대학』의 해석에서 양명학이 미친 영향은 일단 이황에 의해 정리되었는데, 어느 정도 주희의 해석을 따랐던 것으로 보인다. 이것은 16세기 전반 사상계가 양명학 등 명의 학문과 불교의 영향을 받는 가운데 '성학'을 재구성하고, 이것을 일정하게 주자 성리학적 기준으로 정리했음을 시사하는 것이라 할 수 있다.

이런 가운데 이황의 「성학십도」, 이이의 『성학집요^{聖學輯要}』 등 성학에 대한 이론서들은 이전의 제왕학과 달리 신하들이 제왕학의 기준점을 제시한다는 데 특징이 있었다. 특히 이 책들은 조선 전기에 중시된 『대학연의』와 달리 국왕을 사대부의 논리에 따라야 하는 존재로 파악해 조선 후기 사림 정치의 이론적 모델을 제시했다. 사림은 이러한 제왕학 이론을 실제로 경연과 같은 제도에서 적극 활용해 국왕에게 성학을 가르치고 또 이를 적극적으로 따르도록 유도했다. 조선 후기에 붕당정치, 예송^{禮訟} 등이 발생할 수 있었던 것은 바로 이 시기 변화한 정치사상에 힘입은 바 컸다.

이처럼 이황과 이이가 제시한 제왕학은 선조에게 구체적으로 적용되는 것을 염두에 두고 작성됐다. 둘 다 성리학적 원칙을 공통분모로 국왕과 사림의 적극적인 정치 참여, 곧 임금과 신하가 함께 다스리는 군신 공치까지 염두에 둔 정치 형태였다. 이러한 정치 형태는 같은 시기의 명을 포함한 동아시아에서 매우 특이한 것이었다.

명에서는 '황제 독재 체제'라고 불릴 정도로 황제권이 강했다. 신하들의 대표라고 할 수 있는 재상 제도는 영락제 때 이미 폐지됐을 정도였다. 명말청초의 학자 황종희^{黃宗羲}는 그의 대표적인 저서인 『명이대방록^{明夷待訪錄}』에서 이처럼 강력한 황제 제도에 대해 논하면서 군주제의

2 **성학** 성인의 학문, 곧 성인이 되기 위해 배우는 학문으로서 성리학을 말한다. 여기서는 국왕의 성리학이라는 의미.

제왕의 상징 왕이 정무를 볼 때 앉았던 평상인 용상. 경복궁의 정전인 근정전의 옥좌로 뒤에 왕권의 상징인 일월오봉병이 펼쳐져 있다.

타파를 주장하기도 했다. 황종희의 주장은 왕조 교체기에 한족 국가인 명이 멸망하는 역사적 상황에 대한 통렬한 반성 위에서 나온 것이었다.

그에 반해 조선에서는 군주제의 문제점을 인식하고 국왕을 성학, 곧 성리학의 세계로 적극적으로 이끌어 애초에 문제가 발생할 조건을 최소화고자 했던 것이다. 황종희가 제시한 군주제 타파에 이르지는 못했지만, 황종희보다 거의 100년 전에 미리 조선의 현실을 반성하고, 새로운 군주론과 개혁론을 제시해 이를 실천한 것이다. 이는 결국 조선이 쇠망에 이르지 않고 갱신해 이후 300여 년을 지탱할 수 있는 밑받침이 되었다.

그러나 새로운 시대로 바뀌는 과정에서 이전 시대를 청산하는 데 모두 의견이 일치한 것은 아니었다. 선조의 즉위 이후 집권 세력 내에는 크게 세 부류의 정치 세력이 있었다. 명종대부터 관료 생활을 이어 온 이른바 구신舊臣과 명종 이후 비교적 늦게 관료 생활을 하게 된 신진사류가 그들이다. 구신도 크게 보아서는 사림에 포함된다.

명종 이후 관료 생활을 한 사람에는 두 부류가 있었다. 명종 전반기에 관직에 진출했으나 권신 체제를 비판해 쫓겨났다가 다시 기용된 인물과 명종 말년 등과해 선조 초에 중·하급 관료인 낭료郞僚로 진출한 신진 관료들이다. 박순·허엽·기대승·김계휘 등이 전자에 해당하는 인물이다. 그들은 주로 명종 후반에 복직된 뒤 언관직에 있으면서 명종비 심씨의 아우인 심의겸과 함께 이량·윤원형 등 권신을 축출하는 데 힘썼다. 이이·정철·이산해·유성룡 등은 후자에 해당한다. 그들은 권신들이 제거된 이후 정계에 나왔기 때문에 명종대부터 이어 내려온 과거 유산의 청산에 누구보다도 적극적이었다.

위에서 꼽은 구신과 신진사류 외에 을사사화 때 정치적인 화를 입었다가 다시 관직에 복귀한 을사복관인도 있었다. 백인걸·노수신·유희춘 등이 이에 해당하는 인물로, 그들은 을사사화에 연루되어 20여 년의 귀양살이를 한 뒤에야 정계에 복귀할 수 있었다. 그들은 복귀하자마자 상당히 빠른 속도로 당상관에 오르기도 했지만 하나의 정치 세력

유서통 왕의 유서를 넣어 가지고 다니던 통. 폭 10센티미터에 길이 70센티미터의 둥글고 긴 통으로 겉에 검은 칠을 하고 주석 장식을 해 잠글 수 있게 되어 있으며 양쪽 끝에 고리가 있어 등에 멜 수 있도록 되어 있다.

을 형성하지는 않았다.

선조 초년의 구도를 살피면, 대체로 구신들이 대신급과 6조의 장·차관에, 신진사류와 을사복관인들이 사헌부·사간원 양사와 홍문관에 포진하고 있는 형세였다. 이들은 사림 계열 반대 세력인 권신의 청산에는 모두 힘을 합쳤다. 예를 들자면 이량과 윤원형이 축출된 후 명종비의 작은할아버지였던 심통원을 축출하는 데 함께 노력한 일이 그렇다.

그러나 선조로부터 새로운 정치가 본격적으로 이루어지면서 구신과 신진사류의 갈등은 피할 수 없었다. 대체로 신진사류는 권신 체제를 없앤 후에 비교적 과감한 혁신을 주장했고, 구신들은 신진사류의 주장이 과격하다고 보아 이를 억제하려고 했다. 예를 들어 신진사류들은 낭천제(郎薦制)[3]를 시행해 권신 체제에서 인습적으로 되풀이되던 청탁에 의한 인사를 개혁하고자 했고 구신들은 이에 반대했다. 또 결정적으로 을사사화의 공훈을 삭제하는 데에도 의견의 차이가 컸다. 구신들은 권신들의 공훈을 삭탈하는 정도에서 권신 체제를 청산하려 했지만 신진사류는 공훈 자체를 무효화함으로써 권신 체제를 전면적으로 없애려고 했다.

이러한 논의를 거치면서 구신들은 점차 정치적 주도권을 상실했다. 구신들의 구심점이었던 이준경마저 영의정을 사직하고 세상을 떠나자 구신들의 존재 기반은 거의 사라졌다. 이로써 명종대에서 이어진 과거에 대한 청산은 어느 정도 이루어지게 되었다. 그것도 무력 수단을 동원하지 않고 비교적 평화적으로 이루어졌으며, 사림 가운데 과거의 유산과 관련된 구신 세력까지 청산함으로써 새로운 시대를 열 준비는 마무리되었다.

[3] **낭천제** 시재(試才)를 통하지 않고 이조전랑의 천거를 통해 재주와 행실이 좋은 사류를 등용하려고 한 제도.

**조선식
붕당이
출현하다**

선조 5, 6년인 1572, 1573년을 기점으로 신진사류들은 삼사의 언론권에다 삼정승의 자리까지 차지하고 새로운 시대의 개막을 알렸다. 그러나 이것은 새로운 갈등의 시작이었다. 과거 유산에 대한 완전한 청산은 일시에 이루어지지 않았으며, 사림들 사이에서 의견의 차이가 나타났다.

이때 정계에 있던 사림 중에서는 명종대 전반기에 관직에 진출한 부류와 후반기에 진출한 부류가 거의 하나의 세력이 되어 선배의 위치에 있게 되었다. 이들에 해당하는 인물은 박순·허엽·윤두수·심의겸 등과 정철·이산해·이이·유성룡·김효원 등이다. 그리고 선조 즉위 이후 관직에 진출한 사림이 또 하나의 정치 세력을 이루었다. 이에 해당하는 인물은 김우옹·조헌·우성전·이산보·김성일 등이다.

이 두 세력 사이의 갈등은 심의겸을 어떻게 할 것인가에 대한 의견 차이에서 비롯했다. 심의겸은 명종비인 심씨의 동생이었으니 이것만 보면 외척이라고 할 수 있었다. 그러나 심의겸은 명종 때 사림과 좋은 관계를 유지했던 인물이다. 더구나 권신이었던 이량이 자기를 배척하는 사림을 제거하려 할 때 심의겸은 누이를 통해 명종이 이량을 귀양 보내게 함으로써 사림을 보호한 공이 있었다. 그 때문에 명종대에 활동했던 선배 사림은 심의겸을 받아들였다. 심지어는 정치적 어려움을 해결하는 데 힘을 빌리려 하기도 했다. 그러나 선조대에 진출한 후배 사림은 심의겸에 대해 매우 비판적이었다.

후배 사림의 대표격이던 김효원의 태도도 여기에 영향을 미쳤다. 1575년^{선조 8} 황해도 재령에서 종이 주인을 죽였다고 추정되는 사건이 터졌다. 이 사건은 심의겸과 친분이 있던 좌의정 박순이 담당했다. 박순은 시신을 검시했지만 분명한 원인을 밝히지는 못했다. 그러자 영의정 홍담은 죄 없는 종을 풀어 주어야 한다고 주장했고, 대사간 허엽은 그래도 종을 처벌해야 한다고 주장했다. 마침 허엽은 죽은 사람과 일가였는데, 증거 부족을 이유로 선조가 종을 석방했다. 이를 분하게 여긴 허엽은 박순의 추고를 요청했고 사간이던 김효

구양수의 붕당론 구양수는 북송의 이름난 문인으로, 간신배들에게 공격을 받고 있는 재신들을 옹호하고자 천년 붕당에 대해 논한 붕당론을 전개해 인종에게 상소를 올렸다. 여기서 구양수는 황제로 하여금 군자들의 붕당인 진붕과 소인들의 붕당인 위붕을 가려서 쓸 것을 간언하고 있다.

원도 그 요청에 동참했다. 정철·김계휘·윤두수 등 선배 사림은 이것이 박순을 퇴진시켜 심의겸 세력을 고사시키려는 의도라고 여겼다. 이이는 허엽의 비판이 지나치긴 하지만, 그렇다고 이를 김효원이 은밀히 계획한 것은 아니라고 보았다.

결국 이 사건을 계기로 조정은 심의겸과 김효원을 중심으로 의견이 갈렸다. 그러자 이이는 분란을 잠재우기 위해 심의겸과 김효원 두 사람을 지방관으로 내보내자고 제안했다. 그래서 심의겸은 개성 유수, 김효원은 경흥 부사로 나갔다. 그러나 이 역시 확실한 수습책이 되지는 못했다. 후배 사림은 그들대로 인사 조치의 불공정성에 불만을 가졌고, 선배 사림은 이번 기회를 통해 후배 사림의 기세를 꺾고자 했기 때문이다.

그러는 사이 선후배 사림 간의 분당은 어느 정도 굳어져 갔다. 김효원이 서울의 동쪽인 낙산에 살고 심의겸이 서쪽인 정동에 산다 해서 후배들은 동인, 선배들은 서인으로 불리게 되었다. 을해년^{1545}에 일어난 이 분열을 을해당론^{乙亥黨論}이라 한다. 그러나 이때의 분열은 붕당으로는 매우 초기적인 형태로 정치적 명분과 입지에서 모두 취약했다. 동인과 서인의 중간에서 이들 사이를 조정하고자 노력한 이이는 홍문관 부제학에서 물러나면서도 박순에게 유성룡·김성일·이발·정철 등을 불러 화해하도록 조언하기도 했다.

비교적 균형을 이루던 동인과 서인의 정세는 1578년$^{선조 11}$에 일어난 삼윤^{三尹} 사건으로 다시 갈등이 불거졌다. 경연에 입시한 동인의 김성일은 서인의 중진인 윤두수·윤근수·윤현 등 삼윤이 뇌물을 받은 혐의를 거론했다. 선배 사림이 수뢰 사건에 연루된 것을 계기로 자신들의 입장을 합리화할 기회를 찾은 것이다. 동인은 언관들을 통해 삼윤을 탄핵하면서 삼윤이 속한 서인의 심의겸을 소인으로, 정철과 김계휘를 사당^{私黨}으로 공격했다. 동인은 옳고 서인은 그르다는 주장을 하기에 이른 것이다.

이제 동서의 분당은 어느 한쪽이 군자가 되고 다른 한쪽은 소인이 되는 붕당론에 입각한 정쟁이 되었다. 원래 중국에서 붕당은 개인 차원의 상호 갈등에 친지들이 편을 들어 무

서인의 거두 정철의 시비 을해당론으로 사림이 동서로 분당되자 정철은 서인에 가담했다. 그가 내세운 격탁양청(激濁揚淸), 즉 탁한 것을 몰아내고 맑은 것을 끌어들인다는 말에서 알 수 있듯이 정철은 한 치의 타협도 없는 정치적 자세로 동인이 가장 기피하는 인물이었다.

리를 이루는 것으로 여겨 전통적으로 금기시했다. 특히 신하들 사이의 붕당은 철저하게 금지되었다. 그러나 북송 때 구양수는 붕당의 기능을 인정했다. 소인의 붕당은 사리를 도모하기에 깨지게 마련이지만, 군자의 붕당은 군주까지도 포함할 수 있는 것으로 좋은 정치를 실현하는 데에 필요하다고 본 것이다.

16세기 말 조선에서 동인과 서인이라는 정파들이 붕당의 형태를 갖추기는 했지만, 초기 단계에서는 각 붕당 간에 공적 질서에 기반을 둔 상호 경쟁과 학문에 기반을 둔 정책의 차별 등은 나타나지 않았다. 이이는 동인과 서인이 모두 같은 사류이므로 붕당을 벗어나 다시 하나로 합칠 것을 주문하기도 했다. 나아가 붕당을 해결하는 방법으로 동인과 서인 모두 옳고 그른 점이 있다는 양시양비론과 동인과 서인 모두에 사림의 자질이 부족한 사람이나 심지어 간사한 자들이 섞여 있으므로 이들을 제거해야 한다는 주장도 나왔다.

이이처럼 양쪽을 화해하도록 해 합하려는 '조제보합론'은 동인이 주도하던 조정의 분위기에서는 서인을 편드는 것으로 비치기도 했다. 심지어 이이와 뜻을 같이하던 동인의 유성룡·이발·김우옹 등도 이이를 비판하는 데에 가담했다. 여기에 이이가 병조판서로 일을 추진하는 과정에서 저지른 실수를 빌미로 동인은 이이를 집중적으로 공격했다.

하지만 선조는 이이를 신뢰했고, 그의 주장에 따라 당시 언관권 비대화의 배경이 된 이조전랑의 자천권을 혁파했다. 원래 언관권은 사림의 진출 과정에서 훈구의 비리를 공격하는 데 이바지하고 사림을 보호했다. 그에 힘입어 언관들은 정승을 비롯한 고위 관료와 또 다른 축을 이루어 조선의 정치를 안정적으로 이끄는 데 이바지했다. 그런데 선조 초기 동인에게 집중된 언관권은 지나치게 비대해지기도 했다. 여기에 일부 구신들이 동인에 참여함으로써 사림의 공론이 상징하는 의미가 퇴색하고 상대 세력에 대한 편당적인 공격이 지나치게 두드러지는 측면이 있었다.

이이는 이러한 문제점을 해결하는 방편으로 자신의 정치적 입장을 서인으로 정했다.

동인의 거두 조식의 유품 조식은 두 개의 쇠방울과 경의검이라 불리는 단검을 늘 지니고 다녔다. 방울은 '성성자'로 부르며 자신을 늘 일깨우기 위한 도구로, 경의검에는 "안으로 밝히는 것이 경이고 밖으로 결단하는 것이 의"라는 글귀가 새겨져 있다.

이는 곧 그를 지지한 세력이나 그의 문인 역시 서인으로 가담하는 것을 의미했다. 이는 동인 계열이 주로 이황과 조식을 따르던 문인으로 구성된 것과 비교하면 학문적 입장이 분명하지 않았던 서인 계열에 학파적 정체성을 부여하는 것이기도 했다.

이에 따라 동인과 서인은 종래의 대립하는 정파라는 수준을 넘어 공적 붕당의 성격을 띠게 된다. 서인은 이이와 성혼의 학연과 연결되는 경기·황해·충청·전라도 지역의 일부까지 참여하는 거대한 기반을 가지게 됐다. 동인 역시 이황과 조식을 학문적으로 받들며, 경상도를 기반으로 외연을 넓혀 가며 확고한 기반을 다졌다.

따라서 1583년선조 16을 즈음해 조정에는 학통, 학문적 입장, 그리고 지역적 기반에서 상반되는 두 개의 붕당이 자리를 잡게 됐다. 이 두 개의 붕당은 그 출현에서도 보았듯이 사림 정치를 추구하는 과정에서 등장한 것이고, 사림 정치라는 공동의 목표를 지향하면서 공론에 따라 서로 비판하고 견제하며 국정 운영의 동반자가 되었다. 다만 명종대의 정치적 유산을 최종적으로 극복해 가는 과정에서 적지 않은 입장의 차이를 보인 것처럼 정국을 바라보는 입장과 운영 방식에는 차이가 있었다.

선조대에 이루어진 붕당정치는 종래 중국에서 발전된 붕당과도 성격이 달랐다. 즉 종래 중국에서 간당奸黨으로 파악하던 전통적인 붕당이 아니었고, 구양수나 주희가 정리한 군자당과 소인당의 붕당도 아니었다. 사림은 훈척 세력을 청산하며 새로운 정치의 주역으로 등장했다. 각 붕당이 모두 군자로 가득 찬 것은 아니었지만, 스스로 공당公黨의 자격을 갖추고자 노력했다. 그것은 곧 사림 정치의 실현을 위한 노력이었다. 중국에서 같은 시기에 붕당이 거의 기능하지 못한 것과 비교해 본다면, 조선이 선택한 길은 왕정 체제에서 신하들의 참여를 극대화함으로써 왕정의 효율성을 높이는 방법이었다.

붕당의 갈등이 폭발하다

붕당이 공당으로 성립했다고 해서 정치적 갈등을 피해 갈 수는 없었다. 더구나 붕당정치 초기에는 상대 당을 향한 공격이 치열했다. 대표적인 사건이 1589년[선조 22]에 발생한 정여립의 난이었다. 정여립은 전주 출신으로 어려서부터 재주가 비상했다. 일찍이 과거에 합격한 뒤 이이·성혼 등 서인의 후원을 받아 성장했다. 그러나 수찬이 된 뒤에는 붕당정치가 치열해질 때 동인 쪽으로 뜻을 바꿔 이이와 성혼을 공격했다. 선조가 이를 불쾌하게 여기자 정여립은 관직을 버리고 고향으로 내려갔다. 그 후에도 그는 여전히 동인들 사이에 영향력이 있었고, 전라도 일대에서 명망이 높았다.

그는 전라도 진안 죽도에 서실을 지어 놓고 대동계大同契를 조직해 매달 사회射會를 여는 등 세력을 확장해 갔다. 1587년[선조 20] 왜선들이 전라도에 침범했을 때는 당시 전주 부윤 남언경의 요청에 따라 대동계를 동원해 이를 물리치기도 했다. 이 대동계는 황해도 안악과 해주 등지까지 확대됐다. 1589년 10월, 정여립은 황해도 안악 군수 박충간 등의 보고를 받은 황해 감사 한준이 올린 비밀 장계를 통해 역모로 고발된다. 급파된 의금부 도사가 도착하기 전에 정여립은 죽도에서 자결했다. 그의 모반이 사실이었는지는 아직도 논란의 대상이다.

정여립은 서인과 동인을 오가며 정치적 변동이 심했다. 그러나 조선 시대를 살던 사람으로서 그가 가진 가장 큰 문제는 그의 사상에 다른 사람에게서는 보기 어려운 급진적 면모가 있었다는 점이다. 그는 "천하는 공물公物이니 어찌 일정한 주인이 있으리오?"라고 일갈하기도 하고, 유하혜柳下惠[1]의 말을 인용해 "누구를 섬긴들 임금이 아니겠는가!"라며 세습군주제를 부정하고 요순의 이상 정치를 주장하기도 했다. 이는 절대군주제의 조선으로서는 감당하기 힘든 것이었다. 마치 비슷한 시기 명의 급진적 양명학자였던 이탁오의 주장과 비슷했다.

[1] **유하혜** 중국 춘추시대 노나라의 현자. 『논어』에 따르면, 곧기로 유명했으며 세 번이나 벼슬에서 쫓겨났으나 버리고 가지 않으므로 남이 까닭을 물으니, "곧은 도로써 사람을 섬기면 어디 간들 삼출(三黜)을 당하지 않으리. 굽은 도로 사람을 섬겨 하필 부모의 나라를 버릴 것이냐?"라고 했다고 한다.

남명학파의 태두 조식이 이황에게 보내는 편지 평소 이황을 하늘의 북두칠성처럼 흠모해 만나고 싶었으나 전해 겨울, 허리에 통증이 생겨 오른쪽 다리를 절게 되어 만날 수 없었던 사정을 밝히고 있다. 자신은 어리석고 몽매한 사람으로 헛된 명성을 얻어 부끄러워하고 있다는 겸손한 태도로 일관한다. 『조선명현필첩』에 실려 있다.

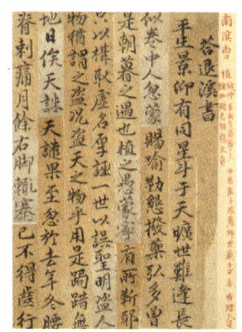

그러나 조선은 이미 사림의 손으로 정권의 교체를 완료했고, 세습군주제에 대해서도 사림들이 정치에 참여하는 붕당정치의 틀을 마련해 이를 시험하는 중이었다. 따라서 정여립의 주장은 많은 사람의 지지를 받기가 쉽지 않았다. 그러한 시기에 터진 정여립의 모반 사건은 당시의 붕당정치와 연결되면서 매우 큰 정치적 폭발력을 발휘했다. 정여립을 따르던 많은 인사들이 동인에 속했기 때문이다.

정여립 모반 사건의 조사를 맡은 서인은 이를 이이의 사후 약화된 세력을 만회하는 기회로 삼았다. 동인 강경파로서 서경덕의 문인인 이발·이길 형제가 처형된 것을 비롯해 형신을 받고 죽은 사람과 관직을 삭탈당하고 구속되거나 귀양 간 사람이 수백 명에 달했다. 또 성균관과 사학의 유생이라 할지라도 혐의가 조금이라도 있으면 수감될 정도였다. 남명학파[2]의 핵심 인물이었던 최영경까지 길삼봉[3]으로 오인받아 옥중에서 사망했다. 이 때문에 남명학파의 학자들도 동인 계열로 몰려 크게 탄압을 받았다.

그러나 정여립과 관련 있거나 그를 끌어들인 동인뿐 아니라 지지자들에게까지 혐의를 둔 것은 오히려 서인에게 많은 부담을 주었다. 그 결과 서인은 정치적 명분상의 약점을 얻었고, 정철과 성혼 등 주요 인물이 죽은 뒤에는 구심점을 잃은 채 정치적으로 세력을 잃게 된다.

한편 동인 세력은 서인을 대하는 태도에 따라 1588년[선조 21] 무렵부터 남북의 두 파로 나뉠 조짐이 있었다. 이이와 성혼의 문인을 중심으로 하는 서인을 제외한 신진 세력 다수는 동인을 구성했으므로 원래 동인의 구성원은 비교적 다양했다. 특히 이황·조식·서경덕의 학문적 전통을 계승한 사람이 많은 수를 차지했는데, 이들은 사상적, 사회·경제적 기반의 차이로 분기했다. 특히 임진왜란을 겪으며 이러한 차이는 더욱 확연해졌다.

2 **남명학파** 이황과 동시대의 학자로 당대의 사회 현실과 정치적 모순을 비판하며 관직에 나아가지 않았던 남명 조식의 제자들. 동서 분당과는 거리를 두고 있었다.

3 **길삼봉** 조선 중기의 장사로 사노 출신이다. 정여립의 난에 연루되어 고부·태인·남원 등지에서 관군을 괴롭혔으나 끝내 잡히지 않아 가공인물이라는 소문이 나돌았다.

낙동강 왼편의 강좌(江左)나 경상도의 북쪽에 분포한 이황의 문인들이 대체로 남인을 구성했고, 강우(江右)나 남도에 분포하는 조식의 문인들은 북인이 되었다. 정국에 대한 입장에서 남인은 조정의 안정을 위해 정파 간 협력을 중요시했으며, 이러한 태도는 임진왜란 때에 서인과 북인을 정치적으로 이끌 수 있는 기반이 된다.

남인이 이황의 문인을 중심으로 비교적 단일한 구성이었다면 북인은 그 나머지 사람들로 구성되면서 다양성을 보였다. 조식과 서경덕의 학통을 계승한 사람들이 북인의 중심이 된 것은 분명하지만, 이들 역시 일부에 불과했기 때문에 다른 정파와 비교하면 학문적 일체감이 부족했다. 다만 이들은 이산해·정인홍을 중심으로 결속해 임진왜란 직후의 정국을 주도했다. 전란 중에 강력한 주전론을 견지해 젊은 신진 세력의 지지를 확보할 수 있었기 때문이다.

그러나 북인은 전란 후의 혼란을 수습하는 과정에서 현실 정치에 대한 인식의 차이에 따라 다시 대북(大北)과 소북(小北)으로 나뉘고 대북은 골북(骨北)과 육북(肉北)으로 대립해 정국을 안정시킬 수 없었다. 그 결과 정국은 대북 세력을 제외한 서인과 남인을 포용한 소북이 이끌게 됐다.

이와 같이 동서 분당 이후에도 붕당이 다시 여러 갈래로 나뉘게 되는 것은 기본적으로 붕당정치가 충분히 안정되지 못했음을 알려 준다. 그러나 붕당이 끊임없이 자기 분열만 한 것은 아니었다. 모든 붕당은 성리학에 근거한 왕정에 동의하고 있었으며 초기적 형태로나마 붕당 사이의 포용과 견제, 균형의 원리를 실현하는 측면도 있었다. 다만 16세기에는 학파에서 붕당으로 전환하는 과정에 있었기에 학파적 대립이 심각하지는 않았으며, 이와 연결해 지역적 색채가 강한 특징이 있었다.

조선사에서 16세기는 어떠한 시기일까? 조선 사회의 변화를 고려해 볼 때 이 시기는 조선 사회가 크게 변화하는 전환기에 해당한다. 조선은 전기의 조선과 중·후기의 조선으로 나눌 수 있는데 16세기는 그러한 변화가 시작되는 시기였다. 이 시기의 주인공인 사림은 조선 전기의 질서를 반성하며 새로운 질서를 모색했고, 이를 통해 쇠망에 이를 뻔한 조선 사회의 갱신을 추구했다. 그 결과 조선은 임진왜란이라는 초유의 전쟁을 맞고서도 이를 극복할 수 있었으며, 이전과는 전혀 다른 사회를 만들어 나갈 수 있었다.

조선의 학맥

중국의 붕당론

조선 중기에 시행된 붕당정치는 전근대 사회에서 쉽게 찾아보기 어려운 정치 형태이다. 전근대의 왕조 체제에서 정치의 주체는 최고 지배자, 곧 황제와 왕이 되며, 이들이 국가의 주권을 가지는 동시에 정치의 주체로서 국정의 운영을 좌우하였다. 따라서 신하들은 이러한 체제에서 황제나 국왕의 명령을 충실히 수행할 뿐, 다른 의견을 가지고 서로 대립하는 것은 상상하기 어려웠다.

따라서 전통적으로 중국의 붕당은 대체로 사당私黨, 곧 사적인 모임의 성격으로 부정적으로 인식되는 게 일반적이었다. 당의 문종에서 선종까지 40여 년 가까이 조정에서 벌어졌던 신하들 사이의 다툼은 문종으로 하여금 "하북의 도둑을 쳐 없애기는 쉬우나 조정의 붕당을 없애기는 어렵구나."라고 토로하게 할 만큼 정치에 폐단을 불러오는 것으로 이해되었다. 군주권을 침해하고 조정을 어지럽히는 존재가 곧 붕당이었던 것이다.

심지어 붕당은 국가의 존망을 위협하는 존재로 이해될 때도 있었다. 그래서 명의 법전인 『대명률』 간당奸黨 조항에는 "조정에 있는 관원으로서 붕당을 결성해 조정의 정치를 어지럽히는 자는 참斬하며, 처자는 종으로 삼고 재산은 관에서 몰수한다."라고 해 붕당을 법적인 처벌 대상으로까지 삼았다.

그렇다면 붕당은 중국에서 늘 부정적인 존재이기만 했을까? 중국의 역사에서 붕당이 비교적 활발했던 송대에는 붕당에 긍정적인 시각이 있었고, 이러한 시각에서 붕당의 역사적 존재를 긍정하고 심지어는 정당화하거나 옹호하는 붕당론을 전개하는 학자들도 있었다. 이러한 주장을 한 대표적인 인물은 북송의 구양수와 남송의 주희였다. 이들의 붕당론은 종래의 붕당 부정론과 정반대되는 것으로 붕당을 긍정하고 심지어 그 필요성을 주장하기까지 하는 것이었다.

송대의 붕당 긍정론은 북송의 범중엄范仲淹에서 비롯되었다. 범중엄은 자신을 붕당의 죄목으로 공격하는 사람들에게 군자와 소인 모두에게 당이 있다는 주장으로 대응했다. 이는 『논어』에서 인간의 도덕성을 논하는 기준으로 언급했던 군자·소인론을 현실의 정치 활동에까지 끌어들였다는 면에서 큰 의미가 있었다.

붕당론의 권위자 범중엄 북송의 위대한 정치가이자 교육가. 11세기 송 인종대의 개혁가로 "천하 사람들보다 앞서서 걱정하고 천하 사람들보다 나중에 항락을 즐긴다."라는 『악양루기』의 명언을 남겼다. 주희는 범중엄을 "유사 이래 천하 최고의 일류급 인물"이라고 칭송했다.

범중엄과 정치적 입장을 같이했던 구양수는 「붕당론朋黨論」을 작성해 이러한 인식을 발전시켰다. 구양수 붕당론의 핵심은 진정한 붕당은 오직 군자에게만 있기 때문에 붕당이라고 해서 군주가 혐오할 필요가 없으며, 오히려 군주는 이 군자의 붕당을 관직으로 이끌어 내야 한다는 주장이었다. 붕당을 군자의 집단으로 간주해 정치 세력으로까지 인정하는 주장이었다.

그러나 현실에서 붕당은 정치적 갈등을 일으키는 대상이었다. 특히 신법당과 구법당 사이에 정쟁이 일어나자 군자 붕당론만으로는 이를 해결할 수 없었다. 그래서 둘로 나뉜 붕당 사이에 화해와 병용을 도모하려는 붕당 조정론이 시도되기도 했다. 하지만 신법당의 손에 구법당계 인물이 모두 처벌당하는 사건이 일어나자 붕당론 역시 더 이상 진척되지 않았다.

이후 붕당 긍정론을 전개한 대표적인 인물은 주희였다. 우선 주희는 일반적으로 받아들여지던 붕당 망국론 대신에 북송의 망국 요인이 오히려 군자당인 구법당을 없앤 것이라고 하며 군자당의 필요성을 강조했다. 나아가 주희는 철저한 변별을 통해 붕당 내에서 군자를 진출시키고, 소인은 퇴출할 것을 주장했다. 이러한 인식은 구양수의 '군자에게 당이 있다.'는 수준에서 한 걸음 나아가 붕당 내에 군자와 소인이 병존할 수 있음을 인정하고 이를 해결하려는 모색이었다.

그 결과 현명함과 어리석음, 충성스러움과 간사함을 철저히 분별해 내쫓고, 진실로 군자의 당이라면 자신은 물론 임금까지도 그 군자당에 들도록 권유해야 한다는 '인군위당설引君爲黨說'이 주장되기까지 했다. 이 주장은 조선에도 영향을 미쳐서 선조는 자신이 당에 들고 싶다고 말하기도 했다.

송대에 붕당론이 적극적으로 개진된 것은 이전까지 없었던 사대부들의 활발한 정치 참여 현상 때문이었다. 군신 공치를 논할 만큼 사대부 계층은 자신들을 정치의 또 하나의 주체로 삼고자 노력했던 것이다. 그러나 주희 역시 중앙 정계에 진출했다가 금방 퇴출당한 데에서도 알 수 있듯이 남송에서조차 붕당론은 제대로 실현되지 못했다. 이후 중국에서는 원에서도 붕당론이 실현되지 않았고, 황제권이 더욱 강력해진 명이나 청에서 붕당을 적극적으로 인정하는 논리는 제시되기 어려웠다.

구양수의 『집고록발미(集古錄跋尾)』 당송 8대가의 한 명으로 꼽히는 북송의 탁월한 문장가 구양수가 선진(先秦)에서 오대에 이르는 고기명문(古器銘文), 비, 묘지(墓誌), 석각, 법첩(法帖) 등 400여 종에 대해 고증한 발문을 정리한 것. 금석학 분야에서 중국 최초의 연구서로 꼽힌다.

16세기의 창 窓 A Graphic View of History

16세기 사대부의 이상향
닭실마을을 찾아서

16세기에 제작된 「안동부도」

1 청암정	2 삼계서원	3 내성면	4 당북산	5 도연서원
6 춘양면	7 홍제암	8 청량산	9 소천면	10 남회령
11 재산면	12 예안현	13 예안계	14 봉화현	15 영천계
16 감천면	17 안동읍치	18 닭실마을	19 하회마을	

조선 시대 중심 세력인 사대부는 유교적 자연·공간관에 따라 거주지를 선택, 마을과 주택을 구성해 독특한 성리학적 거주 환경을 형성했다. 그들은 생활 공간을 현실적인 일상생활이 일어나는 일상 영역과 일상을 초월해 자연과 함께하는 이상 영역으로 구분해 구성했다. 16세기 사대부 충재 권벌과 그 후손들이 만든 닭실마을은 그러한 공간 구성 방식을 잘 드러낸다.

닭실마을은 어떤 곳인가

주변 산세가 알을 품은 닭 모양 같다고 해서 붙여진 이름으로, '달실마을'로도 불린다. 경상북도 봉화군 봉화읍 유곡1리, 봉화읍에서 1.6킬로미터 정도 떨어진 곳에 자리 잡고 있다. 한반도에서 손꼽히는 오지인 봉화는 선달산·문수산 등 해발 1000미터가 넘는 산들로 둘러싸여 있는데, 닭실마을은 그 안에서 다시 해발 200~300미터의 야산으로 둘러싸여 있다. 18세기 성리학자 이중환은 『택리지』에서 이곳을 두고 "깊은 두메로, 병란과 세상을 피해서 살 만한 곳"이라 했다.

충재 권벌 연표

- 1478 안동 북후면 도촌리에서 권사빈과 파평 윤씨의 둘째 아들로 태어남.
- 1496 생원시 합격.
- 1507 문과 급제. 예문관검열·홍문관수찬·부교리·사간원정언 등 역임.
- 1513 사헌부지평 재임.
- 1514 이조정랑·호조정랑에 임명, 영천군수로 부임.
- 1517 장령 역임.
- 1518 승정원동부승지·좌승지·도승지·예문관직제학 역임.
- 1519 예조참판 역임.
- 1519 기묘사화에 연루되어 파직·귀향.
- 1520 닭실마을로 들어가 정착.
- 1533 복직되어 용양위 부호군·밀양 부사 역임.
- 1537 한성부 좌윤 역임.
- 1538 경상도 관찰사·형조참판 역임.
- 1539 병조참판·성부판윤 역임.
- 1541 예조판서·의정부좌참찬 역임.
- 1545 을사사화에 연루되어 파면됨.
- 1547 양재역 벽서 사건에 연루되어 유배 생활 시작.
- 1548 유배지인 삭주에서 타계.

『택리지』에 소개된 영남의 4대 길지(2013년 현재 기준)

- 하회마을 528만 8000㎡ / 약 120호 — 경북 안동시 풍천면 하회리
- 내앞마을 1143만 8922㎡ / 약 140호 — 경북 안동시 임하면 천전리
- 양동마을 96만 9115㎡ / 약 130호 — 경북 경주시 강동면 양동리
- 닭실마을 23만 2595㎡ / 약 35호 — 경북 봉화군 봉화읍 유곡리

권벌, 그는 누구인가

중종·인종·명종대 문신. 명종이 즉위하자 원상에 임명되었다. 을사사화로 위사공신에 올랐으나 정순붕의 반대로 삭훈되고 기묘사화에 연루되어 파직당하자 귀향해 어머니 묘소가 있던 닭실마을에 자리 잡았다. 1533년(중종 28) 복직했다가 양재역 벽서 사건에 연루되어 유배된 후 유배지인 삭주에서 세상을 떠났다.

[**『충재일기』**

충재 권벌이 영천 군수로 있을 때 쓴 일기. 1514년(중종 9) 9월 14일부터 1515년 10월 16일까지 보고 행한 일들이 적혀 있다. 권벌 개인의 생활을 살필 수 있는 자료인 동시에 지방사 연구에 귀중한 자료로 평가되고 있다. 보물 제261호. ]

닭실마을의 구조

조선 시대 사대부 마을로 하회마을과 양동마을이 널리 알려져 있지만, 사대부들이 이상적으로 생각한 유교 공동체의 전형에 더 가까운 것은 이들보다 닭실마을이다.

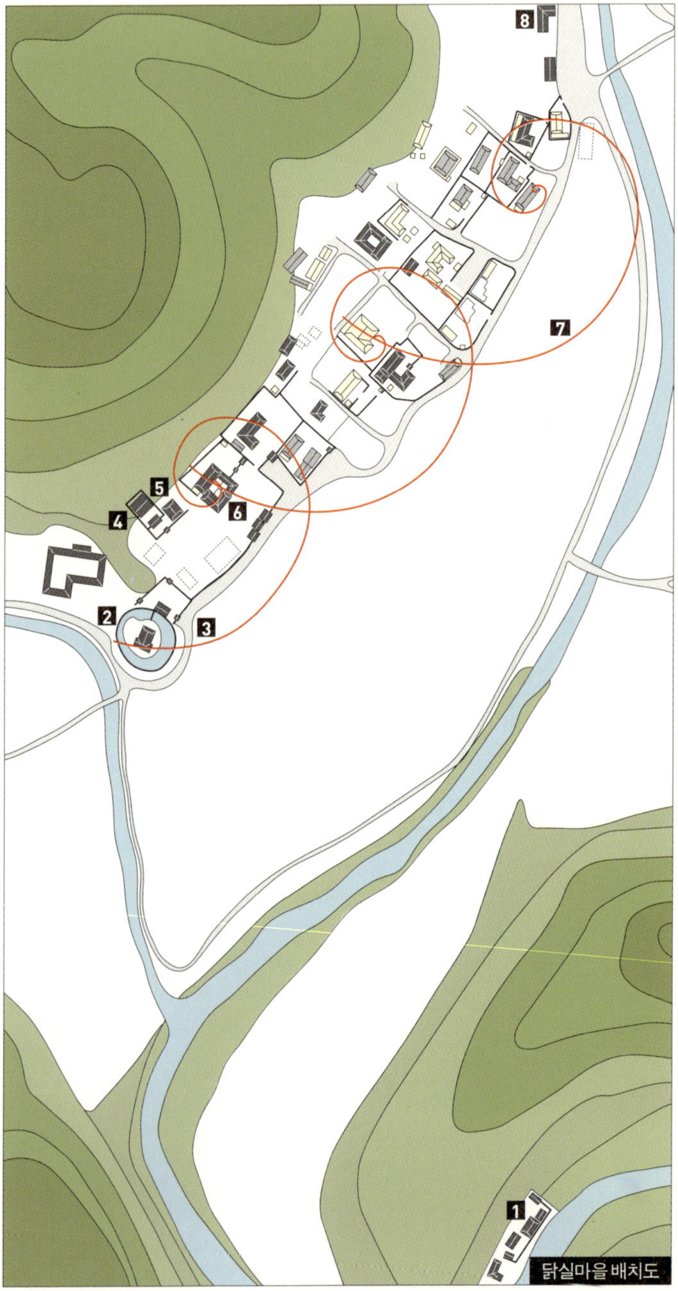

1 석천정사 석천계곡에 자리 잡은 정자로 충재의 맏아들인 권동보가 지었다.

2 청암정 충재가 강학을 하던 공간.

3 충재 서재로 쓰이는 정자.

4 충재 종택 사당 충재의 불천위와 현 종손 4대조까지의 위패가 모셔져 있으며 설날, 추석의 차례를 이곳에서 지낸다.

5 갱장각 충재의 5대손인 권두인이 1679년에 제례를 준비하는 건물로 지었다. 이곳에서 불천위 제사를 지낸다.

6 충재 종택 충재와 그의 종손이 대를 이어 사는 집.

7 황금비율로 이루어진 닭실마을 닭실마을에서는 거의 모든 집이 다른 집 때문에 조망과 일조에 방해받는 일이 없다. 이것이 가능한 것은 닭실마을의 집들이 피보나치 수열로 이루어지는 등각나선형으로 배열되어 있기 때문이다. 등각나선은 황금비를 바탕으로 그려진다.

8 닭실마을의 자랑, 유과 만드는 곳 닭실 유과는 충재 종가의 고유한 음식으로, 전통이 600년에 이르고 전국적인 지명도를 자랑한다. 잔유과, 입유과, 약과 등 세 종류가 있다.

닭실마을 배치도

예의를 아는 돌다리

청암정 앞 돌다리 중간에 돌받침을 마련해 연장자와 마주치면 잠시 피하도록 했다.

하회마을의 신성한 나무

하회마을 삼신당에 있는 당나무. 근엄한 유학자의 마을 한가운데 별신굿을 지내는 무속의 공간이 있다는 것이 도리어 하회마을을 인간적인 장소로 만들어 준다.

닭실마을과 하회마을

닭실마을은 마을 전체의 가옥 배치에서 공동체 의식이 드러나는 반면 하회마을은 삼신당에서 공동체 의식을 찾아볼 수 있다. 마을 제사인 동제와 별신굿을 하는 장소인 삼신당은 마을 사람들이 하늘과 소통하는 공간으로, 큰 마당과 그곳에 이르는 골목으로 구성된다. 양반들의 놀이인 줄불놀이만 있고 별신굿이 없거나 상류 한옥만 있고 삼신당이 없다면, 하회마을이 신분의 차이, 경제력의 차이에서 오는 갈등을 해소하며 600년 이상 지속되기 어려웠을 것이다.

닭실마을, 하회마을, 양동마을의 비교

	닭실마을	하회마을	양동마을
문화재 지정	명승제60호(봉화 청암정과 석천계곡)	중요민속문화재 제122호 유네스코 세계문화유산	중요민속문화재 제189호 유네스코 세계문화유산
마을 유형	안동 권씨 씨족마을	풍산 류씨 씨족마을	월성 손씨, 여강 이씨 씨족마을
대표적 건축물	충재 종택, 청암정, 석천정사	양진당, 충효당, 겸암정사, 옥연정사	서백당, 무첨당, 관가정, 향단
대표적 의례·놀이·음식	충재 불천위 제사, 동곳떡, 오색유과	하회별신굿탈놀이, 하회선유불줄놀이, 동제(洞祭)	우재 불천위 제사, 줄당기기, 즙장, 청주

닭실마을과 양동마을

닭실마을은 단일 성씨인 안동 권씨 씨족마을인 반면 양동마을은 월성 손씨와 여강 이씨 두 성씨의 씨족마을이다. 원래 양동마을에서는 여강 이씨 이광호 집안이 먼저 정착해 살고 있었다. 이후 풍덕 류씨 류복하가 이광호의 손녀와 결혼해 처가에 들어와 살게 되었고, 이어 월성 손씨인 손소가 류복하의 딸과 결혼해 들어와 살면서 손씨와 이씨 집성촌을 이루게 되었다.

양동마을

닭실마을의 삶

사대부가는 과거와 현재와 미래의 공간으로 이루어진다. 우리가 잊지 말아야 할 점은 그러한 사대부의 삶을 지탱해 주는 것이 집 앞의 너른 들판과 그곳에 뿌려진 농부들의 땀이었다는 사실이다.

닭실마을의 사계

조선 시대 사대부들은 집 안에서 먹고 자고 공부하고 손님을 맞았다. 때문에 집 안 공간 구석구석을 살피면 그들의 생활과 사상을 살필 수 있다. 안채, 사랑채, 사당, 갱장각, 청암정, 그리고 행랑채를 비롯한 부속 건물을 통해 그들의 삶을 살펴보자.

안채 - 미래의 공간

부엌, 안방, 대청, 건넌방으로 구성된 안채는 여성들과 아이들이 주로 사용하는 공간이다. 특히 안채에서는 출산과 양육이 이뤄졌다. 따라서 안채는 다음 세대를 준비하는 미래의 공간이라 할 수 있다.

충재 종가 배치도

안채

갱장각 제사(불천위 제사) 과정

제사 준비 제수를 맡아서 준비하는 유사와 종손이 함께 제수를 하나하나 가려서 마련한다.

제청 마련 입재일 오전에 종손은 종택과 사당을 두루 청소하고 갱장각에 제청을 준비한다.

진설 입재일 자정이 지나면 낮에 안채에서 준비해 둔 제수를 제청으로 옮겨 제사를 준비한다. 집례가 홀기를 읽고 집사자에게 진설하라고 하면 그때부터 제사가 시작된다.

출주(出主) 진설을 마치면 사당에 가서 신주를 모셔 오는 의식을 진행한다.

충재 종가 사당

1600년(선조 33)에 지어진 충재 종가 사당은 단청이 화려한 품격 있는 건물이다. 조선 시대에는 살림집에 진채 단청을 못하게 하고 석회 바르는 일도 제한하는 등 규제를 뒀는데 사당은 이러한 제한을 받지 않았다.

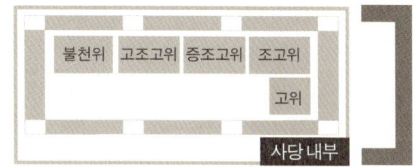

사랑채와 청암정과 석천정사 - 현재의 공간

외부와 소통하고 학문을 하는 사랑채와 청암정, 석천정사 등은 사대부가 오늘을 살아가는 현재의 공간이다.

2

사랑채

남자 어른이 손님을 접대하는 공간이다. 격식을 갖춘 충재 종가의 사랑채에는 큰 사랑방과 작은 사랑방을 따로 두어 두 세대의 남성이 각기 손님을 맞을 수 있도록 했다.

3

청암정

권벌의 서재인 충재 옆에는 시끄러운 세상에서 벗어나 강학을 하던 청암정이 있다. 정자가 놓인 바위가 거북같이 생겨서 처음에는 구암정(龜巖亭)이라 했다.

4

석천정사

권벌의 큰아들 권동보가 1565년(명종 20) 조성했다. 그는 1547년(명종 2) 아버지가 삭주로 귀양가 1년 만에 죽자 관직을 버리고 고향으로 돌아와 여생을 보냈다.

사당과 갱장각과 재실 - 과거의 공간

위패를 모시고 제사를 지내는 사당, 갱장각, 재실은 조상을 기리는 과거의 공간이다.

5

사당

기제사 때는 신위를 안채의 대청으로 모셔가 제사를 지내지만, 설과 추석 등 명절에는 이곳 사당에서 차례를 지낸다.

6

갱장각

불천위 제사 때는 신위와 향안을 갱장각으로 모셔 가 제사를 지낸다. 갱장각은 사당과 본채 사이에 위치한다.

7

추원재(追遠齋)

선산 앞에 지은 재실. 묘지 관리인이 거주하며 시제 때는 참석하는 사람들에게 숙식을 제공하고 제사 음식을 준비하는 시설이다.

참신(參神)과 강신례(降神禮) 신주를 모시고 와서 신령이 제청에 임했으므로 종손 이하 모든 제관들이 신에게 인사하는 참신 재배를 하고 신을 맞이한다.

초헌례 종손이 신에게 첫 잔을 올리는 순서다.

아헌례와 종헌례 두 번째와 세 번째 잔을 올리는 의식이다. 잔을 올리고 내리는 절차는 초헌과 동일하다.

유식(侑食)과 합문(闔門) 신에게 음식을 권할 때는 잠시 문을 닫거나 병풍으로 가려 막는다.

사신(辭神) 제사를 마쳤으므로 신을 보내드리는 절차다.

중국의 사대부 마을, 신엽촌(新葉村)

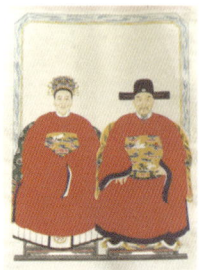

옥화 엽씨 3세조 부부 14세기 원대의 성리학자 동곡공 엽극성은 중락서원을 흥건시키는 등 신엽촌의 발전에 큰 공을 세웠다.

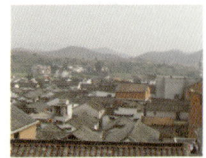

신엽촌 전경 13세기에 세워진 신엽촌은 15세기 명대에 이르러 600명에 이르는 큰 가문을 형성하고 16세기에 전성기를 맞이했다.

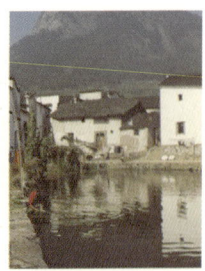

1 2 옥화산과 남당 마을 서쪽에 있는 옥화산(玉華山)은 신엽촌의 조산(祖山). 산으로 둘러싸인 마을 안쪽 곳곳에 못이 조성되었다.

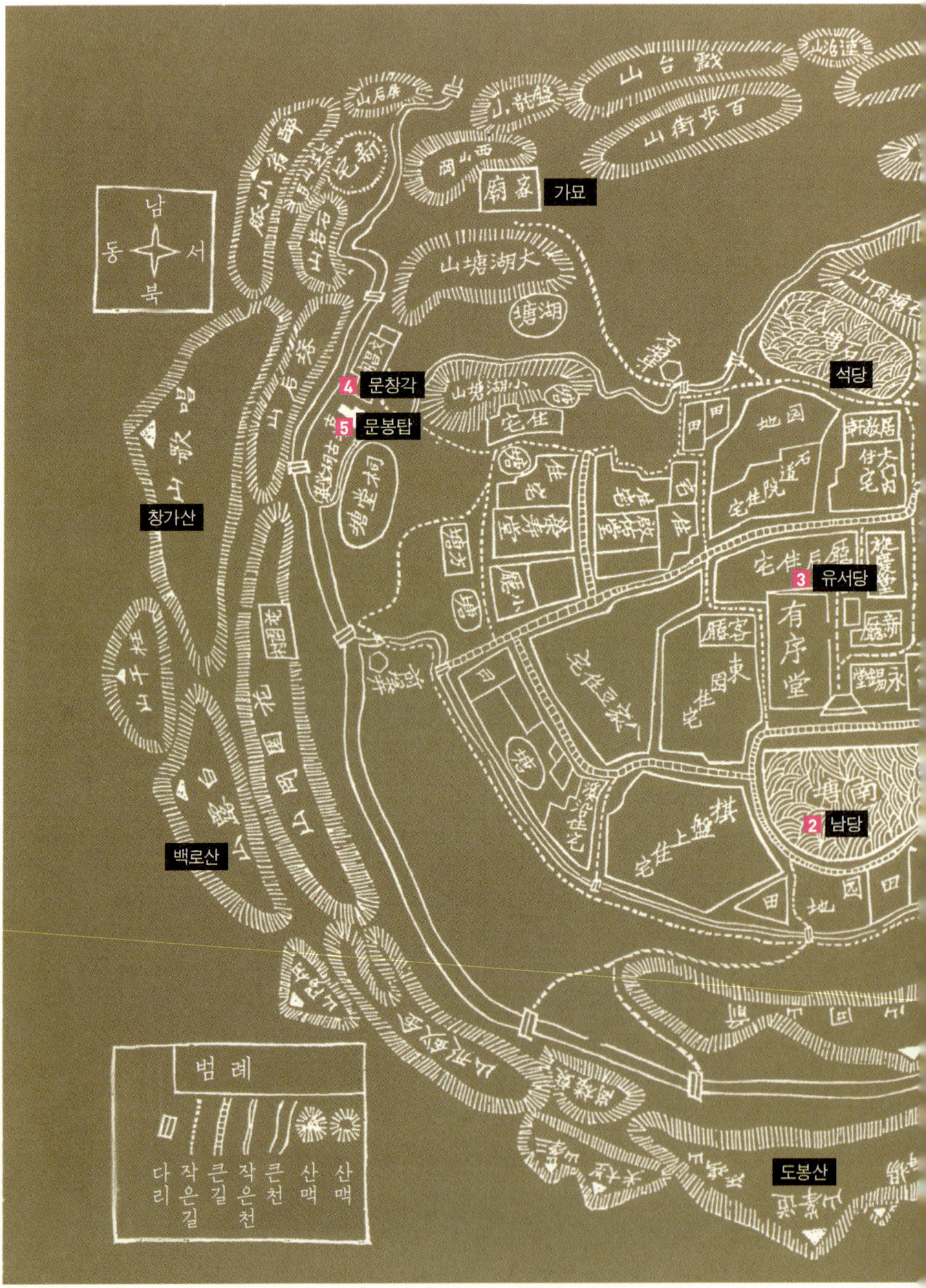
남
동
서
북
가묘
석당
4 문창각
5 문봉탑
창가산
3 유서당
有序堂
2 남당
백로산
도봉산
범례
다리
작은길
큰길
작은천
큰천
산맥
산맥

성리학은 중국에서 태어났다. 따라서 성리학적 이상향인 사대부 마을도 중국에서 먼저 생겨났다. 1208년 송 말 원 초의 성리학자 엽곤(葉坤)이 절강성 건덕현(建德縣)에 이주해 세운 옥화 엽씨의 혈연 취락, 신엽촌은 대표적인 사대부 마을로 30여 대에 걸쳐 연면히 이어져 내려오고 있다.

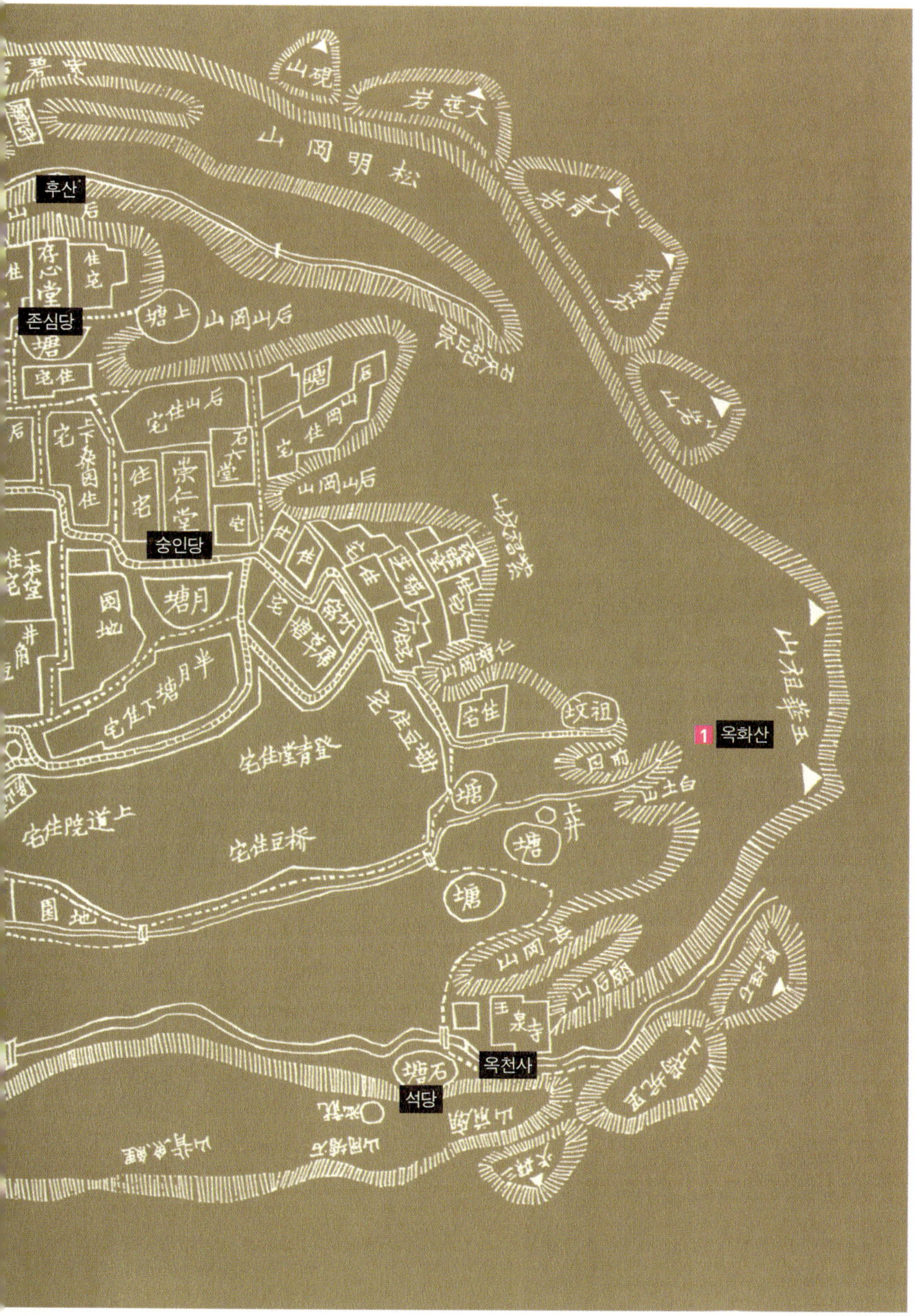

3 유서당(有序堂) 마을의 중심을 이루는 사당으로 제사, 예의 활동, 오락의 중심이자 회의 장소였다. 아래는 유서당 내부에 안치된 사자상.

4 문창각(文昌閣) 문봉탑(아래)의 배후 건물로 마을 사람들의 문운을 빌기 위해 19세기에 세워진 문화 건축.

5 문봉탑(文峰塔) 마을 동남쪽 수구 자리에 세워져 있다. 단운탑으로도 불린 일종의 풍수탑으로, 7층 30여 미터에 이른다.

대살육의 타임캡슐 임진왜란 때 일본군이 전리품으로 베어 간 조선 군민(軍民)의 코와 귀를 묻은 귀 무덤. 일본 교토 시에 자리 잡은 도요쿠니 신사에서 100여 미터 떨어진 곳에 있다. 도요쿠니 신사는 도요토미 히데요시를 받드는 신사다. 임진왜란 당시 희생된 조선 군민의 수는 12만 6000여 명에 이른다. 무덤 위의 오륜석탑은 희생자들의 원혼을 누르기 위해 조성된 것이라 한다. 본래 코 무덤이었으나 유학자 하야시 라잔의 제안에 따라 귀 무덤으로 바꿔 불리게 되었다.

04
동아시아 7년 전쟁

1592년부터 7년 동안 한반도를 고통과 혼란의 소용돌이로 몰아넣은 임진왜란은 '동아시아판 세계대전'이었다. 일본의 침략 때문에 조선과 일본의 전쟁으로 시작된 전쟁은 명군이 참전함으로써 조선·중국·일본 삼국의 대전으로 확대된다. 그리고 그것은 당시 동아시아의 패권국인 명과 명의 가장 충순한 번국인 조선이 한편이 되어 명에 도전한 신흥 강국 일본에 맞선 전쟁이었다. 나아가 이 전쟁이 끝날 무렵 만주에서 누르하치의 후금이 일어나 명에 도전하고, 끝내 중원을 제패한 사실을 고려하면 임진왜란이 동아시아에 남긴 파장은 길고도 깊다.

그런데 같은 시기, 한반도라는 한 전장에서 싸운 한·중·일 삼국이 오늘날 기억하는 임진왜란의 내용은 각기 다르다. 이는 무엇보다 삼국이 이 전쟁을 부르는 명칭의 차이에서 뚜렷이 드러난다.

한국에서는 이 전쟁을 보통 임진왜란과 정유재란으로 부른다. '임진년에 왜구들이 쳐들어와 벌인 난동', '정유년에 다시 쳐들어와 벌인 난동' 정도의 의미다. 무고한 나라를 침략해 막심한 고통을 끼친 일본에 대한 원한과 적개심이 담긴 용어다. 참고로 북한에서는 이 전쟁을 '임진조국전쟁'이라 부른다.

일본에서 이 전쟁을 부르는 공식 명칭은 분로쿠게이초노에키文祿慶長の役이다. '분로쿠'와 '게이초'는 1592년부터 1614년까지 일본 천황이 사용하던 연호를 가리키며 '에키'는 전쟁을 뜻한다. 따라서 분로쿠게이초노에키는 '분로쿠·게이초 연간의 전쟁'이라는 의미다. 얼핏 무미건조하고 중립적인 용어라는 느낌이 들지만 이 용어가 등장하기 전까지 일본에서 임진왜란을 가리키는 용어는 '도요토미 히데요시豊臣秀吉의 조선 정벌'이었다. '정벌'에는 조선이 무엇인가를 잘못했기 때문에 손봐 주었다는 의미가 담겨 있다. '역'이든 '정벌'이든, 임진왜란이 침략 전쟁이었다는 사실을 인정하거나 반성하려는 태도는 찾아볼 수 없다. 오히려 침략을 정당화하려는 의도가 담겨 있다고 볼 수 있다.

중국이 오늘날 이 전쟁을 부르는 공식 명칭은 항왜원조抗倭援朝이다. '일본에 맞서 조선을 도운 전쟁'이라는 뜻이다. 그 네 글자 가운데 주목되는 것은 단연 '도왔다'는 의미를 지닌 '원援'이다. 도왔다는 사실을 강조한 부분이 조선의 '시혜자'로 자부하려는 느낌을 물씬 풍긴다. 이러한 태도에는 조선에 보답을 바라는 인식이 담겨 있다고 할 수 있다. 참고로 오늘날 중국은 1950년에 일어났던 한국전쟁을 항미원조抗美援朝라고 부른다. 항왜원조나 항미원조 모두 한반도를 향한 중국의 지대한 관심과 개입 의지를 담고 있다.

용어의 차이에서 뚜렷이 드러나듯이 한·중·일 삼국의 임진왜란 인식의 간극은 몹시 크다. 이 같은 차이는 임진왜란을 연구하고 교육하는 자세에도 일정한 영향을 미쳤다. 한국은 일찍부터 이 전쟁을 연구하면서 주로 승패 문제에 주목했다. 침략자 일본을 향한 원한과 적개심, 문화적 우월 의식을 바탕으로 이 전쟁을 조선이 승리한 전쟁으로 자리매김하는 데 중점을 둔다. 자연히 대첩을 강조하면서 각 대첩의 양상을 비롯해 그것을 이끌어 낸 무장과 의병들의 활약상을 탐구하고 드러내는 데 힘을 기울여 왔다. 한산대첩, 진주대첩, 행주대첩 등 이른바 삼대첩을 강조하고 이순신 등의 영웅적인 활약상을 강조한 것은 자연스러운 귀결이었다.

일본에서는 임진왜란을 자신들의 무위를 과시한 사건이자 전설로 내려오는 삼한 정벌론의 연장선으로 여기는 경향이 강하다. 특히 19세기 후반 메이지유신 이후 일본이 동아시아 침략에 나서면서 임진왜란은 '일본의 국위를 선양한 선구적인 쾌거'로 재조명되었고, 도요토미 히데요시는 일본의 위상을 드높인 '대외 진출의 선구자'이자 '영웅'으로 숭앙됐다. 임진왜란을 청일전쟁, 러일전쟁, 나아가 조선 침략으로 이어지는 일본의 대외 팽창을 정당화하는 역사적 배경으로 강조한 것이다.

중국의 임진왜란 연구와 교육 과정에는 대국주의적 특성이 두드러진다. 아울러 임진왜란을 1894년의 청·일전쟁에 선행하는 사건으로 인식하면서 '제1차 중·일전쟁'으로 보려는 시각도 나타난다. 한편 조선에 원병을 보내 망해 가는 나라를 다시 살려 줌으로써 은혜를 베풀었다는 사실을 강조하고, 다른 한편으로는 임진왜란을 청·일전쟁과 비교하려는 자세를 드러낸다. 그 바탕에는 '제1차 중·일전쟁'에서는 일본을 물리쳤는데, 제2차 중·일전쟁청일전쟁 때는 일본에 패했다는 사실을 반성하려는 애국주의적 경향도 있다.

이렇듯 한·중·일 삼국이 같은 시기, 같은 장소에서 싸웠음에도 불구하고 제각각 다른 눈으로 인식하고, 또 교육하는 임진왜란은 과연 어떤 전쟁이었을까? '동아시아판 세계대전' 임진왜란의 실상을 한·중·일 삼국을 아우르는 국제적이고 포괄적인 시야에서 다시 살펴보기로 하자.

1. 전쟁 전야의 동아시아

일본에 조총을 전해 준 포르투갈인 1543년(중종 38) 포르투갈인을 태운 중국 해적선이 규슈의 다네가시마에 표착한 이래 일본에서 '남만인(南蠻人)'으로 불린 포르투갈인, 에스파냐인과 교역을 이어 갔다. 16세기 말에 그려진 이 「남만인교역도」 병풍은 왼쪽에 입항한 남만선을, 오른쪽에 상륙한 남만인 일행을 묘사하고 있다. 이때 포르투갈인으로부터 전래된 조총은 임진왜란에서 일본군의 강력한 무기로 위용을 떨치게 된다.

명이 동아시아의 패권국으로 떠오르다

앞서 살펴본 것처럼 고려 말부터 조선 건국 직후까지 고려·조선과 명의 관계는 우여곡절 속에 전개됐다. 주원장은 고려가 북원과 협력해 명에 맞서거나 요동 지역에 영토적 야심을 드러내지나 않을까 경계했기 때문이다. 1388년 이성계가 위화도 회군을 통해 친명의 태도를 분명히 표방하고, 1392년 역성혁명을 통해 고려를 무너뜨리고 조선을 건국한 후에도 주원장의 의구심은 사라지지 않았다. 주원장은 특히 조선이 건국 초부터 여진족과 우호 관계를 강화하는 데 민감한 반응을 보였다.

명이 조선을 의심하고 견제하는 분위기와 맞물려 조선 건국 직후 두 나라 사이에는 이른바 '생흔모만生釁侮慢' 시비 1 와 같은 외교적 갈등이 끊임없이 일어났다. 조선이 명에 대한 모욕적인 언동으로 양국 관계를 벌어지게 했다는 것이었다. 명은 조선이 보낸 국서인 표表·전箋의 표현이 건방지다면서 표문의 작성자인 정도전 등을 잡아 보내라고 강요하기도 했다. 급기야 조선에서는 명의 강압에 반발해 정도전 등을 중심으로 요동을 정벌하려는 움직임이 나타나기도 했다.

1398년 왕자의 난이 일어나 정도전 등이 제거되고, 같은 해 명에서도 주원장이 죽으면서 양국 관계는 소강상태를 맞는다. 이후 명의 영락제는 수도를 북경으로 옮기고 여진 세력 관리에 적극적으로 나서는 등 요동 지역을 정치, 군사적으로 장악하려는 노력을 강화했다. 명은 요동 지역에 요동도지휘사사, 누르간도사奴兒干都司 2를 두고 그 휘하에 수많은 위소衛所를 설치해 여진 통제의 고삐를 바짝 당겼다. 나아가 이미 조선에 복속할 것을 다짐했던 여진 부족장들을 설득해 명에 조공하도록 채근하는가 하면, 조선에 압력을 넣어 여진인을 회유하지 못하도록 강요했다.

명으로부터 밀려오는 군사적, 외교적 압박을 부담스럽게 여긴 조선은 자세를 낮출 수밖에 없었다. 태종대 이후 조선은 명

1 **'생흔모만' 시비** 조선이 명에 모욕적인 언동을 해서 양국 관계를 벌어지게 했다는 논란.
2 **누르간도사** 명 영락제가 만주 경영의 전진기지로 설치한 지방 군사기관. 그 세력이 사할린의 아이누 거주지까지 미쳤다.

무로마치 시대 왜장의 갑옷과 투구 무로마치 바쿠후는 교토의 무로마치에 궁전을 세운 데서 유래한 이름이다. 무로마치 시대는 사회적으로는 장원 제도가 붕괴하고 슈고다이묘가 세력을 형성해 서로 영지를 확장하기 위한 전쟁이 벌어졌고, 왜구가 가장 많이 발호하던 시기이기도 하다.

에 공순한 사대를 표방했고, 15세기 초반에 이르러 양국 관계는 안정 궤도로 접어든다. 조선은 이제 명 중심의 국제 질서에 순응하면서 명의 '가장 충순한 번국'이자 '으뜸가는 조공국'으로 자리매김했다.

15세기 명과 일본의 관계 또한 복잡했다. 14세기 후반 일본은 난보쿠초南北朝로 분열되어 정권이 통일되지 않았다. 남조와 북조의 대립 속에 패권을 노리는 유력 세력들이 각지에서 할거하면서 50년 가까운 내란이 이어졌다. 이 같은 혼란을 틈타 무사, 상인, 무뢰배 등이 무장 선단을 조직해 고려와 중국 연안 지역에서 납치와 약탈 등을 자행했는데 이들을 보통 '전기 왜구'라고 부른다. 주원장은 건국 직후부터 일본에 누차 사신을 보내 왜구 행위의 금압을 촉구했으나 성과는 신통치 않았다. 왜구 금압을 책임지고 담당할 만한 중앙 정권이 없었기 때문이다.

그러던 1401년, 일본을 통일한 무로마치室町 바쿠후의 아시카가 요시미쓰足利義滿가 명에 조공하면서 두 나라 관계는 안정적인 분위기로 들어섰다. 명은 조공을 약속한 일본에 감합무역勘合貿易[3]을 허용했고, 요시미쓰는 왜구를 억누르는 데 성의를 보임으로써 명의 기대에 부응했다. 요시미쓰가 명에 조공한 것은 무엇보다 그 대가로 주어지는 무역의 이익이 컸기 때문이다. 그런데 요시미쓰의 뒤를 이은 아시카가 요시모치足利義持는 명에 조공하는 것을 치욕으로 여겨 진공을 중단했고 양국 관계는 다시 단절된다. 1432년 아시카가 요시노리足利義教가 명에 대한 조공을 재개하면서 감합무역이 부활했고, 명·일 관계는 우여곡절 속에서 16세기 초반까지 지속됐다.

15세기 동아시아의 패권국 명을 위협했던 가장 골치 아픈 존재는 몽골이었다. 주원장에게 쫓겨 북경을 버리고 밀려났던 북원의 뒤를 이은 타타르와 오이라트[4], 두 몽골 세력이 수시로 명의 북변을 위협했다. 영락제는 1410년부터 20년대까지 이들

[3] **감합무역** '감합'은 명이 일본과 교역할 때 사용한 표식으로, 일련번호를 붙여 무역선인지 해적선인지 가렸다.

[4] **타타르와 오이라트** 타타르는 원의 계보를 이은 몽골족이고, 오이라트는 몽골 서북쪽에 자리 잡고 원 황실과 혼인 관계를 맺어 온 부족이다.

을 제압하고자 여러 차례 친정을 감행했다. 하지만 상황에 따라 복속과 침략을 무상하게 반복하는 몽골의 태도와 맞물려, 거듭된 원정에도 불구하고 북변의 안정은 쉽게 이루어지지 않았다. 명은 결국 장성 주변에 구변九邊이라 불리는 아홉 개의 방어 거점을 구축해 몽골의 침략을 막고자 애썼다. 구변 지역에 수십만 명의 상비군을 배치하고 그들에게 필요한 군량과 군수 물자를 조달, 공급해야 했던 명은 막대한 재정 부담을 떠안게 된다.

이렇듯 15세기 초반까지 명은 주변국과의 관계에서 우여곡절을 겪으면서도 무역 중심이자 패권국으로서의 위상을 잃지 않았다. 1405년부터 1433년까지 일곱 차례에 걸쳐 정화가 이끄는 대함대를 인도양과 아프리카의 마다가스카르 지역까지 파견해 중화의 위용을 과시했던 것은 그 상징이었다.

제1차 항해 당시 정화 함대는 보선寶船이라 불리는 거함 62척과 2만 7000명 이상의 대병력으로 구성되어 있었다. 1498년 리스본에서 출발해 인도의 캘리컷에 도착했던 포르투갈의 바스쿠 다 가마 함대가 고작 4척의 작은 배에 160여 명의 선원으로 구성된 것과는 비교조차 할 수 없을 정도였다. 실제로 이렇게 거대한 규모의 선단을 구성해 원양 항해에 나선 것은 홍무, 영락 연간을 거치면서 축적된 경제력과 그에 따르는 무력이 뒷받침됐기에 가능한 일이었다.

| 16세기―성리학 유토피아

「의순관영조도(義順館迎詔圖)」 1572년(선조 5) 10월 11일 명의 조사(詔使)가 조선에 만력제의 등극을 알리기 위해 압록강을 건너 의주에 있던 의순관에 도착하는 것을 조선의 관헌이 맞고 있다. 조·명 간에 평온한 외교 관계가 이어지던 바로 이 무렵 일본은 센고쿠 시대의 분열을 거의 수습하고 대전쟁을 준비하고 있었다.

명이 쇠퇴하고 대항해시대의 파장이 다가오다

정통제부터 정덕제 연간에 해당하는 15세기 중반~16세기 초반에 명은 확연한 쇠퇴의 조짐을 보이고 있었다. 우선 무능한 데다 정무를 게을리 하는 황제들이 잇따라 즉위하면서 환관들의 횡포가 심해졌다. 안으로는 권세가와 귀족들의 토지 겸병으로 땅을 잃은 백성의 수가 증가했다. 또 각종 조세와 부역 부담이 소농민에게 집중되면서 생활의 기반을 잃은 백성들은 떠돌거나 광산 등지에 모여 반란을 일으켰다. 1447년^{세종 29} 일어난 등무칠鄧茂七 등의 반란이 대표적인 사례다. 나아가 이 시기 강남 등지에서는 은의 유통이 활발해지고 화폐경제가 발전하면서 빈부 격차가 더욱 커졌다.

이렇듯 명이 내우에 시달리고 있을 때, 오이라트 몽골의 세력이 급격히 커졌다. 15세기 초 오이라트의 지배자로 등장한 에센 칸은 주변의 몽골 부족들을 복속하게 하는 한편, 명에 조공 사절단의 수를 늘려 달라고 요구했다. 더 많은 무역의 이익을 얻어 내려는 속셈이었다. 명이 미온적인 태도를 보이자 에센은 1449년^{세종 31} 군대를 네 방향으로 나눠 전면적인 침략을 감행했다. 에센의 공격을 받은 정통제는 환관 왕진王振의 주장에 떠밀려 50만 대군을 이끌고 친정에 나섰다가 토목보土木堡라는 곳에서 몽골군의 포로가 되는 치욕을 겪게 된다. 이것이 유명한 '토목보의 변'[1]으로, 명이 쇠퇴의 길로 들어선 것을 상징하는 사건이었다.

몽골의 위협은 여기서 멈추지 않았다. 15세기 후반부터는 타타르 몽골의 세력이 커지면서 북변을 위협했다. 16세기 초반 타타르 몽골의 실력자 알탄 칸은 명에 조공하겠다며 무역을 허용하라고 요구했다. 명이 이를 거부하자 1550년^{명종 5} 알탄은 대규모 병력을 동원해 장성을 넘어 북경 부근까지 침략했다. 이것을 '경술庚戌의 변'이라고 부른다. 위기에 처한 명은 통공[2]을 약속하고 이듬해 선부宣府와 대동大同에서 마시馬市를 열어 무역을 허용

1 **토목보의 변** 왕진은 황제의 근위병에게 살해당했다. 에센은 유리한 조건으로 정통제를 송환하고자 했으나, 명은 경태제를 새 황제로 세우고 정통제를 상황으로 올린 채 협상에 응하지 않았다. 분노한 에센은 명을 다시 공격해 북경을 포위했으나 명이 굴하지 않아 퇴각했다. 1450년 조건 없이 송환된 정통제는 정변을 일으켜 황제 자리를 되찾았다.

2 **통공** 조공을 받아주고 그 대가로 무역을 허용해 주는 것을 가리킨다.

유럽인이 본 16세기 타타르 타타르는 몽골족의 한 지파였으나 유럽인에게는 칭기즈칸이 통일한 몽골족 전체를 가리키는 말이었다. 유라시아 대륙을 휩쓴 타타르는 유럽인에게 공포 그 자체였다. 16세기 유럽에서 그려진 타타르 지도.

했다. 하지만 명이 마시를 철회하고 다시 무역을 거부하자 알탄은 1553년부터 1563년^{명종 18}까지 북경 부근까지 수시로 침략해 명을 곤경에 몰아넣었다. 15세기부터 16세기까지 명과 몽골 사이에 군사적 충돌이 빈번했던 배경에는 조공과 무역을 둘러싼 갈등이 자리 잡고 있었다.

명은 융경^{隆慶} 연간^{1567~1572년} 장거정^{張居正} 등이 주도해 척계광^{戚繼光}을 비롯한 유능한 지휘관을 북변에 배치하고 북경 주변의 방위군을 증강하는 등 몽골에 대한 방어 태세를 가다듬었다. 또 귀순하거나 납치되어 몽골 지역에서 판승^{板升}이라는 집단 거주지를 이루고 살던 한족 백성의 귀환을 장려하는 정책을 시행했다.

이렇게 명의 군사력이 증강되던 와중에 알탄 칸의 손자가 명으로 귀순하면서 양측은 협상의 계기를 맞이했다. 마침내 1571년^{선조 4} 명은 알탄 칸을 순의왕^{順義王}으로 책봉하고 몽골의 조공과 교역을 허용했다. 조공을 허락받아 지속적으로 무역 이익을 얻게 된 알탄 칸은 침략을 멈추었다.^{융경화의} 이로써 명과 몽골은 군사적 충돌을 그쳤다.

한편 명이 몽골의 위협으로 근심하고 있을 무렵, '대항해시대'의 여파가 동중국해 지역으로 밀려오고 있었다. 1498년^{연산군 4} 바스쿠 다가마가 아프리카 남단을 돌아 캘리컷에 이르는 인도 항로를 개척한 이후, 후추 등 향료를 구하고 가톨릭을 전파하려는 포르투갈 상인의 내항이 활발해졌다. 1511년 포르투갈 선단이 믈라카를 점령하고, 1513년^{중종 8} 포르투갈인 알바레스 등이 광동^{廣東} 지역에 들어왔다. 이들이 중국에 입국한 최초의 포르투갈인들이었다. 당시 명은 포르투갈인을 '불랑기^{佛狼機}'라 불렀다. 광동에 들어간 불랑기는 명과의 무역을 타진하고 명은 그들을 조공 사절로 간주했다.

1520년대 명은 포르투갈 상선이 요구하는 내항과 무역을 거부했다. 하지만 포르투갈인은 명과의 무역으로 얻는 이익을 포기할 수 없었다. 그들은 상륙이 금지된 광동 지역을 떠나 복건^{福建}과 절강^{浙江} 연안으로 이동해 중국 연해민과 밀무역을 벌였다. 특히 영파^{寧波} 부근의 쌍서雙嶼 등지가 그들의 거점이 됐다.

 1550년대 들어 포르투갈인은 명의 지방관들에게 뇌물을 제공하면서까지 통상의 문을 계속 두드렸다. 1557년 명은 논란 끝에 포르투갈인이 마카오에 거주하고 명과 교역하는 것을 허가했다. 이후 포르투갈 상인은 마카오를 거점으로 향료와 은을 중국에 들여오고 중국산 비단과 생사生絲, 도자기 등을 서구와 일본 등지로 수출한다. 또 16세기 후반부터는 에스파냐 상선들이 마닐라를 거점으로 남미에서 생산된 은을 중국으로 들여오고 중국의 견직물과 도자기 등을 수출하는 무역이 성황을 이룬다.

불랑기포 16세기 광동에 나타난 포르투갈(불랑기) 함선에 실렸던 화포. 모포(母砲)의 큰 구멍에 자포(子砲) 5~10개를 번갈아 삽입해 돌아가면서 사격했다.

왜구가 발호하고 일본이 통일되다

16세기 초반, 명의 동남 연해 지역에서는 왜구가 다시 발호하고 있었다. 이들을 14세기의 왜구와 비교해 보통 '후기 왜구'라고 부른다. 당시 일본은 15세기 후반부터 센고쿠 시대로 돌입해 다이묘들이 각지에 할거하면서 패권을 다투고 있었다. 그들은 중국산 물품을 얻고 군사력의 기반이 되는 경제력을 확보하기 위해 명과의 무역을 갈망했다. 그러나 명과의 조공 무역을 독점하고 있던 무로마치 바쿠후에 밀려 진입 자체가 쉽지 않았다. 그러자 다이묘들은 무장 상단을 조직해 중국 연해에서 밀무역을 벌였다.

한편 상공업이 날로 발달하던 복건, 절강 등 동남 연해 지역 중국인은 상품 판매의 출구가 절실히 필요했다. 그들에게 명 정부의 해금 조처는 넘어서야 할 장벽이었다. 복건과 절강 등지의 토호나 상인은 왜구와 결탁해 사무역을 벌이는 일이 늘어났다. 그 과정에서 왕직汪直, 허동許棟, 이광두李光頭 등 중국인 두목과 일본 상인이 결합하면서 상인인 동시에 해적인, 국적을 초월한 거대한 밀무역 집단이 형성됐다. 이들 왜구 집단은 명 연안에서 무역을 꾀하던 포르투갈 상인과 결합하기도 했으며 당시 일본에서 다량 생산되던 은을 매개로 중국의 비단과 생사를 교역해 막대한 이익을 챙겼다.

1523년^{중종 18} 영파에 입항한 일본의 오우치大內씨와 호소카와細川씨의 조공 선단이 명과의 접촉 순서를 놓고 갈등을 벌이다가 폭동을 일으켰다^{영파의 난}. 일본 상인이 왜구처럼 폭도로 돌변해 명의 관원과 백성을 살해하자, 명은 시박사市舶司1를 철폐하고 해금 조처를 더욱 강화했다. 하지만 해금을 강화한다고 폭발적으로 증대하는 교역 욕구를 통제할 수는 없었다. 1550년대 중반에는 왜구가 휘주徽州, 남경 등 명의 내지까지 위협하기에 이르렀다. 1560년대 들어 척계광 등 무장의 활약으로 왜구를 어느 정도 제압하자 명은 1567년 해금을 해제하고 상인들의 해외 도항을 허가했으나 일본과의 교역은 여전히 금지했다.

16세기 후반 일본 열도에서는 또 다른 격변이 일어났다.

1 **시박사** 중국에서 해상무역 관련 업무를 담당한 관청. 당에서 처음 나타나지만 실질적인 제도로 정착된 것은 남해 무역이 크게 발전한 송 이후였다. 광주(廣州)·천주(泉州)·온주 등지에 설치했다.

오다 노부나가의 조총병들 오다 노부나가는 나가시노 전투에서 1000여 정의 조총을 사용해 일제사격을 했다고 전해진다. 그림은 '총포대를 세 조로 나누어 연속 사격을 가했다.'는 삼단 사격 전법을 그리고 있다.

100년 가까운 센고쿠 시대의 분열 끝에 통일의 기세가 높아지고 있었다. 우선 눈길을 끄는 것은 일본의 전반적인 경제적 역량이 커진 점이다. 16세기 초 조선에서 연은분리법鉛銀分離法[2]이라는 새로운 제련법이 전래되면서 일본 각지의 은 생산량이 획기적으로 늘어났다. 또 옥강玉鋼이라 불리는 강철의 생산도 늘어났다. 생산된 은은 바쿠후나 다이묘, 혹은 왜구들이 명과의 공식, 비공식 무역에서 견직물, 생사, 도자기 등을 구입하는 데 쓰였다. 또한 은은 조선과의 무역 대금으로 흘러들어 가기도 했다.

1543년중종 38 시암지금의 타이을 출발해 명으로 가던 중국선 한 척이 떠돌다 규슈 근처의 다네가시마種子島에 도착했다. 당시 이 배에 타고 있던 포르투갈 상인은 다네가시마 영주에게 조총을 선사했고, 이 새로운 무기는 곧 일본 각지로 퍼져 나가 기존의 전투 양상을 바꾸기 시작했다. 조총의 위력을 누구보다 절감했던 오다 노부나가[3]는 조총수 양성에 진력했다. 그는 1575년 나가시노長篠에서 벌어진 전투에 조총을 활용해 당시 전국 최강의 기마 군단으로 불리던 다케다 가쓰요리武田勝賴 군에게 대승을 거두었다. 이후 오다는 각지의 경쟁자들을 차례로 제압하면서 일본에서의 패권 장악에 한발 더 다가선다.

당시 일본에도 포르투갈과 에스파냐의 상인, 선교사가 다수 입국해 있었다. 1549년명종 4 예수회 선교사 프란시스코 자비에르는 가고시마鹿兒島에 상륙해 일본에 천주교를 전파했다. 이후 규슈 지역을 중심으로 '기리스탄吉利支丹'으로 불리는 천주교 신자가 급증했다. 서양 문물과 접촉하면서 서양에 대한 관심이 높아지고 대외 인식의 폭이 넓어졌다. 1582년선조 15 네 명의 소년을 뽑아 '견구사절遣歐使節'이라는 이름으로 바티칸에 유학생을 파견한 것도 그 같은 배경에서 비롯됐다.

1582년선조 15 오다 노부나가가 죽은 뒤 후계자로 등장한 도요토미 히데요시는 1587년선조 20 일본을 통일했다. 그는 일종의

2 연은분리법 금·은과 납의 합금을 녹여 납을 분리 제거하고 금·은을 회수하는 방법. 회취법이라고도 한다.

3 오다 노부나가 일본 센고쿠 시대의 무장. 무로마치 바쿠후를 멸망시키고 통일의 대업을 거의 다 이루었으나, 부하였던 아케치 미쓰히데(明智光秀)의 배신으로 목숨을 잃었다.

「태서왕후기마도(泰西王侯騎馬圖)」 센고쿠 시대 후기부터 에도 시대 초기까지 일본에서는 남만 문화가 유행했다. 이 그림은 아이쓰 지방에 전래된 병풍의 일부로 이국 왕들의 모습을 표현하고 있다.

토지조사 사업인 '검지檢地'를 실시하고, 무사 이외의 계층에게서 무기를 몰수하는 도수령刀狩令을 발포해 집권 기반을 닦았다. 그 후 도요토미는 명을 향한 도전에 나섰다. 그 첫걸음은 조선 침략이었다.

    도요토미가 명을 향한 도전을 꾀한 이유에 대해서는 여러 가지 설명이 있다. 흔히 그의 공명심과 과대망상, 무역 확장의 욕구 등이 거론되곤 하지만, 무엇보다 중요한 것은 통일 이후 내부 갈등과 자신을 향한 도전을 제어할 필요가 있었다는 점이다. 통일 정권의 진정한 수장이 되려면 휘하 다이묘들에게 군역을 부과할 필요가 있었다는 것도 침략의 배경이 됐다. 즉 통일 정권이 내부의 모순을 배출하고자 대외 침략에 나선 것이다.

    1587년 도요토미는 대마도를 복속시킨 뒤 대마도의 지배자 소宗씨에게 조선 국왕을 입조하도록 하라고 요구했다. 마치 대마도가 조선을 마음대로 움직일 수 있는 양 착각하고 있었던 것이다. 이는 도요토미가 동아시아의 국제 질서와 문명의 실체에 무지했다는 사실을 상징하는 대목이다. 나아가 도요토미는 1591년선조24 귀국하는 조선의 통신사 일행 편에 국서를 보내 "명을 치는 데 앞잡이가 되라征明嚮導."라고 강요하고, 이를 받아들이지 않으면 조선을 정복하겠다고 협박했다. 일본의 무력 통일로 자신감이 높아진 도요토미는 조선을 우습게 여겼던 것이다.

    하지만 명과 일본에 대한 조선의 인식은 도요토미와는 전혀 달랐다. 당시 조선은 명을 중심으로 하는 동아시아 질서의 충순한 구성원을 자임했다. 15세기 이래 명을 상국上國이자 부모국으로 여기던 조선의 숭명의식은, 16세기 후반에 더욱 고조되어 조선과 명을 일가一家로 여기기에 이른다. 반면 일본에 대해서는 오랑캐이자 중화 문명 바깥에 위치한 화외지국化外之國으로 하시下視하고 있었다. 요컨대 조선은 일본보다 문화적으로 우월하다는 생각에 사로잡혀 도요토미의 요구와 협박을 무시했고, 그 와중에 임진왜란이 일어나게 된 것이다.

해전의 패러다임을 바꾼 16세기의 전투들

1570년 오스만튀르크 제국의 셀림 2세는 베네치아가 100년 동안 지배하던 키프로스 섬을 공격했다. 베네치아의 지원 요청을 받은 교황 피우스 5세는 신성동맹가톨릭 동맹에 크리스트교 세계를 보호하자고 호소했다. 이탈리아 도시국가들은 미온적이었으나 에스파냐의 펠리페 2세는 적극적으로 움직였다. 키프로스가 무너지면 에스파냐가 지중해에서 얻던 이익도 타격을 받기 때문이었다.

1571년 9월, 200척 이상의 갤리선, 6척의 갈레아스선, 24척의 대형 수송선, 그리고 50척의 소형선으로 구성된 십자군 함대는 코린토스 만의 레판토로 발진했다. 레판토에서 기다리는 오스만튀르크 함대는 250척의 갤리선, 40척의 소형 갤리선, 20척의 소형선으로 이루어져 양측의 전력은 대등했다.

전투가 시작된 것은 10월 7일이었다. 가공할 전력을 과시하던 당대 동아시아의 수군과 비교하면 원시적이었던 양측 함대는 기원전 480년 살라미스해전과 똑같이 갤리선끼리 부딪치고 배에 기어올라 싸우는 것으로 승부를 보았다. 전투 병력은 십자군 함대 2만 명, 오스만튀르크 함대 1만 6000명이었다.

오후 4시경까지 계속된 전투에서 승부를 결정한 것은 십자군 함대가 대포와 화승총을 더 많이 보유하고 있었다는 사실이었다. 당시 이슬람 전사들은 주로 활을 사용했다. 전황이 십자군 측에 유리하게 돌아가자 이슬람 함대에서 노를 젓던 노예들이 반란을 일으켜 크리스트교 연합군에 가담했고 이슬람 전사들이 해안으로 도주하면서 전투는 막을 내렸다.

오스만튀르크 함대는 이 전투에서 53척의 갤리선이 격침되고 117척과 대포 274문을 빼앗겼다. 전사자만 1만 5000~2만 명에 이르고 1만 5000명의 노예가 달아났다. 십자군 측은 13척의 갤리선과 7566명을 잃는, 상대적으로 경미한 피해만 입었다.

레판토해전은 노 젓는 인원까지 약 17만 명이 동원된 16세기 유럽의 최대 해전이었다. 역

레판토해전 오스만튀르크 제국은 중세 지중해 세계의 경찰 국가였다. 에스파냐 해군에 일격을 당했지만 제국은 곧 해군력을 정비해 18세기까지 강대국의 면모를 이어갔다.

사는 이 해전이 갤리선 시대 최후의 전투인 동시에 화력으로 승부가 결정난 최초의 해전이었다고 기록하고 있다.

레판토해전을 승리로 이끈 에스파냐의 펠리페 2세는 16세기 유럽의 패자로 대서양을 지배했다. 그는 종교개혁의 최대의 적으로서 전 유럽을 가톨릭으로 통일하고자 했다. 그에게 가장 큰 장애는 잉글랜드였다. 프로테스탄트 국가인 잉글랜드는 에스파냐의 패권에 가장 세찬 도전장을 내밀고 있었다.

가톨릭을 버린 헨리 8세는 대형 범선인 갤리언선을 중심으로 해군을 조직하고 갑판에 장전식 대포를 장착해 무서운 전투력을 갖췄다. 그의 딸 엘리자베스 1세는 잉글랜드 선박들이 에스파냐 선박을 상대로 벌이는 약탈 행위를 방치해 펠리페 2세를 자극했다. 잉글랜드처럼 갤리언선을 위주로 해군력을 재편한 펠리페 2세는 정교한 잉글랜드 침략 계획을 짰다. 네덜란드 주둔군으로 하여금 도버 해협을 건너 잉글랜드를 침공하게 하는 한편 무적함대로 제해권을 장악해 침공 작전을 보호하는 방식이었다.

1588년 5월, 137척 규모의 무적함대가 영국 해협을 향해 발진했다. 그들의 함선은 웅장했으나 장착된 대포는 사정거리가 짧았다. 그들은 레판토해전에서처럼 포격 후 신속하게 배에 기어오르는 전법을 선호했기 때문이다. 반면 플리머스에 정박한 197척의 잉글랜드 함대는 기동력 강한 소형선과 신속한 포격에 능한 선원들로 무장하고 있었다. 그들은 가볍지만 사정거리가 긴 포탄을 발사해 적선을 침몰시키는 전술을 썼다.

운명의 해전은 7월 하순에 벌어졌다. 잉글랜드 지휘관 드레이크는 함대를 갈지자로 신속하게 이동시켜 '프로테스탄트 바람'으로 불린 남서풍을 등지고 포격전을 펼쳤다. 무적함대는 바람과 잉글랜드 함대의 포격에 밀려 영국 해협으로 올라갔다. 잉글랜드 함대는 적의 후미를 따라가며 소나기 포격을 퍼부었다. 포탄 세례를 받은 무적함대는 스코틀랜드 북쪽으로 도주했고, 폭풍을 만나 53척만 살아남았다.

바야흐로 해전의 패러다임이 포격전으로 바뀌고 있었던 것이다. 우리는 이와 유사한 성격의 해전들을 잠시 후 한반도의 남해안에서 숱하게 만나게 될 것이다.

무적함대의 패배 잉글랜드는 대서양을 선점하고 아메리카에 선착한 에스파냐에 강력하게 맞섰다. 그러나 해군을 재정비한 에스파냐의 패권은 쉽게 꺾이지 않았다.

2. 동아시아 세계대전

부산에 상륙하는 일본군 고니시 유키나가가 이끄는 일본군 선발대 1만 8000명의 병력이 700여 척의 함선에 나눠 타고 1592년 대마도의 오우라 항을 떠났다. 7년에 걸친 대전쟁의 막이 오른 것이다.

일본의 침략으로 200년 평화가 막을 내리다

1592년^{선조 25} 4월 13일, 부산에 상륙한 일본 육군은 거칠 것이 없었다. 부산진과 동래성을 손쉽게 함락하고 무서운 기세로 북상하기 시작했다. 고니시 유키나가^{小西行長} 휘하의 일본군 선발대는 동래성을 함락한 뒤 기장, 양산, 밀양, 대구 방향으로 진격해 4월 25일에는 경상남도 상주에 도달했다. 4월 18일, 고니시 유키나가에 이어 부산과 김해 등지에 상륙한 가토 기요마사^{加藤淸正}, 구로다 나가마사^{黑田長政}, 모리 데루모토^{毛利輝元} 등이 이끄는 후속 부대도 거침없이 북상 대열에 합류했다.

100년 가까운 센고쿠 시대를 거치며 쌓인 풍부한 실전 경험에다 신무기인 조총까지 보유한 일본 육군은 가공할 위력을 뽐냈다. 또 왜란 이전까지 오랫동안 조선을 왕래해 조선의 지리 정보와 내부 사정에 밝은 대마도 사람들이 향도 역할을 맡은 덕에 일본군은 계속 승승장구했다. 반면 건국 이후 200년 동안 평화를 누리던 조선의 조정과 백성은 전쟁을 몰랐다. 국난 극복을 앞장서서 이끈 유성룡은 당시 상황을 이렇게 회고한 바 있다. "백성들이 백 년 태평에 젖은 상태에서, 바람을 탄 우박처럼 날아오는 조총의 탄환 앞에 조선의 활과 화살은 상대조차 될 수 없었다."

조선이 연패한 원인은 또 있었다. 당시 조선의 방어 체제였던 제승방략^{制勝方略} 체제가 바로 그것이었다. 이는 전시에 각 고을의 수령이 군사를 이끌고 자신의 고을을 떠나 약속된 방어 지역으로 집결하고, 중앙에서 임명한 순변사·방어사·도원수 등이 도착하면 그들 아래에서 지휘를 받는 체제였다. 하지만 임진왜란 당시에는 이 체제가 제대로 작동하지 않았다. 왜란 발생 직후 경상감사 김수는 경상도 문경 이남의 수령들에게 각 고을의 병력을 거느리고 대구에 집결해 순변사가 도착하기를 기다리라라고 지시했다. 그러나 순변사 이일의 도착이 늦어지고 일본군의 북상 소식이 알려지자 집결했던 수령과 병사들은 대부분 도망치고 말았다. 이처럼 적을 막아야 할 지방의 무장과 수령들이 결전을 피해 도주했고, 지휘관들은 오합지졸을 건사하기에 급급해 척후조차 제대로 시행하지

「임진왜란 전투도」 명장으로 알려진 신립은 왜 적은 병력으로 배수진을 치고 대군을 정면으로 맞는 무모한 대결을 벌였을까? 그것은 매복에 적합한 조령이 이미 돌파된 상황에서 택한 차선책이었다. 신립은 일본군의 조총을 알고 있었지만 조선의 우수한 기병이 희생을 무릅쓰고 적진을 돌파하면 승산이 있다고 보았다. 실제 전투에서 조선군은 세 차례 승리를 거뒀지만 결국 중과부적으로 전멸하고 말았다.

못했다. 오랜 평화의 시간을 거치면서 조선의 국방 태세는 붕괴 직전까지 몰려 있었던 것이다. 이 때문에 임진왜란 초기, 육지 전투의 양상은 그야말로 프로와 아마추어 사이의 대결이었다.

조선 육군은 일본군을 저지하기 위해 안간힘을 썼지만 역부족이었다. 상주에 방어선을 친 순변사 이일은 일본군의 기습을 받아 패주했다. 조야의 기대를 한 몸에 받은 도순변사 신립은 충청도 충주 탄금대에서 배수진을 치고 분전했지만 참패하고 말았다.

4월 29일, 신립의 패전 소식이 전해지자 도성은 공황 상태에 빠졌다. 이제 충주에서 한양으로 이르는 길목에는 변변한 방어선조차 존재하지 않았다. 위기에 처한 선조는 도성을 떠나 파천할 것을 결정했다. 1592년 4월 30일 새벽, 선조는 북으로 피란길에 올랐다. 파천이 결정되자 민심도 흩어졌다. 선조를 호위해야 할 위사衛士들도 달아났고, 문무관을 비롯해 어가를 수행하는 일행의 수는 채 100명도 되지 않았다. 선조 일행이 도성을 나온 직후, 난민들이 들고일어났다. 그들은 경복궁을 비롯한 궁궐과 관아에 불을 지르고 약탈을 자행했다. 그 과정에서 장예원掌隷院에 보관된 노비 문서는 물론 역대 왕의 실록과 사료까지 다 타 버렸다. 위기의 순간, 민심마저 등을 돌린 것이다.

1592년 6월, 조선 조정은 평양에 머물면서 대동강을 사이에 두고 일본군과 대치했다. 당시 고니시 유키나가는 대동강의 배 위에서 조선의 이덕형과 만나 강화를 요청하고 조선이 길을 내주면 자신들은 명으로 가겠다고 했다. 이덕형이 "중국을 침범하려 한다면 절강 쪽으로 갈 것이지 왜 조선으로 왔느냐?"라고 반박했고, 이어 "명은 조선의 부모국이므로 길을 내줄 수 없다."라고 응수해 협상은 결렬되었다.

이후 일본군이 평양을 공격할 기세를 보이자 조선 조정은 압록강 언저리의 평안도 의주까지 내몰렸다. 일본군을 막아 낼 전망이 보이지 않고 상황이 어려워지자 선조는 압록강을 건너 명으로 귀순하는 것까지 고려했다. 이에 신료들이 강하게 반대하자 선조는 요

동으로 들어가 명의 원병을 빌려다가 국난을 극복하겠다는 명분을 내세우기까지 했다.

일본군은 임진왜란을 일으키면서 수륙병진水陸竝進 전략을 구상했다. 육군을 부산에 상륙시켜 세 방향으로 길을 나눠 북상하도록 하되, 수군을 서해로 진입시켜 병력과 물자를 수송해 육지와 바다 두 방면에서 조선을 협공한다는 계획이었다. 만약 일본 수군이 서해로 들어와 강화도 부근에 이르면, 한강과 임진강을 통해 한양과 경기도 일대를 장악할 수 있었다. 나아가 수군이 대동강과 압록강 기슭에 이르면 평양과 의주를 공격해 궁극에는 평안도 내륙 지역에까지 상륙할 수 있었다.

실제로 고니시 유키나가는 평양에 입성한 직후 당시 의주까지 내몰린 선조에게 서한을 보내 항복하라고 촉구하면서 조선의 처지를 조롱한 바 있다. 그는 서한에서 "이제 일본 수군이 대동강을 거슬러 평양으로 진입해 오기만 하면, 의주에 있는 조선 조정을 향해 총공격을 개시할 것"이라고 협박했다.

고니시의 호언처럼 일본 수군이 대동강을 통해 평양으로 진입했다면 십중팔구 의주

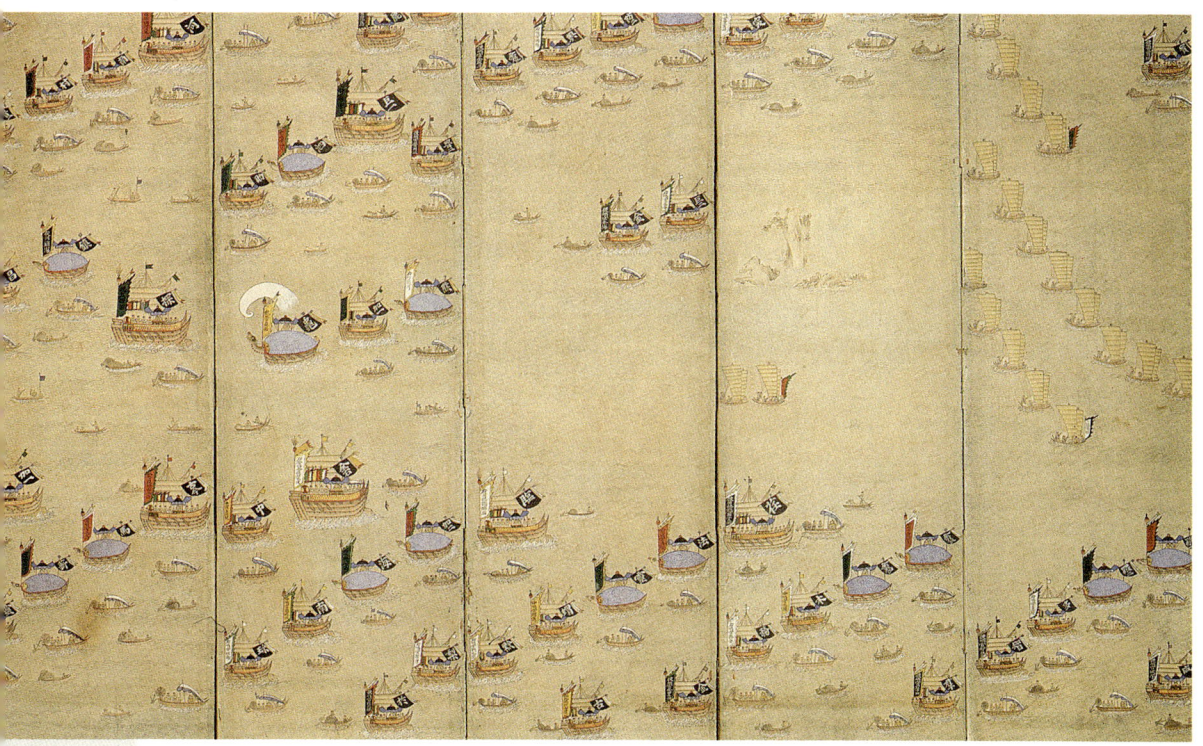

조선 수군의 위용 경상·전라·충청의 삼도 수군 훈련 장면을 그린 「조선수군조련도」. 수군 편제로 보아 1741~1800년경에 그려진 것으로 추정된다.

에 있던 조선 조정은 제대로 저항하지 못하고 궤멸했을 가능성이 높다. 그렇게 되면 일본군이 압록강 일대를 장악하게 되고, 명군이 참전하더라도 압록강을 건너는 것 자체가 여의치 않았을 것이다. 요컨대 일본군의 수륙병진 전략이 계획대로 실행되었다면 전쟁은 조기에 끝나고 조선은 붕괴했을 가능성이 높다.

하지만 일본 수군은 대동강, 압록강은커녕 서해로 진입하지도 못했다. 이순신이 이끄는 조선 수군이 초기의 해전에서 연승을 거두고 남해의 제해권을 장악했기 때문이다. 일본군은 예상치 못한 해전의 연패 때문에 수륙병진 전략을 접어야 하는 상황에 부닥쳤다. 정읍 현감이던 이순신이 전라좌도 수군절도사^{전라좌수사}에 임명된 것은 전쟁 발발 1년 전인 1591년 2월이었다. 그는 부임 후 전함을 정비하고 거북선을 건조하는 등 혹시 모를 전란에 착실히 대비했다. 일본군의 침략으로 박홍과 원균이 이끄는 경상도 수군이 궤멸됐다는 소식을 들은 이순신은 일본군의 서진에 대비해 휘하의 선단을 전라도 여수에 배치했다.

1592년 5월, 원균이 이순신에게 지원을 요청했다. 이순신은 5월 6일, 휘하 함대를 이

 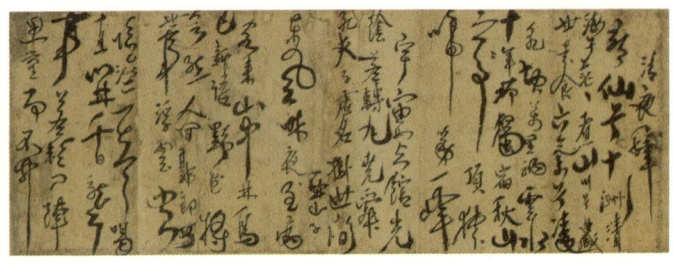

의병뿐 아니라 승병도 있소이다 임진왜란 때 의병 외에도 휴정(서산대사), 유정(사명대사) 등이 이끄는 승병이 비정규군으로 활약했다. 묘향산에 있던 휴정은 선조의 부탁으로 1500명의 승군을 이끌고 참전, 평양 탈환전에서 공을 세웠다. 휴정의 승장인(왼쪽)과 글씨.

끌고 여수를 떠나 거제도로 향했다. 이순신 함대는 경상도 옥포에서 벌어진 첫 해전에서 일본 함대 26척을 격파하는 승리를 거두었다. 경상도 합포, 적진포 등지에서 연이어 벌어진 전투에서는 10여 척의 일본 전함을 격침하는 전과를 거두었다. 사기가 오른 이순신 함대는 1592년 5월 29일에는 거북선까지 이끌고 경상도 연안으로 출동했다. 하동에서 원균 함대와 합세한 이순신은 사천, 당포, 당항포, 율천리 등지에서 잇따라 승리했다. 이순신 함대는 다양한 공격 방식을 동원했다. 항구에 머무는 적의 선단을 대양으로 이끌어 내는 한편, 선두에 선 거북선에서 각종 총통과 화전 등을 발사하거나, 선체로 적선을 들이받는 당파撞破 작전으로 그들을 혼란에 빠뜨린 뒤 적선에 뛰어올라 적을 제압하곤 했다. 이순신의 수군은 2차 출동에서도 네 차례 해전을 모두 승리로 이끌고 적선 72척을 격파하는 승리를 거두었다.

일본 수군이 잇따른 참패를 만회하려 절치부심하고 있던 1592년 7월, 이순신은 전라우수사 이억기, 경상우수사 원균의 함대와 연합해 고성 앞바다의 당포로 향했다. 7월 8일, 이순신의 수군은 견내량 포구에 있던 와키자카 휘하의 일본 함대를 유인해 한산도 앞바다로 끌어내는 데 성공했다. 그리고 유명한 학익진鶴翼陣을 펼쳐 일본군 선단을 완전히 포위한 뒤 총통을 발사해 대승을 거두었다한산대첩.

한산대첩을 계기로 남해의 제해권을 장악한 이순신은 같은 해 9월, 일본 수군의 본영인 부산을 공격해 적선 100여 척을 불태웠다. 이후 일본 수군은 이순신의 이름만 들어도 공포심을 느낄 정도로 활동이 위축되었다. 요컨대 이순신이 이끄는 조선 수군은 남해를 장악했음은 물론이고 서해를 통한 일본 수군의 북상을 원천적으로 차단해, 의주까지 내몰린 선조와 조정의 안전을 확보하고 궁극에는 반격의 발판을 마련하는 성과를 거두었다.

한편 일본 육군이 평안도와 함경도까지 진격한 상황에서 조선이 반격의 실마리를 마련할 수 있었던 데는 의병들의 활약 또한 커다란 역할을 했다. 임진왜란 발생 직후 가장 먼

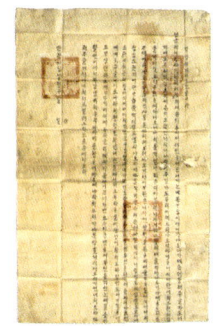
선조의 국문 교지 1593년 선조가 의주에서 내린 한글 교서. "왜적에게 잡혀간 백성의 죄는 묻지 않으며 왜적을 잡아 오거나 포로로 잡혀 있는 우리 동포를 데리고 나오면 양반, 천인을 막론하고 벼슬을 시켜 주겠다. 아울러 명군과 합세해 왜적을 소탕하고 그 여세를 몰아 왜국까지 쳐들어갈 계획도 있으니 그 전에 서로 연락해 빨리 왜적의 손에서 빠져나오라."와 같은 내용이 들어 있다. 보물 제951호.

저 봉기한 곽재우를 비롯해 정인홍·김면·고경명·김천일·조헌 등 주요 의병장은 대개 전직 관료나 재야의 유생이었다. 이들은 관군이 어이없이 무너지고 임금이 파천 길에 오르자 충군애국의 정신으로 떨쳐 일어나 일본군에 저항했다.

의병의 전력은 일본군과 비교하면 형편없었지만 이들의 봉기와 분전은 대단한 성과를 남겼다. 무엇보다 연이은 패전으로 일본군을 '신병神兵'으로 여길 만큼 깊은 패배 의식에 사로잡혀 있던 조선의 관민에게 용기를 북돋워 줄 수 있었다. 또 곽재우가 벌인 경상도 의령 정암진 전투의 승리, 고경명과 조헌이 벌인 충청남도 금산의 사투, 경상도 지역 의병장들이 적극적으로 참여한 진주대첩 등에 의해 일본군은 쉽사리 전라도로 진입할 수 없었다. 전라도가 보전됨으로써 조선군은 전쟁 수행 역량을 유지할 수 있었고, 끝내 반격의 계기를 마련했다. 나아가 일본군은 점령지 곳곳에서 의병의 예기치 못한 저항을 맞아 병력을 다시 배치하고 작전을 변경해야 하는 난관에 직면하게 됐다. 이 때문에 "왜란 초반 나라가 망하지 않고 종사가 유지되었던 것은 의병 덕분"이라는 평가가 나오는 것이다.

의병의 봉기와 분투 덕분에 종묘사직을 보전할 수 있었지만, 시간이 흐르면서 의병을 둘러싼 정치적 갈등이 격화되었다. 전쟁 초 싸움을 피하고 도주하거나 연패한 관군 지휘관들은 의병의 활약에 부담감을 느끼곤 했다. 위신을 잃은 일부 수령이나 관군 지휘관은 의병의 작전을 노골적으로 방해하거나 그들의 활약을 '도적 활동'이라고 매도하기까지 했다. 조정에서도 전쟁 초기에는 의병장들에게 벼슬을 내리거나 적극적인 지원을 다짐했지만, 점차 태도가 달라졌다. 특히 명군이 참전하고 강화 협상이 진행되자 의병장들에 대한 대접은 급격히 나빠졌다. 그 과정에서 일부 의병장이 모반 혐의를 뒤집어쓰고 처형당하는 비극이 벌어지기도 했다. 의병은 전쟁 초기 국가 멸망의 위기 속에서는 매우 소중한 존재로 인식되었으나 위기를 넘긴 후에는 정권을 위협할 수도 있는 위험한 대상으로 여겨졌던 것이다. 요컨대 조정과 관군에게 의병은 '양날의 칼'이었던 셈이다.

명이 참전해 세계대전으로 비화하다

선조가 의주로 피란하고 일본군이 평양을 장악한 이후인 1592년 6월, 조승훈, 사유史儒 등이 이끄는 명군 3000여 명이 임진왜란에 참전했다. 이들은 임진왜란 당시 최초로 조선에 들어온 명군이었다. 명은 왜 조선에 군대를 보내 전쟁에 개입했을까?

명은 조선 조정의 원조 요청을 받아들이는 형식으로 참전했다. 이때 명이 내세운 명분은 일본군의 침략을 받아 위기에 처한 조선을 구한다는 것이었다. 명으로서는 충실한 제후국을 자임하던 조선의 위기를 외면할 수 없었다. 하지만 '조선을 구원하기 위해' 참전한다는 것은 어디까지나 부차적인 것이었고 그보다 더 중요한 목적은 명 자체의 안보를 확보하는 것이었다.

> 조선은 동쪽 변방에 끼어 있어서 우리의 왼쪽 겨드랑이와 가깝습니다. 평양은 서쪽으로 압록강과 인접하고, 진주는 직접 등주登州와 내주萊州를 맞대고 있습니다. 만일 일본이 조선을 차지해 요동을 엿본다면 1년도 되지 않아 북경이 위험해질 것입니다. 따라서 조선을 지켜야만 요동을 보호할 수 있습니다.
>
> 생각하건대 과거 조선에서 벌어진 전쟁에서 중국이 처음부터 천하의 병력을 동원해 재력을 고갈시켜 가면서까지 이 구구한 속국을 구원한 까닭은 무엇이었습니까? 조선을 구원하려 한 것은 요동을 지키기 위한 것이고 요동을 지키려 한 것은 북경을 보위하기 위한 것이었습니다.

임진왜란 당시 조선에 파병해 일본군을 막아야 한다고 주장한 명 인사들이 내세운 논지는 대개 위와 같은 것이었다. 일본이 조선을 장악하면 명의 산동과 요동이 위험해지고 궁극에는 북경까지 위협받을 상황이 전개되므로 조선을 방어해야 한다는 주장이다.

명은 14세기 후반과 16세기 중반에 복건, 절강 등 중국 동남 지방에서 발호한 왜구에 의해 많은 피해를 입었으나, 동남 지방에 상륙한 왜구가 내륙을 따라 북상해 여기서 수천

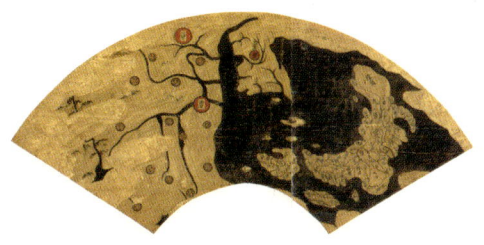

도요토미 히데요시의 부채 세계 정복의 망상을 품고 있던 도요토미 히데요시가 들고 다니던 부채에는 명, 조선, 일본을 그린 동아시아 지도가 그려져 있었다.

킬로미터나 떨어진 북경을 위협할 수 있으리라고는 생각하지 않았다. 그런데 만약 일본군이 조선을 차지한다면 이야기가 달라진다. 조선을 장악한 일본군이 압록강을 건너 요동으로 들어오거나 해로를 통해 산동으로 진입한다면 명의 심장부인 북경, 천진 등이 곧바로 위협에 노출될 수밖에 없었다. 더욱이 도요토미 히데요시는 "조선에서 길을 빌려 명으로 들어간다."라고 하며 궁극적인 목표가 명임을 숨기지 않았다.

명에게 요동이 이라면 조선은 입술이나 마찬가지였다. 입술이 없으면 이가 시린 법이다. 더욱이 요동 지역의 대부분은 평원 지대이기 때문에 일본군이 대거 진입한다면 방어 거점을 확보하는 것이 여의치 않았다. 반면 조선은 땅이 좁은 데다 산이 많아 상대적으로 방어에 유리했다. 따라서 명은 조선에서라면 적은 병력으로도 일본군을 제압할 수 있다고 보았다. 이처럼 명이 조선에 파병해 참전한 것은 순망치한론脣亡齒寒論에 입각한 전략적 판단에 따른 일이었다. 어차피 일본군의 최종 공격 목표가 명이라고 한다면 자국을 전쟁터로 만드는 대신 조선에 들어와 싸우는 것이 여러모로 유리했던 것이다.

임진왜란 발생 이후 자국의 안전 확보를 위해 명이 조선에 참전하는 것은 불가피했지만, 명군이 실제로 조선에 들어오기까지는 많은 우여곡절이 있었다. 그것은 당시 명이 처해 있던 내부 상황 때문이었다. 이 시기 명의 영하寧夏에서는 몽골족 출신 보바이가 반란을 일으킨 상태였다영하의 난. 명 조정은 이여송 등을 보내 반란을 진압하는 데 몰두하고 있었기 때문에 당장 조선에 대규모 병력을 보내는 것이 여의치 않았다. 이런 상황에서 왜란 발생 소식을 들은 명은 우선 자국의 해안 방어 태세를 강화했다. 혹시라도 일본군이 자국 영토에 상륙할지 모른다고 우려했기 때문이다. 일본의 침략 소식이 알려진 직후인 1592년 5월, 명 조정은 천진·요동·산동 등지의 해안 방어 태세를 강화했다.

명군의 조선 진입이 늦어진 까닭은 또 있었다. 당시 요동 등지에서는 조선과 관련된 유언비어가 떠돌았다. 구체적으로는 "조선이 일본군을 끌어들여 요동을 공략하려 한다."라

명 장수의 복장을 한 위태천 서사시 시기(서기전 600~서기 200년)의 인도에서 성립된 천신 위태천은 남방증장천왕의 8장군 중 한 명이자 32장군의 우두머리이다. 위태천이라는 명칭은 중국의 실존 인물인 위 장군과 혼동해서 생긴 것이라고도 하고, 인도에 침입한 알렉산드로스의 이름이 와전된 것이라고도 한다. 왼편의 작품은 명대에 중국화된 모습의 채색상으로 산시성의 쌍림사에 봉안되어 있다.

는 내용이었다. 1591년 무렵에 이미 왜구에게 끌려가 일본 사쓰마에 거주하고 있던 한인 허의후 등이 "조선이 도요토미 히데요시에게 굴복한 뒤 명을 공격하라고 채근했다."라는 유언비어를 전파한 적이 있었다.

이와 함께 '조선과 일본의 공모설' 또한 커다란 파문을 불러왔다. 명은 왜란 초기 조선이 너무 쉽게 일본군에게 유린되는 것에 의심을 품었다. 과거 고구려가 수·당의 대군을 물리친 사실을 기억하는 명의 관인 중에는 '고구려의 후예'인 조선이 일본군에게 연패하는 것을 '의도적인 것'으로 여기는 사람들이 있었다. 급기야 1592년 6월 명의 병부상서 석성은 임세록 등을 조선에 정탐꾼으로 들여보냈다. 심지어 그는 화가를 대동해 의주로 파천해 있던 선조의 얼굴을 그려 오도록 조처하기도 했다. 의주까지 내몰린 선조가 진짜 조선의 국왕인지 확인하려는 것이었다.

이 같은 우여곡절 끝에 의심을 거둔 명은 비로소 조승훈 등이 이끄는 병력을 들여보냈다. 하지만 3000여 명에 불과한 군사로는 2만 명 가까운 평양의 일본군을 제압하기에 역부족이었다. 뿐만 아니라 이때 파견된 명군은 대부분 기병으로 구성돼 조총에 맞설 만한 화기도 제대로 갖추지 못했다. 결국 1592년 7월 17일, 조승훈이 이끄는 군대는 평양성을 공격하다 참패하고 말았다. 많은 비가 내려 땅이 진창이 되었음에도 무모하게 돌격한 명의 기마대는 제대로 힘도 써 보지 못한 채 궤멸했다. 많은 장졸이 전사하고, 조승훈은 남은 병력을 이끌고 요동으로 도주했다. 조승훈은 패전의 책임을 조선 측에 전가했다.

조승훈의 패전 소식에 명 조정은 경악했다. 예상한 것보다 일본군이 훨씬 강하다는 사실과 그들을 제압하려면 강남 등지에서 포병과 화기수를 동원해야 한다는 것을 절감했다. 그런데 문제는 강남에서 병력을 징발해 요동을 거쳐 조선까지 들여보내는 데 시간이 너무 많이 걸린다는 것이었다. 명 조정에서는 포병 등을 다시 투입하기도 전에 일본군이 압록강을 건너 명의 본토로 진입할지 모른다는 위기감이 높아졌다. 명은 이제 일본군

신이 된 장수 이여송 명으로 돌아간 뒤 요동총병으로 임명되어 타타르 침공군과 맞서 싸우다 전사했다. 후손 가운데 일부는 명이 망한 뒤 조선에 들어와 살았다고도 한다.

을 묶어 둘 방책을 고민했다.

조승훈의 패전 직후인 1592년 8월, 병부상서 석성은 책사 심유경에게 유격장군遊擊將軍이라는 직함을 주어 조선에 들여보냈다. 심유경은 협상을 통해 일본군을 평양에 묶어 놓는 임무를 맡았다. 일찍이 일본 상인들과 도자기를 사고파는 무역에 종사한 심유경은 유세에 능한 인물이었다. 그는 실제로 고니시 유키나가와 협상을 벌여 9월 1일부터 10월 20일까지 휴전하기로 합의하고, 평양과 순안의 중간에 있는 부산원斧山院을 양국 군대의 경계선으로 정했다. 이어진 협상에서는 휴전 기간을 이듬해 1월 15일까지 연장했다.

심유경의 활약은 일단 성공적이었다. 명은 일본군을 평양에 묶어 놓고 강남 등지에서 군대를 동원하는 데 필요한 시간을 벌 수 있었다. 그렇다면 일본군은 왜 심유경의 휴전 제안을 순순히 받아들였을까? 그것은 고니시 유키나가 등이 강화 협상을 원했고, 당시 일본군의 상황이 열악했기 때문이다. 조선 수군에게 막혀 보급선이 서해로 올라올 수 없었기에 일본군은 당장 다가오는 겨울 추위를 견디기가 만만치 않았다. 군량 등 물자도 부족했다. 따라서 일본 역시 시간을 벌면서 상황을 추스를 필요가 있었다.

명 조정은 1592년 8월, 병부시랑 송응창을 경략經略으로 삼아 조선에 파견할 명군의 총사령관 자리를 맡겼다. 이어 영하의 난 진압에 참가하고 있던 이여송을 제독으로 임명해 야전군의 지휘를 맡겼다. 1592년 12월, 이여송은 5만 1000여 명의 병력을 이끌고 조선에 들어왔다. 6개월 전 조승훈 등이 이끌고 온 지원군과는 비교되지 않을 정도의 대군이었다.

명군은 1593년선조 26 1월 6일부터 벌어진 평양전투에서 대승을 거두었다. 불랑기포·대장군포를 비롯한 화포가 위력을 발휘했기 때문이다. 평양전투의 승리를 계기로 전세는 역전되었다. 고니시 유키나가 휘하의 일본군은 수많은 사상자를 낸 채 패주했고, 함경도 회령까지 북상했던 가토 기요마사의 부대도 고립을 피하려면 남쪽으로 철수할 수밖에 없었다.

나라가 망할지도 모른다는 위기의식 속에 의주까지 내몰렸던 선조와 조선 조정은 평

도와주셔서 감사합니다! 임진왜란 때 참전한 명의 장수 형개와 양호를 기리는 사당인 선무사(宣武祠)의 편액. 선무사에는 선조가 쓴 '再造藩邦(재조번방)'이라는 현판이 걸려 있었다. 서울 중구 서소문로에 있었으며 그 일대는 생사동(生祠洞)이라 불렸다.

양전투의 승리 소식에 감격했다. 종사를 회복할 가능성이 높아졌기 때문이다. 선조는 승리 소식을 들은 뒤 "나라가 다시 만들어졌다邦國再造."라고 찬양했다. 이여송을 '나라를 구해 준 은인'으로 추앙하면서 그를 기리는 사당을 세우기로 했다. 살아 있는 사람을 모시는 사당, 이른바 생사당生祠堂을 건립하기로 한 것은 당시 조선의 감격이 얼마나 컸는지를 상징하는 대목이다.

평양전투 승리의 의의는 컸지만 부작용 또한 만만치 않았다. 명군 내부에서 논공행상을 둘러싸고 갈등이 빚어졌고, 그 와중에 애꿎은 조선 백성이 희생됐기 때문이다.

당시 명군은 각각 남병南兵과 북병北兵으로 구성되어 있었다. 남병은 복건과 절강 등지에서 온 포병과 화기수를 가리키고, 북병은 대동·선부·요동 등지에서 차출한 기병을 가리켰다. 그런데 평양전투 승리 직후 논공행상 과정에서 남병 출신의 총사령관인 송응창과 북병 출신의 현장 지휘관인 이여송 사이에 갈등이 생겼다.

"이여송이 성을 공격할 때는 남병을 앞세우다가 논공행상을 할 때는 북병을 우위에 두었기 때문에 군사들이 불만을 품었다."라거나 "북병은 다만 성문이 열린 뒤 들어가 죽은 일본군의 목을 베었을 뿐"이라는 평가가 있었다. 또 일각에서는 "북병이 획득했다는 일본군의 수급 가운데 절반은 조선 사람의 것이고 전투 과정에서 물에 빠져 죽은 사람도 대부분 조선 사람"이라는 이야기가 나왔다.

평양전투 당시 북병을 비롯한 명군이 전공을 조작하는 과정에서 얼마나 많은 조선인이 희생당했는지는 불명확하다. 그러나 상당수의 조선인이 희생당한 것은 분명해 보인다. 이 때문에 명 조정에서도 감찰관을 보내 사실 여부를 조사했다. 당시 북병 가운데는 몽골과 여진 출신 병사도 있었는데, 실제로 그들이 조선 사람을 베어 죽이고 머리칼을 깎았다는 기록이 존재한다.

한편 이여송은 도주하는 일본군을 추격해 1월 26일 경기도 파주까지 남하했다. 이여

승리를 가져다주는 신 관우 임진왜란 당시 명군의 꿈에 나타나 승리하도록 도와주었다는 관우의 초상. 관우 장군의 묘를 동묘라고 하는데 서울에도 동묘가 있다. 임진왜란 당시 명군 장수 이여송의 도움을 받은 것에 대한 감사의 표시로 동묘를 지어 정중하게 관리했다.

송은 주로 기마병을 이끌고 일본군을 쫓았다. 평양전투의 승리를 통해 자신감이 높아진 데다 논공행상 과정에서 송응창과 갈등을 벌인 터라 '남병 출신의 포병이 없어도 일본군을 충분히 제압할 수 있다.'고 생각했던 것이다. 급기야 이여송은 파주의 벽제관 부근에서 벌어진 전투에서 일본군의 역습에 말려 참패하고 말았다. 이미 탄금대전투에서 신립이 죽음으로 증명했던 것처럼 기마병의 기동력만으로 일본군의 조총을 당해 내기는 어려웠다. 게다가 좁은 지역에서 벌어지는 백병전은 일본군이 최대의 장기를 발휘할 수 있는 전투 방식이었다. 이 전투에서 일본군의 장검이 커다란 위력을 발휘하면서 명군은 전의를 상실했다. 전멸 위기에 처한 명군이 사투를 벌이고 있을 때 남병이 도착해 전세는 가까스로 호전되었다. 그러나 이여송은 말에서 떨어져 상처를 입었고 수많은 병력을 잃고 말았다. 그는 나머지 병력을 이끌고 개성으로 물러났다.

한성을 코앞에 두고 명군이 패퇴하자 일본군은 여세를 몰아 2월 12일 벽제관 가까운 덕양산의 행주산성에 웅크리고 있던 조선군을 공격했다. 한성의 일본군을 배후에서 위협하는 행주산성을 점령해 근심의 싹을 없애 버리려는 것이었다. 그러나 도원수 권율이 지키는 행주산성의 조선 관민은 벽제관의 명군과 달랐다. 부녀자들이 치마에 돌을 담아 군사들에게 날라다 주며 합심해서 싸운 덕에 중과부적으로 보였던 조선군은 대승을 거두고 한성 회복의 교두보를 마련할 수 있었다. 이것이 한산대첩, 진주대첩과 더불어 임진왜란의 3대첩 가운데 하나로 꼽히는 행주대첩이다.

1593년은 이처럼 전선에서 맑음과 흐름이 교차하는 가운데 시작되고 있었다.

강화 협상의
국제정치학

벽제전투 패전을 계기로 임진왜란의 양상은 다시 달라졌다. 평양전투 승리에 고무돼 있던 석성·송응창·이여송 등 명군 지휘부는 벽제전투 패전으로 큰 충격을 받았다. 명군 지휘부는 패전을 계기로 전쟁 수행 방식을 근본적으로 바꾸려고 했다. 그들은 이제 결전이 아니라 협상을 통해 전쟁을 끝내고자 했다. 명군 지휘부는 심유경을 다시 일본군 진영에 보내 강화 협상을 새로 시작했다.

명군 지휘부는 왜 다시 강화 협상으로 방향을 돌렸을까? 그 배경에는 만만찮은 안팎의 현실이 자리 잡고 있었다. 벽제전투에서 패전할 무렵 명군의 상황은 열악했다. 병력은 부족하고 병사들의 사기는 떨어져 있었다. 병력 충원과 물자 보급이 부족한 상태에서 많은 병사들이 기아와 질병에 시달리고 있었기 때문이다. 이역에 건너와 풍토와 음식 등이 맞지 않아 질병에 걸리거나, 약속된 급료를 받지 못해서 불만에 차 있는 병사들도 적지 않아 전선 이탈이 비일비재했다. 이처럼 열악한 조건에서 평양전투까지는 그런대로 선전했지만, 벽제전투 패전을 계기로 전의를 상실했던 것이다.

조선에 파견된 명군의 상황만 문제가 되는 것은 아니었다. 원정에 들어가는 비용과 각종 역을 부담하느라 내지의 백성도 곤란을 겪고 있었다. 명 조정은 전쟁 비용을 마련하기 위해 강남 등지에서 증세 조치를 시행했다. 당연히 세금을 더 많이 내야 하는 하층민의 부담과 불만이 커질 수밖에 없었다. 조선으로 들어가는 명군의 통로인 요동 지역 주민의 고통은 특히 심했다. 그들은 군수물자를 운반하는 데 동원됐다. 그 부담이 워낙 과중해 요동 백성은 군량 운반 소리만 들어도 진저리를 치고 달아난다는 실정이었다. 1594년 병부상서 석성은 이러한 사정을 다음과 같이 밝혔다.

> 요동이 잔파된 데 더해 오랑캐가 안에서 그 틈을 엿보고, 왜가 밖에서 공격할 것이니 어찌 감당할 수 있겠습니까? 더욱이 중국 안에서도 전쟁이 거듭되어 근심스럽지 않은 곳이 없습니

벽제관의 주춧돌 우리나라와 중국의 사신들이 오갈 때 하루 전에 반드시 머물렀던 객관이 벽제관이다. 이여송이 거느린 명군과 일본군이 치열한 싸움을 벌여 명군이 크게 패한 격전지이기도 하다.

다. 병졸은 지치고 군량은 고갈되어 믿을 만한 것은 아무것도 없습니다. 그럼에도 중국을 위하지 않고 속국을 위한다면 그것은 복심腹心을 버리고 사지四肢를 구하는 격이 될 것입니다.

이 말은 한마디로 '병졸이 지치고 군량이 고갈된 중국이 조선을 위해 더 이상 희생할 수는 없다.'는 것이었다. 즉 제 코가 석 자인 명이 곤경에서 벗어나려면 일본과 협상을 해서 전쟁을 빨리 끝내야 한다는 주장인 셈이다.

명군 지휘부가 일본과의 협상으로 돌아선 배경은 또 있었다. 비록 벽제전투에서 패하기는 했지만, 명군이 파주 부근까지 일본군을 밀고 내려간 것은 참전의 목적이 어느 정도 달성된 것을 의미했다. 명군의 조선 참전은 자위의 목적에서 비롯된 것이다. 즉 명의 본토를 전쟁터로 만들지 않으려는 '공세적 방어'라고 할 수 있었다. 그런데 이제 일본군을 한반도의 중앙부까지 밀어낸 이상, 일본군이 다시 압록강을 건너 만주로 진입할 가능성은 거의 사라졌다. 즉 명군의 입장에서는 본래의 참전 목표가 거의 달성된 상황에서 다시 일본군과 혈전을 벌여 희생을 감수하는 것은 무의미했다. 강화 협상을 다시 시작한 직후인 1593년 4월, 명군 총사령관 송응창의 고백을 들어 보자.

그대 나라가 원병을 요청한 초기에는 우리 조정의 의견이 분분해서 대부분 압록강을 지키는 것이 상책이라고 했다. 평양까지 내려가자 평양만을 지키려 했고, 개성까지 내려가자 개성만을 지키려 하면서 "이미 속국을 구원해 태반을 평정하고 회복했으니 바로 철병하는 것이 옳다."라고들 했다. 그러나 나와 석상서의 의견은 그렇지 않아 적들을 깨끗이 소탕하기로 기약했다.

이 말에 따르면 명은 참전 초부터 철저하게 전황에 따라 응변하고자 했다는 사실을

명군의 통수권자 만력제
초기에는 장거정의 개혁으로 중흥을 도모했지만 장거정 사후 정사를 태만하게 해 국운이 쇠한 시기에 임진왜란을 맞이했다.

알 수 있다. '명 본토가 전쟁터가 되지 않도록 한다.'는 것은 절대적인 원칙이었다. 조선을 위해 일본군을 섬멸하거나 결전을 벌여 그들을 조선 바깥으로 몰아내는 구상은 애초부터 없었다. 그런데 평양전투에서 승리하자 기존의 전략과는 달리 조선 내지로 깊숙이 개입하게 되었다. 따라서 벽제전투 패전을 계기로 명군 지휘부는 평양전투의 승리에 도취해서 잠시 잊고 있던 '근원적인 참전 목적'을 다시 떠올리게 된 셈이다.

실제로 1593년 6월, 명 조정의 일부 신료는 "평양과 개성을 수복해 준 것만으로도 명은 조선에 할 만큼 한 것"이라며 일본과 적당한 선에서 타협해 전쟁을 끝내자고 주장했다. 또 조선의 명군 지휘부가 전공을 탐내 무리하게 일본군과 싸우려 하는 상황을 막아야 한다는 주장도 제기됐다. 결국 1593년 7월, 명의 병부는 서울·조령·대구 등 요충지에 수천 명의 병력을 남겨 일본군의 공격에 대비하되, 나머지 병력은 철수하자고 건의했다. 만력제는 건의를 받아들여 같은 해 9월, 명군을 철수하라고 지시했다.

그렇다면 명군 지휘부가 추진하던 강화 협상에 조선은 어떤 반응을 보였을까? 1592년 8월, 심유경이 처음 들어온 직후부터 조선은 불안해 했다. 심유경이 평양성에서 고니시와 회담한 뒤 일본 측 주장을 조선에 제대로 알려 주지 않았기 때문이다. 심유경은 처음부터 조선을 배제한 채 일본 측과 밀실 협상을 벌였다. 이 때문에 유성룡은 같은 해 8월, 명 조정이 들여보낸 정보원 사용재(謝用梓)를 만나 강화 협상의 무용론을 이야기하고 일본군을 몰아내려면 결전밖에는 방법이 없다고 역설한 바 있다.

벽제전투 패전 이후 명군 지휘부가 강화 협상을 재개하면서 조선은 완전히 소외되었다. 명군 지휘부는 협상의 내용을 조선 측에 제대로 알려 주지 않은 채, 자신들의 방침에 무조건 따를 것을 강요했다. 선조는 신료들을 명군 지휘부에 보내 강화를 포기하고 결전을 벌여 일본군을 몰아내 달라고 호소했다. 하지만 명군 지휘부는 선조와 조선 조정의 호소를 무시했다. 유성룡이 개성으로 물러나 있던 이여송을 찾아가 결전을 촉구하자, 이여송의 부하들

일본군의 통수권자 도요토미 히데요시 하급 무사의 아들로 태어났으며, 본래 이름은 기노시타 도키치로(木下藤吉郎)였다. 1586년(선조 19)부터 도요토미(豊臣)를 성으로 사용했다.

은 유성룡에게 모욕을 주었다. 경략 송응창은 결전을 호소하는 조선의 요청에 "싸우려면 반드시 너희들의 병마로 싸워라. 이기면 포상하겠지만 지면 처단하겠다."라고 협박했다. 일본군을 몰아낼 만한 육군 전력이 없는 조선은 속이 타들어 갔다.

명군 지휘부가 조선의 민족 감정을 무시한 채 강화 협상을 지속하면서 부작용이 속출했다. 송응창은 조선에 자신의 허락 없이 일본군을 함부로 공격하지 말라고 강요했다. 일본을 다독여 강화에 성공하려면 조선을 견제할 필요가 있다는 생각에서 비롯된 조처였다. 이 때문에 명군 지휘부가 강화 협상에 매달린 이후 조선은 독자적인 군사 작전권을 잃게 됐다. 실제로 1593년 4월, 일본군이 서울을 떠나 경상도 방면으로 철수할 때 어처구니없는 일들이 벌어졌다. 당시 조선군은 한강을 건너 철수하는 일본군을 요격하려 했지만 명군의 방해 때문에 뜻을 이룰 수 없었다. 명군이 한강을 건너는 일본군을 호위해 주는 상황이 빚어졌다. 일본군을 공격하려 했던 조선군 장졸들은 도리어 명군에게 끌려가 구타당하는 등 곤욕을 치러야 했다.

그뿐이 아니었다. 일본군이 경상도 일대로 물러나 머물고 있을 때, 심유경은 일본군 장졸들에게 '표첩票帖'이라 불리는 일종의 통행 증명서를 발급해 주었다. 당시 일본군이 땔감을 마련하거나 물을 길을 때 조선 관민의 습격을 받는 일이 있었는데, '표첩'을 소지한 일본군을 공격하는 조선 관민은 처벌을 받도록 규정했다. 조선을 배제한 채 진행된 강화 협상 때문에, 또 명군 지휘부의 견제 때문에 조선의 주권은 송두리째 무너지고 있었다.

하지만 명과 일본의 강화 협상은 성공할 수 없었다. 양측이 서로에게 제시한 조건이 현격히 차이가 났기 때문이다. 명은 "일본군이 조선에서 완전히 철수하면 도요토미 히데요시를 일본 국왕으로 책봉해 준다."라고 했다. 대국의 입장에서 일본을 중화 질서 속에 받아들여 주기만 하면 일본이 감격할 줄 알았던 것이다.

그런데 일본이 제시한 조건은 전혀 달랐다. 일본은 '명 황제의 딸을 일본 천황에게 하가下嫁할 것', '조선 팔도 가운데 네 도를 떼어 줄 것', '일본군이 철수하면 조선의 왕자와 대신을 일본에 인질로 보낼 것', '명이 폐지한 일본과의 감합 무역을 재개할 것' 등을 요구했다. 이를 통해 일본이 승전국으로 자부하고 있었음을 알 수 있다.

이렇게 양측의 조건이 너무 차이가 나는 바람에 협상이 타협점을 찾을 가능성은 거의 없었다. 또 '명 황제의 딸을 일본 천황에게 하가할 것' 같은 조건 등은 자국 조정에 제대로 보고할 수도 없었다. 황제의 진노를 사서 당장 목이 달아날 수도 있는 엄청난 사안이었기 때문이다. 자연히 강화 협상은 시간만 끌 뿐 결말을 맺을 수 없었다. 시간이 지나면서 명 조정에서는 강화의 결말이 맺어지지 않는 데 의구심을 품는 신료들의 수가 늘어났다. 그들은 "히데요시를 책봉하면 일본군이 철수한다고 했는데 왜 강화가 아직 이루어지지 않느냐?"라고 반문했다. 석성·심유경 등이 일본 측이 제시한 협상 조건을 명 조정에 사실대로 알리지 않았으니 의구심이 생기는 것은 당연했다.

강화 협상이 결말을 맺지 못하는 데다 협상의 효용성에 의구심을 품는 신료들이 늘어나자 명군 지휘부는 조선을 이용하려 했다. 1594년 명군 지휘부는 '조선도 강화 협상에 찬성한다.'는 사실을 공식 천명하라고 조선 조정에 강요했다. 명 황제에게 조선도 명이 도요토미를 일본 국왕으로 책봉해 주기를 바란다는 주문奏文을 올리라는 요구였다.

송응창의 후임으로 경략이 된 고양겸은 이같이 강요하면서, 조선이 거부하면 군대를 철수하고 더 이상 조선을 원조하지 않겠다고 협박했다. 조선도 강화가 성사되기를 간절히 원한다는 것을 강조해 강화의 효용성을 의심하는 명 조정의 반대파들을 제압하려는 포석이었다. 조선으로서는 '만세불공萬世不共의 원수' 일본과의 강화를 원하는 것처럼 상주하는 일이 영 내키지 않았다. 그러나 일본군을 물리칠 만한 독자적인 군사력이 없는 상황에서는 고양겸 등의 강요를 거부할 도리가 없었다. 조선은 결국 황제에게 강화를 원한다는 주문을 올렸다.

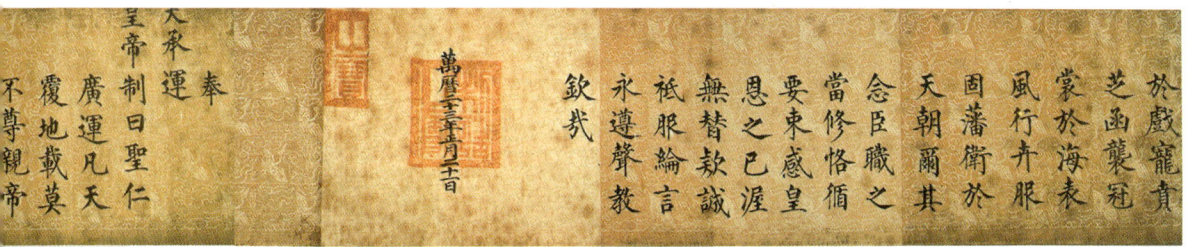

도요토미 히데요시를 일본 국왕에 책봉하는 문서 "…… 그대 도요토미 히데요시는 바다에 있는 나라에서 일어나 중국을 존중할 줄 알아 서쪽으로 사신을 보내 흠모해 동화코자 하고 북쪽으로 만리장성의 관문을 두드려 내부(內附)를 간절히 구했도다. 그 정은(情恩)이 공순함보다 지극하고 복종하고 따름보다 아낄 만하다. 이에 특히 그대를 봉해 일본왕에 삼고 이 고명을 하사하는도다.……"

1594년^{선조 27} 명 조정에서는 명의 황녀를 천황에게 하가하라는 일본의 요구가 폭로되었다. 다만 그때까지는 만력제가 석성 등을 신임해 큰 문제가 발생하지 않았고, 1595년 1월에는 도요토미를 일본 국왕으로 책봉하는 임무를 맡은 명 조정의 사절단이 출발한다. 정사 이종성, 부사 양방형 등 사절단은 그해 10월 부산의 일본군 진영에 들어갔다. 그런데 다음 달, 정사 이종성이 일본군 진영을 탈출해 도망쳤다. 그는 일본군 진영에 들어가서야 양국의 강화 조건에 현격한 차이가 있다는 사실을 알았던 것이다.

이종성의 탈주를 계기로 강화의 효용성 논란이 다시 불붙었다. 협상이 파탄 직전까지 몰린 1596년 9월, 명 조정은 부사 양방형을 정사로 승격해 일본에 보냈다. 일단 도요토미에 대한 책봉을 마치려는 수순이었다. 도요토미는 양방형을 만나 공순하게 명 황제의 책봉을 받는 의식을 거행했다. 하지만 그는 "왜 조선 왕자가 오지 않느냐?"라고 힐문했다. 그리고 자신이 요구한 조건이 하나도 충족되지 않았다는 사실을 알게 되었다. 4년에 걸친 협상을 통해 얻은 것이 아무것도 없다는 사실을 깨달은 도요토미는 격노했다. 그는 심유경이 일본군의 완전 철병을 요구하는 서한을 보내오자 협상의 파탄을 선언하고 장수들에게 조선의 재침공을 지시했다. 정유재란이 시작된 것이다.

강화가 진행되는 동안 조선은 협상에서 완전히 배제됐다. 또한 명군 지휘부의 강요에 의해 일본군을 독자적으로 공격할 수 있는 주권까지 빼앗겼다. 그뿐 아니라 강화의 성공 여부에 정치 생명을 걸고 있던 석성·고양겸·심유경 등 명군 지휘부의 강압에 밀려 명 황제에게 마음에도 없는 주문까지 올려야 했다. 그랬음에도 조선은 다시 침략을 맞았다. 도요토미가 조선의 왕자가 오지 않았다는 등의 이유로 강화의 파탄을 선언했기 때문이다. 요컨대 전쟁의 최대 피해자였던 조선은 강화 협상 기간 내내 독자적인 목소리를 내지 못하고, 명과 일본의 흥정 대상으로 전락하는 수모를 겪었다. 그것은 분명 약소국의 비애였다.

16세기의 초점

동아시아 세계대전의 축소판, 평양전투

을밀대

칠성문

일본군의 최후 저항선

김명원 도원수와 김응서, 이일 장군을 주축으로 한 조선군

화포로 성문을 공격하는 명군

명군의 기마 선회 동작

16세기―성리학 유토피아

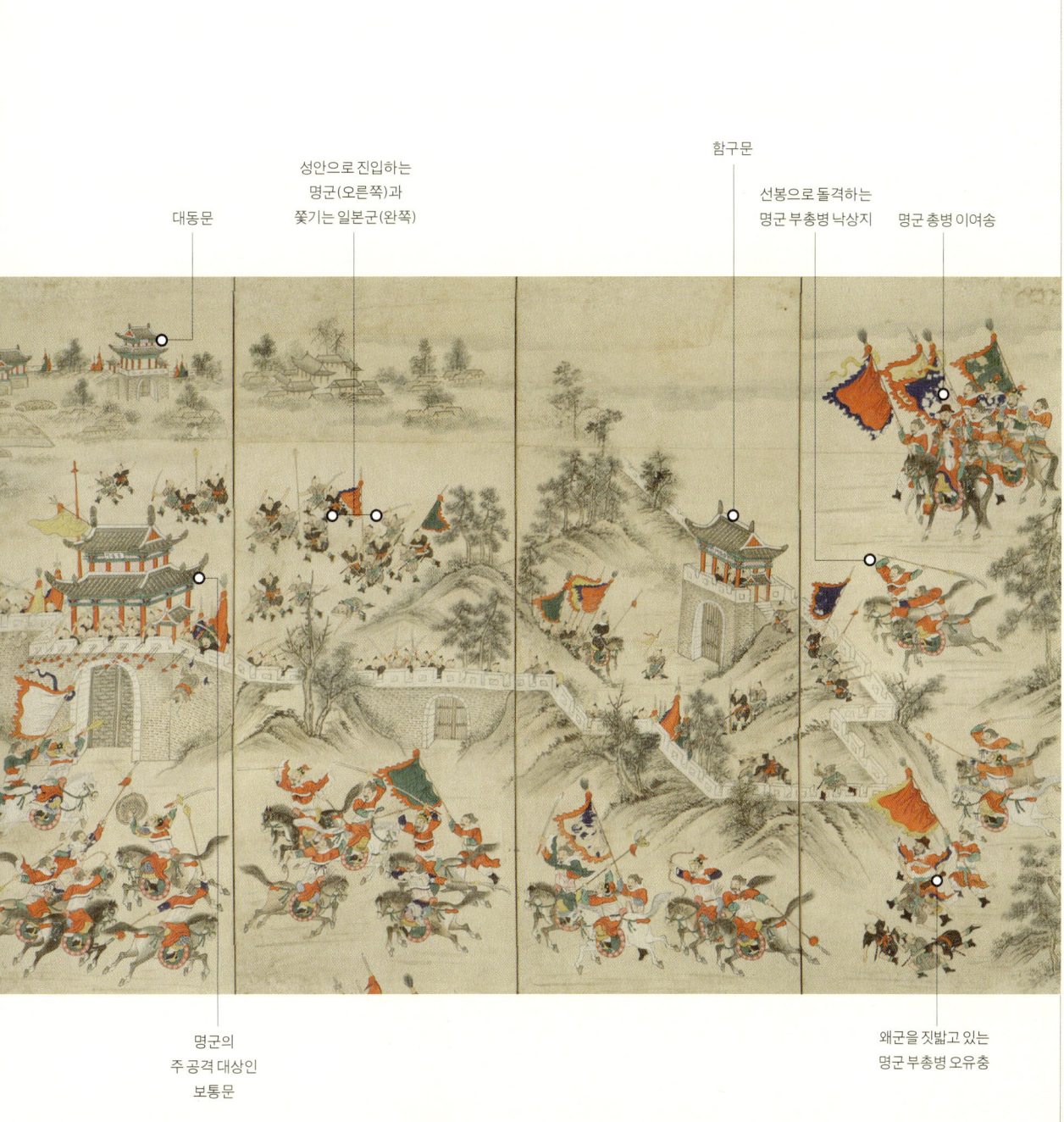

- 대동문
- 성안으로 진입하는 명군(오른쪽)과 쫓기는 일본군(왼쪽)
- 함구문
- 선봉으로 돌격하는 명군 부총병 낙상지
- 명군 총병 이여송
- 명군의 주공격 대상인 보통문
- 왜군을 짓밟고 있는 명군 부총병 오유충

「평양성탈환도」 조선군 8000명과 명군 4만 명은 1593년 1월 6일부터 사흘간 평양성을 점거한 1만 5000명의 일본군을 공격했다. 이 전투는 조·명 연합군과 일본군의 주력이 벌인 한판 승부였다. 이 전투에서 조·명 연합군이 승리함으로써 전세는 일본군의 후퇴와 수세로 전환되었다. 「평양성탈환도」 병풍.

3.
1598년 체제

정유재란 최대의 격전, 울산성전투 조·명 연합군은 1597년 12월 23일부터 성을 포위하고 13일간 치열한 공성전을 펼쳤다. 견디다 못한 가토 기요마사가 항복하려 했으나 명군이 받아들이지 않았다. 당시 명군은 "성을 지키는 군사가 3000명도 안 되는데 명군의 대포와 화살에 맞아 죽은 자와 기갈에 지쳐 죽은 자들의 시체가 널려 있다."라고 보고하고 있다. 그러나 일본군의 지원병이 오는 바람에 조·명 연합군은 포위를 풀고 후퇴하고 말았다. 조선군 1000여 명, 명군 4800여 명, 일본군 6000여 명이 죽었다. 「울산성전투도」 병풍.

7년 전쟁이
막을 내리다

1597년^{선조 30} 7월, 일본군은 14만 명에 이르는 대군을 동원해 다시 조선을 침략했다. 일본군은 1592년과는 달리 명 정복을 내세우기보다 전라도를 비롯한 조선의 강토를 장악하는 데 혈안이었다. 재침한 일본군은 경상도에 진입해 이전부터 이 지역에 잔류해 있던 병력과 합세해 전라도를 우선 공격 대상으로 삼았다.

조선은 1596년 강화 협상이 파탄으로 끝난 직후, 명에 사신을 보내 일본군이 다시 쳐들어올 가능성을 알리고 명군의 지원을 요청했다. 한편 일본군의 공격이 예상되는 삼남 지역의 요충지와 삼남 지역에서 경기도, 강원도 등지로 이어지는 주요 거점의 방어 태세를 점검했다. 당시 조선은 일본군이 북상하는 길목의 주민과 곡물을 모두 주변의 산성으로 옮긴 뒤 저항하는 청야淸野 작전을 구상했다. 그에 따라 경상도 지역의 관민들은 창녕의 화왕산성, 안음의 황석산성 등 내륙의 산성에 방어 거점을 마련했다.

정유재란 초반에도 일본군의 기세는 무서웠다. 그들은 황석산성과 칠천량 등에서 벌어진 전투에서 승리한 뒤 전라도로 진입했다. 1597년 7월에는 칠천량에서 벌어진 해전에서 원균이 이끄는 조선 수군을 거의 궤멸했다. 일본군에게 칠천량 승전의 의미는 특별히 컸다. 이 승전을 계기로 전라도와 서해로 진입할 수 있는 발판을 마련했기 때문이다. 조선 수군의 저항이 사라진 상태에서 일본군은 하동, 구례를 거쳐 남원과 전주를 장악하고, 9월에는 충청도의 천안까지 북상해 한양을 다시 위협하기에 이르렀다.

일본군의 재침이 확실해진 1597년 3월, 명은 재참전을 결정하고 양호楊鎬를 경리經理로, 마귀麻貴를 제독으로 임명해 9월까지 6만의 대군을 조선에 들여보냈다. 평양에 머물던 양호는 일본군이 천안까지 북상했다는 소식을 듣고 마귀 휘하의 병력을 남하시켰다. 마귀 부대는 직산에서 벌어진 전투에서 일본군에게 승리를 거두었다.

직산전투를 계기로 일본군의 기세가 한풀 꺾인 와중에 조선도 백의종군 중이던 이순신을 삼도수군통제사로 복직시켜 수군의 재정비에 착수했다. 한산대첩 이후 삼도수군통

임진왜란 때 남해안은 일본 땅 가토 기요마사가 일본군 1만 6000여 명을 동원해 40여 일 만에 완성한 울산 왜성. 본래 이름은 도산성(島山城)으로 50미터 높이의 산마루에 터를 잡아 내성과 외성을 두고 세 개의 본성으로 구성했다. 전체 길이가 2500미터에 이른다.

제사로 임명된 이순신이 파직당하고 백의종군하게 된 것은 1597년의 일이었다. 일본은 이중간첩을 통해 가토 기요마사가 바다를 건너올 것이니 수군에게 생포하게 하라는 거짓 정보를 흘렸다. 조정은 이순신에게 출동 명령을 내렸지만 이순신은 이것이 일본의 계략임을 간파하고 출동하지 않았다. 실제로 당시 가토 기요마사는 이미 조선에 들어와 있었다. 이순신은 적장을 놓아 준 혐의로 서울로 압송돼 사형당할 위기에 몰렸으나, 우의정 정탁의 변호로 살아나 도원수 권율 밑에서 백의종군하게 된 것이다.

1597년 9월, 이순신은 칠천량에서 참패한 수군을 수습하고 남아 있던 열세 척의 함대를 이끌고 전라도 해남과 진도 사이의 명량에서 130여 척의 일본 함대와 맞섰다. 그는 탁월한 전략을 바탕으로 지형 조건과 조류 등을 적절히 활용해 기적적인 승리를 거두었다^{명량대첩}. 이순신이 전라도 연안의 제해권을 장악하자 서해로 진입하려는 일본 수군의 전략은 다시 좌절했다. 이후 조선 수군은 전력을 급속히 회복해 반격에 돌입했다.

직산전투와 명량대첩을 계기로 북상이 좌절된 일본군은 1597년 10월 이후 경상도 울산에서부터 전라도 순천에 이르는 남해안에 성을 쌓고 장기 주둔 태세에 들어갔다. 같은 해 11월, 조·명 연합군은 병력을 재배치해 일본군을 몰아내는 작전에 돌입했다. 그 첫 공략 대상은 가토 기요마사가 지키고 있던 울산성이었다. 조·명 연합군은 1598년^{선조 31} 1월까지 울산성을 포위하고 총공세를 펼쳤지만, 일본군의 완강한 저항과 명군 내부의 불협화음 때문에 성을 함락하는 데는 실패했다.

1598년 초반에도 명군은 병력을 네 방향으로 나눠 울산·사천·순천 등지의 일본군을 공략했지만 뚜렷한 성과를 거두지 못했다. 일본군의 저항이 거셌던 탓도 있지만, 명군 또한 결전을 벌여 일본군을 확실히 몰아내겠다는 의지가 없었기 때문이다. 이는 당시 명의 병부상서 형개^{邢玠}가 '겉으로는 결전을 벌이되 속으로는 일본군을 다독인다^{陽剿陰撫}.'는 것을 지휘 방침으로 제시한 데서도 뚜렷이 드러난다. 전쟁이 거의 막바지에 이른 상황에서 명

유성룡의 투구 유성룡은 임진왜란이 발발하기 직전 이순신과 원균을 천거한 인물이다. 임진왜란 때 겪은 후회와 교훈을 후세에 남기기 위해 『징비록』을 저술했다.

군에게 결전 의지를 기대하는 것은 애초부터 무리였다.

1598년 8월, 도요토미 히데요시가 죽었다. 그의 사후 도쿠가와 이에야스德川家康를 비롯한 일본의 중신들은 조선에 있던 침략군의 철군을 지시했다. 흩어져 있던 일본군이 본국으로 철수하기 위해 속속 부산으로 집결하던 1598년 11월, 이순신이 이끄는 수군은 전라남도 순천 앞바다에서 고니시 유키나가 군의 퇴로를 차단했다. 퇴로가 막힌 고니시는 명 수군 제독 진린陳璘에게 뇌물을 써서 길을 열어 달라고 간청하는 한편, 사천에 있던 시마즈 야스히로 군에게 구원을 요청했다. 고니시를 구하려고 시마즈가 500척의 대선단을 이끌고 서진해 오자 이순신 함대는 노량으로 나아가 그들을 요격했다. 이순신이 이 해전에서 대승을 거두고 순국하고 말았으니 노량해전이야말로 임진왜란의 마지막을 알리는 처절한 싸움이었다.

도요토미 히데요시의 죽음, 이순신의 순국과 함께 임진왜란은 끝났다. 그러나 7년에 걸친 대전란이 동아시아 삼국에 남긴 영향은 참으로 컸다. 우선 전쟁터가 된 조선의 피해는 처참했다. 전쟁 그 자체와 그에 따른 기근·전염병·포로 문제 등으로 인구가 격감하고 국토 대부분이 황폐해졌다. 서책·도자기·불상·활자 등 각종 문화재도 헤아릴 수 없을 정도로 많이 약탈당했다. 인적·물적 피해 이외에 정신적 충격 또한 엄청났다. 전쟁 발생 초부터 변변한 저항 한번 못 한 채 육군이 연패하고 선조와 신료들이 피란하거나 도주하는 바람에 지배층의 권위는 땅에 떨어졌다. 또 오랜 전쟁 기간 동안 수많은 사람이 갖가지 '끔찍한 체험'을 하면서 기존의 질서와 명분에 회의와 반감도 표출되었다. 전쟁 이후 청담淸淡 사상처럼 현실도피적인 사상이 유행한 것은 우연이 아니었다.

이순신이 거느린 수군의 승리, 의병의 활약, 막대한 전비를 소모해 병력을 파견한 명의 지원 덕에 나라를 보전할 수는 있었지만, 전쟁이 끝났다고 문제가 해결된 것은 아니었다. 전쟁 이후 물질적·정신적 폐허 속에서 신음하는 민생을 재건하고 무너져 버린 사회질서

조선 호랑이를 사냥하는 가토 기요마사 가토 기요마사는 임진왜란 때 조선에서 호랑이를 퇴치한 것으로 유명해 많은 화가들이 이를 소재로 그림을 그렸다. 오른쪽의 그림은 일본 도쿄경제대학 도서관에 소장된 것으로, 일본이 임진왜란을 일으켜 조선의 산하를 유린하고도 중국에 맞선 군사 강국의 이미지를 얻었음을 보여 준다.

를 회복하는 것이 초미의 과제로 떠올랐다.

임진왜란이 명에 끼친 영향도 심대했다. 명은 이 전쟁에 병력을 파견해 8년 이상 조선에 주둔하면서 대략 700만~2000만 냥의 은화를 소모했다. 막대한 전쟁 비용을 조달하기 위해 강남 등지에서 증세 조처를 시행하고 징집과 징발을 강행하자 백성의 고통과 원망이 높아졌다. 여기에 임진왜란 말고도 '영하의 난', '양응룡의 난'[1] 등이 비슷한 시기에 일어나는 바람에 명의 재정지출은 엄청나게 늘어났다. 결국 1580년대 장거정이 주도한 일련의 개혁 정치를 통해 잠시나마 충실해졌던 재정이 다시 적자로 돌아섰다.

전쟁이 끝난 뒤 만력제는 재정을 보전하고자 전국에 환관을 보내 마구잡이 징세에 나섰다. '광세지폐礦稅之弊'라 불리는 가혹한 세금 수탈에 맞서 각지에서 민변이 속출했다. 이 같은 상황에 더해 만력제는 정사를 게을리하고 조정 신료들은 극심한 당쟁을 일삼았다. 나아가 임진왜란이 진행될 무렵 요동에서는 누르하치가 이끄는 건주여진의 위협이 날로 높아지면서 전쟁 이후 명은 극심한 내우외환에 시달렸다.

반면 일본은 임진왜란을 통해 많은 것을 얻었다. 우선 명이 주도하던 기존의 중화 질서에 정면으로 도전하면서 지역의 군사 강국으로 자리 잡았다. 전쟁 이후 '무위武威'를 국가적 표상으로 내세운 것은 이런 배경에서 비롯된 것이다. 그뿐 아니라 조선에서 빼앗아 간 인적·물적 자산은 일본 근세 사회 발전의 초석이 되었다. 조선에서 끌고 간 학자·도공·활자공 등을 통해 앞선 학문과 기예를 습득할 수 있었고, 약탈해 간 수많은 전적典籍 또한 일본의 문화 발전에 이바지했다.

도쿠가와 이에야스는 임진왜란이 끝난 직후인 1600년에 세키가하라關ヶ原전투에서 도요토미 히데요시의 추종 세력을 물리치고 패권을 장악했다. 1603년 정이대장군征夷大將軍[2]에 취임한 도

1 양응룡의 난 1594년 사천 지방의 먀오[苗]족 지도자 양응룡이 일으킨 반란. 1600년 명 조정이 본격적인 토벌에 나서자 양응룡이 자결하면서 막을 내렸다.

2 정이대장군 일본의 무신정권인 바쿠후의 수장을 가리키는 칭호. 1192년 가마쿠라 바쿠후를 연 미나모토노 요리토모(源賴朝)가 이 호칭을 쓰기 시작했다. 일본 발음은 '세이이타이쇼군'으로, 줄여서 '쇼군'이라 한다.

쿠가와 이에야스는 지금의 도쿄인 에도^{江戶}에 바쿠후를 열었다. 도요토미 히데요시에게 충성하던 가신들은 조선 침략에 적극적으로 참여해 병력과 물자의 손실이 많았지만, 전쟁 중에도 일본에 머물러 있던 도쿠가와 이에야스 세력은 상대적으로 건재했다. 이런 상황이 도쿠가와 이에야스의 패권 장악에 도움을 주었던 것이다. 이처럼 임진왜란은 전쟁 이후 일본의 정치 세력이 재편되는 과정에도 영향을 미쳤다.

일본의 운명을 가른 세키가하라전투 도요토미 히데요시 사후 그 권좌를 두고 다투던 도쿠가와 이에야스 파와 이시다 미쓰나리(石田三成) 파가 기후현(岐阜県) 세키가하라에서 벌인 1600년(선조33) 10월 21일의 결전.

일본과 중국을 어떻게 할 것인가

임진왜란을 계기로 조·일 관계는 파탄에 이르렀다. 일본의 침략 때문에 막심한 피해를 본 조선의 대일 감정은 분노와 적개심 그 자체였다. 특히 전쟁 초기, 일본군이 선릉宣陵과 정릉靖陵[1]을 파헤친 사건은 일본인의 야만성과 무도함을 상징하는 것이자 조선이 반드시 되갚아야 할 만행으로 인식됐다. 이 때문에 전쟁 이후 조선의 지식인은 일본을 영원히 함께할 수 없는 원수라는 뜻에서 '만세불공지수'라고 불렀다.

침략을 계기로 조선이 품게 된 적대적인 대일 감정을 고려하면 전쟁 이후 조선과 일본의 국교 재개는 생각하기 어려운 일이었다. 하지만 임진왜란 이후 일본 측은 발 빠르게 움직였다. 특히 경제적 생존 때문에 조선과의 무역 재개가 절실했던 대마도는 조선과의 국교 재개에 필사적으로 매달렸다. 일본은 전쟁이 끝나자마자 조선에 거듭 사신을 보내 국교를 재개해 달라고 호소했다. 조선이 반응을 보이지 않자 그들은 국교를 재개하지 않으면 다시 침략하겠다고 협박하기도 했다.

조선은 고민할 수밖에 없었다. 일본에 대한 원한을 생각하면 국교 재개는 있을 수 없는 일이었지만, 문제는 간단하지 않았다. 조선은 임진왜란을 통해 일본이 군사적으로 매우 강하다는 사실을 실감했다. 따라서 재침 운운하는 일본 측의 협박을 결코 무시할 수 없었다. 장기간의 전쟁 때문에 피폐해진 민생을 보살피고 사회를 재건하는 데 몰두해야 할 시점에 일본이 다시 침략해 온다면 모든 것이 무위로 돌아갈 것이 분명했다.

조선이 처한 곤경은 그것만이 아니었다. 왜란이 끝날 무렵 만주에서는 누르하치의 후금 세력이 명과 조선을 위협하고 있었다. 조선이 처한 지정학적 조건을 고려하면, 서북 방면에서 누르하치의 위협이 커지는 시점에서 일본과의 관계마저 악화되는 것은 곤란했다. 양쪽 모두를 적으로 만들면 조선의 생존 자체가 어려워지기 때문이다. 조선은 이 같은 엄혹한 상황에서 결국 일본을 다독이는 정책을 선택했다.

1 선릉과 정릉 선릉은 성종의 무덤이고 정릉은 중종의 무덤이다. 서울시 강남구 삼성동에 함께 자리 잡아 '선정릉'으로 불린다.

도쿠가와 이에야스 도요토미 히데요시 사후 세키가하라전투에서 동군을 지휘했다. 이 전투에서 승전해 에도 바쿠후를 개창하고 1대 쇼군이 된다.

일본 측은 국서를 보내 국교 재개를 요청하고, 왜란 당시 선릉과 정릉을 파헤쳤던 범릉적犯陵賊을 잡아 보내는 등 성의를 표시했다. 그러자 조선은 1607년선조 40 회답겸쇄환사回答兼刷還使란 이름으로 일본에 통신사를 파견해 국교를 재개했다. 회답겸쇄환사란 '일본이 보낸 국서에 답하고 왜란 당시 일본으로 끌려간 조선인을 쇄환해 오기 위한 사절단'이라는 뜻이 있다. 혹독한 내외 정세 때문에 만세불공지수에게 내키지 않는 사절을 파견해야 했던 조선의 고뇌와 딜레마가 담겨 있는 용어였다.

조선은 회답겸쇄환사를 파견하면서 '포로 쇄환'을 명분으로 내세웠지만 1643년인조 21까지 돌아온 포로는 6000여 명에 불과했다. 이와 달리 일본의 도쿠가와 바쿠후는 일본에 온 통신사의 존재를 정치적으로 활용했다. 즉 통신사를 새 정권의 정통성을 인정하는 '조공 사절'로, 통신사가 들고 온 조선 국왕의 선물을 '공물'로 선전했다. 이렇듯 바쿠후가 통신사를 자신의 정치적 권위를 드러내는 수단으로 이용하는 바람에 일본 일각에서는 조선을 '조공국'으로 여기는 인식도 등장했다.

조선에서는 임진왜란을 계기로 일본을 향한 적개심이 커졌지만, 전쟁 이후의 복잡한 동아시아 정세 속에서 일본을 포용하는 태도를 취할 수밖에 없었다. 더욱이 17세기 초, 후금의 위세가 커지면서 대일 정책의 기조는 더욱 유화적인 방향으로 흘러갈 수밖에 없었다. 정묘호란·병자호란의 위기 상황에서 일본과의 관계마저 대결 구도로 몰아갈 수 없었기 때문이다. 요컨대 일본은 임진왜란을 도발해 조선에 막심한 피해를 안긴 원죄가 있었음에도 불구하고, 전쟁 이후 대륙 정세가 또다시 격동하는 상황을 맞아 어부지리를 챙긴 셈이다.

건국 직후부터 조선과 명의 관계는 각별했다. 조선은 명을 대국이자 상국으로 섬겼을 뿐 아니라 '명의 가장 충순한 번국'으로 자임했다. 명 또한 그 같은 조선을 인정해 다른 조공국과는 비교가 안 될 정도로 후하게 대접했다. 16세기 이후에도 상황은 달라지지 않았

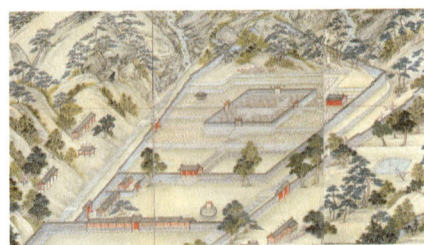
동궐도 중에서 대보단 임진왜란 때 도움을 주었던 명 만력제의 은혜를 추모하기 위해 만든 제단. 명이 망해도 의를 지켜야 하며 만주족의 청에 불복한다는 뜻이 담겨 있기도 하다.

다. 조선 지식인의 존숭 의식은 더욱 깊어져서 명과 조선을 '부자 관계'이자 '한집안'으로 인식할 정도였다.

전쟁 전부터 이처럼 모화慕華 의식이 커지고 있던 참에 임진왜란을 맞아 명이 원군을 보낸 것은 조선과 명의 관계를 질적으로 변화시키는 계기가 됐다. 1593년 1월 평양전투의 승리는 절체절명의 위기에 처해 있던 조선 지배층에게 '재조지은再造之恩', 즉 망해 가던 나라를 다시 세워 준 은혜로 인식됐다. 이제 명은 '상국'이자 '부모국'인 동시에 종사를 구해 준 '은인'으로까지 추앙된다.

임진왜란 때 조선에 들어온 명군이 은인인 것만은 아니었다. 그들은 조선에 커다란 폐해를 끼치기도 했다. 무엇보다 문제가 된 것은 명군이 자행한 민폐였다. 당시 명군 지휘관들은 장졸들에게 군기를 확립하라고 강조했지만 거의 소용 없었다. 그들은 특히 전투에서 패했을 때, 조선의 관인이나 백성이 자신들의 요구를 제대로 수용하지 않는다고 판단할 때, 극심한 횡포를 부렸다. 곳곳에서 약탈·강간·폭행 등을 저질렀다. 벽제전투 패전 후 강화 협상이 다시 시작되고 일본군과의 결전을 포기하자, 명군이 저지르는 민폐는 더욱 심해졌다. 이 때문에 명군 주둔지 부근에 사는 조선 백성은 '낮에는 숲 속에 숨고 밤에만 이동한다.'고 할 정도였다. 명군의 폭행과 약탈이 두려웠기 때문이다. 명군이 자행하는 민폐가 제어할 수 없는 지경에까지 이르자 백성들 사이에서는 "명군은 참빗, 일본군은 얼레빗"이라는 말까지 돌았다. 일본군의 약탈이 듬성듬성한 얼레빗 수준이라면 명군의 약탈은 촘촘한 참빗이라는 뜻이다.

명군이 끼친 민폐가 극심했음에도 선조를 비롯한 조선 지배층은 명군의 참전과 원조를 조선이 결코 잊어서는 안 되는 절대적인 은혜로 추앙했다. 특히 선조는 임진왜란을 극복할 수 있었던 것은 전적으로 명군의 은혜 덕분이라고 강조했다. 선조는 전쟁이 끝난 뒤 논공행상할 때, 이순신 등 공을 세운 무장들을 제쳐 놓고 명에 청원사請援使로 다녀온 정곤

청 초기 수도 흥경노성(興京老城) 청 왕조의 발상지이다. 누르하치가 후금을 건국했을 때의 도성이기도 하다.

수를 일등 공신이자 원훈元勳으로 녹공했다. 그것은 이순신을 비롯해 백성 사이에서 영웅으로 떠오른 무장들의 활약과 공로를 상대적으로 축소하려는 의도였다. 선조는 왜란 초반 의주로 파천했을 뿐 아니라 전쟁 극복에 이렇다 할 활약이 없었다. 따라서 명군의 은혜를 강조하는 데에는 실추된 자신의 권위를 만회하려는 의도가 있었다.

조선 지배층이 명의 재조지은을 숭앙하고 그에 따르는 보답을 강조하는 것과 맞물려 임진왜란 이후 명은 조선에 시혜자라는 자부심을 노골적으로 드러냈다. 이는 조선에 보답을 바라는 태도로 이어졌다. 특히 전쟁이 끝난 후 재정 위기가 불거지고 누르하치의 군사적 위협이 커지자 그러한 태도를 노골적으로 드러냈다. 임진왜란 이후 조선에 왔던 명 사신들이 조선에서 수만 냥의 은을 뇌물로 받아 간 것, 광해군대 조선에서 원병을 끌어다가 후금과의 싸움에 투입하려 한 것은 대표적인 사례였다. 특히 조선을 이용해 후금을 견제하려 한 것은 전형적인 이이제이 정책이라고 할 수 있다.

한편 임진왜란을 계기로 명의 여진 통제력은 약화되었다. 요동에 있던 명군의 상당수가 조선에 참전해 일본군과 전투를 벌였기 때문이다. 누르하치는 명이 한눈 팔고 있는 사이 급속히 세력을 키웠다. 건주여진을 통일했을 뿐 아니라 주변의 해서여진까지 공략하면서 전쟁이 끝난 뒤 순식간에 만주 지역의 패자로 떠올랐다.

누르하치가 이끄는 건주여진의 세력이 급속히 커지자 조선은 두 가지 난제에 직면한다. 하나는 건주여진의 군사적 위협을 막아 내는 것이고, 다른 하나는 조선을 이용해 누르하치를 견제하려는 명의 이이제이책에 말려들지 않는 것이었다. 실제로 조선은 임진왜란 중에도 건주여진과 원만한 관계를 유지하려고 애썼다. 함경도 지역의 여진인에게 물자를 증여하는가 하면, 산삼을 캐려고 국경을 넘는 여진인을 살상하지 않으려 애썼다. 1595년에는 신충일을 건주여진의 수도인 흥경노성興京老城에 들여보내 그들 내부 사정을 정탐했다. 또 건주여진과의 사이에서 불거질 수 있는 갈등을 명을 통해 해결하려 하기도 했다. 이 같은 신중한 정책들은 광해군대에도 이어졌다.

17세기 초반 이후 명과 후금의 군사적 대결이 격화되자 조선의 입장은 더욱 난처해졌다. 명은 조선을 끌어들여 후금과 대결시키려 했고, 후금은 조선에 자신의 편을 들거나 최소한 중립을 지키라고 요구했다. 선택의 기로에 내몰린 조선 지배층은 재조지은에 대한 태도를 놓고 논란을 벌였다. 1618년^{광해군 10} 명이 후금을 공격하기로 하고 조선에 원병을 보내 협공하라고 촉구했을 때 논란은 극에 달했다. 당시 대다수 조야의 지식인들은 재조지은에 대한 보답을 명분으로 명의 요구를 받아들여야 한다고 강조했다. 광해군과 그의 외교 정책에 동조하는 측근들은 "후금과 원한이 없는 상황에서 그들과 원수가 될 수 없다."라는 명분을 내세워 출병에 반대했다. 하지만 광해군은 명의 압력과 재조지은을 내세운 내부의 채근에 떠밀려 원군을 파견할 수밖에 없었다. 결국 "재조지은을 베푼 명을 배신할 수는 없다."라는 것이 대세였던 셈이다.

급기야 1623년^{광해군 15} 인조와 서인은 정변 광해군을 몰아내고 정권을 장악했다^{인조반정}. 인조반정을 주도한 세력은 광해군이 내정에서 범한 실책과 더불어 명에 대한 배신을 정권 타도의 명분으로 내세웠다. 명에 대한 배신이란 다름 아닌 재조지은의 배신을 의미했다. 이후 인조 정권의 대외 정책은 자연스레 친명의 방향으로 기울고, 이 과정에서 후금과의 관계는 파열음을 낼 수밖에 없었다. 그 귀결은 정묘호란과 병자호란이었다.

조선의 지식인은 임진왜란을 통해 명에 대한 존숭 의식과 모화 관념을 신념처럼 굳혔다. 재조지은에 보답하는 것은 가장 중요한 조선의 의무로 떠올랐다. 그런데 임진왜란 이후 재조지은에 보답해야 한다는 신념은 명·청 교체의 현실과 불협화음을 낼 수밖에 없었다. 조선이 1636년^{인조 14} 병자호란이라는 참혹한 전란을 다시 겪은 배후에는 임진왜란이 원죄처럼 자리 잡고 있었던 것이다.

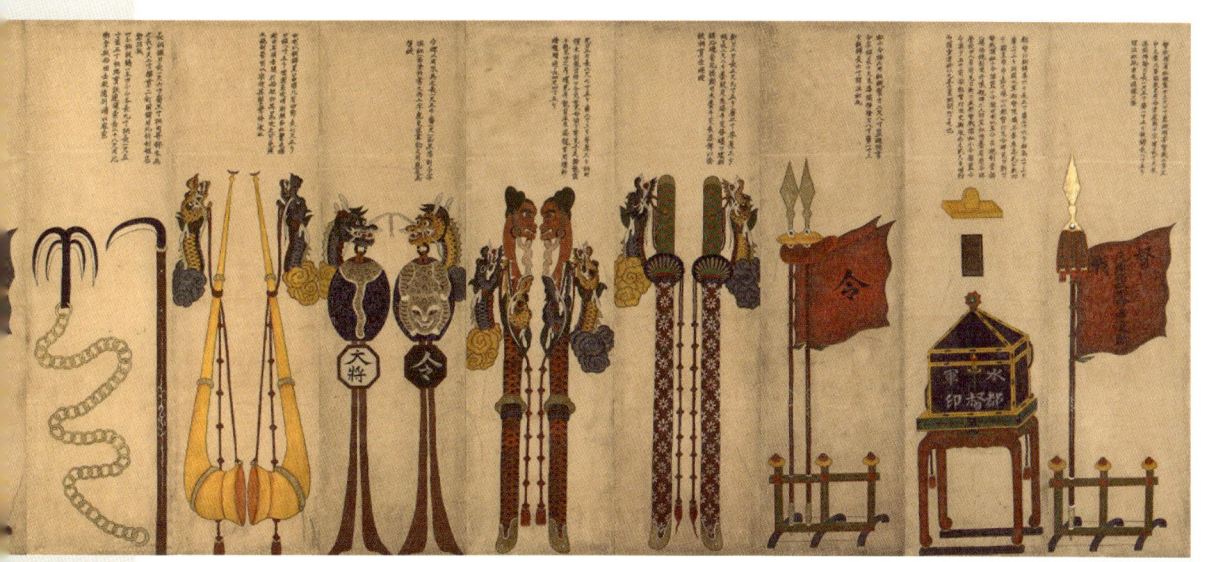

「충무공 팔사품도 병풍」 명의 만력제가 이순신에게 하사했다는 팔사품을 그린 8폭 병풍. 명 수군 도독 진린(陳璘)이 이순신의 탁월한 전략과 전공을 만력제에게 보고하자 도독인·호두령패·귀도·참도·독전기·홍소령기·남소령기·곡나팔을 내렸다.

동아시아
국제 질서에
거대한 변화가
일어나다

임진왜란은 일본의 조선에 대한 침략이자 동아시아의 패권국인 명에 던지는 정면 도전이었다. 그것은 도요토미가 명나라를 정벌한다는 '정명征明'과 중국으로 들어가겠다는 '당입唐入'을 운운한 데서 명확히 드러난다. 그런데 명은 임진왜란 시기 중화 질서에 도전한 일본에 확실한 군사적 우위를 점하지 못했다. 명군은 비록 평양 탈환 전투에서는 승리했지만 곧 이은 벽제전투에서 패배의 쓴맛을 봐야 했다. 일본군의 기세가 확연히 꺾인 정유재란에서도 명은 일본군을 압도하는 모습을 보여 주지 못했다.

벽제전투에서 패한 후 재개된 강화 협상이 지루하게 시간을 끌면서 명의 피로감은 가중됐다. 명은 일본군이 조선에서 완전히 철수하면 도요토미 히데요시를 일본 국왕으로 책봉해 주겠다는 조건을 제시했다. 거기에는 일본을 명 중심의 기존 질서, 즉 책봉 체제 속으로 끌어들이려는 의도가 담겨 있었다. 하지만 애초 명에 도전했던 일본은 호락호락하지 않았다. '황녀를 천황에게 하가할 것', '조선 영토를 할양할 것' 등을 요구해 명의 자존심을 건드리는 행위를 서슴지 않았다. 일본을 도전자가 아니라 '왜노倭奴' 운운하며 여전히 오랑캐로 하시하는 명의 태도와 명을 패권국이 아닌 정복의 대상으로 보는 일본의 태도 사이에서 타협의 여지를 찾기는 어려웠다. 이런 와중에 강화 협상은 결국 실패로 끝났다.

임진왜란이 끝난 뒤 명 내부에서는 "명군이 별다른 전과도 거두지 못하고 전비만 허비했다."라고 참전의 성과를 혹평하는 분위기가 나타났다. 명은 참전을 통해 조선에는 은인으로 군림할 수 있었지만, 일본에는 대국의 위신을 실추한 것이다. 그 같은 상황에서 명 또한 일본에 불쾌감을 품게 됐고, 이는 전쟁이 끝난 뒤 일본을 무시하는 정책으로 이어진 것으로 보인다.

실제로 도쿠가와 바쿠후는 1600년선조33 이후 여러 경로를 통해 국교를 정상화하고 감합무역을 재개하는 방안을 명에 타진했으나 명은 이를 무시하는 자세를 보였다. 오히려 명은 자국의 연해 지역 상인이 바다로 나가 일본 상인과 접촉하는 것을 엄격히 금지했다.

만주까지 넘보는 가토 기요마사 임진왜란 뒤 에도 시대를 맞은 일본은 평화를 추구했지만 임진왜란을 적극적으로 평가하는 그림도 그렸다. 만주를 차지했던 발해를 일본군이 공략하는 내용의 「마사키요 발해국 정벌전쟁도」. 마사키요는 가토 기요마사를 가리키는 이름이다.

또 일부 신료는 천진·산동·절강·복건·광동 등 연해 지역의 방어 태세를 재정비해 일본의 침략에 대비하자고 촉구했다. 명이 임진왜란 이후 일본과의 교섭을 거부했으나 일본의 군사적 위협에는 상당히 우려하고 있었음을 암시하는 대목이다.

임진왜란 이후 명과 일본의 접촉은 단절되었지만 시간이 지나 명·청 교체의 흐름이 굳어지면서 변화의 조짐이 나타났다. 일본은 명에 조공로를 확보하려 했으며, 주요 루트인 요동로가 후금 때문에 단절되는 상황에 위기의식을 느꼈다. 바로 이와 같은 배경에서 1627년[인조 5] 정묘호란, 1636년 병자호란이 일어났을 때 일본은 조선에 지원병을 파견하겠다는 제안을 내놓기도 했다.

17세기 초 명은 후금의 군사적 도전에 밀려 수세에 처했다. 그래서 임진왜란 직후의 태도와는 달리 명은 후금을 견제하는 카드로서 일본의 존재에 주목하게 된다. 1633년[인조 11] 명은 후금의 위협에 시달리고 있던 조선으로 하여금 일본에 원조를 청하라고 종용한 바 있다. 1638년[인조 16] 무렵에는 명이 청을 견제하려고 일본에 군사 원조를 요청했다는 풍문이 돌았다. 급기야 청이 북경을 차지한 후인 1645년[인조 23]과 1646년, 남명(南明) 정권[1]과 정지룡(鄭芝龍)[2] 등은 청을 공격해 명을 회복하는 데 필요한 원병을 보내 달라고 일본 바쿠후에 요청하기에 이르렀다. 명이 멸망한 뒤 명 왕조를 회복하려고 도모하던 반청 세력들이 결국 임진왜란의 적이었던 일본에 손을 내밀었던 것이다.

한편 후금과 일본도 임진왜란을 계기로 서로의 존재를 의식하기 시작했다. 그것은 1592년 함경도로 진입한 가토 기요마사가 두만강을 건너가 여진 부락을 공략한 데서 비롯됐다. 이어 17세기 초반 병자호란으로 조선 침략에 성공하자 일본을 향한 청의 관심이 더 높아졌다. 청은 인조에게 항복을 받은 뒤 "일본과의 교역을 계속하고 일본 사신을 청으로 데려오라."라고 요구

[1] **남명 정권** 명이 멸망한 뒤 황실 계통의 일족이 화중(華中)·화남(華南)에 세운 지방 정권(1644~1662).
[2] **정지룡** 복건 출신으로 명 조정의 부름을 받아 해상무역으로 거부가 된 자. 명이 망하자 부흥 운동을 벌이다가 청군에 항복했지만, 그의 아들 정성공은 대만을 거점으로 반청 운동을 계속했다.

했다. 또 일본 관련 정보를 수시로 보고하라고 요구하기도 했다. 조선은 이 같은 요구에 고민하면서도 그 상황을 자국에 유리한 쪽으로 활용하고자 했다. 병자호란 이후 청은 조선의 군비 강화를 엄격히 금지하고 있었다. 바로 이때 조선은 일본의 침략이 우려된다는 점을 내세워 군비 확장을 도모했다. 또 조선 일각에서는 일본과의 우호 관계를 확고히 하고, 나아가 일본을 이용해 청을 견제하자는 주장이 제기되기도 했다.

일본 바쿠후의 지식인들은 1644년^{인조 22} 명이 망하고 청이 중원을 차지한 사태를 '화이변태^{華夷變態}'라고 부르며 기존의 중화인 명이 사라지고 오랑캐 청이 중원을 차지하게 된 대격변을 풍유했다. 요컨대 임진왜란 이후 동아시아에서는 기존 질서 속에서 각각 중화와 소중화로 자임하던 명과 조선의 위상과 오랑캐 국가로 치부되던 청과 일본의 위상이 뒤바뀌는 대변혁이 일어나고 있었던 것이다.

조선한테 뺨 맞고 서양 세력에 화풀이? 반(反) 에도 바쿠후 세력의 집결지인 조슈 번이 영국과 프랑스 연합군을 상대로 벌인 시모노세키전투와 임진왜란을 비교해 풍자한 「삼한 정벌도」(1863). 오른쪽에서 가토 기요마사가 서양 함선에 포탄이 명중하는 모습을 보며 전투를 지휘하고 있다.

16세기의 초점

인포그래픽으로 보는 임진왜란

일본의 진격

고니시 유키나가가 이끄는 제1군이 새벽에 대마도를 출발해 오후 5시경 부산진 앞바다에 도착했다. 7년간의 전쟁이 시작되는 순간이었다.

일본군은 전라도로 진출해 황해를 장악함으로써 보급로를 확보하려는 전략을 펼쳤다. 권율과 이순신은 같은 날 충청도 이치와 한산도 앞바다에서 일본군을 격파함으로써 육지와 바다에서 동시에 일본군의 전략을 좌절시켰다.

조승훈이 평양전투에서 패하자 위기의식을 느낀 명이 마침내 대군을 파견해 본격적으로 참전했다. 이로써 임진왜란은 일본의 조선 침략 전쟁으로부터 동아시아 3국이 국운을 걸고 맞붙는 국제전으로 비화하게 되었다.

군사력 비교

조선
- 개전 당시 8만 4000여 명
- 개전 1년 후 17만 5000여 명

명
- 1차 원병 (1592~1593) 5만 4000여 명
- 2차 원병 (1597~1598) 10만여 명

일본
- 1차 침입 (1592~1593) 약 16만~23만 5000여 명
- 2차 침입 (1597~1598) 약 14만 1000여 명

1592년

	날짜	사건
①	4월 13일	고니시 유키나가 제1군 부산 침공
①	4월 14일	부산진 함락
①	4월 15일	동래성 함락
②	4월 18일	가토 기요마사 제2군 부산 상륙
③	4월 19일	구로다 나가마사 제3군 김해 상륙
③	4월 24일	이일, 상주전투 패배
④	4월 28일	신립, 서울 사수 위한 탄금대전투 패배
⑤	5월 2일	개전한 지 보름 만에 한성 함락
⑥	6월 6일	한성 수복 위한 용인 전투에서 관군 패배
⑦	6월 15일	평양 함락
⑧	7월	명, 조승훈의 요동 병력 3500명 급파
⑨	7월 8일	이순신, 한산대첩
⑩		권율, 이치대첩
⑦	7월 17일	조승훈, 제1차 평양성 전투 패배
⑪	7월 24일	임해군과 순화군, 일본군에 포로로 잡힘
⑫	7월 27일	의병장 권응수, 영천 성전투 승리
⑦	8월 1일	이원익, 제2차 평양성 전투 패배
⑩	8월 18일	금산전투에서 의병장 조헌 등 전사
①	9월 1일	부산포해전
⑦		명 심유경-일본 고니시 유키나가, 휴전에 합의
⑬	9월 16일	의병장 정문부, 함경도 경성 탈환
⑭	10월 10일	김시민, 진주대첩
⑧	12월 25일	이여송 도독이 이끄는 명 지원군 5만 1000여 명 참전

16세기―성리학 유토피아

조선과 명의 반격

1593년
사건	날짜	
평양성 탈환	1월 6~9일	❶
개성 탈환: 평안·황해·경기·강원 등 4도 회복	1월 하순	❷
이여송, 벽제관전투 패배	1월 27일	❸
권율, 행주대첩	2월 12일	❹
이여송 평양 퇴각	2월 18일	❶
일본군 한성 철수	4월 18일	❺
제2차 진주성전투, 조선군 패배	6월 22일	❻
이순신, 삼도수군통제사 취임	8월 30일	❼

1594년
1차 장문포해전(최초의 수륙 합동 작전)	9월 29일	❽

1595년
도요토미 히데요시 책봉사 한성 도착	4월 28일	❺

1596년
도요토미 히데요시, 오사카성에서 명 사신 접견 후 강화 파기	9월 2일	❾

1597년
사헌부, 이순신 탄핵	2월 4일	❺
도요토미 히데요시, 재침 계획 하달	2월 22일	❾
칠천량해전	7월 16일	❿
이순신, 삼도수군통제사 재취임	7월 22일	❼
직산전투	9월 7일	⓫
명량해전	9월 16일	⓬
정기룡, 보은전투에서 가토 기요마사 격파	9월 28일	⓭
울산성전투	12월 23일 ~1월 3일	⓮

1598년
진린과 유정이 이끄는 명 추가 병력 도착	5월 16일	⓯
노량해전에서 이순신 전사	11월 19일	⓰
일본군 전면 철수	12월	⓱

조선과 명의 연합군은 제3차 평양전투에서 고니시 유키나가가 이끄는 일본군 2000여 명을 전사시키고 승리했다. 평양성을 되찾음으로써 조·명 연합군은 전세를 반전시킬 결정적인 계기를 마련했다.

정유재란 때 일본군은 한성을 목표로 수륙 병진 작전을 펼쳤다. 파죽지세로 북상하던 일본 육군 선봉대는 충청도 직산에서 명군을 맞아 패퇴하면서 기세가 꺾였다. 칠천량해전 이후 서진하던 일본 수군이 명량해전에서 참패하면서 수륙 병진 작전은 좌절했다.

도요토미 히데요시의 사망 후 철수 명령이 내리자 일본군은 안전하게 귀국하기 위해 명군과 타협을 모색했다. 이에 이순신은 노량에서 적군을 섬멸하기 위한 일대 회전을 벌였다. 조선 수군은 대승을 거뒀으나 이순신은 적탄에 맞아 장렬히 전사했다.

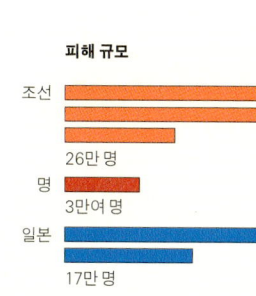

피해 규모
- 조선: 26만 명
- 명: 3만여 명
- 일본: 17만 명

피폐한 조선

전쟁 직전 정부가 파악한 수치
- 인구: 1000만
- 토지: 500만 결

전쟁 직후 정부가 파악한 수치
- 인구: 150만
- 토지: 50여만 결

16세기의 창 窓 A Graphic View of History

임진왜란이 연 세라믹 로드
동서 도자 교류와 청화백자

독일 드레스덴
1709년(숙종 35) 독일 작센 왕국의 수도 드레스덴 교외의 마이센 가마에서 유럽 최초의 자기를 만드는 데 성공했다. 1725년(영조 1)에는 청화자기, 채회자기도 만들기 시작했다.

조선 경기 분원

경기도 광주 금사리 가마터

1467년(세조 13)부터 왕실·관청용 백자가 경기도 광주 일대 분원(分院) 관요(官窯)에서 제작되었다. 이곳에서는 순백자, 청화백자, 명문(銘文)백자 등 다양한 백자가 출토되었다.

유럽 기타 지역
18세기 들어 중국 자기를 동경하는 데 머물지 않고 자체적으로 만들기 시작했다. 1716년(숙종 42) 오스트리아 빈, 1717년 이탈리아 베네치아, 1735년(영조 11) 피렌체, 1737년 덴마크 코펜하겐, 1743년 러시아 상트페테르부르크에서도 자기를 생산했다.

중국 징더전(景德鎭) 어기창

징더전 가마 내부

장시 성 포양 호 동쪽 기슭에 있으며, 한 대부터 도자기를 구운 곳. 명·청대에 걸쳐 관요(궁정용품을 굽는 가마)를 짓고 중국 최고의 제품을 생산했다. 청화백자의 동서 도자 교류가 여기에서 시작했다.

청화백자의 시대
티 없이 맑은 백자는 오늘날에도 모든 사람들이 가장 좋아하는 그릇이다. 백자는 청자와 달리 태토 속 철분이 완벽하게 제거된 백토, '카올린(Kaolin)'이라 불리는 고령토가 아니면 만들 수 없다. 이 백자는 코발트 안료인 청화와 함께 발전하면서 오랜 생명을 갖게 되었고 청화를 이용해 문양을 마음껏 구사할 수 있게 되었다. 16세기 대항해시대의 개막과 더불어 중국 징더전의 청화백자는 유럽 전역으로 퍼져 17~18세기 유럽의 중국 취미, 즉 시누아즈리(Chinoiserie) 유행의 밑바탕이 되었으며, 오늘날도 청화백자의 시대라고 말할 수 있다.

바닷속 타임캡슐

청화백자접시

1614년(광해군 6) 네덜란드 동인도회사의 비테르호가 세인트헬레나 섬에서 포르투갈 선박에 의해 침몰되었다. 이 배에서 다량의 중국 청화백자가 나와 동서 도자 교류의 이야기를 전해 준다.

16세기 유라시아 각국에서 중국 자기는 높은 신분의 상징일 정도로 그 인기가 높았지만, 절대량에는 한계가 있었다. 그래서 중국에 의지하지 않고 자체 제작하려는 시도가 아시아와 유럽 각지에서 이루어졌다. 그러나 당시 자기 제작은 중국과 조선이 독점하고 있었고 임진왜란이 일어나 조선 도공이 일본으로 끌려가면서 동서 도자 교류의 역사는 새로운 막을 열게 되었다.

일본 이즈미야마(泉山)

규슈 지역은 일본 도자사에서 '히젠(肥前)'으로 더 많이 불린다. 이곳은 17세기 이후 일본 최대 자기 생산지로 수출을 주도했다. 여기에는 임진왜란 때 끌려간 조선 장인의 도움이 컸다.

각 지역의 자기 생산 시기

지역	시작	현재
중국	3세기경	현재
한국	10세기경	현재
일본	17세기경	현재
유럽	18세기경	현재

이삼평과 아리타 자기

자기를 만들지 못한 채 한국과 중국에서 도자기를 수입해 사용하던 일본은 17세기 들어 조선 장인의 손으로 백자를 만들기 시작했다. 그들은 대부분 임진왜란 때 납치되어 자신의 의지와 상관없이 자기를 만들었다. 그들은 일본인 도공보다 기술적 우위를 보이며 주로 규슈 일대에서 활약했다. 그들 가운데 가장 주목받은 인물이 이삼평이다. 그는 일본 자기의 발상지로 일컬어지는 아리타에서 활약했고, 1616년 자기를 구울 수 있는 원료인 이즈미야마 도석을 발견해 일본 자기사에 한 획을 그었다. 이에 아리타 주민은 그를 찬양하며 기념비를 세웠다.

이삼평비

『조선왕조실록』에 나타난 외래 도자

1383년 (우왕 9)
『효종실록』 권 15
6년 7월 을미조
태종이 국자박사로 있을 때 사용하던 청화잔을 태종 즉위 후 성균관에 하사.

1418년 (세종 즉위)
『세종실록』 권 1
즉위년 8월 신묘조
명의 청자기, 청화자기 등이 유구로부터 조공품으로 왕실에 전래됨.

1423년 (세종 5)
『세종실록』 권 19
5년 정월 경술조
명의 청화자기가 일본으로부터 조공품으로 왕실에 전래됨.

1428년 (세종 10)
『세종실록』 권 41
10년 7월 기미조
명 선덕제의 하사품인 청화자기를 사신 윤봉이 왕실에 전함.

1429년 (세종 11)
『세종실록』 권 46
11년 11월 갑진조
명의 하사품인 청화자기를 사신 김만이 왕실에 전함.

1430년 (세종 12)
『세종실록』 권 49
12년 7월 을묘조
명 사신이 청화자기를 하사품으로 전달함.

1450년 (문종 즉위)
『문종실록』 권 3
즉위년 8월 병신조
명 사신 정선과 윤봉이 청화자기를 왕실에 전함.

청자에서 백자로

조선 건국과 함께 화려한 청자보다는 사대부의 검소함을 드러낼 새로운 그릇이 필요했다. 때마침 명이 징더전에서 빚어 세계 도자의 흐름이 바뀌는 것을 알린 백자는 조선에게도 그 품격에 맞는 새 시대의 자기로 선택받았다.

- 색깔
- 태토·유약
- 철분 + 환원염(還元焰) = 청록색
- 철분 + 산화염(酸化焰) = 황록색, 황갈색

청자(靑磁)의 발달

청록색을 띠는 자기의 일종. 태토에 철분이 포함되고 유약에도 미량의 철분이 있어 환원염(還元焰)으로 번조하면 청록색을 띠고 산화염(酸化焰)으로 번조하면 황록색과 황갈색을 띠게 된다. 중국의 회유(灰釉)에서 발달한 것으로 중국 후한(後漢)과 위진(魏晉) 시대에는 회녹색을 띤 원시 청자가 절강성(浙江省) 월주(越州) 지방을 중심으로 성행하여 고월자(古越磁)라고 불렸다. 이후 당에 이르러서는 월주요를 비롯한 각지의 요지에서 비색청자(秘色靑磁)가 제작되었고 송대에 이르러서는 용천요, 요주요, 여요 등에서 우수한 청자를 제작하게 되었다. 우리나라는 중국의 청자 기술을 받아들여 고려 초부터 청자를 만들기 시작했으며, 12세기에는 중국에서도 감탄할 정도의 세련되고 아름다운 비색청자(翡色靑磁)를 완성하게 된다. 특히 고려 상감청자(象嵌靑磁)의 완성은 도자사상 유례없는 훌륭한 업적이라고 할 만하다.

문양
- 모란당초문
- 운학문
- 포류수금문
- 포도동자문

정의
푸른빛이 나는 자기. 비취색.

제작(유행) 시기
고려 시대.

대표 이념
불교·귀족 문화.

태토
2차 점토
(불순물이 많이 함유된 점토가 주성분)
수비를 얼마만큼 하느냐에 따라 순수하고 고운 태토를 지닐 수 있음.

유약(釉藥)
철분이 13% 들어있는 장석질(長石質) 유약.

제작 기술(번조 온도)
섭씨 1,250도.

대표 기형(그릇의 종류)
완, 접시, 발, 매병, 주자, 향로, 정병.

문양 소재
연판문, 앵무문, 연당초문, 모란당초문, 운학문, 포류수금문, 포도동자문.

장식(시문) 기법
음각, 압출양각, 상감, 상형, 철화, 동화.

주요 제작지(가마터)
전라남도 강진, 전라북도 부안.
'자기소(磁器所)' 체제·'부곡(部曲)' 형태로 운영.

특징
색과 문양의 완벽함, 고귀함, 장식성 추구.

대표 유물
청자상감운학문매병. 고려, 12세기, 높이 30.1센티미터. 국립중앙박물관 소장.

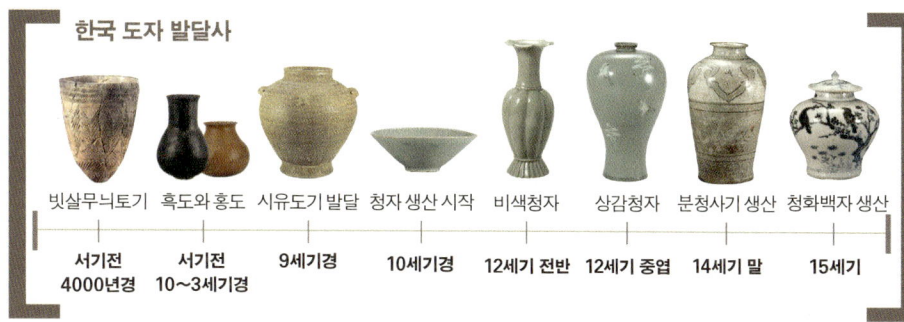

한국 도자 발달사

빗살무늬토기	흑도와 홍도	시유도기 발달	청자 생산 시작	비색청자	상감청자	분청사기 생산	청화백자 생산
서기전 4000년경	서기전 10~3세기경	9세기경	10세기경	12세기 전반	12세기 중엽	14세기 말	15세기

정의
바탕색이 흰자기.

제작(유행) 시기
조선 시대.

대표 이념
유교·사대부 문화.

태토
고령토
(순도가 가장 높은 백토)
청자를 만드는 흙보다 더 높은 온도에서도
터지지 않아 아주 단단한 그릇을 만들 수 있음.

유약(釉藥)
무색투명의 유약.

제작기술(번조 온도)
섭씨 1,300도 이상.

대표 기형(그릇의 종류)
대접, 접시, 발, 병, 호, 제기.

문양 소재
사군자문, 운룡문,
산수문, 길상문.

장식(시문) 기법
상감, 청화,
철화, 동화.

주요 제작지(가마터)
경기도 광주.
관요 설치.
사옹원의 분원.

특징
검약과 순수의 상징으로
가능한 한 장식 배제.
완벽보다는 자연 그대로의
모습을 우선시함.

대표 유물
백자병.
조선, 15세기, 높이 36.2센티미터.
국립중앙박물관 소장.

백자(白磁)의 발달

백색의 자기(磁器). 고령토(高嶺土)와 같은 순백의 태토에 투명유를 씌워 번조해 만들어진 우수한 백자 외에도 태토나 유약의 성분에 따라 다른 유색의 백자가 있다. 그 차이는 시대와 지방에 따라 다르기도 하다. 품질도 정교한 것에서부터 거친 것에 이르기까지 다양하다. 조선 백자는 초기에 중국 강서성(江西省) 징더전(景德鎭) 백자의 영향을 받았으나, 곧 조선 고유의 양식을 지니게 되었다. 세종 연간의 백자는 왕이 전용(專用)하고, 세종 7년(1425)에는 중국 명 황제 홍희제(洪熙帝)가 요구할 정도로 정교하고 세련된 수준이었다. 세조(世祖, 1455~1468) 연간부터는 백자의 사용이 확산되어 부유한 계층에서도 질 좋은 백자를 사용했다. 왕실의 의기(儀器)와 태항아리[胎壺]를 비롯해 일반 백성의 생활용기 등 조선 시대 백자의 용도는 다양했다.

문양

사군자문 | 운룡문
산수문 | 길상문

색깔

고령토(高嶺土) + 유약(철분) + 🔥 = 유백색 / 회백색 / 설백색 / 청백색

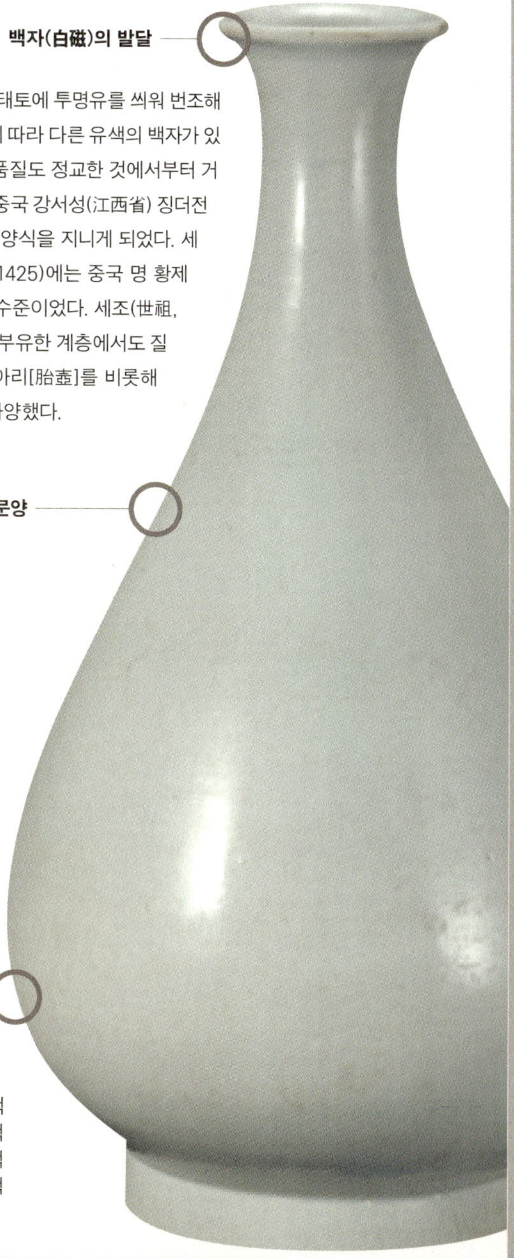

청화백자가 조선을 꽃피우다

청화백자의 발전과 시기별 특징

청화백자매죽문호

홍치2년명 청화백자송죽문호

조선 청화백자는 공예·도안적 문양 요소를 벗어나 회화성이 짙은 문양이 그려지기 시작했다.

청화백자매조죽문호

왕의 권위와 위엄을 상징하는 용 무늬도 청화 안료가 아닌 철화 안료로 그렸다.

백자철화운룡문호

15~16세기

청화백자의 탄생

15세기의 획기적인 변화는 청화백자의 제작이다. 회회청(回回靑)이라는 안료로 도서화 화원이 왕명을 받고 도자기에 그림을 그려 만든 터라 이 시기 청화백자는 아무나 사용할 수 없었다. 16세기는 청화백자가 본격적으로 생산되어 중국 청화백자의 공예, 도안적 요소에서 벗어나 회화적인 문양으로 발전했다.

청화백자보상화당초문호

청화백자매죽문호

17세기

사라진 청화백자

연이은 전쟁으로 피폐해진 경제와 명·청 교체기의 혼란으로 회회청 수입이 어려워지자, 조선 땅 어디서나 쉽게 구할 수 있는 산화철 안료를 사용해 철화백자를 만들었다. 왕실 의례용기조차 청화백자가 아닌 철화백자로 만들었다.

도기와 자기

도자기는 흙으로 빚어 높은 열에 구워서 만든 그릇으로 흙의 종류, 굽는 온도와 환경 등에 의해 다양하게 제작된다. 도자기는 유리와 같은 표면을 갖느냐 아니냐에 따라 도기와 자기로 구분할 수 있다. 유럽인이 실용적이고 아름다운 자기를 쓰게 된 것은 18세기 이후의 일이다. 그 이전에 자기를 만들어 사용한 곳은 중국과 한국뿐이었다.

약 15,000년 도기
약 2,000년 자기

도기와 자기의 생산

이란 도기

청나라분채자기

안료와 문양

- 코발트 (Co) → 청화 문양
- 철 (Fe) → 철화 문양
- 동 (Cu) → 동화 문양

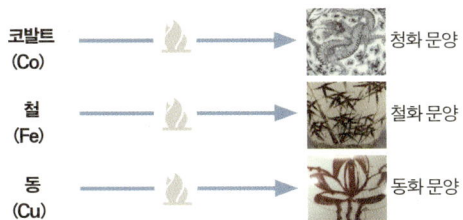

배 부분이 볼록한 형태는 17세기가 되어 유행하며, 위엄보다는 해학적인 모습의 용으로 묘사되고 있다.

백자철화운룡문호

청화백자난초문호 / 청화백자도석인물문호

18~19세기

다시 꽃핀 청화백자

전후 복구를 완료하고 조선 최고의 자기 생산을 후원했던 숙종~정조 연간 125년은 조선 백자의 황금기였다. 경기도 광주 금사리와 분원리에 분원이 차례로 정착되면서 17세기에 거의 생산되지 않은 청화백자가 다시 제작되어 크게 유행했다. 왕실뿐 아니라 사대부 취향의 그릇도 다수 제작되었다. 장식 문양도 운룡문, 사군자, 초충문 외에 산수문이 새롭게 등장하고 각종 길상문이 시문되었다. 특히 청화 안료와 함께 동화 안료로 채색하는 장식적 경향이 두드러졌다.

백자철화운룡문호

백자철화운룡문호

청자백자산수문호

동채도형연적

[달항아리]

백자 달항아리는 17세기 이후 만들어지기 시작해 18세기 전반 경기도 광주 금사리 가마에서 만들어진다. '달항아리'라는 명칭은 둥근 달을 연상시킨다고 하여 높이 40센티미터가 넘는 백자 항아리에 붙이는 이름이다. 커다란 대접을 두 개 만든 다음 이것을 잇대어 둥글게 만들었다. 때문에 모든 달항아리에는 가운데 이은 자국이 있고 이로 인해 달항아리의 둥근 선은 정형화된 원이 아니라 둥글고 넉넉한 멋을 지니고 있다.

백자달항아리

생활 속의 예술, 백자

백자는 식사할 때나 공부할 때, 또 제사를 지낼 때까지도 없어서는 안 될 생활용기였다. 그런가 하면 주거와 생활 환경을 아름답게 장식하기 위한 예술품으로서도 손색이 없었다.

백자는 생활의 반려

반상기(飯床器) - 식생활의 동반자

왕실과 사대부가에서 매일 사용하는 대접, 접시, 반합, 병, 항아리 등의 그릇은 백자로 만들어졌다. 조선 백자는 신흥의 기운이 넘치는 당당한 모습과 함께 튼튼한 실용성도 갖추었으며, 성리학자 내면의 정신세계를 반영한 순백의 백자는 깨끗한 느낌으로 음식을 더욱 정갈해 보이게 했다.

 백자대접
 백자병

제기(祭器) - 인과 예를 담다

조선은 의례나 예절을 중시해 각종 국가 제사, 왕실 의례 등 수많은 행사를 '오례(伍禮)'로 체계화해 시행했다. 의례를 행하는 데 없어서는 안 될 의례용기, 즉 제기는 국가 의례 행사를 수행하는 직접적 매체로 왕실의 권위와 명분을 나타내는 중요한 수단이었으므로 「제기도설」을 따로 만들어 이에 맞게 제기를 제작·사용했다.

 「제기도설」 중산뢰
 청화백자 산뢰

*산뢰: 조선 시대 길례(吉禮)에 사용하는 제기로 산과 구름, 뇌문(雷文)이 그려진 술항아리이다.

용준(龍樽) - 왕의 권위를 상징하는 항아리

조선 시대 왕실의 크고 작은 연례(宴禮)와 제례(祭禮)에서 술을 담거나 꽃을 꽂아 장식할 때 사용하는 의례용 항아리를 용준이라 한다. 높고 어깨가 넓은 대형 백자항아리 표면에 청화 안료로 용 문양을 그려 넣은 것이 전형적이다. 용 문양은 장식 효과뿐 아니라 그릇을 쓰는 사람의 권위나 신성함을 상징한다. 즉 왕의 절대적인 권위와 위엄을 상징한 것이다.

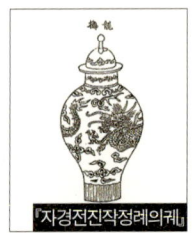 『자경전진작정례의궤』
 청화백자용준

태항아리(胎壺)와 명기(明器) - 탄생과 죽음을 담다

조선 왕실은 태와 관련된 절차를 중요시했다. 태항아리는 태를 담는 항아리로 태와 관련된 인물의 정보를 담은 태지석과 함께 묻힌다. 명기는 왕실과 지배층에서 사용한 유교적 의례품으로, 순백자로 기명(器皿), 인물상 등을 작게 만들어 묘지석과 함께 부장했다.

 백자태항아리와 태지
 백자명기

「경현당석연도(景賢堂錫宴圖)」
1720년에 완성된 숙종의 『기해기사첩(己亥耆社帖)』에 수록된 내용으로 주정(酒亭) 위에 청화백자용준이 올려진 모습이 그려져 있다. 그림 상단의 청화용준은 꽃을 꽂아 장식했고 하단의 용준은 꽃을 꽂지 않았다. 전자는 화준의 용도로, 후자는 꽃을 꽂는 화준의 용도가 아닌 술을 담거나 진설의 목적으로 쓰인 것으로 보인다.

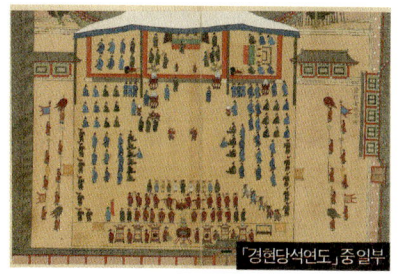
「경현당석연도」중 일부

청화백자필통

청화백자연적

문방구 - 선비와 백자

성리학으로 무장한 조선 시대 선비는 유학을 공부해 학문과 도덕으로 자신을 수양할 뿐 아니라 시·서·화로 정서를 형상화하는 예술가이기도 했다. 그들의 학문 생활의 동반자인 연적, 필통, 필가 등에서 아취가 느껴지는 것은 당연하다. 백자 문방구는 선비의 미감을 반영함과 더불어 학문에 전념하게 하는 기능적 역할도 겸한 것이라 할 수 있다.

청화백자는 예술의 정화

아무런 장식 문양이 없는 순백의 백자가 조선 백자의 이상으로 출발했지만, 맑은 청색으로 간결한 그림을 그린 청화백자는 조선 백자의 또 다른 이상이었다. 백자 위의 푸른색 그림을 위한 청화 안료의 구입이나 그림을 그리는 일은 전담 부서인 화원에 의해 이루어졌다. 간혹 그릇을 주문하기 위해 분원을 방문한 사대부 문인들이 직접 그릇의 표면에 시나 그림을 남겨 놓기도 했다.

회화와 도자의 만남 - 사군자문, 산수문

조선 초기의 청화백자에는 명의 영향으로 문양과 구도가 형식적이고 장식적인 무늬가 그려졌으나, 곧 조선적인 정취와 격조를 보여 주는 회화적 무늬로 발전했다. 사대부의 미감에 맞는 문인화가 백자의 흰 바탕 위에 그려지기도 했다. 사대부가 완상하던 묵죽·묵매·묵란 등의 사군자가 시문되거나 소상팔경문을 근간으로 한 산수문이 그려지기도 했다. 이들은 회화에서 공통적으로 보이는 소재이다.

청화백자산수문접시

청화백자매죽문호

위엄과 해학 - 운룡문, 길상문

왕의 권위를 상징하는 조선 백자의 용 문양은 처음에 명의 운룡문과 유사하게 표현되었지만, 점차 조선식 운룡문 표현이 등장하면서 해학미가 깃들게 된다. 특히 철화백자에 그려진 운룡문은 그 특징이 더욱 강조된다. 백자에 장식하는 문양은 점점 다양해지는데, 모두 길상(吉祥)의 의미를 지닌 문양들이다. 불수감·박쥐·학·사슴·거북 등을 그려 장수, 행복의 소망을 담았다. 이처럼 상상 속의 동물이나 주변의 동식물에도 의미를 부여해 생활을 윤택하고 풍요롭게 했다.

철화백자운룡문호

청화백자장생문호

16세기를 나가며

16세기에 활약한 국가들
16세기를 이끌고 간 인물들
16세기에 처음 나온 물건들
참고 문헌
찾아보기
도움을 준 분들
'민음 한국사'를 펴내며

16세기에 활약한 국가들

1 _ 조선 | 1392~1910 | 제10대 연산군으로 시작해 제14대 선조의 치세로 마무리된다. 이 시기에 중종반정(1506)이 일어나고 세 차례의 사화(1504년 갑자사화, 1519년 기묘사화, 1545년 을사사화)가 발생해 적잖은 사림이 희생되었다. 그러나 사림은 토지, 서원, 향약 등을 활용해 향촌에서 세력을 다진 뒤 결국 중앙 정계에서 주도권을 잡는다. 그 후 동서 분당으로 붕당정치가 시작되었다. 1592년 임진왜란이 일어나 1598년까지 계속된다. 조선은 폐허가 된 채 16세기를 마무리한다.

2 _ [중국] 명 | 1368~1644 | 16세기에 쇠락의 길을 걸었다. 16세기 들어 환관에게 정치를 맡기거나 도교를 지나치게 믿어 국고를 탕진하는 황제가 연이어 나타났다. 이로 인해 나라 살림이 피폐해졌다. 이에 더해 몽골족이 북쪽에서, 왜구가 남동쪽 해안으로 거듭 침입하며 명을 괴롭혔다. 16세기 후반 장거정이 불필요한 재정 지출을 줄이고 일조편법(여러 세목으로 나뉘어 번잡했던 세금을 통합해 현물 대신 은으로 납부하게 한 제도)을 시행하는 등의 개혁을 시도했다. 그러나 장거정 사후 환관들이 다시 정치를 쥐락펴락하면서 명은 쇠퇴했다. 그 결과 각지에서 내란이 일어나고, 임진왜란에 참전하면서 재정 문제는 더 심각해졌다. 이처럼 명이 힘을 잃어 가는 틈을 타 만주에서 누르하치를 중심으로 한 여진족이 세력을 키웠다.

3 _ [일본] 센고쿠 시대 종료 | 1467년 오닌의 난을 계기로 시작되어 100여 년 만에 막을 내렸다. 이 시대에 각지의 유력한 다이묘들은 전국 패권을 노리고 서로 싸웠다. 센고쿠 시대를 끝낼 기반을 마련한 건 오다 노부나가였다. 그는 유력 다이묘를 연파하고 1573년에는 무로마치 바쿠후마저 무너뜨려 통일의 기반을 마련했다. 1582년 오다 노부나가가 부하에게 배신당해 목숨을 잃은 후 도요토미 히데요시가 1590년 일본을 통일했다. 2년 후에는 조선을 침략해 동아시아를 전란으로 몰아넣었다. 1598년 도요토미 히데요시가 사망하고 일본은 조선에서 패퇴했다. 그 후 도쿠가와 이에야스가 패권을 잡고 17세기에 에도 바쿠후를 연다. 임진왜란 때 조선에서 잡혀간 도공들이 도자기 문화를 꽃피우는 등 임진왜란은 일본 문화에도 상당한 영향을 끼쳤다.

4 _ [말레이시아] 믈라카 왕국 | 1402~1511 | 1511년 포르투갈에 의해 멸망했다. 말레이 반도와 수마트라 섬 일대를 지배하며 해상 무역 거점으로 번성한 나라다.

5 _ [인도] 무굴 제국 | 1526~1858 | 중앙아시아 출신 무슬림인 바부르가 1526년 로디 왕조를 무너뜨리고 델리에서 창건했다. 바부르는 칭기즈칸과 티무르의 후예이며, 무굴은 몽골을 뜻한다. 무굴 제국은 바부르의 손자인 악바르 때 영토를 크게 넓히며 인도를 대표하는 제국으로 자리매김한다. 그러나 18세기 들어 쇠약해지고 1858년 영국의 식민지로 전락한다.

6 _ [이란] 사파비 왕조 | 1502~1736 | 사파비 가문의 이스마일이 오늘날의 이란 일대를 장악하고 세운 왕조. 사파비 왕조는 7세기에 아랍인들에게 사산 왕조가 무너진 후 800여 년 만에 이란에 등장한 페르시아 계열 왕국이다. 사산 왕조 이후 이란 지역은 아랍인, 튀르크인, 몽골인 등의 지배를 연이어 받았다. 이스마일은 시아파 이슬람을 국교로 선포했다. 사파비 왕조는 오스만튀르크 제국을 비롯한 수니파 이슬람 세력에 맞서며 시아파의 종주국 역할을 했다.

7 _ [터키] 오스만튀르크 제국 | 1299~1922 | 16세기에 최전성기를 맞았다. 주역은 술레이만 1세(재위 1520~1566)였다. 술레이만 1세는 아시아·아프리카·유럽에 걸친 대제국을 건설하고 지중해의 상당 부분을 장악했다. 유럽의 크리스트교 세력은 빈까지 포위 공격하는 오스만튀르크의 압박에 시달려야 했다. 그러나 1571년 그리스 앞바다에서 벌어진 레판토해전에서 에스파냐에 대패한 것을 신호탄으로 오스만튀르크의 위세는 서서히 꺾인다.

8 _ [러시아] 모스크바 대공국 | 1480~1613 | 15세기 말 몽골의 지배에서 벗어나 16세기에 세력을 더 확장했다. 그 중심엔 뇌제(雷帝)로 불린 이반 4세(재위 1533~1584)가 있었다. 이반 4세는 공포정치를 통해 많은 귀족을 처형하고 중앙집권을 강화했다. 1547년 스스로 차르라 칭한 것도 그 일환이다. 이반 4세는 시베리아 등으로 영토도 넓혔다. 그러나 이반 4세 사후 모스크바 대공국은 혼란에 빠진다. 1613년 로마노프 왕조가 시작될 때까지 혼돈은 계속된다.

9 _ [오스트리아] 합스부르크 왕조 | 16세기 유럽의 강자였다. 연이은 정략결혼을 통해 에스파냐를 비롯한 유럽 곳곳의 왕위를 차지한 합스부르크 왕가는 신성로마 제국 황제 자리도 손에 넣고 있었다. 넓은 영토를 차지한 합스부르크 왕조는 최전선에서 오스만튀르크에 맞선 크리스트교 세력의 수호자이자, 종교개혁에 반대해 가톨릭을 지원하는 핵심 축이었다. 또한 프랑스와 오랫동안 대립한 숙적이기도 했다. 그러나 전성기를 이룩한 카를 5세가 세상

을 떠난 후 합스부르크 왕조는 오스트리아 계열과 에스파냐 계열로 나뉜다. 오스트리아 계열 합스부르크 왕가는 제1차 세계대전이 끝날 때까지 유지되지만, 에스파냐 계열은 1700년 사라진다.

10 _ [독일] 신성로마 제국 | 962~1806 | 16세기 독일은 종교개혁으로 인한 갈등에 휩싸였다. 1517년 교황청의 면벌부 판매를 정면 비판한 마르틴 루터 문제를 둘러싸고 무력 충돌이 벌어졌다. 루터를 옹호하는 제후들은 가톨릭을 지원하는 신성로마 제국 황제 카를 5세와 무력 충돌했다. 종교 문제를 둘러싼 갈등은 17세기 들어 30년 전쟁이라는 국제전으로 번진다. 이에 더해 종교개혁의 신호탄이 오른 후 농민들도 봉기를 일으켰다. 토마스 뮌처가 이끈 농민군은 농노제 폐지 등 급진적 요구를 내걸었다. 농민 봉기는 기존 지배 세력에 의해 진압되었다. 한편 농노제가 사라지던 서유럽과 달리, 동부 독일과 폴란드 등 동유럽에서는 농노제가 다시 강화됐다(재판 농노제).

11 _ 네덜란드 | 에스파냐의 지배를 받다가 1581년 독립을 선언했다. 모직물 산업과 중계무역으로 번성한 이 지역에서 종교개혁 이후 칼뱅파 프로테스탄트가 늘어났다. 그러자 가톨릭의 수호자를 자처하던 에스파냐는 이를 탄압하는 한편 무거운 세금을 부과하고 도시의 자치권을 제한했다. 이에 반발해 독립을 선언한 것이다. 1588년 영국 해군에 참패하며 에스파냐의 세력이 약해지자 독립전쟁은 네덜란드 측에 유리해졌다. 네덜란드는 1648년 베스트팔렌조약을 통해 국제적으로 독립을 인정받는다.

지도로 보는 16세기의 국가들

❶ 조선 ❷ 명 ❸ 믈라카 ❹ 무굴 제국 ❺ 사파비 왕조 ❻ 오스만튀르크
❼ 모스크바 대공국 ❽ 합스부르크 왕조 ❾ 신성로마 제국 ❿ 네덜란드
⓫ 부르봉 왕조 ⓬ 포르투갈 왕국

12 _ [프랑스] 부르봉 왕조 | 1589~1792, 1814~1830 | 발루아 왕조가 막을 내리고 부르봉 왕조 시대가 열렸다. 발루아 왕조 말기 프랑스에선 종교를 둘러싼 갈등이 심각했다. 위그노(프로테스탄트)와 가톨릭 세력은 1562년부터 1598년까지 8차례에 걸쳐 전쟁을 벌였다. 이 과정에서 1572년 성 바르톨로메오 축일의 학살 같은 참극도 벌어졌다. 혼란을 수습한 것은 앙리 4세였다. 프로테스탄트 지도자였던 앙리 4세는 가톨릭으로 개종하고 1598년 낭트 칙령을 내려 프로테스탄트의 권리를 일부 보장했다. 앙리 4세가 연 부르봉 왕조는 프랑스혁명까지 이어진다.

13 _ [영국] 튜더 왕조 | 1485~1603 | 16세기 절대왕정의 주역. 헨리 8세는 1534년 수장령을 선포하고 국교회를 수립하는 종교개혁을 단행했다. 영국 교회를 로마 교황청 산하가 아닌 왕권 아래 둔 조치였다. 그 뒤를 이은 메리 1세가 영국을 다시 가톨릭의 품으로 되돌렸으나, 엘리자베스 1세가 수장령을 되살렸다. 엘리자베스 1세는 중상주의를 강화하는 한편 동인도회사를 설립했다. 아울러 1588년 유럽 최강으로 꼽히던 에스파냐의 무적함대를 격파하고 해상 제국으로 발돋움할 수 있는 기반을 마련했다.

14 _ 에스파냐 왕국 | 1479~ | 16세기에 전성기를 구가했다. 잉카 제국과 아스테카 왕국을 멸망시키는 등 아메리카에 식민지를 건설하고, 금광과 은광을 대거 개발하는 한편 사탕수수 등 대규모 농장을 만들었다. 그 과정에서 수많은 아메리카 원주민을 학살하거나 강제 노역에 동원했으며, 노동력 부족 문제를 해결하고자 수많은 아프리카인을 대거 아메리카 대륙으로 데려갔다. 그렇게 끌려간 아프리카인은 노예 사냥의 피해자들이었다. 이런 과정을 거쳐 에스파냐는 유럽 최강국으로 부상했다. 1571년에는 레판토해전에서 오스만튀르크를 격파하며 위세를 드높였다. 그러나 1588년 영국에 참패하며 위세가 꺾였고, 상공업을 체계적으로 육성하지 못하면서 에스파냐의 세기는 저물었다. 한편 에스파냐 등이 아메리카 대륙에서 엄청난 양의 금과 은을 들여오면서 유럽에선 가격혁명이 일어나고, 무역의 중심은 지중해에서 대서양으로 바뀌었다.

15 _ 포르투갈 왕국 | 15세기에 이어 인도양 항로에 주력했다. 이슬람 세력을 누르고 향료 산지인 믈라카 왕국을 정복하는 한편 인도에도 거점을 마련했다. 이와 함께 대서양 항로를 이용해 브라질을 정복하는 작업도 했다. 그러나 포르투갈은 1580년 에스파냐의 지배를 받게 되면서 해외 정복 활동에 타격을 입었다. 에스파냐의 포르투갈 지배는 1640년까지 60년간 이어졌다.

16세기를 이끌고 간 인물들

한국

1 _ 조광조 | 1482~1519 | 성리학자로서 중종 때 사림의 지지를 바탕으로 도학 정치 실현을 위해 노력했다. 1519년 기묘사화로 실각하고 죽음을 맞았다.

2 _ 서경덕 | 1489~1546 | 성리학자. 평생 관직에 나아가지 않고 홀로 학문에 힘썼다. 이(理)보다 기(氣)를 중시하는 독자적인 기일원론(氣一元論)을 완성해 주기론의 선구자로 꼽힌다.

3 _ 이황 | 1501~1570 | 성리학자이자 문신. 이이와 함께 조선 성리학의 기틀을 마련한 인물로 언급된다. 주리론 전통의 영남학파의 시조로 추앙되고 있으며, 에도 시기 일본 유학에도 큰 영향을 끼쳤다.

4 _ 조식 | 1501~1572 | 영남에서 이황과 쌍벽을 이룬 성리학자. 절의와 실천을 강조했다. 임진왜란 때 의병장 중 조식의 제자들이 많았던 것도 이런 학풍과 관련 있는 것으로 평가된다. 이황의 제자들이 남인을 형성과 것과 달리, 조식의 제자들은 북인을 구성했다.

5 _ 신사임당 | 1504~1551 | 이이의 어머니. 시·그림·글씨에 능했던 예술가였다.

6 _ 이지함 | 1517~1578 | 서경덕의 제자. 명문가에서 태어났으나 과거를 보지 않고 전국을 유랑했다. 신분에 상관없이 사람들과 어울리고 노약자와 굶주린 사람을 구하는 데 애쓰는 등 독특한 행적을 남겼다. 그의 저서로 알려져 있는 『토정비결』은 후세 사람이 이지함의 명성을 빌려 책 이름을 붙인 것이라는 주장이 우세하다.

7 _ 황진이 | 생몰년 미상 | 이름난 기생으로 노래와 시에 능했던 것으로 전해진다. 서경덕, 박연폭포와 함께 송도삼절(松都三絶)로 불렸다.

8 _ 임꺽정 | ?~1562 | 백정 출신 도적. 황해도와 경기도 일대에서 관아를 습격하고 창고를 털어 백성들에게 곡식을 나눠 주기도 했다. 구월산에서 관군에 체포돼 처형됐다. 홍길동, 장길산과 함께 조선의 3대 도둑으로 꼽힌다.

9 _ 이이 | 1536~1584 | 성리학자이자 정치가. 이황에 버금가는 학문적 성과를 남긴 것으로 평가된다. 임금에게 여러 차례 국가 개혁 방안을 올렸다. 동인과 서인을 화해시키려 노력했지만, 뜻을 이루지 못했다.

10 _ 정철 | 1536~1593 | 정치가이자 가사 문학의 대가. 「관동별곡」, 「사미인곡」, 「속미인곡」 등을 남겼다. 서인의 핵심 인물로, 1589년 정여립 사건 처리 과정에서 동인 세력을 가혹하게 다뤄 논란을 불러일으키기도 했다.

11 _ 권율 | 1537~1599 | 문신 출신 장군. 임진왜란 초기인 1593년, 행주산성에서 왜군을 대파했다(행주대첩). 그 후 두 차례 도원수로 임명돼 조선군을 이끌었다.

12 _ 유성룡 | 1542~1607 | 정치가. 전쟁에 대비해 이순신, 권율 등을 요직에 천거했고 전쟁 발발 후에는 도체찰사로서 군무를 총괄했다. 전란이 끝난 후, 임진왜란 때 상황을 기록한 『징비록』을 남겼다.

13 _ 이순신 | 1545~1598 | 임진왜란 때 삼도수군통제사. 한산도 등에서 왜군을 연이어 대파하며(한산대첩) 전세를 뒤집을 수 있는 발판을 마련했다. 적의 계략에 속은 조정의 출전 명령에 따르지 않았다가 파직되어 백의종군을 하는 수모를 겪기도 한다. 1598년 퇴각하는 왜군을 막다가 노량에서 전사했다.

14 _ 정여립 | 1546~1589 | 문신이자 사상가. 선조 때 중앙 관료로 일하다 낙향했다. 대동계를 조직해 호남 일대에서 큰 세력을 이루었으나, 반역을 꾀하고 있다는 고변이 접수된 후 관군에 쫓기다 죽음을 맞이했다(1589). 천하는 공물이며 누구라도 임금으로 섬길 수 있다는 혁신적인 사상을 품은 사상가로 꼽히기도 한다.

15 _ 곽재우 | 1552~1617 | 의병장. 임진왜란 발발 후 최초로 의병을 일으키고, 홍의장군으로 불리며 맹활약했다.

16 _ 김시민 | 1554~1592 | 무신. 임진왜란 때 진주성에서 왜군을 대파했으나(진주대첩) 그는 전사했다.

17 _ 허난설헌 | 1563~1589 | 시인. 『홍길동전』을 지은 허균의 누나. 유고집이 중국과 일본에서 간행되는 등 명성을 떨쳤다.

세계

1 _ 나나크 | 1469~1539 | 시크교의 교조. 인도 북서부 펀자브 출신 힌두교도였으나 이슬람교의 영향을 받았다. 시크교는 해탈해 신과 합일하는 것을 지향한다는 점에선 힌두교와 닮았지만, 힌두교와 달리 유일 신앙을 인정하고 카스트 제도를 부정한다. 시크는 제자라는 뜻.

2 _ 왕수인 | 1472~1529 | 호는 양명. 명나라의 유학자로 양명학을 창시했다. 지행합일(知行合一), 심즉리(心卽理) 등을 강조했다.

3 _ 니콜라우스 코페르니쿠스 | 1473~1543 | 폴란드의 천문학자로 태양중심설(지동설)을 제시했다. 그의 학설을 계기로 유럽은 근대적 우주관으로 이행하게 된다.

4 _ 페르디난드 마젤란 | 1480~1521 | 포르투갈 출신 항해가로 에스파냐 함대를 이끌고 인류 최초의 세계 일주를 시도했다. 1519년 에스파냐를 떠난 마젤란 함대는 라틴아메리카 남단을 돌아 태평양을 횡단해 필리핀에 도착했다. 마젤란은 필리핀에서 원주민과 전투 중 세상을 떠났으나, 부하들은 1522년 에스파냐에 도착하는 데 성공했다.

5 _ 마르틴 루터 | 1483~1546 | 독일의 성직자. 1517년 교황청의 면벌부 판매 등을 격렬히 비판하는 '95개조 명제'를 발표했다. 이 글은 종교개혁의 신호탄으로 작용했다. 루터를 지지하는 세력은 교황청을 중심으로 한 가톨릭에서 떨어져 나와 프로테스탄트를 이뤘다. 이러한 교회 개혁 흐름은 독일에서 농민 봉기로 이어졌다. 그러나 루터는 농민 봉기를 강하게 비난했다.

6 _ 노스트라다무스 | 1503~1566 | 프랑스의 점성술사이자 의사. 노스트라다무스가 남긴 예언은 오랫동안 논란이 됐다.

7 _ 장 칼뱅 | 1509~1564 | 프랑스 출신의 종교개혁가. 스위스 제네바에서 강력한 신정정치를 펼치며 장로교회를 확립했다. 예정설과 금욕주의를 강조했다.

8 _ 헤르하르뒤스 메르카토르 | 1512~1594 | 오늘날의 벨기에 지역에서 태어났으며 근대 지도학의 시조로 꼽힌다. 메르카토르 도법을 창안해 1569년 세계 지도를 만들었다. 평면에 펼치듯 지구를 그려 정확도가 낮았던 이전 지도와 달리, 둥근 지구를 원통에 투영한 모습으로 그려 항해에 큰 도움을 줬다. 그러나 유럽·북아메리카·러시아는 실제보다 크게 표현하고 아프리카 등은 작게 표현해 유럽중심주의 및 식민주의에 바탕을 둔 도법이라는 비판도 받았다.

9 _ 오다 노부나가 | 1534~1582 | 센고쿠 시대 말기에 활약한 무장. 각지의 유력한 다이묘들을 굴복시키며 일본 통일의 기반을 닦았으나, 부하의 배신으로 목숨을 잃었다. 전투에 조총을 적극 활용하는 등 혁신적인 전술을 쓴 것으로도 유명하다.

10 _ 도요토미 히데요시 | 1536~1598 | 미천한 집안 출신임에도 오다 노부나가의 눈에 들면서 두각을 나타냈다. 오다 노부나가 사망 후 그 세력을 이어받아 일본을 통일하고 센고쿠 시대의 막을 내렸다. 중국까지 정벌하겠다는 야심을 품고 그 첫걸음으로 조선을 침략해 동아시아를 전란으로 몰아넣었다.

11 _ 악바르 | 1542~1605 | 인도 무굴 제국의 제3대 황제. 제국을 실질적으로 확립한 인물로 꼽힌다. 40년 넘게 통치하며 정복 전쟁을 계속해 영토를 크게 넓혔다. 또한 무굴 제국이 이슬람 왕조였음에도, 악바르는 이슬람 이외 종교들의 활동을 보장했다.

12 _ 도쿠가와 이에야스 | 1543~1616 | 유력 다이묘로 도요토미 히데요시 정권의 2인자 역할을 했다. 도요토미 히데요시 사후 그 추종 세력을 숙청하고 정권을 잡았다. 그가 개창한 에도 바쿠후는 19세기 말까지 일본을 통치했다.

13 _ 윌리엄 셰익스피어 | 1564~1616 | 영국의 극작가. 「햄릿」, 「로미오와 줄리엣」, 「베니스의 상인」, 「맥베스」 등의 걸작을 남겼다.

14 _ 갈릴레오 갈릴레이 | 1564~1642 | 이탈리아의 과학자이자 수학자. 진자의 등시성을 발견하고, 직접 만든 망원경으로 천체를 관측해 코페르니쿠스의 태양중심설에 강력한 근거를 마련했다. 태양중심설을 옹호하는 책을 냈다가 종교재판에 회부되기도 했다.

16세기에 처음 나온 물건들

한국

1 _ 향약 | 16세기에 향약이 조선 사회에 자리 잡기 시작했다. 조광조·이황·이이를 비롯한 사림은 향촌 자치 규약인 향약을 널리 보급하기 위해 노력했다. 그 내용은 대개 중국 송대에 만들어진 여씨향약의 강령(좋은 일은 권하고, 잘못은 바로잡아 주며, 예속을 권장하고, 어려운 일이 있으면 서로 돕는다.)을 조선 실정에 맞게 변형한 것이었다. 사림은 이를 통해 향촌에서 주도권을 확립하고 성리학적 질서를 더욱 공고하게 해 하층민을 효율적으로 통제하고자 했다.

2 _ 서원 | 1543년 풍기군수 주세붕이 경상도 순흥(지금의 경상북도 영주)에 백운동서원을 세웠다. 백운동서원은 한국 최초의 서원이다. 1550년 명종은 이황의 건의를 받아들여 백운동서원에 소수서원이라는 이름과 토지, 노비 등을 내리고 면세와 면역의 특권도 부여했다. 이로써 소수서원은 최초의 사액서원이 되었다. 그 후 사림 세력은 방방곡곡에 서원을 세웠다. 서원은 사림의 근거지이자 향촌 사회에 유교 질서를 확산하는 구심점 역할을 했다. 그러나 시간이 지남에 따라 백성을 괴롭히는 등의 폐단이 커지면서 적잖은 서원이 원성을 샀다. 그럼에도 조정에서는 사림의 반발을 두려워해 오랫동안 손을 대지 못했다. 19세기 말 고종 때에 이르러서야 흥선대원군이 47개의 서원만 남기고 모두 철폐하게 된다.

3 _ 사단칠정(四端七情) 논쟁 | 1559년부터 8년간 이황과 기대승이 편지를 주고받으며 벌인 논쟁. 사단은 맹자가 이야기한 인간의 네 가지 선한 본성(불쌍하게 여기는 측은지심, 잘못을 부끄러워하는 수오지심, 사양할 줄 아는 사양지심, 옳고 그름을 가리는 시비지심)을 말한다. 칠정은 『예기』에 나오는 인간의 감정 7가지(기쁨, 노여움, 슬픔, 두려움, 사랑, 미움, 욕심)를 가리킨다. 사단칠정 논쟁은 정지운이 지은 『천명도설』의 일부 구절을 이황이 수정하자, 기대승이 그것에 이의를 제기하면서 시작됐다. 이황은 이(理)가 발현한 것이 사단이고 기(氣)가 발현한 것이 칠정이라고 설명했다. 주자에 따르면, 이는 우주 만물의 근원 이치, 기는 만물을 구성하는 재료다. 이황은 이를 기의 우위에 놓고 이기호발설(理氣互發說)을 주장했다. 이와 달리 기대승은 인간 감정의 발현에서 이와 기를 구별할 수 없으며 그 둘이 함께 작용해 발현하는 것이라는 이기공발설(理氣共發說)을 주장했다. 사단칠정 논쟁은 이황과 기대승을 넘어 조선 성리학계 전반으로 확산된다. 퇴계를 지지하는 성혼과 그와 의견을 달리하는 이이가 이 문제를 토론했다. 이에 더해, 수많은 성리학자가 이황을 따르는 주리학파(主理學派)와 그와 의견을 달리하는 주기학파(主氣學派)로 나뉘어 이 논의에 참여하게 된다. 이 논쟁은 조선 성리학 이론 논쟁의 핵심으로 꼽힌다.

4 _ 거북선 | 임진왜란 때 활약한 조선 수군의 전함. 세계 최초의 철갑선으로 꼽힌다. 거북선이라는 이름은 조선 초기 기록(『태종실록』)에도 나오지만, 임진왜란 때 쓰인 것은 이순신이 고안해 나대용 등이 만든 것으로 여겨진다. 거북선의 기원을 태종 때가 아니라, 왜구의 침략이 매우 잦던 고려 말기로 보는 견해도 있다.

5 _ 비격진천뢰 | 선조 때 이장손이 발명한 폭탄. 무쇠로 만들어졌으며 둥근 박 모양이었다. 안에는 화약과 철 조각 등이 담겨 있었으며, 사정거리는 500~600보였다. 임진왜란 때 여러 전투에서 활용됐으며, 특히 왜군으로부터 경주성을 되찾을 때 큰 역할을 했다.

6 _ 공명첩 | 국가에 공을 세운 사람에게 발행한 인정 문서. 관직이나 관작에 임명하거나 각종 역 부담을 면제해 주는 등의 내용이 담겼다. 임진왜란 때 등장했으며, 군공을 세우거나 납속(나라에 곡식을 바침)을 한 사람들에게 그 대가로 줬다. 임진왜란 때뿐만 아니라 전란이 끝난 후에도 남발돼 사회 문제가 됐다. 국가 재정이나 군량이 부족할 때, 진휼이 필요할 때는 물론 사찰 중수에 필요한 비용을 마련하는 데까지 공명첩을 마구잡이로 발급하는 식이었다. 공명첩에 기재된 관직은 실제 관직이 아니라 이름뿐인 관직이었기에 공명첩을 원치 않는 이들에게 억지로 공명첩을 파는 경우도 있었다.

7 _ 『난중일기』 | 이순신이 임진왜란 때 전장에서 쓴 일기 모음집. 『난중일기』라는 이름은 이순신이 붙인 것이 아니다. 이순신은 자신의 일기를 묶어 『임진일기』, 『병신일기』, 『정유일기』 등의 표제를 붙였을 뿐이다. 18세기 말 정조 때 이순신의 글을 모아 『이충무공전서』를 편찬하는 과정에서 편찬자들이 이순신의 전란 중 일기를 묶어 『난중일기』라는 이름을 붙였다. 불후의 명장으로 불리는 이순신의 인간적인 면모와 임진왜란 당시 상황을 잘 보여 주는 자료다. 2013년 유네스코 세계기록유산으로 등재됐다.

세계

1 _ 「모나리자」 | 레오나르도 다빈치의 1503~1506년 작품. 현재 세계에서 가장 널리 알려진 초상화 중 하나로, 프랑스 루브르박물관에 소장돼 있다. 신비한 미소로 유명하다. 레오나르도 다빈치는 이 미소를 표현하기 위해 스푸마토('흐릿한', '자욱한'이란 뜻의 이탈리아어)라는 기법을 사용했다. 스푸마토 기법은 그림 윤곽에 안개와 같은 흐릿한 느낌을 주며 그림자 효과를 만들어 내는 것으로, 르네상스 시대에 새롭게 나타났다. 중세의 평평한 그림에서 벗어나 오늘날의 사진과 같은 현실감을 느낄 수 있는 그림이 등장한 것도 이 기법이 나타나면서부터다. 훗날 레오나르도 다빈치가 이 작품에 미묘한 느낌을 부여하기 위해 40마이크로미터(머리카락 두께의 절반 정도) 이하의 매우 얇은 막을 최대 30겹까지 입혔다는 사실이 드러났다.

2 _ 「천지창조」 | 천재 화가 미켈란젤로 부오나로티가 로마 시스티나성당 천장에 그린 거대한 프레스코화. 세계 최대의 벽화로 꼽힌다. 미켈란젤로 부오나로티는 1508년 「천지창조」를 그리기 시작해 1512년 완성했다. 구약성서의 내용을 소재로 3장 9화면으로 구성했고, 화면 사이사이엔 다양한 인간 군상을 그려 넣었다. 사람들의 출입을 통제하고 혼자서 4년 동안 천장 밑 작업대에서 고개를 뒤로 젖힌 채 작업을 진행하는 바람에 미켈란젤로의 허리, 목, 눈 등에는 이상이 생기기도 했다. 프레스코 기법은 젖은 상태의 석회 벽 위에 물감으로 그리는 것으로 당시 이탈리아의 벽화 제작에 많이 쓰였다.

3 _ 『군주론』 | 1513년 이탈리아의 정치가이자 사상가인 니콜로 마키아벨리가 쓴 책. 당시 이탈리아는 작은 도시국가들을 비롯한 여러 정치 단위가 분립한 탓에 주변 강대국들의 간섭을 거듭 받아야 하는 상황이었다. 마키아벨리는 '사자의 힘과 여우의 교활함을 겸비한 군주'가 나타나 이러한 현실을 타개하기를 바랐다. 그런 상황에서 탄생한 『군주론』은 종교와 윤리의 세계에 종속되지 않는 정치의 본질을 다룬 책으로 정치학의 고전으로 꼽힌다.

4 _ 『유토피아』 | 1516년 영국의 인문주의자 토머스 모어가 쓴 책. 존재하지 않는 이상향(유토피아라는 말 자체가 '존재하지 않는 장소'라는 뜻이다)과 대비하는 방식으로 우울한 현실을 비판했다. 책에 담긴 "양이 사람을 잡아먹는다."라는 구절은 인클로저 운동을 비판한 유명한 문구로 지금도 회자된다. 인클로저 운동은 모직물 공업이 발달하면서 양털 값이 폭등하자 지주들이 농경지를 양 목장으로 바꾼 흐름을 말한다. 이로 인해 가난한 농민들이 땅을 잃고 몰락했고, 이 중 상당수는 농촌을 떠나 도시로 흘러들어 갔다.

5 _ 등호(=) | 1557년 영국의 수학자인 로버트 레코드가 등호 부호로 =를 처음 사용했다. 로버트 레코드는 『지혜의 숫돌』이라는 책에서 평행선을 나타내는 부호(=)를 등호 부호로 사용했다. 참고로 덧셈(+)과 뺄셈(−) 기호는 1489년 간행된 독일 수학자 요하네스 비드만의 책에서 처음 쓰였다.

6 _ 볼트와 너트 | 16세기 중엽 신성로마 제국에서 볼트(수나사)와 너트(암나사)가 처음으로 등장했다. 서기전 3세기에 활동한 그리스 학자 아르키메데스가 나사의 원리를 활용해 물을 퍼 올리는 등 나사 자체는 이전에도 쓰였지만, 서로 다른 물건을 단단히 고정하는 방식으로 나사가 쓰인 것은 이때가 처음인 것으로 알려져 있다.

7 _ 그레고리우스력 | 1582년 교황 그레고리우스 13세가 기존의 율리우스력 대신 채택한 달력. 오늘날 전 세계에서 기본적으로 통용되는 양력 달력이다. 1년을 365.2425일로 하고, 4년마다 윤년을 두는데 100으로 나뉘는 해는 윤년을 없애되 그중 400으로 나뉘는 해는 윤년으로 한다.

8 _ 카페 | 16세기 오스만튀르크에서 커피가 유행하면서 '카프베'라는 커피 가게도 크게 늘었다. 무슬림이 예배를 드릴 때 졸음을 쫓기 위해 마시기 시작하면서 커피 문화가 널리 퍼진 것이다. 커피의 원산지는 아프리카의 에티오피아이며, 아라비아 반도의 모카항을 통해 주로 수입됐다. '카프베'는 커피 자체를 뜻하기도 했다. 최초의 커피 가게는 15세기 후반 등장한 것으로 전해진다. '카프베'는 그 후 유럽으로 건너가 오늘날의 카페로 이어진다.

참고 문헌

국내 저서
강경남, 『백자항아리, 조선의 인과 예를 담다』(국립중앙박물관, 2010).
방병선, 『순백으로 빚어낸 조선의 마음, 백자』(돌베개, 2002).
방병선, 『왕조실록을 통해 본 조선 도자사』(고려대학교출판부, 2005).
방병선·이성주·이종민·전승창·최종택, 『한반도의 흙, 도자기로 태어나다』(국사편찬위원회, 2010).
세계도자기엑스포조직위원회, 『세계도자문명전』(세계도자기엑스포조직위원회, 2001).
이태진, 『조선유교사회사론』(지식산업사, 1989).
정재훈, 『조선 시대의 학파와 사상』(신구문화사, 2008).
정재훈, 『조선전기 유교정치사상 연구』(태학사, 2005).
정재훈 외, 『미래를 여는 한국의 역사』 3 (웅진지식하우스, 2011).
한필원, 『종가의 멋과 맛이 넘쳐나는 곳』(예문서원, 2011).
한필원, 『한국의 전통마을을 찾아서』(휴머니스트, 2011).

번역서
다카토시, 미스기., 김인규 옮김, 『동서도자교류사-마이센으로 가는 길』(눌와, 2001).
볼, 피터 K., 심의용 옮김, 『역사 속의 성리학』(예문서원, 2010).
볼, 피터 K., 심의용 옮김, 『중국 지식인들과 정체성』(북스토리, 2008).
유조, 미조구치., 『중국의 공과 사』(신서원, 2004).
히로시, 와타나베., 『주자학과 근세일본 사회』(예문서원, 2007).

외서
座右刊行, 『世界陶磁全集14·明』(小學館, 1976).
陳志華, 『新葉村』(重慶出版社, 1999).
荒川正明·金子賢治·伊藤嘉章·佐木秀憲·失部良明 監修., 『日本やきもの史』(美術出版社, 1999).
長谷部樂爾., 世界やきもの史(美術出版社, 1999).
弓場紀知., 『靑花の道-中國陶磁器が語る東西交流』(日本放送出版協會, 2008).

논문
강경숙, 「日本 有田天狗谷窯에 보이는 韓國文化의 影響」, 《考古美術》185권 (1990), 163~217쪽.
김항수, 「宣祖 初年의 新舊葛藤과 政局動向」, 《국사관논총》34권 (1992), 81~128쪽.
마비, 혼다., 「壬辰倭亂 前後의 韓日 陶磁 比較研究-日本 九州 肥前陶磁와의 關係를 中心으로」, 서울대학교 고고미술사학과 박사학위 논문 (2003).
박신희, 「중국 수출 도자로 본 동서 문화 교류」, 『동서도자유물의 보고』 조선관요박물관 전시 (2007).
방병선, 「조선 도자의 일본 전파와 이삼평」, 《百濟文化》32권 (1996), 261~271쪽.
이성규, 「中國 古代 皇帝權의 性格」, 《韓國史市民講座》13권 (1993), 164~193쪽.

웹사이트
아시아건축연구실 ATA http://ata.hannam.ac.kr

찾아보기

가묘 • 30, 162, 200
가정제 • 52~53
가토 기요마사 • 222, 232, 243, 245, 247, 257, 259~260
갑자사화 • 26, 48, 55, 114, 272
강화 협상 • 231, 234~239, 244, 252, 256
거북선 • 225~226, 276
경술의 변 • 23~24
경원대군 • 105~108
경재소 • 172
계림군 • 107~108
계회 • 32, 35, 71
계회도 • 32, 35, 71, 87, 119
고니시 유키나가 • 221~224, 231, 241, 246, 260
고석정 • 100, 134, 137
골북 • 190
공신전 • 81
곽재우 • 191, 226~227, 274
관수관급제 • 158
구신 • 81, 182~183, 186
구양수 • 185~187, 192~193
권귀대간 • 43
권벌 • 195, 199
권신 • 31, 81, 88~89, 182~184
권율 • 233, 245, 260~261, 274
근사록 • 64, 74~75
금보 • 57, 111
금표 • 50
기대승 • 153~159, 182, 191, 276
기묘명현 • 89, 105
기묘사림 • 69~70, 75~89, 102, 172, 180
기묘사화 • 26~27, 31, 79~89, 102, 106, 151, 167, 172, 177, 195, 272, 274
기신재 • 57, 76~77
기일원론 • 152, 274
김굉필 • 28, 45, 63~66, 76, 89
김시민 • 260, 274
김종직 • 45, 48, 171
김효원 • 184~185

남곤 • 78, 83~87
남귀여혼 • 160, 170
남만 • 25, 207, 217
남명학파 • 189
남인 • 158, 162, 190, 274
낭관권 • 75, 112
낭천제 • 183
내관 • 57, 111, 137

내수사 • 110~111, 131~133
내훈 • 42
노사신 • 41, 43~44, 95
노수신 • 108, 156, 182
노전 • 131
논사단칠정서 • 154
능상 • 48~49

닭실마을 • 194~199
당상관 • 34, 48, 183
대간 • 33~78, 84~85, 89, 110
대동계 • 188, 274
대명회전 • 181
대보단 • 252
대북 • 190
대신 • 34~69, 76, 80~85, 106, 110~112, 122, 177, 183, 238
대윤 • 105~106
대학 • 91, 165, 180~181
도산서원 • 169
도심 • 156~157
도요토미 히데요시 • 202, 204~205, 229~230, 239, 246~248, 256, 261, 275
도쿠가와 이에야스 • 246~249, 251, 272, 275
도학 • 34~35, 45, 57, 60, 64, 66, 70, 72~73, 76~89, 102, 106, 111, 167, 169, 274
독서인 • 30~31, 72~73
동람도 • 94
동래성 • 222, 260
동묘 • 233
동인 • 185~189, 274

만력제 • 211, 236, 239, 247
만세불공 • 238, 250~251
명량대첩, 명량해전 • 245, 261
명종 • 38, 87~88, 102~112, 129, 132, 136, 137~139, 153, 159, 178, 180, 182~184, 187, 195, 276
명종실록 • 102~103, 129, 134~136, 138~139
무굴 • 19, 20~21, 26, 272~273, 275
무극 • 149~153
무로마치 • 24, 209, 215, 272
무본억말 • 118
무오사화 • 43, 45, 48~49, 63, 107
문묘종사 • 75~76
문정왕후 • 102~112, 177~178

바쿠후 • 24, 73, 209, 215~216, 248, 251, 256~259, 272, 275
반정공신 • 56

찾아보기

방납 • 103, 126~127, 130
백의종군 • 244~245, 274
백정 • 102, 129, 134, 274
벽제관 • 233, 235, 261
벽제전투 • 234~236, 256
병자호란 • 37, 125, 251, 254, 257, 258
봉성군 • 107~108
북로남왜 • 23~24, 27, 52
북인 • 190, 274
불랑기포 • 214, 231
붕당 • 48, 80, 147, 162, 169, 185~193
붕당론 • 185, 192~193
붕당정치 • 169, 181, 187, 188~191

사士 • 27~38, 65, 72~73,
사간원 • 33, 35~38, 43, 51, 57, 67~68, 71, 77, 84, 132, 177, 183, 195
사관 • 34, 37, 48, 65, 77, 103, 129~130, 138~139,
사단 • 153~154, 156~157, 276
사대부 • 5, 27, 30~32, 66, 70, 72~73, 76~79, 86~89, 151, 157~158, 160~161, 164~165, 174~176, 181, 193, 195~201, 264~269
사림 • 74, 78, 102~106, 111~112, 144, 146~147, 151, 157~158, 167~173, 177~191, 272, 274, 276
사마소 • 168
사마시 • 65
사서삼경 • 158
사액 • 144, 168, 276
사은정 • 64
사족 • 5, 119, 122, 140, 147, 168~173
사창 • 173, 174~175
사행무역 • 130
사화 • 31, 33, 40, 46, 48~49, 58, 60, 74, 80, 85, 89, 100, 146, 167~168, 177, 272
산적 • 134~143
삼공신 • 62~66, 78, 82
삼도수군통제사 • 244, 261, 274
삼사 • 36, 69, 84, 177, 184
삼윤사건 • 185
삼한정벌 • 259
상인 • 25, 90~93, 117~118, 127, 130, 209, 213~216, 231, 257
서경 • 35~38, 75
서경덕 • 152~159, 161, 189~190, 274
서림 • 136~139
서연 • 82
서원 • 26, 94, 144, 147, 167~169, 171, 174, 272, 276
서원향약 • 172, 174~175

서인 • 158, 162, 185~191, 254, 274
선릉 • 36, 37, 107, 250, 251
선무사 • 232
선조 • 38, 88~89, 102~103, 126, 153, 169, 172, 176~193, 223~224, 226~227, 230, 232, 236, 246, 252~253, 272~273, 276
성균관 • 51, 57, 65~66, 87, 189
성리학 • 4~5, 27, 34, 38, 52, 57, 65, 72~73, 75~79, 95, 105, 111, 144, 147~191, 195, 201
성세창 • 71, 86~87
성종 • 5, 33~38, 40~42, 51, 56~58, 66, 75, 80, 95, 107, 117, 171, 175, 178, 250
성종실록 • 48, 117
성학십도 • 178~179, 181
성학집요 • 181
성혼 • 28, 88, 156~159, 187~189, 276
세키가하라 전투 • 249
소릉 • 66
소북 • 190
소수서원 • 144, 168, 276
소윤 • 105~108, 110
소학 • 42, 64, 75, 78, 83, 158
송응창 • 231~238
쇄미록 • 122
수군절도사 • 225
수륙재 • 41~43
승병 • 226
시전 • 118~120, 127
식민지 • 12, 14, 17, 114~115, 272~273
신공 • 122~123
신문문 • 84
신씨 복위 상소 사건 • 66~69, 75
신엽촌 • 200~201
신원 • 105, 107, 177
신증동국여지승람 • 63, 94~97
신진사류 • 182~184
심경 • 73
심경부주 • 73
심의겸 • 182, 184~185

아스테카 왕국 • 12, 26
양동마을 • 195, 197
양응룡의 난 • 247
언관권 • 112, 186
에스파냐 • 12~13, 14, 16~17, 27, 114~115, 214, 216, 218~219, 272~273, 275
여씨향약 • 75, 172, 174~175, 276

연산군 • 5, 40~60, 63, 64, 66, 80, 85, 95, 114, 126, 166, 272
영조 • 136, 200~201
예학 • 160~162, 164~165
오다 노부나가 • 23, 216, 272, 275
오스만튀르크 • 91~21, 26, 218, 272~273, 277
오이라트 • 209, 212
오희문 • 122~125
완의 • 37~38
왕수인 • 90~93
왕안석 • 80~81, 165, 174
왜구 • 204, 209, 215~216, 228~229, 272, 276
우향계안 • 175
울산성전투 • 242~243, 245, 261
원균 • 225~226, 244, 246
원주민 • 12, 273, 275
위그노 • 17, 27, 273
위훈 삭제 • 77, 80~83
유성룡 • 127, 161, 182, 184~186, 222, 236, 240, 246, 274
유향소 • 77, 168, 171~173
육구연 • 149
육북 • 190
육의전 • 118
윤원로 • 105~106
윤원형 • 105, 107~108, 110, 182~183
윤임 • 105~107, 110, 112
을사사화 • 26~27, 87, 102, 105~108, 110~112, 177, 182~183, 195, 272
을해당론 • 185~186
의례 • 164~165
의병 • 124, 205, 226~227, 246, 260, 274
의적 • 102, 129, 134, 142~143
이기 • 107~108
이기설 • 157
이덕형 • 223
이반 뇌제 • 53
이삼평 • 263
이순신 • 205, 225~226, 244~246, 252~253, 260~261, 274, 276
이언적 • 28, 76, 89, 108, 149~150, 152, 159, 161, 181
이여송 • 229, 231~236, 241, 261
이이 • 28, 88, 126~127, 156~159, 161, 165, 172, 175, 181~182, 184~191, 274, 276
이자 • 64, 66, 87~88
이조전랑 • 75, 112, 183, 186
이항 • 84, 156, 159
이현보 • 161, 166, 171~173
이황 • 27~28, 73, 76, 103, 148, 152~159, 161, 165, 168~169, 172, 174~175, 178~179, 181, 187, 189~190, 274, 276
이황-기대승 논쟁 • 152~155
인성론 • 152
인심 • 156~157
인조 • 125, 139, 254, 258,
인조반정 • 254
인종 • 67, 82, 102, 104~108, 110, 113, 185, 192
임격정 • 102~103, 128~141, 274
임격정의 난 • 27, 100, 103, 129~131, 139
임진왜란 • 27, 120, 124, 127, 147, 173, 189~191, 202, 204~205, 217, 222~258, 260~261, 263, 272, 274, 276

장경왕후 • 66~67, 105, 107
장문 • 117, 119
장시 • 117~124
재상 • 41~42, 44~45, 55, 59~60, 80, 84~85, 109, 111, 129~130, 181
재인 • 134
재조지은 • 252~254
적려유허비 • 86
전랑 • 75
전비 • 234, 246~247, 256
전옥서 • 102, 135, 136
정국공신 • 58, 62
정릉 • 36, 61, 67, 107, 250~251
정묘호란 • 251, 254, 257
정여립 • 159, 188~189, 274
정여립의 난 • 27, 159, 189
정유재란 • 204, 239, 243~244, 256, 261
정지운 • 148, 153~154, 276
정현왕후 • 36~37, 56
제승방략 • 222
조광조 • 28, 31, 54, 60, 63~70, 75~89, 102, 105, 151, 172, 174, 181, 274, 276
조순 • 43~44
조식 • 103, 159, 161, 187, 189~191, 274
조제보합론 • 186
조지서 • 66
조총 • 207, 216, 222~223, 230, 233, 275
종계변무 • 27, 181
종교개혁 • 16~17, 26, 91, 219, 272~273, 275
주자가례 • 52, 83, 160~164
주자학 • 90~93, 164~165
주초위왕 • 83
중종 • 36~37, 40, 55~70, 72~73, 75~79, 82~87, 95, 102, 105~108, 112, 152, 166, 172, 174~175, 178, 180, 250, 274

찾아보기

중종반정 • 26, 51, 58, 59, 60, 78, 80, 126, 272
중종실록 • 59, 62, 65, 78, 83
진성대군 • 55~56
진주대첩 • 205, 227, 233, 260, 274
징더전 • 262, 265

천명도 • 148, 153
청요직 • 30~31, 33~70, 75~89
청화백자 • 23, 232, 262~269
청화백자 • 23, 262, 263, 264, 265, 266, 267, 268, 269
충재 • 195, 196, 197, 199
칠정 • 153~154, 156~157, 276

칼뱅 • 16~17, 91, 273, 275
코페르니쿠스 • 16, 26, 275

타타르 • 23, 24, 209, 212, 213, 231
태극 • 90, 149~150, 152~153
택현설 • 108
통신사 • 217, 251

팔도총도 • 94, 96~99
포르투갈 • 25, 26, 114, 207, 210, 213~215, 272, 273, 275
폭군 • 5, 51, 52~53
표첩 • 237
프로테스탄트 • 5, 17, 20, 90~91, 219, 273, 275
피혐 • 35, 36~38, 68, 75, 82

하회마을 • 194, 195, 196, 197
학익진 • 226
한산대첩 • 205, 226, 244
항왜원조 • 204~205
해적 • 24~25, 207, 215
행주대첩 • 205, 233, 261, 274
행주산성 • 233, 261, 274
향안 • 171, 199
향약 • 75, 147, 171~173, 174~175, 272, 276
향촌 • 5, 27, 88, 118~119, 144, 147, 164, 167~169, 170~173, 174~175, 276
향회 • 171
현량과 • 77, 81, 85, 105
호남학파 • 159
홍문관 • 33~38, 51, 57, 67, 68~69, 75, 77, 84, 159, 177, 183, 185
홍문록 • 35, 36
화포 • 214, 231

환난상휼 • 173, 174
회답겸쇄환사 • 251
훈구 • 74, 111, 146, 168, 177, 180, 186
훈척 • 100, 103, 108, 110~112, 129~133, 151, 168~169, 177, 187

도움을 준 분들

글
90~93 • 16세기의 초점 중국은 양명학, 유럽은 프로테스탄트 - 강신주
272~277 • 16세기 정리 - 김덕련

일러스트레이션
김도윤

사진
12 • 틀랄록_프랑스 국립도서관
13 • 주기 제식_시공디스커버리총서
14~15 • 쿠스코_『세상의 도시』,『우르비노 비너스』,『세계의 명화』,『농민의 결혼식』_『세계의 명화』, 16세기 콘스탄티노플 지도_『세상의 도시』
22 • 「왕촉군기도」_『中國繪畵』, 노주 홍무 금정_『中國錢幣』, 오다 노부나가 영정_『織田信長』,「도곡증사도」_국립고궁박물관,「모견도」_『동양의 명화』, 혼노지의 변_『織田信長』
24 • 「항왜도」_『中國通史陳列』
25 • 플라카 성당_김준용,「남만인교역도」_『동양의 명화』
26 • 메르카토르 세계지도_『지리시간에 역사공부하기』
28 • 대성전_문사철
32 • 「호조낭관계회도」_국립중앙박물관
34 • 정덕2년3월정묘문무잡과방목_충재박물관
35 • 「이십삼상대회도」_『동양의 명화』
36 • 선릉_문사철
37 • 봉은사 대웅전_문사철
41 • 「궁중숭불도」_호암미술관
42 • 「내훈」_한국학중앙연구원
43 • 창경궁_문사철
44 • 노사신 필적_한국학중앙연구원
47 • 봉황흉배_『서울이 아름답다』
49 • 「연산군일기」_국립중앙도서관
50 • 금표_문사철
51 • 연화사_문사철
54 • 조광조 편지_국립중앙박물관
56 • 연산군 묘의 문인석_문사철
57 • 중종 금보_국립고궁박물관
58 • 박원종 신도비_문사철
59 • 성희안 신도비_문사철
61 • 정릉_유로크레온
63 • 『신증동국여지승람』에 실린 평안도 지도_『한국의 옛지도』
64 • 사은정_문사철
65 • 성균관_문사철
66 • 조지서 터_문사철
67 • 장경왕후의 희릉_문사철
68 • 사헌부 터_문사철
69 • 사간원 터_문사철
70 • 책장_『나무의 방』
71 • 「성세창제시미원계회도」_국립중앙박물관
73 • 「심경부주」_국립진주박물관
74 • 「근사록」_국립진주박물관
76 • 향사례도와 향사례에 쓰이는 활_한국국학진흥원
77 • 소격서 터_문사철
79 • 『정암 조 선생 문집』_국립중앙박물관
82 • 「중묘조서연관사연도」_홍익대학교 박물관
83 • 「왕세자입학도」_고려대 중앙도서관
84 • 신무문_문사철
86 • 조광조 적려유허비_이미지클릭
87 • 성세창의 시_국립중앙박물관
88 • 음애 이자 묘역_문사철
89 • 「국조유선록」_규장각
94 • 「신증동국여지승람」_규장각
95 • 「혼일강리역대국도지도」_일본 龍谷大學,『세종실록지리지』_규장각, 정씨열녀비_오상학
96 • 16세기 원본에 실린 「팔도총도」_규장각
96~97 • 16세기 이후에 제작된 「팔도총도」_국립중앙도서관
100 • 고석정_문사철
104 • 「명묘조서총대시예도」_홍익대학교 박물관
106 • 인종의 글씨_「열성어필첩」
109 • 「서총대친림사연도」_국립중앙박물관
111 • 명종 금보_국립고궁박물관
112 • 이상좌 나한상_호암미술관
113 • 도갑사 관세음보살 삼십이응신탱_일본 知恩院
116 • 「산시청람도」_삼성미술관 Leeum
119 • 「조선방역지도」_한국국학진흥원
121 • 금화은, 은정_『中華文明傳眞』, 대명통행보초_『中國錢幣』,「남부번회도」_『中國通史陳列』
123 • 충청도 옛지도_『한국의 옛지도』
124 • 「쇄미록」_국립진주박물관, 해주오씨문중
125 • 오경민의 묘, 문인석, 묘비_문사철
128 • 「기려도」_『동양의 명화』
131 • 전준_경기도 박물관
132 • 갈대밭_유로크레온
135 • 전옥서 터_문사철
136 • 「춘천계첩」_삼성미술관 Leeum
137 • 임격정 동상_문사철
138 • 「명종실록」_규장각
139 • 「기재잡기」_규장각

도움을 준 분들

141 • 『임꺽정전』, 『벽초홍명희연구』
143 • 세금 걷는 관리의 신분증 _ 국립중앙박물관
144~145 • 소수서원 _ 유로크레온
148 • 「천명도」_ 국립민속박물관
150 • 팔괘가 새겨진 벼루 _ 한국국학진흥원
151 • 「공자관기기도」_ 한국국학진흥원
152 • 이황의 편지 _ 국립중앙박물관
154 • 『논사단칠정서』_ 한국국학진흥원
155 • 이황 묘비 탁본 _ 국립중앙박물관
157 • 이이의 편지 _ 국립중앙박물관
158 • 이이의 시 _ 『근역서휘 근역화회 명품선』
159 • 교지 _ 한국국학진흥원
161 • 상례에 입는 상복 _ 국립민속박물관
163 • 『감모여재도』_ 국립중앙박물관
165 • 『주자대전차의』_ 국립중앙박물관
166 • 이현보 초상 _ 한국국학진흥원
168~169 • 「도산서원도」_ 국립중앙박물관
171 • 「한강음전도」_ 한국국학진흥원
172 • 「화산양로연도」_ 한국국학진흥원
173 • 「분천헌연도」_ 한국국학진흥원
174 • 「여씨향약」_ 한국국학진흥원
175 • 「우향계안」_ 한국국학진흥원
176 • 「선묘조제재경수연도」_ 고려대학교 박물관
177~178 • 「성학십도」_ 국립중앙박물관
181 • 앵무배와 옥적 _ 한국국학진흥원
182 • 용상 _ 문사철
183 • 유서통 _ 한국국학진흥원
186 • 송강 정철 시비 _ 문사철
187 • 성성자와 경의검 _ 한국국학진흥원
189 • 조식의 편지 _ 국립중앙박물관
192 • 범중엄 _ 『中國歷史博物館』
193 • 『집고록발미』_ 『中國歷史博物館』
194 • 16세기에 제작된 「안동부도」_ 규장각
195 • 『충재일기』_ 충재박물관
196 • 예의를 아는 돌다리 _ 문사철
197 • 하회마을의 신성한 나무 _ 문사철, 양동마을 _ 한필원
198 • 안채 _ 한필원
199 • 사랑채·청암정·석천정사·사당·갱장각·추원재 _ 한필원
200 • 옥계엽씨 3세조 부부·신엽촌 전경·옥화산과 남당 _ 『新葉村』
201 • 유서당·문창각·문봉탑 _ 『新葉村』
202 • 교토의 귀무덤 _ 문사철
206~207 • 「남만인교역도」_ 일본 神戶市立南蠻美術館
209 • 무로마치 시대 왜장의 갑옷과 투구 _ 유로크레온
210 • 「의순관영조도」_ 규장각

213 • 타타르 몽골 지도 _ 유로크레온
214 • 불랑기포 복원품 _ 전쟁기념관
216 • 오다 노부나가의 조총병 _ 『織田信長』
217 • 「태서왕후기마도」_ 일본 神戶市立南蠻美術館
218 • 레판토해전 _ 시공디스커버리총서
220~221 • 「태평삼한출선도」_ 『우키요에 속의 조선과 중국 그림』
223 • 「임진왜란전투도」 사진 _ 일본 坂本伍郎
224~225 • 「조선수군조련도」_ 국립중앙박물관
226 • 승장인과 서산대사의 글씨 _ 고려대학교 박물관
227 • 선조대왕 국문 교지 _ 국립진주박물관, 권이도
230 • 산서평요쌍림사명대재소위태상 _ 『中國古代軍戎復飾』
232 • 선무사 편액 _ 국립고궁박물관
233 • 관우 _ 『한국무신도』
235 • 벽제관의 주춧돌 _ 문사철
237 • 도요토미 히데요시 _ 『織田信長』
238~239 • 도요토미 국왕 책봉 문서 _ 일본 大坂市立博物館
240~241 • 「평양성탈환도」_ 한남대학교 중앙박물관(감수, 해설:노영구 국방대학교 교수)
245 • 울산 왜성 _ 문사철
246 • 유성룡 투구 _ 한국국학진흥원
247 • 호랑이를 사냥하는 가토 기요마사 _ 일본 憧憬經濟大學圖書館
251 • 도쿠가와 이에야스 _ 『織田信長』
252 • 「동궐도」_ 고려대학교 박물관
253 • 홍경노성 _ 문사철
255 • 「팔사품도」_ 경기대학교 박물관
257 • 「발해국 정벌전쟁도」_ 『우키요에 속의 조선과 중국』
259 • 「삼한 정벌도」_ 『우키요에 속의 조선과 중국』
262 • 경기도 광주 금사리 가마터 _ 권소현, 중국 징더전 어기창 _ 권소현, 청화백자접시 _ 국립중앙박물관
263 • 일본 이즈미야마 백자광·이삼평비 _ 권소현
264 • 상감청자 _ 국립중앙박물관
265 • 백자병 _ 국립중앙박물관
266 • 청화백자매죽문호 _ 삼성미술관 Leeum, 홍치2년명청화백자송죽문호 _ 동국대박물관, 청화백자매죽문호·백자철화운룡문호 _ 국립중앙박물관
267 • 백자철화운룡문호·청화백자난초문호·청화백자도석인물문호 _ 국립중앙박물관
268 • 백자대접·백자병·청화백자용준·백자태항아리와 태지·백자명기 _ 국립중앙박물관, 청화백자산뢰 _ 삼성미술관 Leeum
269 • 「경현당석연도」_ 삼성미술관 Leeum, 청화백자필동·청화백자연적·청화백자산수문접시·청화백자매죽문호·철화백자운룡문호·청화백자장생문호 _ 국립중앙박물관

*별도로 저작권이나 출처가 표기되어 있지 않은 이미지는
wikimedia commons 등의 공공 저작물 사이트에서 인용된
것입니다.

(주)민음사는 이 책에 실린 모든 자료의 출처를 찾기 위해 최선을 다했습니다. 누락이나 착오가 있으면 다음 쇄를 찍을 때 꼭 수정하도록 하겠습니다.

'민음 한국사'를 펴내며

최근 불붙은 역사 교과서 논쟁이나 동아시아 역사 전쟁을 바라보면 해묵은, 그러나 항상 새롭기만 한 질문이 떠오른다. '지금 우리에게 역사란 무엇인가?' 어느 때보다 더 엄중해진 이 화두를 안고 고민을 거듭하던 2011년, 민음사에서 함께 대형 역사 시리즈를 만들자는 제안을 해 왔다. 어려운 시기에 많은 비용과 제작 기간을 필요로 하는 출판 프로젝트에 투자를 해 보겠다는 뜻이 반갑고 고마웠다.

구상 중이던 몇 가지 기획안을 제시하고 논의한 끝에 대장정에 들어간 것이 이번에 내놓는 '민음 한국사' 시리즈였다. 이 시리즈의 프로젝트 명은 '세기의 서書'였다. 『한국생활사박물관』, 『세계사와 함께 보는 타임라인 한국사』 등 한국사를 시각적이고 입체적으로 조명한 전작의 바탕 위에서 100년 단위로 한국사를 세계사의 흐름 속에서 통찰하는 본격 통사에 도전해 보자는 취지였다.

통사를 다루면서 주제에 따른 시대구분을 하지 않고 무미건조한 100년의 시간대를 적용한 것은 기존의 역사 인식을 해체하고 새로운 것을 준비한다는 의미가 있다. 왕조사관, 민족사관, 민중사관 등 일세를 풍미한 역사관에 따른 시대구분은 과거와 같은 힘을 발휘하지 못하고 있다. 그러나 21세기에 걸맞은 새로운 사관은 아직 정립되지 않았다. '민음 한국사'는 바로 그런 시기에 누구에게나 '평등'하게 다가오는 세기 단위로 역사를 재배열하고 그동안 우리가 놓친 것은 없을까, 잘못 본 것은 없을까 들여다보고 동시대의 세계사와 비교도 하면서 한국사의 흐름을 새롭게 파악해 보자는 제안이다.

또 십진법 단위의 연대기에 익숙한 현대 한국인에게는 18세기, 19세기 등 100년 단위나 386, 7080, 8090 등 10년 단위의 시기 구분이 '제국주의 시대'나 '무슨 정부의 시대'보다 더 폭넓은 공감대를 불러일으키기도 한다. 과거의 역사를 대상으로 그런 공감대를 넓혀 가다 보면, 좀 더 열린 공간에서 한국사를 재구성할 계기가 마련될 수 있을 것이다.

'민음 한국사'는 험난한 항해 끝에 15세기와 16세기의 항구에 먼저 기착했다. 앞으로 17·18·19세기에 걸친 조선 시대를 지나면 고대와 고려 시대, 그리고 아직도 저 앞에서 어지럽게 일렁이고 있는 20세기로 설레는 항해를 계속해 나갈 것이다. 사료가 상대적으로 적은 선사 시대와 고대의 세기들을 일정하게 통폐합한다고 해도 15권을 훌쩍 넘게 될 대형 프로젝트를 조선 시대부터 시작한 것은, 근대를 다시 사유하기 시작한 현대인의 관심이 전근대의 마지막 왕조에 쏠리고 있다는 점 말고도 자료의 양과 질에서 비교적 접근하기 쉬우리라는 점이 고려되었다. 그러나 막상 두 권을 마무리하고 보니 마치 20권의 책을 만든 듯한 피로감이 한꺼번에 밀려온다. 훌륭한 필진과 편집진, 그리고 제작진의 전폭적인 지원이 있었음에도 불구하고 한국사는 아직 곳곳에 암초와 역풍과 세이렌의 노래가 도사리고 있는 대양이었다. 하물며 세계사와 함께 접근하려 할 때는 더 말할 것도 없다. 가까스로 첫 번째 항구에 도착하고 보니 한편으로는 계속될 항해에 대한 부담감과 공포감이, 다른 한편으로는 그 항해가 안겨 줄 도전 의식과 성취욕이 한꺼번에 몸을 휘감는다.

　기획의 취지에 공감하고 기꺼이 집필과 자문을 맡아 준 저자 여러분, 멋진 시안 작업부터 마무리에 이르기까지 뛰어난 미감과 특유의 성실함을 발휘해 준 디자이너 3인방, 원고 조율·이미지 검색·교정 교열 등에서 애쓴 북스튜디오 토리의 편집진, 일러스트레이션·사진 등 여러 분야에서 도움을 준 분들께 진심으로 감사를 드린다.

2013년 세밑 광화문 서재에서

강응천

민음 한국사 조선02

16세기
성리학 유토피아

1판 1쇄 펴냄 2014년 1월 2일
1판 2쇄 펴냄 2014년 1월 30일

집필   강응천, 권소현, 송웅섭, 염정섭, 오상학, 정재훈, 한명기, 한필원
편저   문사철

발행인   박근섭, 박상준
편집인   장은수
펴낸곳   (주)민음사

출판등록 1966년 5월 19일 (제16-490호)
주소   서울시 강남구 신사동 506번지 강남출판문화센터 5층 (135-887)
대표전화 515-2000 | 팩시밀리 515-2007
홈페이지 www.minumsa.com

© 문사철, 2013. Printed in Seoul, Korea

978-89-374-3712-0 04910

978-89-374-3700-7 (세트)

민음 한국사 조선 02

16세기
성리학 유토피아

**강응천
권소현
송웅섭
염정섭
오상학
정재훈
한명기
한필원**
지음

문사철
편저

1. 이 책은 '민음 한국사' 『16세기, 성리학 유토피아』의 본문 중 한국사 부분만 수록한 미니북입니다.
2. 본책의 그림이나 사진, 캡션과 도표 등은 수록하지 않았습니다.
3. 본책의 '16세기의 세계', '16세기의 초점', '16세기의 창', '16세기를 나가며'와 부록 등도 수록하지 않았습니다.

민음 한국사 조선 02

16세기
성리학 유토피아

강응천
권소현
송웅섭
염정섭
오상학
정재훈
한명기
한필원
지음

문사철
편저

16세기의 서 序

『16세기―성리학 유토피아』는 21세기의 시각에서 지난 수천 년의 한국사를 세기별로 되돌아보고 성찰하는 '민음 한국사' 시리즈의 조선 시대 편 둘째 권이다. 방대한 시리즈의 첫 편을 조선에서 시작하는 것은 상대적으로 풍부한 자료와 연구 성과 때문이기도 하지만 무엇보다도 21세기 오늘의 현실적 관심에서 비롯된 측면이 크다.

오늘날 세계의 뚜렷한 흐름 가운데 하나는 인류가 근대를 새롭게 사유하고 있다는 것이다. 짧게는 백여 년, 길게는 수백 년간 수많은 사람들에게 근대는 황금알을 낳는 거위이거나 오매불망 동경하는 파랑새였다. 다른 나라를 살필 것도 없이 19세기 말 이래 한국사는 끊임없이 근대를 갈구하며 그 파랑새를 손에 넣기 위해 때로는 자신의 목숨을 던지기도 하고 때로는 남의 목숨을 빼앗기도 하던 군상의 피와 땀으로 얼룩져 있다.

근대가 자본주의 경제와 그에 기반한 정치·사회·문화 등의 체제라고 한다면, 한국 사회가 이미 근대에 도달했을 뿐 아니라 그 최전선에서 달려 나가고 있다는 것을 부정할 사람은 많지 않을 것이다. 그러나 그러한 최첨단 사회에 살면서 우리는 묻는다. 도대체 근대는 어디에 있는가? 우리는 정말 그토록 희구하던 근대에 살고 있는가? 그리고 다시 묻는다. 근대는 도대체 무엇이었단 말인가?

그리하여 마침내 우리의 시선은 '전근대'의 마지막 시대였던, 근대를 갈구한 이들이 그토록 저주하고 경멸하던 조선 500년으로 향하고 있다. 그 500년이 정녕 남들은 근대를 향해 달려갈 때 정체나 퇴보를 감수하기만 하던 시간이었을까? 근대를 향해 질주하면서 우리는 무언가를 빼놓거나 지나친 것은 아니었을까? 근대를 우회하거나 추월할 '가지 않은 길'이 그 500년 어디엔가 숨어 있는 것은 아닐까? 『16세기― 성리학 유토피아』는 바로 그런 질문을 던지며 조심스러우면서도 호기심에 가득 찬 눈빛으로 조선 500년의 두 번째 세기에 발을 딛는다.

16세기 벽두의 조선 왕조는 희대의 광란 속에 위기를 맞고 있었다. 명군 세종의 고손자라고는 믿기지 않는 폭군 연산군이 잇따라 사대부들에 대한 살육극을 펼치면서 조선 왕조는 천명이 다한 모습을 보였다. 아니나 다를까, 세조와 성종 연간을 지나며 국왕 견제의 기술을 연마한 사대부들은 연산군에게 오래 당하고 있지 않았다. 일시에 봉기한 사대부들의 선택은 왕조의 철폐가 아니라 임금을 바꿔 버리는 반정이었다.

수명이 다한 듯하던 왕조를 연명케 한 요인은 무엇일까? 한 가지 요인은 성리학이다. 이 학문은 왕권을 뒷받침하는 도구인 동시에 사대부가 왕권을 제약하며 자신들의 기득권을 지키게 할 도구이기도 했다. 연산군을 쫓아낸 사대부들은 굳이 새로운 왕조나 귀족 공화국을 세울 필요 없이 조선 왕조를 이용해 그들의 세상을 열어 갈 수 있다고 생각했다. 일단 사대부가 헤게모니를 쥐자 향촌 사회에 포진해 있던 사족들이 일제히 성리학을 무기 삼아 지배층의 일원으로 국론에 참여하고자 했다. 성리학이 국시가 되고 사대부의 공론이 국정의 지침이 되는 시대는 몇 차례 반동을 겪으며 서서히 열렸다.

성리학 유토피아라 부를 만한 16세기 조선의 모습은 동시대 세계의 흐름을 볼 때 매우 독특한 것이었다. 성리학의 종주국인 중국에서조차 그 한계를 논하는 양명학이 등장하고 서유럽에서도 가톨릭의 아성에 도전하는 프로테스탄트들이 아우성을 치던 시기가 16세기였다. 조선은 그러한 시대적 흐름에 둔감했던 것인가, 아니면 자중자애하며 성리학이라는 소중한 가치를 그 효용성의 한계까지 밀어붙이고 있었던 것인가?

16세기 세계는 조선을 둘러싸고 어떻게 움직이고 있었을까? 그리고 그러한 세계 속에서 조선은 어디를 향해 가고 있었을까? 『16세기― 성리학 유토피아』와 함께 그 시대로 들어가 그 100년의 시간에 대한 우리의 공감대를 찾아 보자.

차례

16세기의 서 **004**

01. 사士란 무엇인가

1. 왕과 사士의 충돌 **010**
2. 조광조의 길 **024**
3. 기묘한 사화 **037**

02. 흔들리는 조선 사회

1. 흔들리는 정치 **052**
2. 흔들리는 경제 **059**
3. 흔들리는 민심 – 임꺽정 연대기 **065**

03. 사士의 시대

1. 세기의 편지 **078**
2. 성리학 유토피아 **090**
3. 학파에서 붕당으로 **096**

03. 동아시아 7년 전쟁

1. 전쟁 전야의 동아시아 **112**
2. 동아시아 세계대전 **120**
3. 1598년 체제 **136**

'민음 한국사'를 펴내며 **147**

01. 사士란 무엇인가

15세기가 군주를 중심으로 창업기의 과제들을 헤쳐 나가던 시대였다면, 16세기는 성리학으로 상징되는 조선 사회의 지향이 내면화되어 가는 가운데 사士의 정체성을 한층 더 자각해 가는 시기였다.

고려 말 성리학적 가치를 지향하는 사대부 관료들을 주축으로 새로운 왕조를 수립했지만, 15세기의 조선 사회에는 식자층識者層 자체가 그리 두텁지 못했다. 조선 후기 보편적인 사대부 문화로 유행하던 문집文集 간행이 아직까지는 소수에게 국한된 특별한 일이었으며, 서울에서조차 가묘家廟를 설치하고 사서四書를 소장한 집안이 드물다는 얘기가 그리 어색하지만은 않았다. 조선의 문화계 전반이 홍문관, 예문관 등 소수의 관각기관館閣機關 출신 관료들에게 좌우되던 그런 시대였다고 할 수 있다. 상황이 이렇다 보니 사대부들의 의식에서도 도덕적 자의식이 강한 사의 정체성보다는 국왕의 명을 충실히 따르는 관료적 지향이 강하게 나타나고 있었다.

하지만 이러한 사회 분위기는 16세기에 이르러 서서히 변해 갔다. 변화의 바람은 대체로 두 가지 방향에서 불어오고 있었다. 하나는 과거제와 관련한 것이었다. 과거가 지배층으로 편입할 수 있는 유일한 수단으로 자리매김함에 따라, 시간이 흐를수록 과거 응시생들의 숫자가 확대·누적되면서, 외형적으로나마 사의 모양새를 갖춘 독서인 층이 확대되었다. 사대부 문화의 확산에 기본적인 요건이라 할 수 있는 폭넓은 문한층文翰層의 구축이 이루어지고 있었던 것이다.

변화의 또 다른 바람은 정부 안의 권력구조 개편을 통해서 불어오고 있었다. 중·하급 엘리트 관료인 청요직들이 공론公論을 내세우며 권력의 중심부로 진입해 감에 따라 도덕적 권위와 함께 사 의식이 한층 더 강조되었다. 청요직들은 도덕적 권위에 근거한 언론言論 행사를 통해 자신들의 주장을 관철해 나갔는데, 그 과정에서 도덕적 가치와 권위가 하나의 권력으로 실체화하고 있었다. 이제 조정의 신료들은 왕명에 순종하는 단순한 관료의 속성을 뛰어넘어, 한 사람의 도학지사로서 도덕적 정치 문화의 구현에 대한 책임을 강요받기에 이른 것이다. 그리고 그 같은 부담은 언론이 활성화할수록, 다시 말해 청요직들의 영향력이 확대될수록 더욱 강화되었다.

도덕적 권위를 주장하는 청요직들의 연대는 값비싼 대가를 치러야 했다. 국왕 중심의 권력 구조가 아무런 저항 없이 변할 수는 없는 노릇이었다. 그런 의미에서 16세기를 상징하는 사화士禍는 도덕을 추구하는 청요직들의 영향력 확대가 국왕의 권력과 충돌하면서 나타난 현상이었다고 해석할 수 있다.

사화를 통해 청요직과 사대부들은 깊은 좌절을 맛보았다. 하지만 사화가 반복되는 과정에서 조선의 사대부들은 국왕과 권신들의 부당한 권력에 맞서 도덕을 지향하는 사의 정체성을 자각해 나갔다. 특히 기묘사화로 희생된 조광조와 같은 인사를 사 계층 전체의 표상으로 삼으며, 도덕적 권위를 확대하고 공론 정치를 실현하는 꿈을 키워 가고 있었다.

이처럼 16세기의 조선 사회는 권력 중심부에 있는 엘리트 관료들의 도덕에 대한 지향이 독서인 층의 확대와 어우러지며, 도덕의 내면화와 사 의식의 강화가 시대적 과제로 추구되는 시기였다고 할 수 있다.

1. 왕과 사^士의 충돌

**신하의 도는
의를 따르지
임금을 따르지 않는다**

16세기는 국왕 중심의 국정 운영에 서서히 제동이 가해지며 왕권이 도덕적 권위에 제약당하는 일이 잦아지는 시기였다. 이 시기를 상징하는 '사화'라는 것도 결국 도덕적 권위에 근거해 영향력을 키워가던 청요직과 그것을 제어하려는 국왕이 충돌하면서 일어난 일이었다. 이러한 국왕과 청요직 신료들의 대립 구도는 성종대부터 본격화되기 시작했다.

성종은 호문^{好文}의 군주라 일컬어질 만큼 학문에 많은 관심을 보인 군주이자, 조선의 역대 임금들 가운데 가장 적극적으로 언론을 용인하고 후원했던 군주였다. 하지만 성종의 학문과 언론에 대한 호의적인 자세는 현실 정치 무대에서 미묘한 긴장을 불러 왔다. 성종이 언관들의 의견을 경청하고 자신이 추구하고자 하는 사업들을 유교적 가치에 비추어 심사숙고할수록, 청요직 신료들과 더불어 시비를 가려야 하는 일이 많아졌다. 성리학이라는 조선의 지배 이념을 기준으로 군주가 청요직 관료들과 그 지향 정도를 경쟁하게 되었기 때문이다. 시간이 흐를수록 성종은 도덕적 권위라는 이름하에 군주로서의 특권에 제약이 생기는 일이 많아졌다.

성종의 보호와 우대를 받으며 성장한 대간과 홍문관에서 성종이 집행하고자 하는 일들에 제동을 거는 일이 많아진 것도 이 같은 맥락이라고 할 수 있다. 그들은 누구보다 군주의 권위를 존중하고 성종에게 남다른 애정을 품고 있었다. 하지만 유교적 가치에 맞는 국정 운영을 최우선으로 삼았기 때문에 도덕적 권위에 기대어 날카로운 비판을 가했다.

"신하의 도는 의義를 따르는 것이지 임금을 따르는 것이 아닙니다."

오만하기 이를 데 없는 이 말은 1493년성종24 홍문관원 유호인의 항명을 동료 성세명이 두둔하는 가운데 나온 발언이다. 유호인은 어떤 인사의 사직을 만류하라는 성종의 명을 거부했다. 그 인사는 홍문관이 탄핵하고자 하는 인물이었으므로, 왕명이 부당하다는 것이었다. 공교롭게도 승정원의 주서注書가 일이 있어 자리를 비웠기 때문에 당직하고 있던 홍문관원에게 명을 내린 것이었는데, 유호인은 그 부당함을 지적하며 명을 거부했다. 자신들은 임금과 시비를 다투는 것을 업무로 삼고 있으므로 군주의 명이라 할지라도 그것이 잘못된 것이라면 따를 수 없다는 원칙을 적극적으로 표방한 사례다.

유호인 등이 이 같은 원칙적인 입장을 견지할 수 있었던 이유는 첫 번째로 언론에 대한 성종의 후원과 용인, 언관들에 대한 선대를 들 수 있지만, 그보다 직접적인 배경은 조정 내에 도덕적 가치를 지향하는 '청요직 연대'가 구축되면서 정치권력이 청요직들을 중심으로 재편되는 상황에 있었다. 그러면 청요직 연대의 구체적인 실상은 어떠했을까?

청요직들은 15세기 전반만 하더라도 독자적인 목소리를 내기 힘들었다. 대신들과의 공고한 유대를 통해 국왕이 국정 운영을 독점해서 청요직들 간의 소통 자체가 수월하지 않았기 때문이다. 하지만 성종의 즉위와 함께 이 같은 분위기는 서서히 변해 갔다. 나이 어린 성종의 즉위와 그에 따른 권력 관계의 변화가 나타나며 수직적 권력 질서에 이완이 일어났고, 청요직들에 대한 국왕과 대신들의 압박이 점차 약화되었다. 또한 청요직들 사이에서 공감되는 국정 현안의 논의들을 대간과 홍문관의 언론을 통해 개진할 수 있게 되면서 청요직 상호 간에 소통과 연대의 분위기가 무르익어 갔다.

청요직들은 성리학이라는 조선 사회의 지향을 뚜렷이 자각하면서 연대의 기본적인 토대를 만들어가고 있었다. 청요직들은 도학이라는 기준으로 불합리한 국정에 대한 해결책을 찾아 가고 있었던 만큼, 연대의 이면에는 성리학이라는 공통의 기준이 결속의 매개체가 됐다. 청요직들이 도학에 기초한 언어를 적극적으로 구사한 것도 이 같은 맥락에서였다고 할 수 있다. 철저하게 도학에 기초한 주장을 전개하려는 노력은 도덕적 가치의 구현이라는 공동의 지향을 확인하는 방편이었다. 또한 자신들의 발언에 도덕적 권위를 실어 그만큼 정당성을 강변할 수 있는 수단이기도 했다.

청요직 연대를 가능하게 했던 더 실질적인 요인 가운데 하나로 청요직 간의 상호 연계된 인사체계를 들 수 있다. 그들 사이에는 상호 연계된 인사 이동 코스가 있었다. 성종대에는 무엇보다 홍문관과 대간 사이의 인적 교류가 활발하게 이루어지면서 청요직 전반의 구심점 역할을 담당했다. 세종대만 하더라도 집현전 관료들이 대간에 배속되는 일이 세종의 의지로 금지되었으나, 성종대에 이르러 이러한 금기가 거의 사라졌다. 특히 홍문관에 6품 이하의 참하직박사,저작,정자이 생기면서부터는 사헌부·사간원과의 인적 교류가 한층 더 활발해졌다. 따라서 홍문관의 참하관을 역임한 사람들이 사헌부·사간원을 거쳐 다시 홍문관의 참상직으로 되돌아오거나, 이조와 병조의 정랑·좌랑이나 의정부의 사인·검상으로 진출하곤 했다. 이처럼 홍문관을 기초로 한 청요직 사이의 인사이동 코스가 확립되어 청요직들 사이의 폭넓은 연대에 일조하게 되었다.

청요직 연대의 가장 직접적인 계기는 청요직의 여론이 반영된 자율적 인선 방식의 구축이었다. 청요직들은 『홍문록』, '서경署經', '피혐避嫌' 등을 적절히 활용해 청요직 인선에서 자신들의 의견이 반영될 수 있는 장치들을 확보해 갔다. 『홍문록』은 동료 평가에 기초한 홍문관의 자체적인 인선 명부라 할 수 있는데, 동료들의 평판이 인선에 직접적인 영향을 미치는 것이 특징이다. 서경은 대간에서 5품 이하의 관직에 임명된 관료들의 신원을 조사하는 일을 말한다. 하지만 성종대부터 서경은 단순한 신원 조사에 그치지 않았다. 당사자의 명망과 도덕적 흠결 여부까지도 평가해 부적합하다고 판단되면 그에 대한 서경을 거부함으로써 결국 임명을 철회하는 계기가 되었다. 피혐은 어떤 혐의를 받는 관료들이 사직을 요청해 국왕의 처치를 받는 것을 말한다. 대간은 피혐을 특정 안건을 거부하는 수단으로 활용했다. 특히 대간에서 부적합하다고 생각하는 사람이 사헌부나 사간원에 임명되면 피혐을 통해 끝까지 그의 임명을 저지하고자 노력했다.

『홍문록』·서경·피혐 등은 국왕과 대신들의 부당한 인사나 압력으로부터 자율성을 확보하는 일이었다. 이는 다른 한편 청요직 관료들로 하여금 스스로 자신들이 지향하는 원칙에 충실하도록 압박하는 자기통제의 수단으로도 작용했다. 한 사람의 출세에 동료들 사이에서 논의되는 도덕적 평가가 중요해짐에 따라, 관료들은 업무 능력뿐만 아니라 사士가 갖추어야 할 도덕성까지 적극적으로 의식할 수밖에 없었다. 그리고 이러한 부담은 결국 삼사의 언론을 통해 기성 권력을 향한 거침없는 비판과 견제로 이어지며, 청요직들의 연대를 한층 더 공고히 하는 배경으로 작용했다.

청요직 연대의 강화는 자연스럽게 대간과 홍문관의 언론이 그만큼 강경해지는 것을 의미했다. 실제로 삼사의 언론 활동은 어떤 상황에서라도 적극적 제기될 수 있는 관행과 패턴을 구축해 가고 있었다. 청요직들이 상호 연대하는 가운데 이루어진 강경한 언론 행사는 다음과 같은 경향을 띤다.

사헌부나 사간원에서 특정 사안에 대한 의견을 개진하면 국왕이 이에 대한 수락 여부를 결정하거나 대신과의 협의를 거쳐 결정을 내리게 된다. 만약 이 과정에서 사헌부나 사간원의 요구가 수용되지 않으면 수차례에 걸쳐 허락을 구한다. 그래도 수용되지 않으면 사헌부와 사간원이 합사해 압박을 강화한다. 이와는 별도로 경연의 자리에서도 입시한 대간이 강의가 끝난 후 이 문제를 다시 거론하고, 함께 한 홍문관원들도 경전의 근거를 통해 이를 거든다. 물론 이런 과정을 거쳐도 재가가 나지 않으면 대간은 몇 달에 걸쳐 자신들의 요구를 수용해 달라고 요청하기도 한다. 그리고 그 과정에서 홍문관은 으레 대간의 주장과 같은 논조의 상소를 올려 국왕이 이를 수용하도록 압박한다. 하지만 끝내 허락이 떨어지지 않으면 사관이 논평을 통해 당시의 정황을 설명하고 이를 비평하기 마련이었다.

왕실 문제와 같은 민감한 사안은 대간이 주장을 고집하다가 국왕의 심기를 거슬러 사헌부나 사간원, 혹은 대간 전체가 교체되기도 했다. 그러나 새로운 인사들로 구성된 대간조차 이전 대간들의 주장을 그대로 이어 가며 같은 주장을 되풀이하는 것이 일반화되어 갔다. 간혹 대간이 왕의 위세에 눌려 적극적으로 의견을 개진하지 못하면, 홍문관에서는 언관의 책임을 다하지 못한다며 대간을 논박하기도 했다. 홍문관의 논박을 받은 대간은 일단 피혐을 통해 사직을 요청했다. 만약 국왕이 사직을 허락하지 않으면 다시 그 안건을 재개해 언관의 책임을 다하고자 했고, 체직遞職, 벼슬이 갈리는 것이 허락되면 새로운 대간이 그 안건을 재개하는 일이 많았다.

대간은 언론 과정에서 피혐을 적극적으로 활용했다. 대간 내부의 의견을 나누는 '완의完議'라는 자리에서 동료들과 다른 의견을 가진 사람이 있으면, 피혐을 통해 체직됨으로써 대간의 의견이 하나로 귀결될 수 있도록 했다. 또한 성종 후반으로 가면서 동료들로부터 논박을 받거나 내부의 의견이 모아지지 못하면 대간은 반드시 피혐을 통해 체직되기를 희망했다. 이 경우 '괜찮다'는 국왕의 처치處置가 내리더라도 체직될 때까지 피혐을 고집해 대간 내부의 분열된 모습을 일소하고 대간으로서의 체모를 지키고자 노력했다. 급기야 명종·선조 연간에 이르면 대간의 피혐에 대한 처치 권한이 국왕에서 홍문관이나 사헌부·사간원으로 이관돼 대간의 진퇴가 훨씬 쉬워졌다. 피혐을 통해 대간이 자신들의 진퇴를 스스로 결정하면서 더욱 강경한 언론이 행사될 수 있었다.

결국 조정의 중·하급 엘리트 관료들인 청요직들은 홍문관을 중심으로 상호 연계되어 자율적인 인선 체계를 구축하고 청요직 연대를 추구해 나갔다. 그 기초 위에서 대간과 홍문관의 언론을 통해 청요직들의 주장을 적극적으로 제기했다. 상황에 따라 완의·피혐·서경·사신史臣 논평 등의 언론 관행을 적절하게 구사하며, 자신들의 주장이 강력하면서도 지속적으로 제기될 수 있도록 노력했다.

물론 청요직 연대의 밑바탕에는 성리학적 이상의 구현이라는 공통된 사명감과 도덕에 대한 지향이 있었다. 국왕과 대신의 압력에 맞설 수 있는 시스템을 구축하는 것 자체가 청요직 연대의 근본적 목표는 아니었다. 그보다는 국정 운영에서 도덕적 지향이 분명해질 수 있도록 노력한 덕분에 결국 청요직들의 연대와 그것을 가능케 하는 현실적인 장치들을 마련하게 된 것이다.

성종이 홍문관원으로부터 "신하의 도는 의를 따르는 것이지 군주를 따르지 않는다."라는 냉정한 답변을 듣게 된 것은 바로 이 같은 맥락에서 이해해야 한다. 홍문관을 비롯해 청요직들은 국왕에게 충성을 바쳐야 할 신하였지만, 그보다 더 중요한 사명은 군주와 시비를 다투는 가운데 도덕적 가치가 구현되는 국정이 되도록 하는 것이었다.

이처럼 성종대의 관료들은 청요직 연대 속에 단순한 관료의 정체성을 넘어 고원한 사±의 지향을 확고히 다지며 도덕 정치를 실현하고자 노력했다. 하지만 그러한 노력은 많은 반발과 희생을 수반할 수밖에 없었다. 특히 국왕의 입장에서 이 같은 도전은 용납하기 어려운 것이었다. 16세기 왕과 사가 충돌하는 지점이 여기에 있다고 할 수 있다.

**대신의 살을
씹고 싶습니다**

청요직의 대두는 왕-대신-중·하급 관료로 이어지는 조정 내부의 서열 구조를 크게 훼손하는 것으로, 자연히 커다란 진통을 수반할 수밖에 없었다. 수직적 서열 실서를 고집하려는 입장과 도덕적 권위를 앞세우는 입장이 충돌하면서 갈등이 빚어지고 있었다. 다시 말해 국왕과 대신이 자신들의 위상을 지키고자 하는 노력과 청요직이 새로이 확보한 권리를 지키고자 하는 노력이 충돌하면서 대립이 잦아지고 있었다. 게다가 시간이 흐를수록 대신들 가운데 상당수도 강직한 언론을 제기하던 청요직 출신 인사들로 채워지고 있었기 때문에, 상황은 한층 더 복잡해져 갔다.

소위 사화라 불리는 잇단 정치적 소요로 점철되는 16세기는 이 같이 격화된 갈등 구도 속에 그 서막을 열고 있었다. 그런 측면에서 16세기 초반의 두 임금인 연산군과 중종은 도덕적 권위에 대한 부담감이 이전과는 비교할 수 없을 정도로 컸던 왕들이었다. 두 사람 모두 성종의 아들이었다는 점에서, 그리고 그들이 겪는 부담이 성종대부터 본격화되고 있었다는 점에서 이들은 같은 딜레마에 처해 있었다. 즉 청요직 연대가 정치 운영의 기초로 자리 잡게 된 상황에서, 도덕적 권위를 부정하지 않으면서도 국왕의 권위를 확보해야 하는 과제를 안게 되었던 것이다.

연산군은 이처럼 군주의 권력이 청요직들로부터 커다란 제약을 받으며 위축되는 상황에서 즉위했다. 시간이 지날수록 군주를 향한 대간의 압박이 더욱 거세지면서 갈등의 골은 더욱 깊어 갔다. 그러잖아도 연산군과 대간의 대립은 애초부터 격렬하게 전개될 소지가 있었다.

먼저 청요직들이 볼 때 연산군은 학문을 대하는 성종의 자세나 경륜에 도저히 미치지 못하는 존재였다. 그는 이미 세자 시절부터 문리가 트이지 않았다는 우려가 있었던 데다 즉위 이후에도 이러저러한 핑계로 경연을 거부했다. 성종을 모시며 군왕의 자질에 한껏 높아진 기준을 세웠던 청요직들에게 연산군의 일거수일투족은 마뜩잖은 것일 수밖에 없었다.

게다가 성종 말 청요직들의 신임을 받던 허종, 홍응 등의 재상들이 잇따라 사망해 왕과 청요직 사이를 중재할 재상이 아쉬운 상태였다. 노사신, 윤필상, 신승선, 윤호 등 대간의 비난을 받는 인사나 외척들이 재상에 포진하면서는 재상과 청요직 간의 관계도 훨씬 더 경색될 수밖에 없었다. 더구나 차기 재상군으로 부상하고 있던 대신들 가운데 상당수정괄, 허침, 성현, 홍귀달, 성준 등는 성종대 청요직 연대를 경험하며 대신에 오른 사람들이었다. 따라서 노사신 등이 군주의 뜻에 영합해 대간의 예기銳氣를 억누르는 데도 한계가 있었다.

폐비 윤씨의 처우 개선 문제도 어떤 식으로든 제기될 가능성이 있었다. 일단 이 문제가 불거지면 폐비 문제를 100년 동안 거론하지 말라는 성종의 유지遺旨를 고수하려는 입장과 연산군의 친모를 추숭하고자 하는 입장이 충돌하며 갈등이 격화될 수밖에 없었다. 더욱이 폐비 문제는 연산군의 불안정한 정서와 합쳐지면 어디로 튈지 모르는 예측 불가능한 요소여서, 당시의 정국에 드리워진 어두운 그림자와도 같았다.

연산군과 대간은 즉위하자마자 성종의 장례 문제로 격한 대립을 시작했다. 성종을 위해 수륙재水陸齋와 같은 불교식 재齋를 허용할 것인가 여부를 둘러싸고 충돌이 일어났다. 연산군은 할머니 인수대비의 의견을 따라 수륙재는 기왕의 관습이니 그대로 치러야 한다고 주장했고, 대간은 성종이 불교를 이단으로 규정해 철저히 배척했던 만큼 그런 성종을 위해 불교식 재를 치르는 것은 옳지 않다며 맞섰다. 결국 연산군과 왕실의 주장대로 수륙재가 시행되기는 했지만, 연산군은 이단을 옹호하며 대비의 그릇된 의견을 받아들이는 미숙한 군주라는 후문을 감수해야 했다.

수륙재 문제가 일단락되어 갈 즈음에는 폐비 윤씨의 사당 건립 여부를 놓고 연산군과 대간이 또 한차례 대립했다. 이번에는 이전보다 훨씬 더 격렬하게 충돌했다. 연산군은 왕의 생모를 추숭하는 것은 당연하다며 윤씨의 사당 건립과 신주 봉안을 강행했다. 그러나 대간은 성종이 윤씨를 추숭하지 말라는 명을 내렸으므로, 윤씨의 추숭을 강행하는 것은 선왕의 유지를 거스르는 것이라며 맞섰다. 수륙재 때와 마찬가지로 몇 달에 걸쳐 지루한 대립이 이어졌다. 그 사이 대간에서는 자신들의 의견이 받아들여지지 않는다며 수십 차례에 걸쳐 사직을 요청했다. 하지만 연산군은 추숭을 강행하고 대간을 향해서는 다음과 같은 불만을 드러냈다.

> "폐비가 비록 득죄했으나, 어찌 낳아 길러 준 은혜를 잊을 수 있으며, 그 혼령이 있다면 어디에 의탁하겠는가? 그대들이 어찌 나의 애통망극한 정을 알지 못하는가? 지금 내 뜻을 보고는 그대들이 어찌 감격하지 않는가."
> - 『연산군일기』 권15, 1496년 6월 20일

연산군은 대간의 반대에 부딪혀 모친을 향한 애틋한 마음을 제대로 펼 수 없게 되자, 대간에 원망을 드러냈다. 비록 말을 정제해 크게 드러나지는 않았지만, 대간을 향한 연산군의 심리는 이미 즉위 초반부터 분노와 증오로 가득 차 있었던 셈이다.

연산군과 대간이 격한 대립을 반복하는 동안 대신들은 다소 복잡한 양상을 보이며 우왕좌왕했다. 이는 성종대 이래 국왕이 대신들을 친왕 세력으로 적극적으로 유인하지 못하게 된 상황에서 자연스럽게 나타난 결과라고 할 수 있다. 즉 재상과 대신들은 직급상으로는 대간보다 상위에 있었지만, 도덕적 명분을 선점한 대간이 공론을 표방하며 대신들의 비리를 들추거나 불합리한 국정 운영을 자유롭게 비판할 수 있게 되자 그만큼 대신들의 입지가 줄어들고 있었다. 게다가 태종대나 세조대처럼 대신들에게 도덕적인 흠결이 있어도 국왕의 신임을 내세워 대간의 공격으로부터 벗어나기도 어려워진 상황이었다. 따라서 국왕의 대신 보호는 약해지는 가운데 대간이 공론의 소재처라는 위상까지 얻게 되자 대신들은 그만큼 위축될 수밖에 없었다.

이 같은 상황에서 대신들은 청요직들의 공론을 예의 주시하면서 그에 저촉되는 일을 피하거나, 아니면 국왕의 입장을 적극적으로 지지해 왕의 신임을 얻고자 했다. 그런데 후자는 삼정승 정도 되는 최고 관직에 있거나 외척과 같은 혈연관계가 있을 때에나 가능한 것이었다. 게다가 그런 방식으로 왕의 신임을 얻은 노사신, 윤필상, 윤호 등은 대간으로부터 '권귀'니 '간신'이니 '국정을 좀먹는 자'니 하는 모욕적인 언사와 함께 사직을 강요당하는 형편이었다.

  상황이 그렇다 보니 대신들은 이율배반적 태도를 보이기도 했다. 대신들은 권력이 청요직들에게 기우는 정국이 매우 못마땅했다. 그래서 권력이 대간의 수중에 장악되었다는 의미로 '권귀대간權歸臺諫'이라는 말을 입에 올리며 불만을 표출하기도 했다. 그러나 막상 연산군이 대간을 벌주려 하면 '대간은 공론의 소재처이므로 마땅히 대간의 말을 너그럽게 받아들여야 한다.'라거나, '대간은 말을 하는 것이 임무이므로 대간의 언사가 다소 지나치더라도 벌해서는 안 된다.'라는 등의 발언으로 오히려 대간을 옹호해 주기까지 했다. 그러다가 연산군으로부터 '대신들이 대간을 두려워해 슬슬 눈치나 보며 소신을 제대로 밝히지 못한다.'라는 비난을 받기도 했다.

  이 같은 상황에서 왕의 의중에 영합하려 하거나 대간의 언론을 부정적으로 언급하는 대신이 있으면 대간은 그들을 집중적으로 공격하고 나섰다. 무오사화 이전의 노사신이 바로 그런 사례에 해당한다. 노사신은 수륙재의 시행이나 폐비의 추숭 문제 등에서 연산군의 입장을 옹호하다가 대간으로부터 집중 공격을 받았다. 심지어는 사간원 정언 조순으로부터 '노사신의 살덩이를 씹고 싶다.'라는 말까지 듣게 된다.

> 조순이 아뢰기를 … 노사신이 군주 앞에서 대간의 논박을 당했으면 대죄待罪하기에 겨를이 없어야 할 것인데도, 도리어 대간더러 "고자질을 해서 곧다는 이름을 취득하는 짓이다."라고 하니, 이는 전하께서 대간의 말을 듣지 않으시고 자기 말만 믿게 하려고 감히 가슴속의 음모를 드러낸 것입니다. 춘추의 법을 말하면 노사신의 죄는 비록 극형에 처해도 도리어 부족하옵니다. 신 등은 그의 살덩이를 씹고 싶습니다.
> -『연산군일기』권25, 1497년 7월 21일

'노사신의 살덩이를 씹고 싶다.'는 조순의 말은 극단적인 것처럼 보인다. 하지만 그의 발언은 언론을 중시해야 한다는 원론적인 주장의 다소 과격한 표현이라고 할 수 있다. 즉 대간의 논박을 받으면 공론을 통해 당사자의 허물을 지적받은 것이니 마땅히 자신의 잘못을 되돌아보아야 하는 것이었다. 그리고 그것은 재상이라 할지라도 마찬가지였다. 하지만 노사신은 공론의 위상을 부정하며 공론을 전달하는 대간의 소임을 명예를 낚으려는 꼼수로 치부해 버렸다. 따라서 그의 죄는 결국 사문斯文, 유학의 정신을 저해하는 것이어서 극형에 처해도 무방하다는 것이다. 언로의 확보가 도덕 정치를 보장하는 가장 기본적인 요건이라 전제하던 대간으로서는 그것을 저해하는 시도를 도저히 용납할 수 없었다. 게다가 이제 대간은 현실적인 힘도 가지고 있었다.

> 조순에게 전교하기를, "네가 노사신의 살을 씹어 먹고 싶다 말한 것은, 필시 '내가 대간이 되었으니 비록 이같이 말할지라도 나를 어찌할 수 없을 것이다.'라는 생각에서 일 것이다."
> -『연산군일기』권25, 1497년 7월 21일

대간이 대신에게 함부로 말하는 것은 아무리 심한 말을 하더라도 공론을 전달하는 자신들을 국왕 역시 함부로 처벌할 수 없다는 것을 알고 있기 때문이라는 불만이 묻어 있는 발언이다. 연산군이 대간을 어떻게 인식하고 있었는지를 엿볼 수 있는 대목이다. 재상의 고기를 씹어 먹고 싶다는 말까지 나오는 상황은 청요직들 사이에서도 부담일 수밖에 없었다. 그들 사이에서도 자연히 이러한 경향을 우려하는 목소리들이 나왔다.

> 지금 물론物論이 심히 극성스러워 착한 사람이 모두 가 버리니, 누가 능히 그대를 구원하겠습니까? 지금 세상에 성명을 보전하기가 어렵습니다. … 요사이 종루鐘樓에 이극돈이 람취濫取한 사실을 방榜을 써서 붙였으니, 저도 또한 이로부터 몇 경頃의 논밭을 충주·여주의 지경이나 혹 금양의 강상江上에 얻어 수십 년 남은 생애를 보내고 다시 인간 세상에 뜻을 두지 않을까 하니, 그대도 또한 다시 올라올 생각을 하지 말고 공주

의 한 백성이 되어 국가를 정세^{正世}로써 돕는 것이 옳을 것입니다."

-『연산군일기』 권30, 1498년 7월 14일

위 편지는 무오사화 직전 임희재가 이목에게 전한 편지다. 두 사람 모두 김종직의 문인들이었다. 대간의 탄핵이 격증하여 장차 화를 입을 것을 염려한 많은 사람이 조정을 떠나고 있고, 자신 또한 지방으로 내려가 남은 생을 보전하려 한다며, 이목 역시 상경하지 말고 공주에 머물러 살 것을 종용하는 내용이다. 무오사화 직전 격발 일로에 있던 조정 안의 무거운 분위기를 탐지할 수 있다. 또한 그 같은 부담 속에 화를 면하고자 하는 사람들이 조정을 떠나고 있음을 엿볼 수 있다.

하지만 청요직 인사들을 중심으로 전개되는 강개한 언론은 멈출 수가 없었다. 눈앞에 뻔히 보이는 연산군의 허물을 묵과할 수 없었을뿐더러, 언관이 몸을 사리는 태도를 보였다가는 동료들 사이에서 자칫 소인으로 낙인찍힐 수도 있었기 때문이다. 게다가 이러한 상황을 중재할 만한 대신들의 활약 또한 기대하기 어려운 실정이었다. 따라서 대간들은 연산군과의 충돌이 부담스러웠음에도 계속해서 강경한 언론을 제기할 수밖에 없었다. 그리고 마침내 사화라는 독특한 형태의 탄압을 받게 된다.

**사화가
폭발하다**

연산군대에는 모두 두 차례의 사화가 일어났다. 연산군 초반 왕과 대간의 갈등이 격해지며 발생한 무오사화와 연산군의 폭압이 격화되는 과정에서 일어난 갑자사화가 그것이다. 무오사화는 김일손의 사초 문제에서 시작해 김종직 문인들을 붕당으로 규정하고 일부 대간들을 능상^{凌上}의 명목으로 단죄한 사건이다. 갑자사화는 연산군의 자의적인 국정 운영과 폐비 윤씨 문제가 결부돼 신료 전체가 치도곤을 당한 사건이었다.

두 사화의 공통점은 연산군 자신이 능상이라 부르던 조정 내 하극상의 분위기를 일소하려 했다는 점이다. 무오사화에서는 대간이 공론을 빌미로 대신과 국왕을 압박하는 상황을 능상으로 규정하고 있었고, 갑자사화에서는 자신의 통치에 직·간접적인 비판을 제기하던 대신들마저 능상으로 규정해 단죄했다.

연산군은 두 번의 사화에서 모두 끔찍한 폭력을 동원했다. 무오사화에서는 김일손 등 사초 문제에 연루된 자들은 능지처참하고, 김종직 문인들로 분류된 사람과 인사에 문제가 있었던 사람들은 유배를 보냈다. 이미 사망한 김종직과 남효온 등은 무덤에서 시신을 꺼내 참형을 가하는 부관참시를 시행했다.

하지만 이 정도는 갑자사화와 비교하면 아무것도 아니었다. 갑자사화 때에는 수많은 사람이 처벌을 받았다. 도대체 연산군의 광기 어린 살육으로부터 살아남은 사람은 누구이며, 계속된 처벌에 조정에 남아 국정을 담당할 사람이 얼마나 될까 하는 의문이 들 만큼 많은 사람이 처벌을 당했다. 형벌도 끔찍해서 낙신(烙訊), 촌참(寸斬), 부관참시, 쇄골표풍(碎骨飄風) 등과 같은 잔혹한 형벌들이 가해졌다.

> 임금을 업신여기는 사람은 천지 사이에 용납될 수 없다. 땅에 물자니 땅에서 나무가 나고 그 뿌리에서 줄기가 나고 줄기에서 가지와 잎이 나는 것이 모두가 순리이거늘, 어떤 패역한 사람으로 땅을 더럽힐 수 있으랴! 마땅히 들판에 버려서 여우나 살쾡이가 먹게 하거나, 물에 가라앉혀서 그 형체가 남지 않게 해야 한다.
> ―『연산군일기』 권57, 1505년 3월 24일

쇄골표풍은 연산군 이전에는 거의 시행된 적이 없던 형벌로, 연산군의 죄인 처벌은 당시 사람들에게 충격 그 자체였다. 임금을 업신여기는 가증한 자들의 흔적도 남길 수 없으니 그들의 뼈를 흩어 버리겠다는 연산군의 발언 속에서 살기등등한 광기를 느낄 수 있다. 대간의 언론에 과격한 측면이 있다 하더라도 이 같은 폭력으로 제압하는 것이 과연 정당한 일이었을까? 연산군이 잔혹한 형벌을 통해 궁극적으로 얻고자 한 것은 무엇일까? 그의 말마따나 능상의 분위기를 일소하려는 것이었을까? 그렇다면 폭력의 극대화를 통한 위엄의 과시는 연산군이 목적한 바를 성취하게 했을까? 과연 두 번의 사화를 거친 뒤에 능상의 분위기는 사라졌을까?

연산군이 폭력을 통해 국왕의 위상을 높이려던 시도는 실패했다고 볼 수 있다. 무오사화를 통해 언론을 제압하려 했지만 그것은 사화 직후의 일순간에 불과했을 뿐 결코 언론을 잠재울 수는 없었다. 이는 청요직 연대와 같은 체제의 작동 때문이기도 했지만, 대간의 언론이란 기본적으로 다양한 현실 문제들의 고발이자 권력 남용을 견제하는 장치였기 때문에, 현실의 여러 가지 폐단이 고쳐지지 않는 이상 결코 사라질 수 없었다.

무오사화 이전 대간의 과격한 언론도 기본적으로는 연산군의 자의적인 권력 행사와 남용을 저지하려는 데서 출발했다. 연산군의 치세를 맞이해 청요직들은 자신들이 구축한 안정적인 언로가 연산군의 미숙한 국정 운영과 그러한 국왕에게 영합하려는 일부 대신들 때문에 막힐 수도 있다는 위기의식을 품게 되었다. 따라서 모두가 인정할 수 있는 도덕적 가치를 적극적으로 제기하며 아첨을 통해 왕과 결탁할 소지가 있는 대신들을 매섭게 비판한 것이다.

과격한 언론을 가라앉히려면 현실 문제에 적절한 대책을 마련하고 국정을 공정하게 운영하거나 청요직들을 압도할 수 있는 도덕적 명분을 확보해야 했다. 폭력을 통해 마구잡이로 탄압한다고 언론을 제압할 수 있는 것은 아니었다. 연산군처럼 자의적인 통치로 격렬한 언론 행사의 빌미를 제공하면서 대간들의 반발만 문제 삼을 수는 없었다.

연산군은 끔찍한 폭력을 행사하며 기존의 가치와 질서를 송두리째 부정했지만, 그것을 대신할 만한 새로운 비전은 제시하지 않았다. 다시 말해 연산군의 폭력이 궁극적으로 무엇을 염두에 두고 있었는지가 불투명했다. 국왕으로서 상처받은 자존심을 치유하는 방편으로 과도한 폭력을 행사한 것 이상의 어떤 의미도 발견하기 힘들다.

그러나 이어진 연산군의 행보는 단지 자존심을 회복하는 방법이라기엔 너무 과도했고, 그의 왕위를 위협하기에 충분했다. 흥청들과의 빈번한 연회나 주색잡기, 유희에 필요한 경비 마련을 위한 가렴주구, 경기 일대의 금표 설치에 따른 백성의 피해 등은 과도한 일탈로, 월산대군의 처로 자신에게는 백모(伯母)가 되는 박씨를 비롯해 선왕의 후궁과의 추문 역시 반정 세력의 악의에 찬 선전이라고 이해할 수 있을 것이다. 하지만 그렇다 하더라도 그의 폭정 중에는 조선 왕실이 도저히 용납할 수 없는 일들이 여전히 남아 있었다.

인수대비의 장례 시 이일역월제(以日易月制)를 적용해 상례 기간을 단축하고 각종 국기일(國忌日)과 재계(齋戒)를 폐지한 처사나, 각 능의 수호(守護)·향화(香火)를 폐지하고 국기일에도 평상시와 같이 풍악을 울리고 고기를 먹은 일 등은 선왕들에 대한 불경일 뿐 아니라 왕실의 정통성과 국왕의 정당성을 스스로 부정하는 행위였다.

뿐만 아니라 연산군은 문묘에 모셔져 있던 공자와 선현들의 위판(位版)을 태평관·장악원·서학(西學) 등으로 옮기고, 성균관 강당과 대성전을 흥청들과의 연회 장소로 삼았다. 이러한 처사는 유교 이념에 기초해 왕권의 정당성을 확보하던 조선에서는 도저히 있을 수 없는 일이었다. 이는 부처의 공덕을 강조하며 불상을 앞세워 공공연하게 가두 행진을 벌이던 세조조차 하지 않던 일이었다. 그 밖에도 연산군은 사간원을 폐지하고 홍문관마저 혁파해 군주에 대한 간쟁과 왕이 들어야 할 수업 자체를 없애 버렸다. 또 사초를 검열해 자신에 대한 비평을 막았다. 이것은 정상적인 군주의 행동이라고는 생각할 수 없는 일이었다.

결국 폭력을 극대화한 연산군의 통치는 자연스럽게 또 다른 폭력으로 종말을 맞았다. 박원종, 유순정, 성희안 등이 주도한 중종반정이 일어난 것이다. 하지만 이들의 폭력은 단순한 폭력이 아니라 '어유(魚肉)'이 되어 가는 생민을 구원한 거사'로, 연산군의 치세를 부정하며 성종대로 돌아간다는 의미의 반정(反正)이라는 말로 칭송되었다. 그러고는 모든 제도를 원상태로 되돌리면서 연산군을 폭군으로 규정하고, 그가 사문과 도덕에 씻을 수 없는 죄인임을 천명했다. 이제 도덕을 천명한 반정 세력과 반정 군주의 집권 속에서 또 다른 도덕의 시대가 전개되고 있었다.

2. 조광조의 길

**언론이 다시
활성화되다**

연산군의 학정으로 불안에 떨던 신료들은 급기야 연산군을 폐위하려는 모의를 진행했다. 지중추부사 박원종, 부사용 성희안, 이조판서 유순정 등이 주동해 군사를 일으켰다. 이들은 조정 대신들에게 거사 계획을 알리고 협조를 요청했다. 소식을 들은 대신들 대부분이 거사에 동참했다. 약간의 시차가 있기는 했지만 조정 최고의 중신들이 모두 거사에 참여하고 있었다는 점에서 연산군에 대한 반감이 어떠했는지를 알 수 있다.

박원종 등은 연산군의 총애를 받고 있던 신수근, 신수영, 임사홍의 집에 군사를 보내 먼저 이들을 제거했다. 신수근은 연산군의 매형이었지만 진성대군中宗의 장인이었기 때문에 박종원은 사전에 그에게 반정에 동참할 것을 권유했다. 하지만 신수근은 이를 거부했고 반정 과정에서 가장 먼저 제거되었다. 하지만 장차 왕이 될 진성대군의 장인을 제거했다는 점에서 이 사건은 또 다른 불씨를 남기게 되었다. 반정군은 신수근 외에도 장녹수, 전동, 김효손, 손사랑 등 연산군의 총애를 받던 여인들과 그들의 친척으로 세력을 믿고 전횡을 일삼았던 자들을 잡아다가 참했다.

흥미로운 사실은 반정 과정에서 군사적 충돌이 거의 일어나지 않았다는 것이다. 게다가 반정군이 우선 제거한 사람도 대부분 신수근, 신수영 형제처럼 연산군과 인척 관계에 있는 사람이거나 장녹수처럼 연산군의 총애를 받던 여인들 정도였다.

사실 연산군은 대부분의 조정 신료들과 우호적인 관계를 맺지 않았다. 연산군 말년에 그를 보필한 재상들 역시 갑자사화의 회오리바람 속에 운 좋게 목숨을 부지한 자들이었다. 이는 연산군이 휘두르던 광기 어린 폭력과 비교하면 그가 가진 권력이 얼마나 취약했는지를 보여 주는 대목이다. 반정이 일어나던 날 궁궐 안에 있던 여러 장수와 군사도 거병 소식을 듣고는 맞서 싸우기는커녕 궁궐을 빠져나가기에 바빴다. 입직하던 승지들마저 상황을 파악해야겠다는 핑계를 대며 하나둘 연산군 곁을 떠났다. 이들 가운데 일부는 대궐 수챗구멍을 통해 궐 밖으로 도망한 뒤 반정 대열에 합류해 공신으로 책봉되기도 했다. 결국 궁궐 안에는 연산군과 그가 사랑했던 여인들만 남아 있었던 셈이다. 연산군은 기존의 권위와 질서를 철저하게 부정하는 방식으로 국왕으로서의 위엄을 추구했다는 점에서 분명 이상한 왕이었다.

  거사에 성공한 박원종 등은 연산군을 폐위하고 정현왕후 소생의 성종의 둘째 아들 진성대군을 국왕으로 옹립했다. 그가 바로 조선 최초의 반정 군주인 중종이다. 중종의 입장에서 반정은 매우 황당한 일이었다. 사전에 박원종 등과 거사에 대한 어떤 논의도 없었기에 말 그대로 자고 일어났더니 왕이 되어 버린 셈이다. 그래서였는지 박원종 등으로부터 국왕에 오를 것을 종용받았을 때 모후인 정현왕후도, 당사자인 진성대군도 즉위에 부정적인 태도를 보였다. 오히려 정현왕후는 연산군의 세자를 옹립하는 것이 좋겠다고 말할 정도였다. 사실 연산군과 진성대군, 정현왕후 모자의 관계는 특별히 나쁘지 않았던 것으로 보인다. 정현왕후는 인품이 온화하고 모든 자녀를 자신의 소생처럼 돌보아서, 연산군이 세자 시절 그녀가 친모가 아니라는 것을 몰랐다는 기록이 있을 정도였다. 진성대군도 연산군과의 관계에서 별다른 갈등 관계가 보이지 않는다. 하지만 중요한 사실은 진성대군이 거절한다고 해서 국왕에 즉위하지 않을 수 없었다는 점이다.

  반정에 아무런 지분이 없었던 진성대군, 곧 중종은 즉위 초반 정국을 예의 주시하면서 왕위 보전에 급급할 수밖에 없었다. 당시 중종이 취할 수 있는 우선적인 방편은 반정 공신들에게 전적으로 의존하는 것이었다. 즉위 직후 조정에서 중종이 하는 말이라곤 정승에게 물어보라거나 정승 말대로 하라는 말들뿐이었다.

왕위를 지키기 위한 중종의 또 다른 노력은 연산군과 대비되는 반정 군주의 면모를 적극적으로 드러내는 것이었다. 중종은 도덕의 이름으로 집권의 정당성을 수식하고 그를 통해 신료와 백성의 지지를 이끌어 내고자 했다. 실제로 중종은 반정으로 즉위한 도덕 군주에 걸맞은 모습을 갖추고자 많은 노력을 기울였다. 우선 연산군 치하에서 자의적으로 바뀌거나 폐지된 제도들을 성종대의 모습으로 되돌리도록 명했다. 혁파된 사간원과 홍문관을 다시 세우고 경연을 재개하며, 성균관과 여러 학당들을 조속히 수리하도록 했다. 이리저리 옮겨 다니던 공자와 유현들의 위판들도 원래의 자리로 돌아가게 되었다. 또한 상기(喪期)를 짧게 마치는 이일역월제를 폐지해 예가 온전히 지켜질 수 있도록 하고, 종묘와 영녕전 등의 관료와 기신재를 수행하는 내관을 복구했다. 또한 충신·효자·열부·절부의 정표 가운데 무너진 것을 세우게 하고, 1511년(중종 6)에는 무려 2940질에 달하는 『삼강행실도』를 반포했다. 연산군의 집정으로 퇴락한 풍속을 삼강오륜을 밝힘으로써 회복하겠다는 포부를 담은 것이라고 할 수 있다. 이전에도 『삼강행실도』를 반포한 적이 있지만 거의 3000질에 달하는 분량은 이전과는 다른 무게감을 주었다.

도덕에 대한 지향은 중종이 경연을 통해 일상적으로 추구하는 일이기도 했다. 경연이 복구되면서 중종은 성종을 본받아 하루 네 차례에 걸친 경연에 참석했다. 즉위 초반 중종은 『상서』 조강, 『자치통감강목』 주강·석강, 『대학연의』 야대 등을 수업했다. 이것들은 모두 덕정을 베푸는 유교적 성왕들의 미담을 담은 제왕학의 전범 같은 책들로, 중종 자신이 그러한 성왕의 정치를 지향하고 있음을 상징하는 것이기도 했다.

중종의 속내가 실제로 어떠했는가와 별개로 그는 도덕을 지향하는 반정 군주의 면모를 통해 집권의 정당성을 증명해야 하는 위치에 놓여 있었다. 다시 말해 중종은 역대 국왕들 가운데 가장 큰 도덕적 부담을 지고 있었던 군주였다. 성리학 연구로 유명한 미국 하버드대 교수 피터 볼에 따르면 도학에서 규정하는 국왕의 위상은 '피라미드의 정점'이라기보다는 건축물의 중추적 역할을 담당하는 쐐기돌 같은 것이었다. 중종은 바로 그 쐐기돌 역할에 충실할 것을 강요당하는 위치에 있었다. 도학의 관점에서 볼 때 군주라는 지위 자체가 그의 도덕적 권위를 보장해 주는 것은 아니었다. 국왕 역시 일반인과 마찬가지로 적극적으로 도덕을 수양해야 하는 존재였다. 더구나 아무런 실권 없이 신료들로부터 추대된 반정 군주로서 중종은 도덕적 가치가 구현되는 국정 운영에 대한 부담이 클 수밖에 없었다.

국왕과 조정이 모두 도덕을 강조할 수밖에 없는 여건 속에서 언론의 재활성화는 필연이었다. 실제로 대간의 활동은 반정과 함께 활발히 재개되었다. 언관들은 성종이 언론을 용인하고 후원하던 모습과 연산군이 언론을 탄압하던 모습을 적절히 대비하며 활동의 폭을 조금씩 넓혀 갔고 발언의 수위 또한 차츰차츰 높여 갔다.

물론 대간의 활동이 그렇게 순조롭지만은 않았다. 정국공신에 책봉된 자가 무려 117명이었고 원종공신 또한 100여 명에 달하자 대간들은 반정 직후부터 공이 없는 자들을 공신에서 걸러 낼 것을 수년간 요구했다. 그 과정에서 대간들은 반정의 정당성을 강변하며 책봉의 불가피함을 주장하는 중종 및 공신들과 잦은 갈등을 빚었다. 실제로 1510년^{중종5}에는 반정의 핵심 무장 가운데 한 사람인 박영문이 대간의 탄핵에 반발한 일이 있었다. '대간과 문사가 무인이 삼공^{三公}에 오른 것을 싫어한다.'며 박원종을 충동질해 또 한 차례 피바람이 일 지경까지 이른 것이다. 다행히 성희안의 중재로 무사히 넘어갔으나, 이 같은 상황은 조정 안에 여전히 불안 요소가 남아 있음을 보여 주는 것이었다.

그럼에도 불구하고 장기적인 추세는 대간의 위상이 점차 확대되는 것이었다. 도덕을 표방하며 다시 세워진 조정이었고 같은 신하들끼리 언관의 활동을 견제하는 데에는 한계가 분명했다. 그만큼 대간의 언론을 엄격하게 통제하는 것은 사화와 같은 비정상적인 방법을 동원하지 않고서는 불가능했다. 더구나 연산군의 언론 탄압을 경험한 만큼 대간의 자유로운 언론 활동을 보장해야 한다는 인식이 폭넓게 자리 잡고 있기도 했다. 대간의 모든 요구가 그대로 받아들여지지는 않았지만 언로는 충분히 확대되고 있었다. 덕분에 국정의 거의 모든 부분에 언관들이 개입하며 자연스럽게 국정 운영의 중심에 서게 되었다. 더구나 반정의 핵심 주인공 삼인방이 1510년^{박원종}, 1512년^{유순정}, 1513년^{성희안}에 모두 죽고 1513년 반정 당시 핵심 무장으로 활약했던 박영문과 신윤무마저 반역을 꾀하다가 제거당했다. 이제 '공론의 대변자'인 대간의 발언권은 한층 더 강화되어 마침내 대신을 압도하는 모습마저 보인다.

> 이때에 대간이 건의하는 바를 재상이 가부를 말하지 않고 모두 따르고 어기지 않았
> 으니, 대간이 공론을 부지한 힘이 또한 자못 많다고 할 수 있다. 그러나 권한이 대각[*]
> _{현부와 사간원} 에 있으므로 대신은 데면데면하여 나라 일에 간여하지 않으니, 체통이 엄하
> 지 않고 조정이 존엄하지 않아서 식자들은 근심했다.
> —『중종실록』권20, 1514년 9월 29일

재상들이 대간의 눈치를 보며 자신의 의견을 뚜렷이 밝히지 못하고 주변인으로 전락해 조정의 기강이 해이해지고 있다는 비평이다. 이 같은 분위기는 시간이 흐를수록 강해져 대간의 탄핵이 오히려 역기능을 초래한다는 비판까지 제기된다.

> 대간이 인물을 논박할 적에는 악을 드러내어서 못에 던져 버리듯 했으며, 임금이 만
> 약 굳게 거절하면 혹 갑자기 그쳤다가 다시 다른 사람을 논박해 잇따른 논박이 일과
> 처럼 되어 버렸다. 당시 사람들이 조롱하기를 "모인이 교체되었는데 또 논박을 당한
> 다."라고 하니, 대간이 사람들에게 신용을 얻지 못한 것이 이와 같았다. 그러므로 임
> 금도 사람들에 대한 대간의 논박을 보통으로 여겼으니 비록 시비가 분명한 일일지라
> 도 들으려 하지 않았다.
> —『중종실록』권20, 1514년 11월 7일

여기서는 대간이 어떤 인물을 논박하면서 잘못을 헐뜯는 데 집착하여 그들의 탄핵이 시비를 가리지 못하고 의례적인 관행으로 치부될 뿐 아니라, 중요한 결정을 지연시키는 구실이 됨을 비판하고 있다. 이처럼 대간 언론은 연산군대 두 차례에 걸친 사화를 거치며 크게 위축되었지만, 중종반정을 통해 도덕을 지향하는 정치가 재천명되며 다시금 적극적인 면모를 보였다. 언론이란 기본적으로 관료제의 운영 과정에서 '공적 질서의 추구'를 지향하는 신료들의 목소리라고 할 수 있다. 그렇기 때문에 청요직들은 도학을 매개로 도덕의 기치를 내세우며 왕과 재상의 압박으로부터 벗어나고자 했고, 마침

내 청요직 연대를 통해 언론이 하나의 시스템으로서 안정적으로 가동될 수 있는 장치를 마련했던 것이다. 그에 따라 언론은 이전과는 차원이 다른 적극성을 띠고 국정 운영의 기본적인 상수로 자리 잡게 되었다.

조광조의 진출은 이 같은 기초가 마련된 뒤에 이루어졌다. 그렇다면 그의 진출로 언론과 청요직에는 어떤 변화가 일어났을까? 다시 말해 조광조가 정부에 등용된 뒤 담당한 역할은 무엇이었을까?

도덕이
권력을 장악하다

삼공신 중심으로 진행되던 반정 초반의 정국은 1513년 성희안을 끝으로 삼공신이 모두 운명하면서 일대 전환을 맞았다.

> 반정 후 공신들이 공로를 빌고 교만하고 사치해 희첩을 거느리되 많은 자는 예닐곱 명이었고, 적은 자도 서너 명을 밑돌지 않았다. 그중에서도 박원종, 유순정, 성희안은 더욱 많이 거느리다가 얼마 안 되어 병들어서 연이어 죽고 말았다.
> —『중종실록』 권18, 1513년 5월 29일

삼공신이 과도하게 여색을 밝히다가 운명했다는 사관의 논평이 사실인지는 논란이 있을 수 있다. 어쨌든 그들이 죽음으로써 조정 내의 역학 관계는 변할 수밖에 없었다. 무엇보다 정국공신들의 세력이 크게 위축되었다. 그중에서도 박원종의 막하에 있던 박영무·신윤무 등 무장 세력의 힘이 급속히 약화했다. 이들은 박원종 사후, 권력에서 점차 소외되는 현실에 불만을 품고 1513년 반란을 획책했다가 사전에 발각되어 모두 처형당했다. 처음부터 공고한 결집력이 없었던 정국공신들이었기 때문에 삼공신이라는 구심점을 잃자 세력이 급속히 줄어든 것이다.

대체로 정국공신들은 반정을 일으킨 의의를 인정받아 지급받은 경제적 부산물에 만족해야 하는 처지로 하락해 가고 있었다. 다시 말해 중종 8~9년 정도에 이르면 정국공신들은 독자적인 공신 집단으로 존재하기보다는 관료 조직에 포섭된 수많은 관료 가운데 하나로 용해되어 가고 있었던 셈이다.

정국공신들의 세력은 위축되었지만 중종의 입지는 그만큼 탄탄해지고 있었다. 삼공신이 차례로 운명하며 생긴 권력의 빈자리를 국왕인 중종이 차츰차츰 메워 가고 있었다. 아무런 실권이 없는 상황에서 즉위한 중종이 어느덧 국정 운영의 주재자로 성장하며 반정 군주의 위상을 찾기에 이른 것이다.

결국 삼공신 사후 국왕의 권력이 강화되는 가운데, 반정 직후부터 활발해진 대간들의 활동이 더 적극적으로 전개되었다. 상대적으로 대신들은 대간의 언론에 위축되어 영향력을 온전히 발휘하기 쉽지 않은 상황에 직면했다. 다시 말해 권력이 어느 한곳에 귀속되지 못한 채 대간이 각종 사안에 개입하면서 국왕, 대신 등과 곳곳에서 충돌하는 만성적 긴장 관계가 조성되고 있었다.

조광조가 조정에 첫발을 디딘 것은 청요직들의 영향력이 크게 신장하여 국왕 및 대신들과 어깨를 나란히 하던 1515년^{중종 10}이었다. 조광조는 출사와 동시에 청요직은 물론 중종에게도 신임을 얻었다. 그러면 무엇이 조광조로 하여금 청요직과 국왕의 신임을 동시에 거머쥐게 했던 것일까?

조광조가 청요직들 사이에서 높은 신망을 얻게 된 것은 크게 두 가지 이유에서였다. 하나는 연산군의 폭정으로 사회적 기강이 크게 퇴락한 상황에서도 그가 도학자로서 한결같은 면모를 지니고 있었다는 것이고, 다른 하나는 기성 청요직들을 압도하는 강직한 주론자^{主論者}로 기능했다는 점 때문이었다. 이 두 가지는 당시 청요직 사이에서 가장 중시되는 자질로 평가받고 있었다.

먼저 도학자 조광조의 모습을 살펴보자. 조광조는 개국공신 조온의 5대손으로 한양에서 대대로 녹을 먹던 뼈대 있는 반가의 자제였다. 하지만 안평대군과 의형제를 맺은 조부 조충손이 계유정난을 계기로 변방의 관노가 되면서 가세가 크게 기울었다. 그나마 조충손이 왕비의 친속이었기 때문에 그 정도에 그친 것이었다. 조광조의 부친 조원강은 감찰과 찰방 등을 전전하다가 조광조가 스물하나 되던 해에 생을 마감했다. 하지만 숙부 조원기가 조정에서 명망이 두터운 인사였기 때문에 조광조는 입신 과정에서 숙부의 도움을 어느 정도 받았을 것으로 보인다.

조광조는 일찍부터 세인들의 주목을 받았다. 무오사화 이후 정국이 어수선한 상황에서 어천(魚川, 지금의 평안북도 영변) 찰방으로 부임하는 아버지를 따라가 희천(熙川)에서 유배 생활을 하고 있던 김굉필에게 수학했던 일은 그중에서도 단연 튀는 행동이었다. 그는 평소 김굉필의 명성을 사모하다 부친이 김굉필의 배소 근처로 부임하게 되어 따라나선 것으로 여겨진다. 조광조의 문집 『정암집』에 수록된 편지 한 통에서 이러한 정황을 엿볼 수 있다.

> 수재 조 군은 고인의 아들로서, 나이 스물도 못 되어서 도를 구하려는 뜻을 두었는데, 사문 김굉필의 학문이 연원(淵源)이 있다는 말을 듣고서 그의 부친이 있는 어천으로부터 그대의 희천 적소로 나가 옷을 여미고 공부를 청하려 함에, 나에게 소개하는 편지를 한 장 요구했다네. … 대유는 화를 받고 있다 해서 서로 주고받는 것을 꺼리지나 않을는지?

부친의 친구인 양희지가 조광조를 김굉필에게 소개하는 편지이다. 학문에 대한 조광조의 열망을 엿볼 수 있는데, 양희지는 그런 조광조가 기특하면서도 한편으로는 어수선한 시절에 그에게 화가 미치지 않을까 염려하는 기색을 보이고 있다.

조광조는 1500년(연산군 6) 부친상을 당하자 선영 밑에 초당(草堂)을 짓고 3년간 시묘하며, 『소학』, 『근사록』, 사서, 『통감강목』 등을 섭렵했다. 연산군 치하라는 시간대를 고려하면 그의 삼년상은 대단히 이례적인 일이다. 이 무렵 조광조는 이자 등과 교유하고 있었다. 두 사람 모두 신영이 용인에 있었던 까닭에 함께 교유하면서 '도학계(道學契)'라는 모임을 만들고 학문과 시사를 토론하며 도학자로서의 포부를 키워 갔다. 현재 경기도 용인에 있는 '사은정(四隱亭)'은 이들이 교유하며 마련한 정자로서, "낚시하고 나물 캐고 땔감 하고 밭 갈면서 속세를 벗어나 은인자중하겠다."라는 취지에서 사은(四隱)이란 이름을 붙인 것이다. 연산군의 폭정에 대한 암울함과 답답함이 배어나면서도 뚜렷한 도학의 지향을 엿볼 수 있다. 어쨌든 조광조의 이런 모습이 사람들 눈에 그리 좋아 보이지만은 않았던 것 같다. 그를 가리켜 '미치광이(狂人)' 혹은 '화근 덩어리^{穢胎}'라 부르며 교제를 끊는 사람이 있었고, 가족과 친지들도 자중할 것을 종용했다고 한다.

반정 이후에 조광조의 독특한 행적들은 오히려 그에게 도학자의 명성을 안겨 주었다. 많은 사람이 그와 사귀고 싶어했고, 조광조보다 나이가 어린 사람들은 그에게 가르침을 청해 사제 간의 연을 맺기도 했다. 이 무렵 조광조는 사마시에 합격하고[1510] 성균관에서 수학하게 되는데, 그때 또 한차례 세간의 주목을 받게 된다.

> 생원 김식, 조광조 등이 김굉필의 학문을 전수해 함부로 말하지 않고 관대를 벗지 않으며 종일토록 단정하게 앉아서 빈객을 대하는 것처럼 했는데 그것을 본받는 자가 있어서 말이 자못 괴이했다. 사관^{四館}: 성균관, 예문관, 승문원, 교서관에서 통모^{通謀}해 "그들이 스스로 사성십철^{四聖十哲}이라 일컫는다."라고 해 죄에 몰아넣으려 하다가 이루지 못했다.
> ―『중종실록』 권12, 1510년 10월 10일

언뜻 보기에 전혀 문제 될 것 없는 평범한 선비의 일상에 불과하지만, 이 시기는 아직 성리학적 생활 방식이 자리 잡기 전이어서 조광조의 이런 행동은 매우 낯선 것이었다. 더구나 그의 생활 방식을 본받는 사람까지 나오자, 그를 더욱 경계하며 배척하려 했던 것이다. 다행히 김세필 등이 경연에서 조광조를 감싸 주어 무사히 넘어갈 수 있었지만, 출사 이전부터 조광조의 존재감이 뚜렷했던 것만은 분명한 것 같다.

시간이 흐를수록 조광조의 명성은 더욱 커져 갔다. 당시 명망 있는 유사^{儒士}들 가운데 그와 교유하지 않는 자가 없었다고 할 정도로 조광조를 따르는 사람들이 늘어 갔다. 그리고 이 같은 분위기에서 조광조를 벌하려던 성균관마저도 학행이 뛰어난 자를 천거하라는 요구에 조광조를 추천하기에 이른다.

성균관의 추천이 있던 1511년 조광조는 모친상을 당해 다시 3년 동안 시묘를 했다. 그리고 상기를 마치고 돌아왔을 때[1514] 또다시 성균관의 추천을 받아 종6품의 조지서 사지^{造紙署 司紙}에 제수되었다. 추천을 통해 실직^{實職}을 받은 매우 파격적인 조처였는데, 조광조는 이를 계기로 과거를 통해 정식으로 출사할 것을 결심했다. 이왕 관료의 길에 들어설 거라면 정식으로 나가 후일을 도모하는 것이 낫겠다는 판단을 한 것으로 보인다. 또한 삼공신이 죽고 당시 사대부들의 염원이었던 소릉(昭陵, 현덕왕후능)이 복위되는 분위기도 그가 관직 진출을 결심하는 또 다른 계기가 되었을 것으로 보인다. 조광조는 이듬해 시행된 성균관 알성시에 응시해 합격함으로써, 마침내 조정에 발을 디뎠다.

연산군 시절 유배 중인 김굉필을 찾아가 스승으로 모신 일, 두 번에 걸친 시묘, 성균관 수학 시의 생활 태도와 두 차례에 걸친 천거, 학문 수양과 명사들과의 교유 등은 당시 누구도 흉내 낼 수 없었던 조광조만의 독특한 이력으로, 도덕과 도학을 강조하며 강개한 언론을 펼치던 청요직 인사들이 인정하기에 충분한 자질이었다.

도학자적 자질 외에도 강직한 언관의 주론자적 면모는 그가 조정에서 실질적인 힘을 갖도록 하는 또 다른 요인이었다. 주론자란 대간 언론의 향방을 지휘하는 일종의 오피니언 리더였다. 조선 후기의 경세가 유수원(柳壽垣)은 조선 시대 첫 번째 주론자로 조광조를 꼽고 있는데, 이들 주론자는 청요직 연대를 통해 언론의 활성화가 일상화되는 상황에서, 대간 언론이 권력에 위축되지 않도록 독려하며 특정한 안건에 대한 언론의 개시와 종결에 영향을 미치는 사람들이었다. 성종대의 김흔, 연산군대의 김일손, 중종대 전반기의 이행과 이자, 그리고 조광조 등이 주론자의 대표적인 사례라고 할 수 있다.

조광조가 청요직들 사이에서 인망을 얻으며 주론자의 지위에 오르게 된 것은 '신씨 복위 상소 사건'을 통해서였다. 신씨 복위 상소 사건이란 중종비 장경왕후가 산고로 사망하자, 담양부사 박상과 순창군수 김정이 반정 직후 폐위당해 사가(私家)로 쫓겨난 신씨를 복위해야 한다는 상소를 올려 조정 전체에 일대 논란을 불러일으킨 일을 말한다. 이 사건을 주목하는 이유는 당시 두 사람의 상소에 대신들 사이에서도, 그리고 청요직들 사이에서도 의견이 갈리며 한 동안 조정 전체가 격론에 휩싸였기 때문이다. 대체로 대간과 중종이 김정과 박상의 처벌을 주장하는 반면, 홍문관과 대신들은 처벌을 반대하는 형국이었다.

대간에서 처벌을 주장한 이유는 신씨가 복위되면 반정 이후 안정되어 가고 있던 정국이 또 한차례 격랑에 휘말릴지도 모른다는 우려 때문이었다. 즉 신씨가 다시 왕비가 되어 왕자라도 출산하는 날이면 장경왕후 소생의 원자(인종와 신씨 소생 사이에 선후를 가려야 하는 난감한 문제가 발생할 수 있었던 것이다. 게다가 반정군에 부친을 잃은 신씨가 원한을 갚으려 하면 조정에 또 한 차례 피바람이 일지도 모른다는 우려도 제기되었다. 이런 이유로 대간에서는 이들의 상소가 부적합한 것임을 지적하며 처벌을 요구했던 것이다. 그리고 중종 역시 대간의 입장을 두둔하고 있었다. 폐비 신씨의 환궁이 초래할지도 모르는 정치적 부담을 중종으로서도 원치 않았던 것으로 보인다.

한편 대신과 홍문관에서는 박상과 김정의 처벌에 반대했다. 무엇보다도 이들이 올린 상소는 국왕의 구언에 따른 응지상소였다는 것이 처벌을 반대하는 주된 이유였다. 응지상소란 나라에 재변이 있을 때 하늘이 국왕의 실정을 경고한다는 의미로 해석해 조정 신료와 백성들에게 군주의 과실과 조정의 잘못을 묻는 관행으로, 상소 내용이 다소 과격하더라도 벌하지 않는 것이 특징이었다. 따라서 대신과 홍문관은 이러한 이유를 들며 처벌을 반대했다. 하지만 이들의 요구는 받아들여지지 않았고, 두 사람은 모두 관직을 삭탈당하고 유배당했다.

박상과 김정의 유배로 신씨 복위 상소 사건은 일단락되는 듯했다. 하지만 불씨는 여전히 남아 있었다. 언로의 확보를 최우선으로 삼아야 하는 대간이 응지상소의 내용을 문제 삼았다는, 다시 말해서 대간 스스로가 언로를 막았다는 이유 때문이었다. 그리고 그러한 불씨는 이제 갓 사간원에 임명된 조광조로부터 되살아났다. 조광조는 사간원 정언에 임명되자마자 신씨 복위 상소 사건을 처리하는 과정에서 대간 스스로가 언로를 막았다며, 대간 전원의 체직을 요청하고 나섰다. 수면 아래로 가라앉고 있던 사안을 다시금 공론의 장으로 끄집어냈던 것인데, 중종과 대신들은 어쩔 수 없이 이 문제의 시비를 다시 가릴 수밖에 없었다. 그리고 시비의 초점은 상소의 본래 내용보다는 '구언상소를 올린 사람을 벌한 처사'에 맞춰졌다.

처벌을 주도한 양사兩司의 관원들은 조광조의 비판에 곧바로 피혐하고 체직되었다. '논박받은 언관은 그 자리에 머물 수 없다.'는 대간의 피혐 관행에 따라 조광조를 제외한 양사의 언관들 모두가 체직된 것이다. 새로이 사헌부와 사간원에 임명된 사람들은 조광조를 지지하는 사람과 이전 대간을 지지하는 사람들로 나뉘어 각자의 의견을 고집했고, 결국 대간끼리 서로 공격하며 피혐과 체직을 반복하는 일이 벌어졌다. 또한 홍문관에서도 조광조와 이전 대간 모두의 주장이 옳다는 '양시론兩是論'을 제기해, 신료들은 의견을 통일하지 못한 채 격한 논쟁을 이어 갔다. 시간이 흐를수록 반목이 심해지고 급기야 찬성하는 측과 반대하는 측으로 파벌이 갈리기에 이르자, 중종과 대신들은 이 문제를 결론지어야만 했다. 수차례의 회의를 거듭한 끝에 마침내 중종은 언로의 확보가 사직의 존망과 직결된 문제임을 확인하면서 조광조 측의 손을 들어 주었다. 아울러 박상과 김정도 유배에서 풀려났다.

신씨 복위 상소 사건의 의의는 몇 가지로 정리할 수 있다. 첫째, 이 사건을 통해 조광조를 중심으로 하는 정치 세력이 결집하고, 이후 이들이 언론을 주도해 나가며 조정의 실세로 등장했다는 점이다. 출사 이전부터 명망이 높았던 조광조는 신씨 복위 상소 사건의 판세를 뒤집는 데 결정적인 역할을 담당함으로써, 청요직들의 언론을 이끌어 가는 주론자의 지위도 갖추게 된다. 그리고 그가 주도하는 언론에 청요직 관료들은 물론 대신들까지 동조하면서 응집력 있는 목소리를 내게 되자, 어느덧 조정에서 조광조와 그의 추종자들은 가장 영향력 있는 집단이 되었다. 조광조와 기묘사림은 기성 관료들과 구별되는 새로운 존재들이 재야에서 세력을 형성해 왕의 비호를 받으며 조정으로 진입한 것이 아니라, 이미 출사해 있던 청요직과 대신들 가운데 조광조의 청론에 공감하는 사람들이 결집하면서 형성된 세력이었다.

둘째, 신씨 복위 상소 사건 이후 조광조가 홍문관으로 자리를 옮겨 경연을 주도해 나가며 중종의 신뢰마저 얻기에 이르자 이제 정부 안에서 조광조의 위상을 따라올 자가 없게 되었다. 조광조가 명망이 두터운 도학자로서, 언론을 이끌어 가는 주론자로서, 그리고 국왕의 신임을 받는 총신寵臣으로서 모든 지위를 갖추게 되자, 단시일 내에 그를 중심으로 권력이 집중됐던 것이다.

셋째, 신씨 복위 상소 사건을 종결한 조광조의 활약으로 말미암아 청요직들 사이의 담론을 주도하는 중심인물은 청요직 내부의 직급에 기초하기보다 도덕적 권위에 근거한 주장을 제기할 수 있는 인물로 옮겨 갔음이 확인되었다. 다시 말해 청요직들 사이에서 주론자의 역할이 이전보다 훨씬 더 중요해졌다는 것이다. 청요직들이 도덕에 기초한 언론을 제기하며 조정 내 서열 질서를 파괴하던 것과 마찬가지로 청요직 내부에서도 서열 파괴가 일어나고 있었다. 기묘사림의 언론이 격렬할 수밖에 없었던 이유가 여기에 있다. 근본주의적 성향의 목소리들이 지지를 얻는 구조가 정착되었기 때문에 언론이 그만큼 과격해질 수밖에 없었다.

넷째, 조광조의 사례로 말미암아 도덕적 권위를 주장할 수 있는 누군가가 공론을 주도할 수 있다는 사실이 확인되면서, 공론의 조성이 조정의 신료들에게만 국한될 필요가 없다는 주장이 가능해졌다. 도덕적 권위를 가진 재야의 누군가도 공론 형성을 주도할 수 있는 계기가 마련되고 있었던 것이다. 그리고 공론 형성의 기제가 도학과 밀접해짐에 따라 사대부들의 정치 참여 기회 역시 그만큼 확대될 수 있었다. 그런 의미에서 조광조와 기묘사림의 부상은 결국 조선 사회에서 도학이 단순한 학문 활동을 넘어 하나의 권력으로 자리매김했음을 의미했다.

바로 이 같은 맥락에서 조광조와 그에 동조했던 사람들은 조정에서 강력한 힘을 갖고 그동안 청요직들 사이에서 숙원으로 여겨지던 다양한 현안을 하나씩 들춰 가며 공론이 요구하는 방향대로 바로잡아 가고자 했다. 기묘사림의 개혁 활동이 본격적으로 시작된 것이다.

3. 기묘한 사화

**도덕 사회의
건설을 위하여**

신씨 복위 상소 사건 이후 조광조를 중심으로 하는 일군의 세력이 형성되며 적극적인 개혁 활동이 이루어지고 있었다. 조광조와 기묘사림의 권력은 단순히 세를 규합하는 데서 오는 것은 아니었다. '낭관권'이라 불리는, 이조전랑^{吏曹銓郞}의 청요직 인선에 대한 영향력과 맞물려 있는 것이었다. 중종대에 이르러 청요직 연대는 한층 더 강화되었고, 그 체제 역시 보완되고 있었다. 청요직 연대의 형성에서 성종대가 홍문관을 구심점으로 삼은 인선 체계와 서경·피혐 같은 언론 관행의 적절한 조합을 통해 청요직에 대한 인사권 일부를 확보한 시기였다면, 중종대는 이조의 실무 관료인 전랑들이 후임자를 스스로 천거할 수 있는 후임자 자대권^{自代權}을 확보해 청요직의 인선 전반에 영향력을 미칠 수 있게 된 시기였다. 따라서 청요직 인선에서 전랑의 도움을 얻게 된 조광조와 기묘사림은 언론으로 적극적인 개혁을 전개해 나갈 수 있었다.

이른바 기묘사림의 개혁이라는 것은 크게 두 가지 방향에서 시도되었다. 하나는 도덕적 가치의 확산을 추구하는 것으로, 일상의 구석구석까지 성리학적 질서에 바탕을 둔 사회 운영이 이루어지도록 하는 것이었다. 성리서들의 보급, 문묘 종사 운동, 향약의 보급, 사전^{祀典} 체제의 정리, 여악의 폐지 등이 여기에 해당한다.

먼저 기묘사림은 『소학』·『근사록』 등의 성리서를 보급하고, 또 성리학에 조예가 깊은 관료들을 선발해 『성리대전』을 왕에게 강의하기 위한 특별 전담조를 꾸리는 등 성리학의 장려에 힘썼다. 서적을 보급해 성리학 기초 지식을 전파하고 이의 실천을 시도했다. 민간의 풍속이 성리학적 질서에 따를 수 있도록 향약 보급 운동도 추진했다. 이 운동은 성종대부터 드문드문 시행되던 향사례·향음주례 따위 교화책의 뒤를 잇는 것이라 할 수 있다. 기묘사림 가운데 한 사람인 김안국의 교정을 거친 『여씨향약언해』가 팔도에 배포되었고, 얼마 뒤에는 함양과 온양 등지에서 시행된 향약이 민간의 풍속을 교정하는 데 매우 유익하다는 보고가 올라오기도 했다. 이에 중종은 팔도의 감사들에게 향약을 장려하는 전교를 내리고 급기야 한성에서도 이를 시행하도록 했다. 여악女樂의 폐지 또한 사대부들의 행동을 단속한다는 측면에서 추진되었다. 여악은 궁중의 내연과 외연에서 관기들이 행하는 가무와 풍류인데, 조정 신료들이 관기들과 사통하는 일이 빈번해지면서 물의를 빚곤 했다. 수차례 논란 끝에 '중궁진하연' 같은 내연을 제외하고, 정전正殿에서 베푸는 외연에서는 여악을 폐지하라는 명이 내려지기에 이르렀다.

문묘 종사 운동은 절의와 도덕으로 명망이 높았던 정몽주·김굉필·정여창 등을 문묘에 모심으로써 도학자의 구체적인 전범으로 삼고자 한 노력이었다. 기묘사림은 국초부터 문묘종사 논의가 진행된 정몽주와 도학자로 명성이 높던 김굉필, 정여창의 문묘 종사를 추진했다. 하지만 김굉필과 정여창에 대해서는 반대하는 여론이 만만치 않았다. 조정 대신들은 김굉필과 정여창이 자신들과 연배가 비슷하다는 점과 그들이 조광조 등과 사승 관계로 이어져 있었던 점 등 때문에 배향에 부정적이었다. 논란 끝에 정치적 이해관계에서 자유로웠던 정몽주만이 배향될 수 있었다. 하지만 기묘사림의 문묘 종사 운동은 성리학적 세계관을 지향하는 사대부들의 궁극적인 목표인 '성인聖人'에 대한 지향이 조정 내에서 공개적으로 논의되었다는 점과 광해군대에 이루어지는 5현김굉필, 정여창, 조광조, 이언적, 이황 종사의 시발이 되었다는 점에서 의의가 크다.

또한 구래의 비유교적 풍습들을 혁파한다는 의미에서 불교식 제례 가운데 하나인 기신재忌晨齋를 폐지하고 도교 의식 집행 기관인 소격서昭格署를 혁파했다. 기신재와 소격서 폐지 주장은 이전부터 제기되었던 청요직들의 숙원이었는데 조광조 등이 강하게 밀어붙여 마침내 폐지되고 말았다. 폐지 과정에서 약간의 마찰을 빚기도 했지만, 중종은 퇴청하지 않고 밤새 폐지를 청하는 상소를 올리는 조광조 등에게 그만 항복하고 말았다. 기묘사림의 입장에서는 국가의 제례에서 비유교적인 색채를 배제해 유교적 가치를 한층 더 강화하려는 노력이었지만 간곡한 만류에도 폐지를 강행한 것은 조광조에 대한 중종의 신뢰에 금이 가게 하는 계기가 되기도 했다. 기신재와 소격서 제사가 대체로 궁중의 내명부들과 깊게 연관되어 있었기 때문에 소격서 혁파로 중종은 입장이 매우 난처해졌다. 기묘사림에 대한 왕실 여인들의 불만 역시 매우 커졌을 것이다.

개혁의 두 번째 방향은 '누가 정치를 할 것인가' 하는 문제와 관련된 것으로, 성리학에 조예가 깊은 사람을 관료로 선발하고 그렇지 못한 사람들을 퇴출하는 것이었다. 기묘사림은 성리학 이념에 충실한 새로운 인재들을 선발해야 한다고 주장하면서 과거 시험의 한계, 즉 문장을 위주로 하는 시험 방식을 바로잡아 응시자의 성리학 지식과 도덕 수양을 중시하는 현량과(賢良科)를 시행했다. 현량과는 기본적으로 천거 방식이었는데, 서울에서는 성균관 등 과거에 관한 일을 맡아보던 사관(四館)과 중추부·육조·한성부·홍문관·사헌부·사간원 등이 예조에 후보자를 천거할 수 있었다. 지방에서는 유향소(留鄕所)에서 수령에게 천거하면 수령은 관찰사에게, 관찰사는 예조에 전보하도록 했다. 이와 같은 과정을 거친 다음 예조에서는 후보자의 성품·도량·재능·학식·행실과 행적·지조·생활 태도·현실 대응 의식 등을 종합해 의정부에 보고한 뒤, 그들을 전정(殿庭)에 모아 왕이 참석한 자리에서 대책(對策)을 통해 최종 선발하도록 했다.

이 같은 절차에 따라 1519년 4월 13일 추천된 120인의 후보자들을 근정전에 모아 시험해 김식과 박훈 등 28인을 최종 선발했다. 현량과의 시행은 조선 왕조 최초의 천거과라는 의의와 함께 도학에 소양을 가진 사람이 정치를 해야 한다는 점을 시험제도를 통해 선언했다는 점에서 매우 상징적인 사건이라고 할 수 있다.

현량과의 시행이 누가 정치할 것인가라는 질문에 하나의 기준을 마련한 것이라면, 위훈 삭제(僞勳削除)는 반대로 정치에 참여해서는 안 되는 부류의 기준을 제시한 것이었다. 사실 위훈 삭제 문제는 조광조 진출 이전에도 이미 제기된 바 있다. 반정 초반 대간에서는 아무런 공로도 없는 자들이 뇌물과 인척 관계를 통해 공신에 책봉된 사례를 지적하면서 이를 바로잡을 것을 요청한 바 있다. 그러나 삼공신이 정권을 장악하고 있었기 때문에, 그리고 지지 세력 없이 권좌에 오른 중종의 불안 심리로 말미암아 대간의 의견은 받아들여지지 않았다. 하지만 조광조와 기묘사림은 중종의 신임을 굳게 믿고 자칫 민감할 수 있는 문제를 다시 제기했다.

> 세월이 오래 지나기는 했으나, 정국공신에 참여한 자 중에는 폐주廢主의 총신寵臣이 많은데, 그 죄를 논하자면 워낙 용서되지 않는 것입니다. 폐주의 총신이라도 반정 때에 공이 있었다면 기록되어야 하겠으나, 이들은 또 그다지 공도 없습니다. 대저 공신을 중히 여기면 공을 탐내고 이利를 탐내어 임금을 죽이고 나라를 빼앗는 일이 다 여기서 말미암으니, 임금이 나라를 잘 다스려지게 하려면 먼저 이利의 근원을 막아야 합니다.
> ―『중종실록』 권37, 1519년 10월 25일

중종반정 이후에는 김공저·박경의 옥사, 이과의 옥사, 박영문의 옥사 등 일종의 의사擬似 역모 사건이 연이어 일어났다. 반정 이후 아직 민심이 정리되지 않은 상태에서 조정에 대한 불만이 반역으로 바뀌어 정국을 요동치게 했던 것이다. 이때 이들을 고발한 사람들은 공신에 책봉되거나 국가로부터 상을 받아 하루아침에 부귀영화를 누리게 되었다. 중종은 사실 여부 자체를 판별하기보다 고발한 사람과 취조한 사람들을 적극적으로 포상함으로써 왕권을 안정시키고자 했다. 조광조 역시 김공저·박경의 옥사에서 그들과 교유하고 있었다는 이유로 조사를 받기도 했는데, 이 사건의 고변인이 다름 아닌 심정과 남곤이었다. 이들 사이의 악연이 시작되는 시점이기도 하다.

조광조 등은 이러한 사회 분위기를 일소하려면 무엇보다도 정국공신의 책봉 과정에서 무리하게 공신에 속한 사람들을 정리하는 작업이 필요하다고 생각했다. 즉 심정, 남곤 등을 그냥 내버려 두면 이익을 추구하는 것이 풍속이 되고 결국 하지 못할 일이 없게 될 것이라는 판단이었다. 조광조와 기묘사림은 아무런 공도 없이 공신에 책봉되어 조정에서 녹을 먹는 자들의 거짓된 공훈을 삭제해 그 부당함을 드러내는 한편, 사대부들로 하여금 잘못된 이익을 추구하는 것에 경종을 울리고자 했다.

이처럼 기묘사림의 개혁 정치는 조선을 성리학 이념이 철저하게 적용된 세상으로 만드는 데 집중되어 있었다. 왕을 도학자로 만들고, 성리학적 풍토가 정착할 수 있는 기반을 조성하며, 그러한 작업이 제대로 이루어질 수 있도록 도학적 식견을 가진 사람들을 관료로 선발하고 그렇지 못한 사람들을 퇴출하려 했다. 하지만 기묘사림의 이러한 시도는 정치적 이해관계가 엇갈린 사람들의 반발을 사게 되었고, 급기야는 중종마저 조광조에 대한 신임을 거두게 만들었다. 그리고 조광조에 대한 중종의 신임이 철회되는 시점에서 기묘사화가 일어나게 되었다.

기묘사화,
그 끝나지 않는
이야기

조광조와 그를 추종했던 사람들이 일군의 세력으로 결집하고는 있었지만, 이를 곧바로 정치 세력으로 분류하기에는 곤란한 측면이 있다. 만약 기묘사화가 일어나지 않았다면 이들 가운데 일부는 대신과 재상으로 승진한 뒤, 후배 청요직들의 비판과 견제를 받았을 것이다. 실제로 기묘사림들에게 비판을 받았던 재상들 가운데 신용개, 정광필, 김응기 등은 성종대 후반에서 연산군대까지 강개한 언론을 제기하던 청요직의 일원이었으며, 김응기는 최고의 성리학자로 인정받던 사람이었다. 심지어 기묘사화의 주모자인 남곤과 심정 역시 조광조와 대립하기 전까지는 청류로 분류해도 무방한 인사들이었다.

다시 말해서 청요직을 거쳐 대신과 재상에 오르는 인사 구조상 성종대 이후 고위직에 오른 문신 관료들은 기본적으로 젊은 시절 강개한 언론으로 명망을 쌓거나 최소한 청요직들의 물의(物議)에 배척되지 않는 사람들이었던 것이다. 조정 내에서 도덕과 도학의 명분을 독차지한 청요직 연대가 구축되면서, 젊어서는 강직한 언론을 제기하다가 재상에 오르면 후배 청요직들의 강직한 언론을 허용하는 구조가 형성되었던 것이다. 연산군이 사화를 일으켜 그것을 부정하고자 했으나 결국 실패했고, 중종반정 이후 이 구조가 재개되어 그들 가운데 일부가 대신으로 성장해 가고 있었다.

하지만 조광조가 등장하면서 분위기가 다소 달라졌다. 처음으로 청요직들의 정치 세력화 양상이 나타나기 시작했다. 이에 조광조 등으로부터 배척받던 자들은 조광조와 기묘사림을 붕당朋黨으로 간주했다. 그리고 조광조를 왕안석王安石에 빗대며 견제했다.

이렇듯 도학적 가치와 질서가 구현되는 세상을 만들려는 조광조와 기묘사림의 거침없는 행보는, 기왕의 구습을 없애고 새로운 사회를 건설해 간다는 측면에서 적지 않은 반향을 일으켰지만, 결국 붕당이라는 혐의를 받으며 곤란을 겪게 된다. 게다가 위훈 삭제처럼 특정 인사들을 배제하려는 움직임이 본격화되면서 혐의가 현실화되고 안팎의 거센 반발에 직면했다. 여전히 정치적 실권은 조광조와 기묘사림에게 있었지만 이들을 비난하는 목소리가 커지면서 뭔가 일어날 것 같은 긴장감이 조정 안에 팽배해졌다.

> 어느 날 조광조·김식·김정·김구 등이 모여 얘기하고 있었는데 최수성이 불쑥 들어와서는 인사도 하지 않은 채 "노천老泉, 김식아, 술 한 그릇만 다오." 하기에 술을 주니, 시원히 마시고는 "내가 부서진 배를 탔다가 물에 빠질 것 같아 매우 두려웠는데 한잔 마시고 나니 두려움이 가신다."라고 말하고는 다시 인사도 없이 나가 버렸다. 좌중이 그를 괴이하게 여기니 조광조가 말하기를, "부서진 배란 우리를 말한 것이다." 했다.
> - 『대동야승(大東野乘)』, 「병진정사록(丙辰丁巳錄)」

동료 최수성의 기이한 행동을 통해 이들이 당면하고 있던 위기를 엿볼 수 있는데, 자신들의 처지를 '부서져 곧 침몰할 배'로 표현한 부분이 눈에 띈다. 조광조와 기묘사림에 대한 반발이 그만큼 거세어 이들 또한 위기의식을 느끼고 있었던 것이다. 실제로 기묘사화가 일어난 1519년에는 조광조 등에게 반감을 품은 자들의 저항이 직접 표출되는 사례가 잦았다. 그해 2월에는 정부와 궁궐에 익명서를 매단 화살이 여러 차례 날아 들어왔는데, 대체로 '조광조 등이 현량과를 통해 입사한 인사들과 연대해 구신舊臣들을 제거할 것이다.'라는 내용이었다. 또한 3월에는 김우증의 옥사가 일어났는데, 정국공신 김우증이 공신전(功臣田)이 축소된다는 소문을 듣고 '조광조 등이 정국공신들을 모두 내치기 전에 이들을 제거해야 한다.'라며 가까이 지내는 사람들과 의견을 주고받다가 고발되면서 일어난 사건이었다.

그럼에도 불구하고 조광조와 기묘사림의 거센 언론은 쉽사리 그치지 않았다. 조광조가 권신(權臣)이 아니라는 점을 여기서 확인할 수 있다. 조광조는 당대 청의(淸議)를 대변하는 공론 정치의 상징이었을 뿐 결코 세력화를 추구하지도 않았고 추구할 수도 없는 위치에 있었다. 그가 사적으로 권력을 모으는 순간 그는 청의의 구심점 역할을 상실하기 때문이다. 실제로 조광조는 형조판서로 재직하면서 앞서 언급한 김우증 사건을 역모가 아닌 난언(亂言)으로 처리했는데, 그 같은 처사로 청요직들로부터 탄핵을 당하지 않을까 우려하고 있었다. 즉 조광조의 권력은 청요직들의 공론을 대변한다는 위치에서 말미암은 것이었다. 그렇기 때문에 강직한 언사로 자신들이 위태로워질 수도 있다는 사실을 알면서도 그것을 그만둘 수 없는 것이 조광조의 위치이기도 했다. 따라서 이들의 거침없는 행보는 결국 자의가 아닌 타의로 멈추게 된다.

조광조와 기묘사림의 권력을 제지한 것은 뜻밖에도 그들을 전폭적으로 신뢰하던 중종이었다. 사실 중종은 조광조가 왕권을 반석에 앉혀 주리라는 판단에서 그를 발탁했다. 물론 중종이 도학자로서의 조광조의 학식과 인품, 그리고 이상을 향한 열정에 매혹되기도 했지만, 그보다 더 중요한 것은 불안한 자신의 왕좌를 안전하게 지키는 일이었다. 자고 일어나 보니 왕이 된 중종으로서는 그럴 수밖에 없었다. 그에게는 세자 시절도 없었고, 그렇기에 세자로서 받아야 했던 서연(書筵)의 자리 한 번을 갖지 못했다. 그랬던 그가 어느 날 갑자기 왕이 된 것이다. 신하들이 입혀 준 곤룡포에 익선관을 쓰고 즉위를 했지만, 왕이 되는 과정에서 그가 했던 일은 아무것도 없었다. 따라서 안건을 처리할 때마다 삼공신의 의중을 살펴야 했고 심지어는 함께 즉위했던 부인마저 내쳐야 하는 수모를 당했다. 어쩌면 국왕의 자존심을 생각할 겨를도 없었을 것이다. 즉위 직후부터 시작된 역모 사건은 잊을 만하면 다시 일어나 긴장의 끈을 놓을 수가 없었다. 게다가 도덕과 도학의 명분을 전유한 청요직들이 언론을 통해 국정의 한 축을 담당하면서 조정은 시끄럽지 않은 때가 없었다. 대신들의 불법과 비리를 탄핵하는 상소가 끊이지 않았고, 윤허를 받지 못한 언관들이 고집스럽게 피혐과 사직을 요청하며 자신들의 의견을 관철하려 했다. 삼공신의 사후에는 그 정도가 더 심해졌다. 대신들 또한 행여 언관들로부터 탄핵이나 당하지 않을까 눈치를 보며 방관하는 모습을 보일 뿐이었다. 시간이 흐르면서 이전보다는 조금 여유가 생기고 국왕으로서의 체통도 갖추어 갔지만, 여전히 불안감을 떨쳐 버리기는 쉽지 않은 상황이었다.

조광조는 바로 그런 상황에서 중종에게 선택되었던 것이다. 믿고 따를 만한 사람을 간절히 바라던 중종은 도학자 조광조에게 완전히 매료되었다. 그가 하자는 일이면 무엇이든 했고 그것이 자신의 권좌를 튼튼히 하는 일일 것이라는 생각에 조금도 의심을 품지 않았다. 그러나 중종은 소격서 혁파와 위훈 삭제를 추진하는 조광조를 보면서 자신과 그의 길이 다를 수도 있다는 사실을 깨달았다. 조광조를 신임하면 할수록 국왕인 자신의 권위보다는 도덕과 도학의 권위가 높아졌으며, 그것은 다시 자신의 권력을 제약했다. 간혹 성군이라는 소리를 듣기는 했지만, 자신이 손에 쥘 수 있는 실질적인 힘은 아무것도 없어 보였다. 결국 중종은 조광조와 기묘사림으로 대표되는 청요직 연대가 통제할 수 없는 권력이라는 사실을 깨달으며 현실적인 길을 선택했다. 그리고 그 선택의 결과 기묘사화가 일어났다.

『중종실록』을 조금만 자세히 살펴보면 기묘사화를 이끌어 가는 주인공이 중종임을 알 수 있다. 남곤·심정·홍경주 등이 조작한 '조광조가 왕이 된다.'는 '주초위왕走肖爲王'과 같은 참요讖謠에 속아 하루아침에 조광조를 내친 것이 아니었다. 중종은 밀지密旨를 직접 써서 남곤 등에게 전달하며 이들을 제거할 동조자를 규합하고 있었다.

> 임금이 신하와 함께 신하를 제거하려고 꾀하는 것은 도적의 모의에 가깝기는 하나, 간당이 이미 이루어졌고 임금은 고립해 제재하기 어려우니 함께 꾀해 제거해서 종사를 안정하게 하려 한다.
> —『중종실록』 권37, 1519년 12월 29일

중종이 손수 썼다는 밀지의 일부이다. 남곤 등은 이 밀지를 가지고 재상과 대신들을 만나며 동조자들을 규합했는데, 김전·성운·이항 등이 동참 의사를 밝혔다. 영의정 정광필은 이를 거부했다. 그러나 계획을 철회할 수는 없었다. 소문이 돌아 결국 대간의 귀에 모의 사실이 들어가기라도 하는 날엔 자신들의 입지 자체를 보장할 수 없었기 때문이다. 결국 남곤 등은 1519년 11월 14일 새벽에 경복궁의 북문인 신무문으로 몰래 들어가 기묘사화를 일으켰다.

> 입대했던 여러 사람이 모두 두렵고 놀라운 일로써 임금을 크게 놀라게 하고, 이어 속히 선전관과 금오랑을 부장으로 삼아 군사를 거느리고 당인(黨人)들을 잡아 궐문에 와서 주살하도록 주청했다.
>
> ―『기묘록보유(己卯錄補遺)』「이장곤전(李長坤傳)」

중종을 비롯해 기묘사화를 꾸민 자들의 계획은 조광조를 비롯한 기묘사림의 핵심 구성원들을 궁궐로 잡아 온 다음 그 자리에서 주살하는 것이었다. 마치 계유정난 당시 수양대군이 왕명을 빌려 대신들을 궐 안으로 불러들인 다음 반대파들을 숙청했던 모습을 연상케 한다. 사헌부·사간원·홍문관 등 삼사와 청요직은 물론 이조판서^{신상}와 병조판서^{이장곤}, 그리고 좌의정^{안당}에 이르기까지 조정 대부분이 조광조에게 호의적인 인사들로 채워져 있던 상황에서, 이들을 제거할 방법은 처음부터 그리 많지 않았다. 조정 회의를 열어 이들을 제거할 수도 없었고, 무력을 동원하기도 어려웠기 때문에 일종의 친위 쿠데타와 같이 한밤중에 왕명으로 이들을 잡아들여 그 자리에서 제거하려 했던 것이다.

하지만 중종과 남곤 등의 계획은 처음부터 어긋나기 시작했다. 조광조에게 우호적이었던 병조판서 이장곤이 재상들도 모르게 죽일 수는 없다고 굳게 저항하며 남곤과 홍경주를 압박하자, 중종은 한발 물러나 영상 정광필을 비롯한 대신들을 소집했다. 그러나 재상들과 대신들은 중종의 처사를 비판하면서 오히려 조광조를 구하는 데 적극적으로 나섰다. 특히 정광필은 조광조 등으로부터 재상의 체모를 갖추지 못했다는 비난을 들어 왔음에도 불구하고, 누구보다 앞장서서 조광조가 사지에 빠지는 것을 막았다. 조광조의 거침없는 행보는 실제로는 중종이 조장했다는 것이 정광필의 기본적인 생각이었다. 아울러 연산군대 두 번에 걸쳐 일어난 사화로 그와 같은 정치적 폭력은 더 이상 일어나서는 안 된다는 인식도 있었다. 군주가 일부 신하와 야합해 은밀하게 신하들을 제거하는 것은 정당한 행동이 아니라는 것이다. 어쨌든 정광필 등의 반대에 힘입어 조광조는 간신히 목숨을 부지한 채 유배 길에 오르게 된다.

그러나 이번 사건은 그쯤에서 그칠 수 있는 일이 아니었다. 이미 밀지까지 써서 조광조를 제거하려 했다는 사실이 만천하에 공개된 이상 중종으로서는 어떻게 해서든 이 일을 자신이 원래 의도했던 대로 매듭지어야 했다. 자칫하다간 조광조와 같은 충신을 제거하려 했다는 비난 속에 그동안 어렵사리 키워 온 자신의 권위가 송두리째 날아갈 수도 있었다. 이에 중종은 인사이동이라는 방법으로 조광조 등의 제거를 다시 추진해 나갔다. 사화를 주모했던 남곤을 이조판서에 임명하고 남곤이 추천한 인사들로 대간을 구성했다. 그리고 대간으로 하여금 조광조가 진행하던 개혁들의 부당함을 지적하며 이들을 처벌해야 한다는 여론을 조성해 나갔다. 이어 현량과 합격자가 취소되는 가운데 기묘사림과 조광조에게 우호적인 인사들이 하나둘씩 탄핵을 받고 쫓겨났다. 급기야 조광조를 옹호하던 정광필마저 중종으로부터 면박을 받고 체직되기에 이르렀다.

이제 조정 안에서 조광조를 비호해 줄 사람은 더 이상 남아 있지 않았다. 그리고 그것은 조광조의 죽음과 기묘사림의 실각을 의미했다.

임금 섬기기를 어버이 섬기듯 했고	愛君如愛父
나라 걱정하기를 집안 걱정하듯 했네.	憂國如憂家
광명한 저 태양이 세상을 굽어보며	白日臨下土
밝디밝게 나의 충심을 비춰 주네.	昭昭照丹衷

조광조가 사약을 받고 죽으며 남긴 절명시이다. 짧지만 강렬했던 자신의 삶을 돌아보며, 비록 억울하게 죽지만 그래도 최선을 다한 인생이었음을 담담하게 고백하고 있다. 한편 기묘사화가 일어나고 조광조가 귀양길에 올

랐을 때 동료들이 그에게 이번 사건에 중종이 깊이 개입했음을 알려 주었다고 한다. 그러나 조광조는 '임금께서 그럴 리가 없다.'며 그 말을 믿지 않고, 남곤과 심정의 농간이라고 생각했다. 그만큼 중종에 대한 조광조의 믿음은 절대적이었다. 하지만 그것은 조광조만의 생각이었다. 통제되지 않는 권력을 용인하지 않으려 했던 중종의 입장을 미처 다 이해하지 못했던 것이다. 당시 사대부들은 이런 조광조의 처지를 매우 안타까워하고 있었다. 조광조의 죽음에 대한 안타까움의 말들이 사람들 사이에서 오르내릴 때에, 성세창이라는 사람이 조광조를 꿈속에서 만나 시 한 수를 얻어들었다고 한다.

해 질 녘 하늘은 먹빛처럼 어둡고	日落天如墨
깊은 산 골짝은 구름 낀 듯 아득하네.	山深谷似雲
임금과 신하의 천년 의리여!	君臣千載義
처량하도다! 한 무더기 외로운 무덤뿐일세.	惆愴一孤墳

먹구름이 가득한 하늘과 깊은 산속 골짜기의 무거운 이미지를 통해, 천년만년 변치 않아야 할 군신 간의 의리를 배반당한 조광조의 상실감을 읊은 시라고 할 수 있다. 차마 말은 못 하고 죽었지만 조광조의 서운함이 이렇지 않았을까 하는 당시 사람들의 안타까움, 아니면 조광조는 끝까지 중종을 의심하지 않았더라도 모든 상황을 지켜보아야 했던 당시 사람들의 착잡한 심정이 성세창의 꿈속에 투사된 것으로 여겨진다. 중종이 조광조를 기용하다가 헌신짝처럼 버렸다는 인식이 당시 사대부들 사이에 널리 퍼져 있었던 것이다.

서글픈 이야기는 조광조에만 그치는 것이 아니었다. 김식은 조광조가 사약을 받았다는 소식을 접하고 유배지를 탈출해 망명 길에 올랐다가 결국 거창 인근에서 목을 매었고, 김정과 기준은 유배 길에 양해를 얻어 잠시 모친을 만나러 갔던 일이 배소 이탈로 몰려, 거의 죽음 직전에 이르렀다가 겨우 목숨을 부지했다. 그러나 2년 뒤에 일어난 안처겸의 옥사로 죄가 더해져 마침내 자진하게 된다. 한충 역시 안처겸 옥사 때 모진 고초를 당하다가 옥중에서 목 졸려 죽은 채 발견되었다. 안처겸은 남곤과 심정을 죽여야 한다고 불만을 토로하다가 역도로 몰렸다. 그 결과 안처겸 본인은 모진 고문 끝에 처형되었고, 부친 안당을 비롯해 많은 기묘사림 또한 희생되었다. 게다가 이 일로 기묘사림은 역도라는 누명까지 뒤집어쓰게 되었다.

살아남은 자 역시 고통 가운데 있기는 매한가지였다. 기묘사화 직후 조광조를 보호하기 위해 노력하던 유운은 조정에서 쫓겨난 뒤 연일 과음하며 괴로워하다가 세상을 떠났고, 조선 중기 명필 중의 한 사람인 김구는 무려 15년 동안이나 유배 생활을 하다가 풀려난 지 1년 만에 사망했다. 조광조와 가장 가까운 친구였던 이자는 기묘사화 당시 온화한 성격 덕에 파직에 그치는 가벼운 처벌을 받았으나, 남은 인생을 슬픔 가운데 보냈다.

> 슬프다. 이 어찌 사람의 계획이 잘못된 것일까? … 때로 술을 얻으면 몹시 마시고 싶어 일찍 일어나지 않으니, 양치질하고 빗질하는 것을 오랫동안 폐하여 티끌이 손톱에 가득하다. … 신하 되어 잘한 일이 없어 죄가 쌓이고 쌓여 헐뜯고 욕하는 것이 만 가지나 되건만, 오히려 능히 입을 벌려 먹을 것을 기다리고, 사람을 향해서 말하고 웃으니, 어찌 완고하고 추한 물건이 아니겠는가?
> -『음애일기(陰崖日記)』

기묘사화 이후 충주로 퇴거해 살던 이자가 죽음이 얼마 남지 않은 상황에서 그간의 삶을 돌아보며 지은 글이다. 사람들과의 접촉을 피하며 은거하는 와중에, 폭음으로 10여 일씩이나 몸을 주체하지 못하는 생활을 하며 먼저 간 동지들을 향한 안타까움과 미안함으로 연명하는 쓸쓸한 모습이다.

기묘사화는 이처럼, 수많은 사람의 처절한 이야기를 남기며 사대부들의 가슴속 깊이 자리 잡아 갔다. 기묘사화의 상처를 간직한 사람 중에는 성수침처럼 국왕의 부름에도 응하지 않고 남은 생을 향촌에 머물며 독서에 전념하는 처사형 학자도 있었다. 조광조의 제자이기도 했던 그의 처사적 삶은 척신들이 장악한 조정에 출사하기를 꺼린 탓이기도 했지만, 결국 조광조를 버린 군주에 대한 불신이 관료로 사는 삶보다는 '성인'을 지향하는 도학자의 삶을 선택하게 했던 것으로 보인다. 조광조에 대한 성수침의 회한은 그의 아들인 성혼과 그 친구 이이 등에게 전해지며 조광조와 기묘사림에 대한 추모의 불씨가 됐다. 그리고 그 불씨는 선조대 척신 정치의 종식과 더불어 타오르게 된다.

흥미로운 사실은 조광조와 기묘사림의 권력 형성에 기본적인 동력을 제공한 청요직 연대가 기묘사화 이후에도 없어지지 않았다는 것이다. 물론 명종대까지 이어지는 외척 권신들의 집권기를 거치는 과정에서 청요직들의 활동도 위축되는 측면이 있었다. 하지만 청요직은 관료 조직의 근간을 이루는 것이었기 때문에, 그리고 권신과 척신들도 청요직들의 협력을 받아야 했기 때문에 미약하나마 청요직 연대의 분위기를 이어 갈 수 있었다. 그러다가 선조대 정치 여건이 개선되면서 다시 적극성을 띠게 된다. 그리고 청요직 연대의 부활은 대간 언론의 적극적인 활성화와 함께 도덕과 도학을 주장하는 또 다른 조광조와 기묘사림의 출현을 예견케 하는 것이었다.

소위 '사화의 시대'라 불리는 16세기에는 이처럼 도덕과 도학을 추구하는 청요직들의 적극적인 언론 활동을 통해 한편으로는 정치 구조의 변화가 이루어지고 있었고, 다른 한편으로는 사의 정체성에 대한 자각이 본격적으로 이루어지고 있었다. 그 과정에서 조광조와 기묘사림은 도학자의 표상으로 상징되면서 사대부 사회의 정신적 자산으로 자리매김해 가고 있었다.

02. 흔들리는 조선 사회

1562년 희대의 도둑이 잡혔다. 그들의 우두머리는 백정 출신의 임꺽정이라는 자였는데, 조선 정부는 그를 단순한 도적이 아니라 반란군의 수괴로 지목해 처형했다. 임꺽정 무리는 황해도의 산간 지대에 근거지를 두고 동에 번쩍 서에 번쩍 하면서 관아와 부호를 공격하고, 얻은 재물은 가난한 백성에게 나눠 준다고 해서 의적으로까지 불렸다. 그들은 심지어 한성에까지 출몰하여 전옥서를 공격할 계획까지 세웠다. 공권력을 무시하고 기득권 계층을 적으로 삼은 이들을 정부가 반란 세력으로 규정한 것도 무리는 아니었다.

그러나 임꺽정 세력이 활개 치던 명종대의 역사를 기록한 『명종실록』은 뜻밖에도 그들이 도적 노릇을 한 것이 그들 자신의 죄가 아니라 왕정의 죄라고 전대의 왕실과 정부를 신랄하게 비판하고 있다. 요즘처럼 주기적인 정권 교체가 가능한 민주주의 체제에서야 현 정권이 지난 정권을 비판하는 것은 얼마든지 있을 수 있지만, 세습으로 이어지는 왕정 체제에서 이런 일이 어떻게 가능했을까?

『명종실록』은 선조대에 편찬되었다. 선조대는 역사적으로 사림이 승리를 쟁취한 시대로 알려졌다. 그리고 명종의 앞 시대인 중종대에는 조광조를 중심으로 한 기묘사림이 의욕적으로 개혁을 추진하다가 기묘사화로 철퇴를 맞았다. 중종의 뒤를 이은 인종은 과거의 어느 임금 못지않게 도학 정치에 관심을 갖고 지치에 따른 통치를 펴고자 했지만, 건강이 좋지 않아 제대로 뜻을 펴 보지도 못하고 삶을 마감했다.

인종의 뒤를 이은 국왕이 바로 명종이다. 명종대는 명종 자신보다도 어머니인 문정왕후의 시대로 더 많이 인식된다. 문정왕후의 치세에서 마지막 사화인 을사사화가 일어났고 임꺽정의 난도 일어났다. 수많은 사람이 목숨을 잃거나 유배를 떠났고 백성의 삶은 피폐하기 짝이 없었다. 세조가 훈척의 세력화를 조장한 이래 공공의 선보다는 사익 추구를 더 밝히는 훈척 세력의 폐단이 가장 극성을 부린 시대가 바로 문정왕후의 치세였다. 적어도 선조대의 사림은 이전 시대를 그렇게 기억했고, 그래서 선대에 반란군 수괴로 규정된 임꺽정을 변호하며 그 시대의 왕정을 극렬하게 비난할 수 있었던 것이다.

문정왕후가 사망한 뒤 명종은 뒤늦게 사림을 등용해 자신만의 정치를 해 보려고 했으나, 남명 조식이나 퇴계 이황 같은 거유들은 한사코 관계에 진출해 국왕을 돕는 것을 꺼렸다. 문정왕후의 치세가 남긴 부정적인 영향이 그토록 컸던 것이다.

임꺽정을 낳은 문정왕후 치세의 가장 큰 폐단은 공납에서 비롯되었다. 공납은 왕실과 정부가 사용할 물건을 직접 전국의 군현에 배당해서 각 지역의 특산물로 거둬들이는 수취 체제였다. 이것만 해도 백성의 부담이 만만치 않은데 중앙에 도사리고 있는 훈척은 훈척대로, 지방의 수령과 아전들은 그들대로 사익을 추구하며 공납의 근간을 흔들어 댔다. 특히 공납을 대신 내주고 나중에 이자를 쳐서 받아내는 방납의 폐단은 극심했다. 과중한 공납과 이자에 시달린 백성들은 집과 땅을 잃고 유리걸식하다가 임꺽정 같은 산적이 되기도 했다. 『명종실록』의 사관이 정확하게 표현하고 있는 것처럼 그 시대의 백성들은 모이면 도적이고 흩어지면 양민이었다.

훈척 세력은 이런 사회 경제적 파탄을 아랑곳하지 않고 지방 관아와 결탁해 토지를 넓히며 농민의 생활 터전을 빼앗았다. 지도층이 공공성과 도덕성을 상실한 조선 사회는 거세게 흔들릴 수밖에 없었다.

1. 흔들리는 정치

을사사화가
4대 사화의
대미를 장식하다

중종 말년의 정국은 왕위 계승 문제를 둘러싸고 불안한 양상을 띠고 있었다. 중종의 합법적 후계자인 세자가 정해져 있었지만, 세자의 배경이 되어줄 친모 장경왕후 윤씨는 진작 세상을 떠났다. 게다가 세자는 후사를 두지 못해 왕위 승계에 안정감을 주지 못했다. 여기에 중종의 제2계비인 문정왕후 윤씨는 중전의 지위를 확고히 하면서 자기 아들인 경원대군을 지원해 왕위 계승을 넘보고 있었다. 친정 오라버니들인 윤원로·윤원형이 문정왕후를 지원했다.

이처럼 중종대 후반의 정국은 세자의 외숙부로서 세자를 보호하려는 윤임 일파와 문정왕후를 배경으로 경원대군을 지원하는 윤원형 일파가 대립하는 양상이었다. 당시 사람들은 윤임 세력을 대윤^{大尹}이라 하고 윤원로·윤원형 형제를 소윤^{小尹}이라 불렀다. 양측은 서로를 공격하면서 인사권을 둘러싸고 각축을 벌였다. 윤원형 형제와 결탁한 이기, 임백령 등은 중종을 부추겨 세자를 경원대군으로 바꾸려고 시도하기도 했다.

중종 말년에 들어 중앙 정계에 사림이 다시 등장해 꾸준히 성장하고 있었다. 이들은 대윤과 소윤 사이에서 명분상 세자를 보위하는 대윤의 입장을 지지했고, 따라서 문정왕후·소윤 일파와 첨예하게 대립했다. 훗날 을사사화가 일어났을 때 소윤과 더불어 많은 사림이 희생당한 배경이 여기에 있다.

중종은 대윤과 소윤의 갈등을 봉합할 의지와 능력이 없는 상태에서 세상을 떠났고, 세자가 인종으로 즉위하면서 대윤이 득세했다. 윤임을 둘러싼 세력 중에는 인종을 세자 시절부터 보위하던 사림이 많았다. 따라서 인종이 재위한 8개월간 사림은 중앙 정계로 많이 진출했다. 또한 인종은 성리학에 밝은 군주로서 즉위한 이듬해 기묘사화로 폐지된 현량과를 복구하고, 조광조 등 기묘명현을 신원(伸寃, 억울하게 입은 죄를 풀어 줌)해 주었다. 그리하여 명분상 인종을 지지했던 사림의 정치적 위상은 상당히 높아졌다.

인종이 성종 못지않은 호학의 군주인 데다 사림의 정치적 영향력이 조금씩 커지고 있어서 그대로 가면 기묘사화로 중단된 도학 정치가 다시 꽃필 수 있다는 기대감이 커졌다. 다만 인종의 후사가 없다는 것이 정치적 불안 요인이었다. 그런데 문제가 생겼다. 중종이 세상을 떠난 지 1년도 지나지 않은 1545년 6월부터 인종의 병환이 위독해진 것이다. 인종은 이질 증세가 계속 이어지면서 음식을 제대로 먹지 못하고 눈에 띄게 쇠약해졌다. 의원들이 진찰해 처방을 내리고 세관(祭官)을 보내어 사직, 종묘, 소격서, 명산, 대천에서 옥체의 회복을 기도하게 했지만 별다른 차도가 없었다. 인종은 자신이 병석에서 일어나지 못할 것을 짐작했다. 마지막 순간이 다가오자 영상, 좌상 등 대신들을 불러들여 명령을 내렸다.

"내 병세가 더하기만 하고 줄지는 않으니 마침내 일어나지 못할 것이다. 그러므로 이제 경원대군에게 전위하노라."

후사가 없는 인종의 뒤를 경원대군이 잇는 것은 당연한 일이었다. 그해 인종이 죽고 12세 어린 나이의 경원대군이 명종으로 즉위하자 대윤과 소윤의 갈등은 새로운 양상으로 전개되었다. 명종이 즉위한 직후에는 인종 재위 때처럼 대윤의 정치적 영향력이 우세했다. 사림도 명분과 정통을 내세우며 대윤을 지지하고 소윤을 견제하려 했다. 이러한 조정의 상황을 급변케 한 것이 바로 그해 일어난 을사사화였다.

당시 사실상의 집권자는 명종이 아니라 그의 모후인 문정왕후였다. 명종의 나이가 어렸기 때문에 문정왕후가 수렴청정했기 때문이다. 문정왕후는 중종 말기의 어지러운 분위기를 쇄신하고 안정적인 국정 운영을 해 나가겠다고 밝혔다. 그런데 조정 대신들은 중종과 인종을 승하하게 한 원흉으로 문정왕후의 오빠인 윤원로를 지목하면서 그를 처벌하라고 요구했다. 문정왕후는 이를 거부했지만 신하들이 포기하지 않는 바람에 어쩔 수 없이 윤원로를 전라도 해남으로 유배 보내야 했다. 문정왕후는 이 사태의 배후에 윤임이 있다고 확신해 보복의 의지를 다졌다. 이처럼 수렴청정 초기부터 대윤과 소윤의 갈등은 언제든 다시 불붙을 소지가 있었다.

문정왕후는 윤원형에게 밀지를 내려 윤임 등을 처벌하라는 상소를 올리게 했다. 그에 따라 그해 8월 병조판서 이기가 윤임·유관·유인숙 등 3인의 잘못을 지적하는 상소를 올렸다. 문정왕후는 기다렸다는 듯이 대소 신료를 소집해 윤임의 흉악한 생각을 지적하면서 종사와 관련된 사안으로 다스릴 것을 지시했다. 윤임을 가혹하게 처벌할 수 있는 구체적이고 확실한 증거를 만들어 내라고 독촉하는 것이나 마찬가지였다. 그에 따라 윤임은 유배, 유인숙은 파직, 유관은 체직을 당했고 이로써 사안은 마무리되는 듯했다. 그러나 이것은 더 큰 정변의 시작일 뿐이었다.

윤임 등 3인의 처벌이 확정된 뒤 여기에 이의를 제기하는 여론이 계속 일어났다. 그때 정순붕이 윤임을 사형에 처하라는 상소를 올렸다. 윤임이 중종 대에 문정왕후를 시해하려 했고, 유언비어로 정국을 불안하게 만들었다는 것 등이 근거였다. 그러자 일은 걷잡을 수 없이 커졌다. 윤임이 봉성군을 옹립하려 했다는 편지가 공개되면서 윤임 등 3인의 죄목은 종사를 전복하려 한 반역으로 확정되었다. 또한 인종이 승하할 당시 윤임이 자신의 조카인 계림군을 옹립하려 하자 유관, 유인숙 등이 동조했다는 말도 나왔다. 경기 관찰사 김명윤은 이 같은 상소를 올리면서 계림군도 처벌해야 한다고 주장했다.

윤임·유관·유인숙은 반역음모죄로 유배되었다가 사사되고, 봉성군은 귀양 갔다가 죽었으며, 계림군은 능지처사되었다. 이 외에 이휘, 나숙, 이문건 등 10여 명이 화를 입어 사형당하거나 유배되었다. 이것이 1498년^{연산군 4} 무오사화로 시작된 4대 사화의 대미를 장식한 을사사화이다.

1547년^{명종 2} 9월 문정대비의 수렴청정과 이기 등의 정권 농단을 비방하는 익명의 벽서가 서울의 양재역에서 발견되었다. 익명으로 작성된 벽서는 "위로는 여주^{女主}, 아래로는 간신 이기가 권력을 휘두르니 나라가 곧 망할 것"이라는 내용이었다. 이기·정순붕 등은 앞서 연루자의 처벌이 미흡해 이러한 일이 벌어진 것이라며 관련자를 처벌할 것을 주장했다. 그에 따라 이언적·노수신·유희춘 등 20여 명이 유배당했다. 을사사화의 연장선에서 발생한 이 사건을 '양재역 벽서 사건' 또는 '정미사화'라 부른다. 을사사화 이래 수년에 걸쳐 소윤 세력과 훈척 세력의 손에 조정에서 쫓겨나거나 죽임을 당한 인물은 무려 100여 명에 달했다.

윤원형과 훈척 세력은 을사사화를 확대하는 과정에서 '택현설擇賢說'이라는 논의를 활용했다. 중종 말년, 세자仁宗에게 끝내 후사가 없으면 경원대군明宗이 당연히 즉위하는 것이 아니라 다른 왕자들 가운데 가장 현명한 자를 선택해 왕위를 계승하도록 해야 한다는 주장이 있었다. 이것이 바로 택현설이다. 택현설은 실제로 조정의 대소 신료들 사이에서 거론되었을 가능성이 있지만 공론화할 수는 없는 논의였다. 왕실의 고유 권한인 왕위 계승 문제에 신하들이 특정인을 지목해 후계자로 정하려는 시도 자체가 있을 수 없는 일이기 때문이다. 그런데 문제는 택현설에서 현명한 왕자로 지목된 사람이 봉성군과 계림군이었다는 데 있었다. 따라서 명종대에 이 문제가 불거지면 봉성군과 계림군을 비롯해 여기에 조금이라도 연관된 인물은 정치적 생명을 전혀 보장할 수 없었다. 소윤과 훈척 세력은 바로 이러한 택현설을 활용해 을사사화를 일으키고 그들의 위상을 권력 집단으로 더 확고히 다질 수 있었다. 훈척이 정치 권력에 기대어 중앙과 지방에서 설치며, 토지와 교역을 둘러싼 경제 이권을 온통 장악해 나가던 시절이었다.

문정왕후와 훈척의 시대가 열리다

문정왕후의 수렴청정은 8년여에 걸쳐 계속되었다. 문정왕후는 현실 권력과 계의 정점에 선 데다 소윤 세력과 결탁했기 때문에 더욱 막강한 권력을 휘두를 수 있었다. 그런데 문정왕후는 공식적으로 정무를 논의하는 자리에 종종 불참해 국정 운영에 차질을 빚곤 했다. 이는 문정왕후가 국정의 공식적인 통로를 활용하는 대신 윤원형을 비롯한 소윤 세력, 훈척 세력들과 사적으로 밀착해 논의를 주도했기 때문이다. 윤임을 제거하기 위해 윤원형에게 밀지를 내린 일이 대표적인 사례이다.

수렴청정 동안 명종은 국정을 총괄하는 자리에 있었지만 그 역할을 제대로 수행하지 못했다. 최종 결정을 내리는 일도 할 수 없었다. 시정의 득실을 논하고 국가의 중요한 정책을 토의하는 자리인 경연에서도 명종은 임금의 책무를 다하지 못했다. 더구나 경연에서 하는 일은 서적 강독으로만 국한되었고, 국정 논의는 이루어지지 않았다. 경연을 형식적인 자리로 만들어 버린 것이다. 명종 본인도 신하들과 공적인 정책 토론이나 현안을 논의하는 데 소극적이었다.

명종을 대신해 국정을 총괄한 문정왕후는 개인적으로 관심 있는 정책이나 사안에 대해서는 자신의 뜻을 철저히 관철했다. 을사사화에서 윤원형이 커다란 공로를 세웠다며 관직을 내려 주고, 노비와 전답을 더 지급했다. 이를 통해 공신 윤원형이 정치적인 자리를 군건히 다지도록 도움을 주었다. 또한 인종의 정통성을 인정하지 않으려는 태도를 보이고 인종의 상례 기간을 단축했다. 이는 수렴청정 당시 문정왕후의 정치적 위세가 절대적이었기 때문에 가능한 일이었다.

독실한 불교도였던 문정왕후는 불교 정책에서도 개인적인 관심을 현실화했다. 문정왕후는 왕실 재정을 관리하던 내수사에서 승도僧徒에 관한 일도 같이 다루게 했다. 더불어 승려 보우를 등용하고 1550년명종 5에 선교禪教 양종을 되살렸다. 대간과 유생들이 수많은 상소를 올려 반대 투쟁을 벌였지만 문정왕후는 뜻을 굽히지 않았다. 선교 양종은 문정왕후가 죽은 뒤에야 폐지됐다.

이처럼 문정왕후는 명종의 왕권을 안정시키는 데 도움을 주었지만, 사적인 이해관계 때문에 왕권의 이름을 빌린 적도 많았다. 문정왕후가 여기에 활용한 것이 내관과 내수사였다. 내관은 궁궐 내 음식물의 감독, 왕명 전달 등의 일을 맡아 했다. 그리고 내수사는 왕실 소요 경비를 마련하고 집행하는 부서로서 다른 기구보다 왕실과의 연관성이 많았다. 따라서 문정왕후는 일상적이고 공식적인 업무의 처리보다 개인적인 업무에 이 둘을 주로 활용했다. 특히 숭불 정책을 추진할 때 이들에 많이 의존했다. 성리학을 신봉하는 대신들을 상대하는 공식적인 자리에서는 개인적인 불교 신앙을 거론하는 것조차 어려웠기 때문이다.

을사사화에서도 나타났지만 문정왕후는 사림을 견제했다. 문정왕후는 국정은 언관의 독자적인 판단에 따르기보다는 대신과 상의해서 펼쳐야 한다고 생각했고 언관의 활동은 왕권을 제약하지 않는 범위에서 이루어져야 한다고 믿었다. 따라서 언론을 축으로 도학 정치를 펴려는 사림의 지향과 왕실의 권위를 우선으로 여기는 문정왕후의 지향은 서로 갈등을 빚을 수밖에 없었다.

훈척 세력은 문정왕후의 통치 방식과 맞물려 명종대 권력의 핵심을 차지하고 조정의 정책을 좌지우지했다. 문정왕후가 여러 가지로 국정을 원만하게 운영하기 위해서는 훈척 중심 관료들의 협조가 필수적이었다. 특히 을사사화 과정에서 문정왕후의 권력 장악에 협조했던 훈구 재상의 존재를 무시할 수 없었다. 문정왕후는 정권의 기반이 안정될 때까지 대신의 협조가 필요하다는 것을 잘 알고 있었다.

명종 초 시행된 원상제院相制는 문정왕후가 조정 대신의 협조를 받으며 정국을 운영했음을 보여 준다. 왕후의 지시에 따라 원상은 국정 전반에 의견을 개진하고, 내려온 명령을 의논해 처리했다. 따라서 원상의 활동은 국정 전반에 걸쳐 이루어졌는데, 그 대부분은 을사사화 이후 반대 세력의 탄핵이나 공신 관계의 논의였다. 1547년明宗 3 원상제가 혁파된 뒤에도 문정왕후는 계속해서 대신들을 이용해 국정을 운영했다.

문정왕후의 수렴청정은 훈척 세력의 지원을 전제한 것이고, 훈척 세력에 의지해 국정을 운영할 수밖에 없었다. 위사공신으로 책봉된 훈척 세력은 의정부의 대신으로서 국정 전반을 주도했다. 이들은 인사권을 장악하면서 앞서 형성된 이조전랑의 낭관권을 없애려고 시도했다. 그와 더불어 인사 청탁에 따라 관직을 제수하는 것이 일반화되었다.

그러나 사림은 끝내 낭관권을 지켜냈다. 문정왕후는 수렴청정의 공식적인 통로로는 확인할 수 없는 각종 정보를 혈족과의 사적인 관계를 통해 얻고 이를 정국 운영에 이용했다. 이러한 정국 운영은 공적 체계에서 벗어난 변형된 형태였으므로 정국 운영의 투명성을 요구하는 사림에게 비판을 받았다.

이러한 사림의 무기는 성종대 이래 숱한 희생을 치르며 제도화한 낭관권과 언관권일 수밖에 없었다.

사림은 공론에 따른 정치를 주장했기 때문에 군신 공치를 표방하면서도 최종적으로는 신료 중심의 정국 운영을 추구하는 집단이었다. 이러한 사림의 지향은 끊임없는 왕권 견제를 의미하므로 왕실의 권위를 확립하려는 문정왕후는 사림이 윤임 일파와 친했다는 이유가 아니더라도 사림에게 우호적일 수 없었다.

을사사화의 피바람에도 살아남은 사림은 언론으로 왕후와 훈척 중심의 정국 운영을 비판하고 그들의 보루인 낭관권을 지키는 데 사활을 걸었다. 문정왕후가 죽은 뒤 훈척 세력의 힘이 약해지자 사림이 조정의 권한을 장악한 배경에는 그들이 지켜 온 낭관권과 언관권이 있었다.

2. 흔들리는 경제

**농촌에
장시가 열리다**

농촌 지역 주민들이 서로 필요한 물품을 교환하는 장시場市가 정기적으로 열리기 시작한 것은 15세기 후반의 일이었다. 농업 생산력의 발달을 바탕으로 등장한 상시는 처음에 장문場門이라고 불렀다. 『성종실록』에 따르면 1472년成宗 3 전라도 무안 등 여러 읍에서 이득을 좇는 무리가 장문이라 이름 붙인 곳에 매달 두 차례 모여 서로 필요한 것을 교환한다는 보고가 올라왔다. 대흉작을 맞자 물산이 풍부한 여러 읍에서 사람들이 모여 장문을 열고, 여기에 의지해 흉년을 넘길 수 있었다는 것이다.

이러한 보고를 접한 조정은 갑론을박을 벌였다. 일부 신하들은 사람들이 장시에 모여 필요한 것을 교환하는 행위를 천하의 근본인 농사짓기를 버리고 말단인 상행위를 좇는 일이라고 규정했다. 그리고 장시의 물물교환으로 인해 물가가 치솟고 있으니 금지하는 것이 마땅하다고 주장했다. 그러나 조정은 흉년을 극복하기 위한 구황救荒의 차원에서라도 결국 장문의 개설을 받아들일 수밖에 없었다.

성종대 장시의 등장에서 하나 더 생각해 볼 점은 장시의 등장이나 상품유통의 발달을 앞당기는 계기가 자연재해였다는 것이다. 물난리·가뭄 등으로 수확이 줄어 수많은 농민들이 굶어 죽으면 형편이 좀 더 나은 지역에서 부족한 지역으로 미곡이 대량 유출되었다. 그러다 보면 때로 투기를 유발해 커다란 사회 문제가 되기도 했다. 바로 이때 자연재해로 인한 곡물 가격의 지역

차를 이용해 상인들이 활발한 상업 활동을 벌이기도 했다. 마찬가지로 농민도 장시 교역을 통해 이득을 얻으려 했다. 장시에서 벌어지는 교역에서 발생한 이득은 이에 참여한 농민·수공업자에게 곧바로 귀속되었기 때문이다. 농민의 새로운 교환 시장으로 등장한 장시는 이전에는 없던 유통기구였다.

관리들이 지적한 대로, 장시는 이익을 탐하는 무리가 몰려드는 곳이었다. 도적들이 훔친 물건이 장시에서 처분되기도 했다. 하지만 장시는 흉년이 닥쳤을 때 굶주린 백성들이 필요한 것을 얻을 수 있는 생존의 장이기도 했다. 이웃한 농민들이 각자 필요한 물건을 교환할 수 있는 공간이고, 상인이 일일이 농민을 찾아다니지 않고도 거래할 수 있는 장소였다. 흉년을 극복할 수 있는 사회적 공간이 된다는 점에서 장시는 유용한 기능을 수행하고 있었고, 이 때문에 정부도 이를 용인하지 않을 수 없었다.

조선이 개창된 지도 100년 가까운 세월이 흘렀으니 향촌 사회에 정기시장이 등장한 것은 어찌 보면 자연스러운 일이다. 그사이 많은 지역의 농업 개발이 진척되어 농경지가 늘어나고, 농업생산력도 향상되었기 때문에 농민이 잉여생산물을 유통 과정에 투입할 역량이 커지고 있었다.

그러나 조선왕조는 기본적으로 상업을 억제하는 정책을 시행하고 있었다. 근본에 힘쓰고 말단을 억누른다는 무본억말務本抑末을 내세워 농업을 중요시하고 상업을 업신여겼다. 따라서 조선의 상업 활동은 애초부터 국가의 통제 아래 이루어졌다. 그 중심은 한성부의 시전이었다. 시전 상인은 여러 가지 특혜를 받았고, 그에 대한 대가로 국가에 일정한 부담을 지고 있었다. 시전 상인에 대한 국가의 규제는 점포의 크기, 상품의 종류·수량·가격 등 다방면으로 정해져 있었다.

시전은 운종가雲從街, 즉 지금의 서울 종로 거리에 만들어진 행랑을 중심으로 모여 있었다. 시전 중에서도 비단·무명·명주·모시·종이·어물을 파는 육의전六矣廛이 가장 활발했다. 시전 상인 중심의 조선 초기 상업 활동은 한성부 내로 국한됐다.

장시의 등장은 시전 상인의 활동과 무관한 농촌 지역에서 농민과 수공업자가 잉여생산물을 확보했다는 것을 보여준다. 향촌 사회에 상품을 교역할 수 있는 상품화폐 경제체제가 수립된 것이다. 이 같은 농촌 경제의 활성화에 힘입어 장시는 급속하게 확산하고 성장했다.

　전라도에서 발생한 장시는 이후 곳곳으로 퍼졌다. 매월 몇 차례 무리를 지어 교역하는 장시는 이후 경상도, 충청도에서 나타나기 시작해 16세기 초반까지 모든 도에 장문이 개설되었다고 할 만큼 빠르게 보급되었다.

　장시는 농민과 수공업자가 자기 생산물의 일부를 자유롭게 처분할 수 있음을 조건으로 한다. 장시는 그런 조건 아래 농민층의 분화로 여러 사회층이 생겨난 현실을 바탕으로 출현하고 발전한다. 장시에서 교환되는 물품은 토지에서 나오는 생산물이나 가공품이다. 그런데 농민이 자기 물품을 장시에 내놓으려면 그 물품을 생산한 토지를 안정적으로 소유해야 한다. 따라서 장시가 나타났다는 것은 직접 생산자인 농민이 토지의 사적 소유권을 한층 안정적으로 보유하게 되었음을 뜻한다.

　장시는 소상품 생산이 출현하고 발전한 데 따라 생겨난 교환경제의 장이다. 농민은 장시를 통해 자신들에게 이익이 되는 사회적 분업과 교환경제를 형성해 갔다. 이러한 장시의 교환 활동에는 농민과 수공업자뿐 아니라 향촌 사회의 사족을 포함한 지역 주민들도 참여했다. 장시에서는 농민들 사이의 상품 거래를 비롯한 다양한 상업 활동이 이루어졌다.

　16세기를 거치면서 장시는 전국 각지로 퍼져 나가 정기적으로 개설되는 시장으로 자리매김해 갔다. 장시가 처음 발생했을 때의 개설 주기는 매월 2회였다. 16세기 들어 농민의 교역 활동이 더욱 활발해지자 장시는 각 도와 읍으로 퍼져 나갔다. 이 과정에서 수요가 늘어나 장시가 열리는 횟수도 늘었다. 월 3회 개설되는 십일장도 생겨났다. 16세기 말에 이르면 장시는 30~40리 지점마다 설치되고 개설 주기도 빨라져 오일장으로 발전하고 있었다. 16세기 전 기간에 걸쳐 장시의 수가 증가하고 개시(開市) 횟수는 늘어 갔다. 그만큼 농민층의 교역이 성행하고 교역 물자의 수요가 증대하고 있었다. 농민과 수공업자는 활발하게 소상품 생산과 유통에 참여하면서 필요한 물자를 장시에서 구하곤 했다. 이처럼 장시는 농민 경제의 유통기구로 확고히 자리를 잡고 발달해 갔다.

　16세기 중반 무렵 농촌 사회에서 장시를 통해 활발한 교역이 이루어지면서 각 지방 장시를 연결해 물품을 교역하고 각지에 지점을 두어 상권을 장악한 사상私商 계층이 성장한다. 임진왜란을 지나면서 시전 중심으로 재화가 유통되던 경기 지방에서도 장시가 자주 개설되었다. 17세기 이후에는 장시가 읍치의 범위를 벗어나 산림 지대까지 확대되었다. 읍치란 지방 고을의 중심 공간으로 대개 읍성으로 둘러싸여 있으나 해안 지방의 경우 읍성이 없는 곳도 있었다. 행정이 행해지는 읍치에는 각종 관청과 부속 건물, 사직단 등의 제사 시설, 향교, 장시 등이 들어서게 마련이었다. 농업 사회인 조선에서 읍치를 벗어나 장시가 뻗어 나갔다는 것은 중대한 변화였다. 뿐만 아니라 인접한 장시들 간에 흡수·통합·이동 등의 변화가 일어나면서 장시의 연계망이 형성될 기반도 마련되었다.

양반도
장시에서
이익을 탐하다

16세기 장시의 발달 양상을 구체적으로 전해 주는 자료가 오희문의『쇄미록瑣尾錄』이다. 고향을 떠나 떠돌아다닐 때의 기록이라는 뜻이다. 한성부에 살던 선비 오희문은 1592년선조 25 때마침 전라도 지역에 떨어져 살던 노비들의 신공身貢을 받기 위해 길을 나섰다가 왜적이 쳐들어왔다는 소식을 듣게 된다. 이때부터 피란 생활을 시작하면서 일기를 작성한 것이다. 이 책에서 당시 사족들이 장시를 어떤 경제활동의 공간으로 삼았는지 구체적으로 살펴볼 수 있다.

오희문은 가족들이 살아가는 데 필요한 물품을 집에서 생산할 수 없으면 장시를 활용했다. 장시가 열리면 집 안에 마련해 두었던 물품을 가노家奴에게 들려 다른 품목으로 바꿔 오게 했다. 오희문은 자신이 거주하던 임천의 장시뿐 아니라 이웃한 홍산·한산·대흥·서천·비인·남포 등지에서 열리는 장시도 이용했다. 그리고 금강 남쪽 전라도 지역의 함열 장시도 찾았다. 『쇄미록』에 따르면 임천장·홍산장·한산장이 모두 1·6일 개장이고, 금강 너머 함열장은 3·8일 개장이었다.

오희문이 장시를 이용한 방식은 본래 장시가 등장할 때 농민들이 '유무상통(有無相通)'의 기래처로 이용하던 모습 그대로라고 할 수 있다. 1593년 4월 21일 사내종 막정에게 쌀 열 말을 싣고 대홍 장시로 가서 면포를 사 오게 한 일이 있다. 의복을 만들기 위해서였다. 그해 5월 25일에는 면포를 가지고 가서 보리와 모시를 사 오게 했는데, 가격이 맞지 않아 빈손으로 돌아왔다.

필요한 물품을 사들이는 데서 한 단계 더 진전된 장시 활용의 사례도 많이 찾아볼 수 있다. 장시의 교역 활동에 적극적으로 참여해 수익을 꾀한 경우다. 집에서 부리는 종에게 술을 빚게 해 장시에 내다 팔아 수익을 내려고 계획한 사례를 찾아볼 수 있다. 같은 해 윤11월 12일 일기에는 전날 장시에 술 파는 일로 향비(香婢) 등이 여덟 항아리를 짊어지고 갔는데, 중간에 발을 헛디뎌 술 항아리가 깨져 버린 일이 기록되어 있다. 오희문의 처지에서는 애써 빚은 술을 허비한 데다 빌린 항아리 값까지 보상해야 하므로 큰 손해를 본 셈이다.

장시에서의 교역 활동으로 이윤을 얻으려는 행적은 다음 기사에서도 확인된다. 1594년 3월 일기를 보면, 오희문은 아내에게 떡을 찌게 해 임천장에 내다 팔려다가 마침 비가 오는 바람에 장시가 서지 않아 떡을 아이들과 나눠 먹었다. 그러면서 쌀을 허비해 안타까운 심정을 기록하고 있다.

오희문은 함열장을 자주 이용했다. 금강 나루를 건너야 다다를 수 있는 장시였지만, 개장 때마다 필요한 물건을 사거나 팔기 위해 종을 보냈다. 임천 주변 여러 읍의 장시도 이용했다. 1594년 5월에는 사위인 함열 군수 신응구가 보내 준 갈치를 임천장에 내다 팔고도 남는 것이 있자 다른 읍 장시에 내다 팔 계획을 세우고 있다. 이때 오희문은 시세의 변화에 민감하게 반응하고 있다. '지금 밀과 보리가 지천이어서 값이 싸지만 다른 날이 되면 어떻게 변할지 모른다.'라는 계산을 하고 있었던 것이다. 또한 그는 여러 장시에서 거래되는 물품이 무엇인지 잘 파악하고 있었다. 어느 날 말을 잃어버리자 아들에게 장시들을 돌아다니면서 찾으라고 지시하기도 했다. 말을 훔쳐 갔거나 얻은 자가 장시에서 말을 팔 것으로 판단했기 때문이다.

멀리 떨어진 군현에서 개설되는 장시도 이용했다. 1593년 12월 13일 새벽 오희문은 두 명의 노비를 무주에 보내 그 지역에 사는 노비의 신공을 받아 오게 하려고 했는데 비가 많이 내려 출발하지 못했다. 그때 오희문은 노비로 하여금 장계장에 들러 곶감을 사 오도록 해서 어머니에게 드릴 계획을 세웠다. 『쇄미록』에는 보이지 않지만 오희문은 장계장의 개장일이 언제인지 알고 있었던 게 분명하다. 또한 오희문은 장계장의 주요 거래 물품 가운데 하나가 곶감이므로 그곳에 가면 곶감을 구할 수 있다는 정보도 확보하고 있었다. 멀리 떨어진 장계장의 정보를 소상히 알고 있었던 것이다. 이는 여러 지역 주민들이 특정 장시에 대한 정보들을 공유하고 있었음을 알려 준다.

오희문의 경제생활에서 장시가 차지하는 비중은 일반 농민과 다름없었을 것이다. 그는 장시를 통한 교역에 경제생활을 전적으로 의존하지 않았다. 물건을 팔아 이득을 보려고 한 사례가 있긴 하지만, 이를 제외한 대부분의 장시 활동은 생활에 필요한 물품을 다른 물건과 교환해 장만하는 것이다. 이렇게 볼 때 16세기 말 장시는 농촌 지역을 중심으로 개설된 정기시장으로, 지역 주민들이 필요한 물건을 교환하는 물물교환의 장소였다. 그리고 점차 이웃하는 장시끼리 개장 일자를 조정함으로써 지역적인 연계망을 형성해 가고 있었다.

16세기 말 17세기 초 각 지역의 장시는 점차 한 달에 6회, 5일마다 열리는 오일장으로 발전했다. 1607년[선조 40] 6월 사헌부는 임진왜란 이후 상업에 종사하는 백성이 크게 늘어났다고 지적한다. 또한 하나의 읍 안에 장시가 서는 곳이 최소한 서너 군데여서 주변 읍과 합치면 한 달 30일 동안 장이 서지 않는 날이 없다는 사실도 보고했다. 이에 대해 사헌부는 간사함이 성행하고 이익을 좇는 것이 매우 심해지니, 앞으로 큰 고을에는 두 곳, 작은 고을에는 한 곳에서만 장시가 서게 하되 모두 같은 날에 개시하게 해야 한다고 건의한다. 17세기 초반에 이르면 한 읍에서도 여러 곳에서 개장일을 달리하며 장시가 열리기 시작했다. 이는 곧 오일장 체계가 형성되고 있었음을 뜻한다.

3. 흔들리는 민심 – 임꺽정 연대기

**왕정의 잘못이지
그들의 죄가 아니다**

임꺽정은 명종대 인물로, 경기도 양주에서 소나 돼지 같은 가축을 도살해서 살아가는 백정이었다. 그는 가축 도살을 담당하던 관리들의 수탈에 허덕이다 도적의 우두머리가 된다. 그의 무리는 황해도 봉산에 소굴을 두고 평안도·강원도까지 활동 범위를 넓히다가 서울까지 잠입하기도 했다. 오랜 기간 관군과 대항하고 심지어 관리까지 살해하면서 명종과 조정 관료에게 커다란 충격을 주었지만, 백성들은 그를 의적이라고 불렀다.

임꺽정 세력은 시대의 산물이었다.『명종실록』에 적힌 사론史論에도 이 점은 분명하게 나타나 있다. 사관은 "나라에 선정이 없고, 교화가 밝지 않은 것"을 임꺽정의 난이 일어난 배경으로 적시했다. 나아가 "재상의 욕심과 수령의 포학이 백성들의 살과 뼈를 깎고, 기름과 피를 말리는 상황"이었다고 지적한다. 그리고 이런 상황에서 백성들이 "손발을 움직일 곳이 없고, 붙잡고 호소할 곳도 없으며 굶주림과 추위가 절박해 아침에 저녁을 보장하기 어려운 처지"라고 설명한다. 사관은 계속해서 "이런 상황에서 백성이 잠시라도 목숨을 이어 가기 위해 도적으로 변신한 것"이라며 "이들을 도적으로 만든 것은 왕정王政의 잘못이지 그들의 죄가 아니다."라고 결론을 내린다.

사관이 지적하는 것처럼 당대 훈척 정치의 폐단이 가져온 문제는 정치의 문란으로 그치지 않았다. 권력의 한 자락이라도 잡을 수 있는 관리들은 저마다 배를 채우려 그 한 자락을 마구 휘둘렀다. 목민^{牧民}의 책무를 지닌 수령들은 눈앞의 전답과 주변의 백성으로부터 이익을 뽑아내는 데 혈안이 되었다. 위에서 썩은 물이 아래까지 더럽히고, 결국 백성의 삶을 어지럽게 만드는 악순환이 이어졌다.

임꺽정의 난이 백성들의 어쩔 수 없는 선택의 결과였다는 것은 다른 사관도 분명히 지적하고 있다. 그는 임꺽정 집단이 패두^{牌頭}이억근을 죽인 사건을 다룬 실록 기사에서 "도적이 치열하게 발생하는 것은 수령의 탐학 때문이고, 수령의 탐학은 재상이 염치가 없기 때문"이라고 지적하고 있다. 그리고 "민인들이 곤궁한데 하소연할 곳이 없어 어쩔 수 없이 도적이 되었다."라고 사정을 설명한다. 사관은 "조정이 청명해지고 수령이 제 소임을 다한다면 칼을 찬 자들이 귀농하겠지만, 그러지 않고 병사를 동원해 그들을 붙잡으려고만 한다면 붙잡는 대로 다시 일어나 다 잡아내지 못할 것"이라고 단정하며 글을 맺고 있다.

두 사관의 사론으로 임꺽정의 난이 일어난 역사적 배경은 분명해졌다. 당시 조선 사회의 문제들로 말미암아 백성은 칼을 차고 도적질을 하지 않을 수 없었다. 임꺽정으로 대표되는 백성의 불만과 저항은 오랜 세월 축적되었다. 그리하여 백성이 삶의 끝자락에 내몰렸을 때 임꺽정의 난이라는 몸부림으로 폭발한 것이다.

16세기 조선에서 살아가던 보통 백성은 훈척 정치의 농단에 그대로 노출된 채 시달리고 있었다. 그들은 방납의 폐단 등 부세^{賦稅} 제도의 문란 때문에 제대로 살길을 헤쳐 나갈 수 없었다. 훈척 세력은 토지를 넓히고 사행^{使行} 무역에 개입해 이득을 꾀했다. 게다가 연안 지역에서 개간할 수 있는 땅을 차지하고 백성을 동원해 간척하는 방법으로 대토지를 손에 넣었다. 지방 수령은 탐욕을 감추지 않고 공물의 방납 등을 자행하고 있었다.

임꺽정의 난은 결국 훈척 정치와 방납의 폐단에 시달린 백성이 도적 집단을 결성하고 조정에까지 대항한 반란 사건이었다. 문헌 자료에 임꺽정 집단이 등장하는 것은 조정에서 본격적으로 이 집단의 토벌을 논의하던 1559년$^{명종 14}$이다. 1562년$^{명종 17}$ 황해도 서흥에서 임꺽정이 붙잡혀 죽을 때까지 3년여 동안의 기록을 사료에서 찾아볼 수 있다.

주목할 부분은 중앙정부에서 임꺽정 무리의 활동에 주목한 때로부터 진압할 때까지 3년여의 세월이 필요했다는 점이다. 중앙정부에서 일개 도적 무리를 토벌하기로 작정하고 이를 완수하는 데 어떤 연유로 이렇게 오랜 시간이 걸린 것인지, 또한 임꺽정 세력이 어떤 활동을 벌였기에 조정의 토벌 대상이 되고 나아가 반란 집단으로 지목되었는지 그 이유에 호기심이 생기지 않을 수 없다.

임꺽정이 반란을 일으킨 가장 큰 원인은 농민들이 땅을 잃어버린 데 있다. 훈척 세력과 내수사가 자기 소유의 토지를 넓혀 나간 데다 수령들이 부세 과정에서 탐학을 부리는 바람에 농민들은 경작할 토지를 잇따라 빼앗겼다. 살길이 없어진 농민들이 무리 지어 도적으로 변신했고, 그 도적들 가운데 유력한 이가 바로 임꺽정의 무리였다.

그렇다면 임꺽정 무리가 주요한 활동 무대로 삼은 황해도 지역의 농민 사정은 어떠했을까? 황해도 지역에서 벌어진 토지 개간, 농경지 확대의 특수한 양상으로 주목할 것이 바로 노전(蘆田), 즉 갈대밭이었다. 갈대밭을 둘러싼 경제적·사회적 갈등 속에서 백성들을 수탈하는 일이 벌어졌고, 그것이 임꺽정의 난으로 가는 도화선이 되었다.

황해도 백성들은 갈대밭에서 얻을 수 있는 경제적 이득을 그대로 누리지 못했다. 내수사는 왕실 재원을 마련하기 위해 갈대밭 확보에 나서고, 왕은 내수사를 적극적으로 후원했다. 내수사가 이 지역에서 어찌나 탐욕을 부렸는지 백성은 두 손 두 발 다 들 수밖에 없었다. 그들에게는 형편없는 삶의 질에 만족하며 목숨을 이어 나가든가, 산속으로 들어가 도적이 되든가 하는 결단의 순간만이 남아 있었다.

본래 갈대는 소금기를 많이 머금은 습지에서도 무성하게 잘 자란다. 때문에 바닷가 어느 곳에서나 갈대밭을 쉽사리 찾아볼 수 있다. 그런데 당시 황해도 황주 등지의 갈대밭은 저녁 무렵 좋은 풍광을 선사하는 눈요기의 대상이 아니라 치열한 삶의 현장이었다. 조선 사회에서 갈대밭은 그 자체로 경제적인 수익을 낼 수 있는 재화나 다름없었다. 갈대밭에서 채취할 수 있는 갈대의 여러 구성물들은 경제적 측면에서 여러 가지로 이용됐다. 갈대 이삭은 빗자루를 만드는 데 쓸모가 있었고, 성숙한 줄기는 갈대발, 갈삿갓, 삿자리 등을 엮는 데 요긴했다. 그리고 갈대의 여러 부위는 한약재로 활용할 수 있었는데, 뿌리·줄기·잎·꽃 등이 소염·진통·이뇨·해열·해독에 효능이 있었다.

갈대밭 주인이나 갈대밭을 공유한 사람들에게 갈대는 경제적으로 유익한 자연의 산물이었다. 갈대밭 주인이 주변 지역의 농민이라면, 그는 다른 농민들과 갈대밭을 공유하며 협력했다. 그리고 농민들이 갈대를 베어 내 여러 용도로 활용하거나 공물로 바치면 그것으로 충분했다. 하지만 권세를 지닌 부류가 갈대밭을 차지하려고 덤벼들면 긴박한 문제가 생기지 않을 수 없었다.

명종대 왕실 세력과 훈척들은 황해도 지역 갈대밭의 경제적 가치에 주목했다. 이들은 갈대밭 자체의 경제성뿐 아니라 장차 갈대밭을 개간해 전답으로 바꿨을 때 생길 수익성도 고려했다. 1553년[명종 8] 왕명에 따라 황해도 황주·봉산·재령·안악 등지의 갈대밭을 해당 지역의 빈민에게 돌려주었다. 따라서 그 지역 갈대밭 주변 주민들은 갈대밭에서 나오는 산물로 생계를 유지할 수 있었다. 그런데 3년 후 이 갈대밭들을 다시 내수사에 소속시키라는 왕명이 내려오면서 황주·봉산 등지의 주민은 갈대밭에서 나오는 이득을 내수사에 빼앗기게 된다. 그러자 사간원은 명종에게 이 잔인한 조치의 철회를 요구했다. 간관들은 갈대밭을 내수사에 소속시키면 이는 곧 나라와 백성이 서로 이익을 다투는 것이라고 갈파했다. 하지만 명종은 갈대밭을 내수사에게 주려는 의지를 굳건히 하면서 결코 물러나려 하지 않았다. 왕실의 금고 노릇을 하는 내수사가 힘들게 확보한 재원인데, 그것을 왕실 금고의 최종 사용자인 왕이 쉽게 걷어찰 리가 없었다. 또한 왕실의 여러 구성원이 내수사의 재원에 목을 매고 있다는 점도 고려했을 것이다. 그렇지만 분명한 것은 백성들이 누려야 할 갈대밭의 수익을 내수사가 가로챘다는 점이었다.

한편 권세가, 특히 훈척 세력은 황해도 연해 지역의 간석지를 개척해 경작지인 언전堰田으로 개발하는 작업을 주도면밀하게 진행했다. 내수사를 앞세운 왕실 세력도 대토지를 확보하려고 언전을 개발하고 있었다. 권세가들은 수령을 통해 이러한 언전 개발에 지방민을 동원했다. 결국 연해 지역의 개간 가능한 땅은 농민의 피와 땀으로 간척돼 경작지로 변했다. 그러나 그곳에서 나오는 수확의 많은 부분은 훈척, 내수사 등 권세가들의 차지가 되고 말았다. 이 같은 언전 개발 과정은 백성들에게 새로운 결단을 재촉하고 있었다.

**모이면 도적이요,
흩어지면 양민**

임꺽정은 교활한 성격에 날쌔고 용맹스러웠다고 전해지며, 그의 도당도 모두 지극히 날래고 민첩했다고 한다. 그는 경기도 양주 출신의 백정이었다고 알려져 있다.

조선 사회에서 백정은 가축을 도살하거나 유기(柳器)를 만들어 생활하던 천민층이었다. 백정은 농경에 종사하지 않으면서 독자적인 집단을 형성해 주지가 일반 양인과 구별되었다. 조정에서는 이들을 농민과 섞여 살게 했지만 농경에 정착하지 못하고 도살업을 독점적으로 수행했다. 이처럼 임꺽정이 백정 출신이라면 그의 무리에도 백정이나 백정과 친근 관계에 있는 천인층인 재인(才人), 노비 등이 많이 있었을 것이다.

임꺽정 세력은 경기와 황해도 일대의 아전, 백성과 비밀리에 결탁하고 있었기 때문에 관에서 임꺽정 세력을 잡으려는 어떤 조처를 하더라도 그 내용이 금방 임꺽정 세력에게 전달되었다. 이러한 사정 때문에 임꺽정 세력이 여기저기서 발호하는 것을 관에서 막기 어려웠다. 아전이나 백성들이 임꺽정 세력의 조력자로 활동한 것은 생명의 위협이나 재산상의 이득 때문이기도 했지만 다른 이유도 있었다. 그들은 관군에 협력해 임꺽정 세력을 소탕하는 것은 불가능하다고 판단했거나, 임꺽정 세력의 행동을 의적의 행동으로 파악해 자발적으로 협력했을 가능성이 높다.

또 임꺽정 세력의 행적이 자신들 같은 피지배층의 이해관계와 통한다고 판단했을 것이다. 당시 임꺽정 세력에 대한 백성들의 지지가 폭넓게 퍼져 있었기 때문이다. 결국 조정이 임꺽정 세력을 제때에 소탕하지 못한 것은 임꺽정이 단순한 산적이 아니라 사회적 모순에 맨몸으로 대항하는 첨병이었기 때문일 것이다.

구전에 따르면 임꺽정이 근거지로 삼은 곳은 경기도 양주 천마산, 파주 감악산 일대, 강원도 철원 고석정 등 여러 곳으로 황해도·경기·강원도에 걸쳐 있다. 문헌 기록에 나타난 임꺽정의 출몰 지역과 근거지는 황해도 구월산 일대, 한성부 장통방, 개성 청석령 일대 등이다. 나중에 토포사 남치근이 임꺽정 세력을 쫓아 구월산 일대를 포위한 것을 보면 임꺽정 세력의 주요 활동 거점은 황해도였다. 그러나 그들의 영향력은 황해도에서 한성부를 연결하는 주요 도로에 인접한 곳은 물론 멀리는 평안도, 강원도 지역까지 미쳤다. 임꺽정은 조정의 추격을 피해 평안도 성천·양덕·맹산, 강원도의 이천 등으로 달아나기도 했다.

『명종실록』의 기록은 임꺽정의 약탈 행위, 조정에 저항하는 행동 등을 집중 조명하고 있다. 당시 조정은 임꺽정 세력을 잔인한 도적 집단으로 파악하고 있었다. 민가를 불사르고 말과 소를 닥치는 대로 약탈하며, 저항하는 사람은 살을 발라내고 사지를 찢어 죽였다고 한다. 또 조정이 파견한 군관을 살해하는가 하면, 조정의 관원이나 감사를 사칭하기도 하고, 임꺽정의 처를 구하겠다고 전옥서典獄署를 파옥하려는 대담한 계획을 세우기도 했다.

이처럼 임꺽정 무리가 난적亂賊으로 규정된 것은 1559년 3~4월의 일이다. 그해 3월 27일 개성부 도사의 보고 내용을 토대로 영의정 상진 등이 논의한 바에 의하면 임꺽정 무리는 황해도에서 활동하다가 개성 부근까지 진출해 있었다. 이들은 개성 성저 지역의 여러 가호를 약탈하고 인명까지 해쳤다. 이때 개성부 포도관 이억근이 임꺽정 소굴에 군사를 동원해 쳐들어갔다가 오히려 화살을 맞고 죽는 일이 일어났다. 이억근은 도적 수십 명을 잡은 관록있는 포도관이었지만 임꺽정 무리를 당해 내지 못한 것이다.

설화집에 따르면 임꺽정 세력은 미투리를 거꾸로 신고 다녀 뒤쫓는 사람이 그 발자국을 보고 들어간 것인지 나간 것인지 알지 못하게 했다고 한다. 그리고 이억근이 바로 그 함정에 빠져 화살에 맞아 죽었다는 것이다. 조정은 이억근이 평소 도적의 추포에 열성을 다해 도적들의 미움을 받고 보복을 당한 것으로 보고 그를 표창했다.

임꺽정 세력이 황해도에 거점을 마련한 것은 조정의 큰 근심이었다. 황해도는 도적 소굴이 되어 대낮에도 사람을 죽이고 도로가 막힐 지경이 되었다. 임꺽정 세력은 한성부 한복판에 소굴을 만들고 조정의 관원이나 감사를 사칭하기까지 했다.

1560년 11월 24일 포도대장 김순고는 임꺽정의 일당인 서림이 엄가이라는 가명으로 숭례문 밖에 와서 살고 있다는 정보에 따라 그를 붙잡았다고 보고했다. 서림은 포도청에서 임꺽정 무리의 행적을 소상히 실토했다. 임꺽정 무리는 그해 9월 이전에 이미 한성부 장통방에 근거지를 마련해 놓고 있었다. 9월 초 포도청이 이곳을 습격했는데, 임꺽정은 놓치고 임꺽정의 처 3인을 붙잡는 데 그쳤다.

임꺽정의 처가 붙잡힌 다음 날 임꺽정 세력은 장수원에 모여 화살과 도끼로 무장하고 밤을 틈타 성안에 들어가 전옥서의 옥문을 부수고 두목 임꺽정의 처를 구출하려는 계획을 짰다. 오간수문을 지키는 군졸은 힘이 없어 화살만으로도 겁줄 수 있으니, 오간수문을 깨고 한성을 빠져나가자는 계획이었다. 무리 가운데 두 명이 성공하기 힘들 것이라 했다가 그 자리에서 죽임을 당했다고 한다.

서림은 26일에 평산 남면 마산리에 사는 대장장이 이춘동의 집에 모여 새로 봉산 군수로 부임하는 이흠례를 죽이기로 모의한 사실도 밝혔다. 이흠례는 신계 군수로 있을 때 임꺽정 세력을 많이 잡아들인 인물이었다. 따라서 그를 해쳐 임꺽정의 위세를 세우고 후환도 없애자는 것이었다. 이 소식을 들은 포도청은 부장 한 명, 군관 한 명에게 말을 타고 속히 달려가게 해 이흠례와 함께 임꺽정 세력을 체포하겠다고 요청했다. 명종은 이를 허락하고 선전관 정수익도 함께 보내라고 지시했다.

『명종실록』에는 임꺽정이 붙잡혔다는 기사가 여러 차례 나온다. 그 가운데 두 건은 가짜 임꺽정을 붙잡고는 진짜인 것처럼 꾸몄다가 들통 난 사례였다. 두 번 다 임꺽정을 붙잡는 소임을 맡았던 관리들이 벌인 일이다. 도저히 진짜 임꺽정을 잡을 수 없을 것 같아 가짜를 내세운 것인지, 아니면 그들도 누군가에게 속은 것인지는 알기 어렵다. 하지만 조정에 올린 공식 보고에 두 차례나 가짜 임꺽정이 등장한다는 점만으로도 임꺽정 세력을 잡으려는 조정의 절박함을 알 수 있다. 또한 임꺽정 세력을 도적 집단이 아닌 반란 세력으로 규정한 것도 어느 정도 이해할 수 있다. 그들을 내버려 두면 국가를 전복하려는 세력들이 하나로 규합할까 봐 크게 우려했을 것이다.

첫 번째 가짜 임꺽정 포획 사건은 1560년 12월에 일어났다. 이달 하순 황해도 순경사 이사증이 임꺽정을 붙잡았다고 보고했다. 순경사는 이 무렵 조정이 임꺽정을 잡기 위해 황해도와 강원도에 내려보낸 특별 수사관이었다. 이사증의 장계를 본 명종은 가상하다고 칭찬하면서 군관·군졸을 내려보내 임꺽정을 압송하도록 지시했다.

그런데 실상은 달랐다. 이사증이 도적 무리의 일원인 가도치를 붙잡아 형장으로 위협해 거짓 진술을 받아 내고는 임꺽정이라 속이려 한 것이다. 이 사실을 확인해 준 이는 앞서 붙잡혀 있던 서림이다. 서림은 의금부에서 잡혀 온 자를 보고는 임꺽정이 아니라 임꺽정의 형인 가도치라고 진술했다. 의금부는 이를 바로 명종에게 보고했다. 신하가 임금을 속이는 일이 벌어졌으니 세상의 비웃음을 사기에 충분했다. 반드시 임꺽정을 잡으라는 왕명을 받았건만 아무리 애를 써도 공을 세울 가망이 없자 저지른 짓이었다.

두 번째로 임꺽정이 잡혔다는 소식이 전해진 것은 1561년^{명종 16} 9월 7일이었다. 평안도 관찰사 이량이 조정에 계본^{啓本}을 올려 의주 목사 이수철이 임꺽정을 잡았다고 보고했다. 명종은 사람을 보내 속히 잡아 올리라고 명령했다. 서울에는 내관과 선전관을 보내고 지방에는 금부 낭청을 나누어 보냈다. 9월 21일 임꺽정과 한온이라고 지목된 자들이 한성부로 압송되었다. 그러나 이들을 문초한 조사관들은 뜻밖의 보고를 올렸다. 임꺽정으로 알려진 자는 실은 해주에 살고 있던 군사로 의주에 파견 근무 중인 윤희정이라는 것이다. 서림을 포함해 임꺽정의 얼굴을 아는 사람들이 모두 아니라고 진술한 내용도 첨부했다. 한온이라고 알려진 자도 조사해 보니 윤세공이란 자였다.

결국 임꺽정과 한온은 모두 가짜였다. 그러나 윤희정과 윤세공은 의주에서 진술한 불온한 말 때문에 사형을 당하고, 중대한 일을 자세히 살펴 처리하지 못한 의주 목사 이수철도 파직당했다. 『명종실록』의 사관은 이수철이 공을 노리고 임금을 기만한 것을 격하게 비판했다. 이 모두가 국가에 기강이 없고 사람들이 친분에 얽매여 거짓을 알고도 침묵하는 풍조가 만연한 데 따른 것이며, 언관이 할 일을 못한 소치라는 것이었다.

가짜 소동이 일어날 정도로 임꺽정 체포가 난항을 거듭하는 가운데 1561년 10월 들어 조정은 새로운 방책을 모색하게 된다. 한 도의 주요 군병을 차출하는 단계까지 나아간 것이다. 그때 도적들이 평산에 들어가 민가 30여 채를 약탈하고 사람들을 많이 죽였다고 황해도 관찰사 김주가 보고했다. 그러자 명종은 삼공, 포도대장 등을 불러들여 대책을 논의하고, 위망과 지략이 있는 장수로 하여금 한 도의 병력을 거느리고 사방에서 포위 공격하도록 했다. 이 임무를 수행할 황해도 토포사로 남치근을, 강원도 토포사로 김세한을 뽑았다. 남치근은 즉시 장연·옹진·풍천·서흥 등 인근 4~5개 고을의 군사를 동원해 임꺽정 세력 소탕에 나섰다.

3년에 걸친 조정의 토벌 작전을 비웃듯 이리저리 빠져나가며 날아다니던 임꺽정 세력도 결국 최후를 맞이한다. 1562년 1월 3일 남치근은 대적大賊 임꺽정을 붙잡았다는 보고를 올렸다. 임꺽정 세력이 황해도 서흥 어느 곳에 머물러 있었는데, 군관 곽순수·홍언성 등이 그들을 사로잡았다는 것이다. 남치근이 임꺽정을 대적이라 부른 것은 그만큼 임꺽정 세력이 큰 규모의 도적 집단이어서 체포가 쉽지 않았다는 것을 시사한다.

『명종실록』은 남치근이 서흥에서 임꺽정을 붙잡았다는 사실만 간단하게 기술하고 있다. 임꺽정이 붙잡힌 자세한 경위를 훨씬 더 자세하게 서술하고 있는 야사가 『기재잡기』이다. 그것은 토포사 남치근이 재령 지방으로 나아가 일대를 장악하는 대목부터 시작한다. 토포사의 압박을 받자 임꺽정은 도당을 거느리고 구월산으로 들어가 험한 곳에 나누어 칩거했다. 남치근은 수많은 군마를 동원해 산 아래를 포위하고 사람들의 출입을 감시하면서 임꺽정 세력의 도주로를 차단했다. 그런 다음 남치근은 군사를 몰아 숲을 샅샅이 뒤지며 올라 임꺽정 일당을 하나하나 무력화하고 체포했다. 산적 가운데 일부는 항복했다. 임꺽정을 바로 옆에서 호위하는 자가 대여섯 명이었는데, 이들은 모두 베어 죽였다. 문화에서 재령까지 한 집 한 집 낱낱이 수색한 끝에 겨우 임꺽정을 잡을 수 있었다. 3년 동안 온 나라를 들썩이게 한 희대의 도적을 여러 도의 군사를 출동시키고서야 겨우 체포하게 된 것이다.

임꺽정 체포에 공을 세운 자들 가운데 한 명이 서림이었다. 그는 관군에 체포된 다음 관군에 협력했기 때문에 예전 동료들의 원수가 되었다. 서림은 1561년 10월부터 남치근을 따라다니며 임꺽정 세력을 뒤쫓는 데 공을 세웠다. 나라에서 자신을 죽이지 않고 살려준 은혜를 갚으려 길잡이 노릇을 감수한 것이다.

임꺽정은 도적으로 체포돼 극형을 받았지만 그가 남긴 여운은 길었다. 앞에서 살펴본 것처럼 『명종실록』의 사관은 임꺽정의 난에 지극히 객관적인 평가를 내렸다. 사관은 해서海西의 적도賊徒에 대해 "비록 꺼리거나 어려움 없이 제멋대로 막돼먹었다고 말하지만 그 원흉이 되는 이는 여덟아홉 명에 지나지 않는다."라고 평가했다. 관군과 맞서 싸울 정도로 규모가 있었던 임꺽정 세력을 사관이 지나치게 평가절하하고 있는 것일까?

그러나 이러한 평가에는 나름대로 근거가 있다. 사관에게는 "모이면 도적이며, 흩어지면 백성"이라는 판단 기준이 있었다. 백성은 궁벽한 산골짜기에 들어가서 도적이 되었다가도 다시 생업에 종사하게 되면 백성으로 되돌아온다는 것이 그의 생각이었다. 그러니 임꺽정 세력이 아무리 크고 흉포했다 해도 그들 대부분은 본래 선량한 백성이었으며, 그들을 산적으로 몰아간 것은 국가였다.

임꺽정은 평범한 좀도둑이 아니라 반역하는 극적劇賊, 즉 극악한 도적으로 지목되었다. 또한 임꺽정 세력은 대적으로 지목되었을 뿐 아니라 반국叛國의 혐의까지 받았다. 극악한 도적으로 규정된 것만으로도 극형을 면할 수 없을 터에 나라를 배반했다는 역모의 혐의까지 덧씌울 필요가 있었을까? 이것은 당대 조선의 조정이 임꺽정을 단순한 도적이 아니라 나라의 지배 체제를 뒤흔들 수 있는 인물로까지 파악하고 있었음을 보여 준다.

중앙정부의 권력이 지방에 파견된 수령을 거쳐 지방 사회 구석구석까지 미치지 않는 곳이 없는 상황에서 지방민의 일부가 도적으로 등장하는 것은 그 자체가 권력에 대한 도전이었다. 16세기에는 왕과 왕실, 관료와 이들의 모집단인 사족 세력으로 구성된 권력 구조가 있었다. 이들은 자신들의 권력 재생산을 저해하는 세력의 등장을 용인할 수 없었다. 또한 같은 맥락에서 기성 권력에 대한 저항 움직임은 그것이 작든 크든 절대로 내버려 둘 수 없었다. 임꺽정이 단순한 도적에서 반역 죄인으로 '격상'된 것은 그의 세력에 기존 권력을 허물 수 있는 근원적인 잠재력이 있었기 때문이다.

03. 사士의 시대

500년 역사를 가진 조선 왕조의 질서는 크게 전기와 중·후기로 나뉜다. 나라 이름은 바뀌지 않았지만 전기의 조선과 중·후기의 조선은 다른 나라였다고 말할 수 있을 정도로 차이점이 많았다. 흔히 생각하는 성리학의 나라, 족보와 가문을 따지는 문화, 장자 우선의 질서, 여성의 사회적 차별 등은 엄밀하게 말하면 중·후기 조선 사회에 집중된 현상이다. 전기의 조선은 사회의 주도 이념, 주도 계층, 문화 등의 측면에서 중·후기와는 매우 큰 차이가 있었다.

무엇 때문에 그렇게 변했을까? 그러한 변화는 언제부터 시작됐을까? 변화의 결과는 어떤 것이었을까? 조선 시대를 조금만 자세히 살펴보면 이 같은 질문이 자연스럽게 떠오를 것이다. 전 시기를 놓고 보았을 때 조선은 건국 이후 일정한 질서를 만들었다. 그리고 그러한 질서는 약 150여 년이 지난 16세기 중반에 이르러 크게 흔들린다. 원래 조선 왕조가 추구했던 질서가 흐트러지면서 조선은 국가의 존망을 위협하는 심각한 위기에 직면하게 된다. 후에 사림들이 '중간의 쇠망기'로 표현하기도 했던 시기이다.

이러한 위기를 중대한 문제로 받아들여 조선을 새롭게 바꿔 보려던 시기가 16세기였다. 16세기는 조선 초에 만들었던 질서가 무너지면서, 이를 바꿔 보려고 안간힘을 쓰던 시기였다. 따라서 사회적 갈등도 적지 않았고, 기존의 질서를 대체할 새로운 질서와 새로운 설계를 시도하는 노력도 줄기차게 이어졌다.

흔히 훈구파와 사림파의 대결로 설명하는 16세기에는 정치적 갈등을 넘어서는 조선 사회의 전체적인 변화가 숨어 있다. 정치권력의 교체뿐 아니라 이전까지 조선이 기반을 두고 있었던 사회·경제적 질서, 곧 사회 구성 및 사회 신분의 변화가 이 시기에 이루어졌다. 사림들은 훈구와의 정치적 대결이었던 사화에서 계속 패배했다. 그러나 사림들은 조선 사회의 전반적인 변화를 수용해 그에 걸맞은 새로운 질서를 모색했다.

고려 말 세계 제국 원으로부터 수입해 조선 건국의 이데올로기로 삼았던 성리학은 이 시기에 다시 주목을 받았다. 하지만 이때 주목한 성리학은 15세기를 움직인 성리학과는 달리 변화된 조선의 현실 속에서 새롭게 찾아내 재인식한 성리학이었다.

조선 전기를 움직인 성리학이 원에서 유래해 체제를 작동시킨 것이었다면, 16세기에 재인식한 새로운 사상으로서의 성리학은 세계와 인간, 근본적인 존재에 대한 설명에서부터 사회를 작동시키는 원리까지 훨씬 더 다양하게 접근할 수 있는 형태로 기능했다.

종래에는 볼 수 없었던, 16세기 성리학을 둘러싼 논쟁은 조선 전기의 성리학으로는 더 이상 현실의 조선을 끌고 갈 수 없다는 통렬한 반성 위에서 이루어진 새로운 사상적 모색의 결과 나타난 것이다. 그 결과 성리학은 부계父系 남성 위주의 가족 질서, 붕당을 중심으로 한 사림 정치, 서원과 향약 등을 기반으로 한 향촌 질서 등 사회 전반을 가로지르는 질서의 원형을 제공하게 된다. 우리가 흔히 알고 있는 조선이 바로 이 시기, 16세기에 탄생한 것이다.

조선 건국 이후 200년 만에 맞은 미증유의 외침인 임진왜란도 이러한 조선의 변화를 막지는 못했다. 사림 또는 사족을 중심으로 변화된 질서는 오히려 전란을 극복하는 과정에서 더욱 활성화되거나 공고해졌다. 중국과 일본이 참여한 국제 전쟁의 한가운데, 전란의 피해가 가장 극심했던 조선이 각각 왕조 교체와 정권 변동을 경험한 중국이나 일본과는 달리 계속해서 왕조 체제를 유지할 수 있었던 이유가 여기에 있다.

1. 세기의 편지

**전무후무한
철학 대토론의
서막이 열리다**

1517년 영남의 선비 이언적은 「서망기당무극태극설후書忘機堂無極太極說後」라는 글을 썼다. 오늘날의 논문에 해당하는 이 글은 그의 외숙부인 망재 손숙돈과 망기당 조한보 사이에 토론으로 활용되던 편지 「무극태극논변無極太極論辨」을 보고 지은 것이다. 조선의 역사뿐 아니라 중국의 역사에서도 쉽게 찾아 볼 수 없는 성리학에 관한 치열한 대토론의 서막은 이 글에서 시작되었다.

손숙돈과 조한보에 대해서는 전하는 자료가 충분하지 않아서 자세하게는 알 수 없다. 이언적의 글을 참고해 보면 조한보는 손숙돈·이언적처럼 고향이 경주인 사람이고, 이언적보다는 훨씬 선배였다. 이언적은 외숙부인 손숙돈을 두고, 그의 무극과 태극에 관한 논변이 육구연陸九淵에서 나왔으며, 이것에 대해서는 이미 주자가 집중적으로 비판했으므로 조한보에 대해서 집중적으로 비판한다고 했다.

그리고 이언적은 조한보의 설에 대해 "유儒, 유교와 석釋, 불교을 뒤섞어 하나로 만들어 놓았으며, 심지어 '무엇을 구태여 분변하랴.'라고 한 말까지 있으니, 이것이 내가 몹시 두려워해 감히 논쟁하지 않을 수 없는 것"이라고 했다. 조한보에 대해 매우 비판적인 입장을 취한 것이다. 조선은 성리학을 국시로 여길 만큼 기본적인 사상으로 받아들이고 있었는데, 당시 조한보가 유교와 불교를 하나로 인식했다는 사실은 매우 흥미롭다.

조한보와 주고받은 편지에서 논란이 된 문제는 무극과 태극의 실체에 관한 것이다. 조한보는 '무극은 태극이다.'라는 말의 의미를 만물의 근본이자 통달한 도인 태극은 곧 무극으로 설명될 수 있는 것으로, 영원한 존재인 무극과 다르지 않은 것이라고 풀었다. 무극과 태극이 영원한 진리이자 무차별의 상태를 말한다는 이 생각은 사상적 측면에서 불교나 도가의 영향을 받은 것으로 이해할 수 있다. 이에 대해 이언적은 말한다.

> 망기당의 말을 보니 "태극은 무극이다."라고 한 것은 옳다. 그러나 "어찌 있음을 논하고 없음을 논하며 안과 밖을 나누어 개념의 말단에 막히는가?"라고 한 것은 잘못되었다. "그 큰 근본을 얻으면 인륜의 일용과 수작의 모든 것이 보편적인 도가 아님이 없다."라는 말은 옳다. 그러나 "큰 근본과 보편적인 태도는 혼연히 하나이니, 어디서 또 무극·태극·중"의 있음과 중이 없음의 구별이 있다고 말하겠는가?"라는 말은 잘못되었다.
> - 『회재집(晦齋集)』

무극과 태극을 조한보처럼 이해하면 이를 실천할 때에도 무극과 태극을 절대적인 가치로 삼아 이를 마음의 중심으로 받아들이는 형태가 될 수밖에 없다. 그런데 일반적으로 성리학의 이론에서는 이러한 절대적인, 또는 위로부터 제시된 가치보다는 일상에서 격물치지의 공부 과정을 거쳐 획득한 이치를 확대하는 방법을 선호했다. 이언적은 무극과 태극에 대한 조한보의 이해가 궁극적으로 불교나 도가에서 유래했다는 것을 집중적으로 비판했다.

왜 이런 현상이 나타났을까? 성리학은 이미 고려 말에 원으로부터 수입되었고, 조선이 건국된 후 100여 년이 지났으니 이제 거의 완벽한 이해에 도달했다고 보아야 할 것이다. 그런데 여전히 성리학에서 가장 기초적이고 중심적인 개념인 태극을 둘러싸고 논쟁이 벌어진 것을 어떻게 이해할 수 있을까?

그러나 문제는 이러한 논쟁이 이 시기에 처음으로 일어난 역사적 현상이라는 점이다. 고려 말 조선 초에는 성리학을 둘러싸고 이러한 이론적 논쟁이 일어나지 않았다. 고려 말에는 새로운 왕조를 어떻게 구성하고 운영할 것인가의 문제를 둘러싼 논쟁이 있었고, 조선 초에는 구체적인 운영의 방법으로 유교적인 제도나 의례를 둘러싼 논쟁이 있었다. 그에 비해 철학적인 논쟁, 근본적인 개념에 관한 논쟁은 거의 드물었다.

이렇게 논쟁이 치열하게 된 이유는 고려 말에 성리학을 수입하는 데 몇 가지 역사적 배경이 있었기 때문이다. 우선 고려 말에 수입된 성리학은 원나라에서 국가를 운영하는 학문으로서 체제의 교학으로 기능했다. 따라서 이를 수입해 모델로 삼음으로써 조선에서도 역시 체제의 교학으로 기능할 가능성이 높았다. 두 번째로 원래 유학 중에서도 새로운 이론으로 제시된 성리학은 중국에서 송, 특히 남송 때 중소 지주 출신 사대부의 이념으로 제시된 것이었다. 그러나 고려 말에 수입되어 조선에 본격적으로 적용된 성리학은 외래 이념으로서, 중소 지주를 배경으로 한 사대부의 이념으로 작동된 것이 아니었다. 이 문제는 앞의 배경과 맞물려 성리학이 주로 왕실을 비롯한 국가 체제를 움직이는 이념으로 기능하게 된 이유이기도 하다.

국가의 공적 가치를 우선시해 국가를 운영한 조선 전기의 체제는 국왕을 중심으로 과거로 선발된 관료가 보좌하는 일원적인 사회였다. 신분도 양인과 천인으로 나뉘어 있었으며, 양반 역시 과거에 합격한 관료 이상의 의미가 없었다. 그러나 강력한 왕권에 기대어 세력을 확대한 공신 세력 및 기득권 세력은 조선 전기의 공적 질서를 무너뜨리기에 이르렀다.

세조대의 정난공신이 대표적인 예로서 이들은 정치·경제적인 비리의 온상이었다. 사림은 훈척 세력의 비리를 비판하며 등장했지만 실권을 잡고 있던 훈척 세력에게 번번이 정치적인 화를 당할 수밖에 없었다.

조광조 일파가 기묘사화에서 당한 정치적 피해는 사림이 현실 정치에서 패배했음을 상징적으로 보여 준다. 기묘사화를 전후로 한 16세기 초기의 이 같은 상황에서 사림은 기존의 질서, 곧 조선 전기적 질서로 기능한 체제 교학적 성리학으로 움직이는 사회를 대체할 새로운 사회를 모색하기 시작했다. 여기에는 외래 사상인 성리학의 한계를 새롭게 자각하고 현실을 다시 움직일 수 있는 새로운 사상을 모색하는 것이 필수적이었다. 현실 정치에서 권력투쟁의 방식으로는 더 이상 출구가 없기 때문이었다.

이황과 기대승이
편지를 주고받으며
논쟁하다

조선을 움직이던 기존 사상에 대한 근본적인 재검토. 이것이 16세기를 맞은 중종 초 조선의 사상적 환경이었다. 이언적에 앞서 서경덕도 이러한 작업에 동참했다. 서경덕은 흔히 기氣에 관심이 많은 학자로 알려진다. 그는 기에 관해 송대의 주돈이, 소옹, 장재의 사상을 조화시켜 독자적인 이론인 기일원론氣一元論의 학설을 만들었다. 우주 공간에 충만해 있는 원기元氣를 형이상학적 대상으로 삼고, 그 기의 본질을 태허로 보아서 우주의 선천先天으로 이해했다.

기에 대한 서경덕의 이 같은 이해는 우주에 대한 이언적의 이해, 곧 태극과 무극에 대한 이해에 앞선 것으로, 우주의 본체에 대한 고민을 담고 있었다. 그래서 서경덕의 저술은 우주 본체론에 관한 것이 대부분이며, 인성론人性論에 관한 것은 적다. 이러한 주제는 북송에서 태동기의 성리학자들이 불교나 도교와 대결하는 가운데 우주 본체에 대한 근원적인 고민을 했던 것과 유사하다.

이처럼 16세기 조선에서는 성리학의 발생기부터 문제가 된 부분을 반복하면서 조선을 이끌어 갈 새로운 사상을 모색하기 시작했다. 이는 기존의 성리학과는 전혀 다른 차원의 접근이었다. 문제는 이러한 사상적 모색이 단순하게 성리학을 다시 기초부터 이해하는 형태로 이루어진 것이 아니었다는 점이다. 고려 말과는 달리 16세기 조선의 성리학은 당대의 사회와 현실을 반영하고 있었다. 외형적으로는 중국의 송에서 일어났던 성리학의 발생사를 비슷하게 반복했다는 점도 특기할 만하다.

그래서 마치 북송의 유명한 오자五子, 즉 주돈이·장재·소옹·정호·정이가 태극과 같은 우주 본체론에서 시작해 이기理氣와 같은 논리 전개 방식, 심성心性과 같은 인간 본성에 관한 이론을 발전시키고, 결국에는 국가와 사회에 대한 전체적인 구상을 하게 된 것과 비슷한 사상적 발전을 하게 된다.

16세기 중반으로 접어들면서 본격적으로 치열한 사상적 논쟁이 전개된 것은 이러한 배경에서 이해할 수 있다. 태허·기·무극과 태극 같은 우주 본체에 대한 토론에 이어 이황과 기대승 사이에 사단四端과 칠정七情에 관한 논쟁이 발생했다.

명종·선조대를 대표하는 사상계의 큰 별 이황은 스물여섯 살 연하인 기대승과 장장 8년에 걸친 논쟁을 벌였다. 이는 16세기의 상황을 잘 보여준다. 이황이 본 정지운의 「천명도天命圖」에는 "사단은 이에서 발하고, 칠정은 기에서 발한다."라는 글이 있었다. 이황이 이를 "사단은 이가 발한 것이고, 칠정은 기가 발한 것"이라고 수정했다. 그러자 기대승은 이황이 사단과 칠정을 이와 기에 직접 연결해 이원론으로 이해한 데 문제를 느끼고 이황에게 이를 토로했다. 이에 이황은 "사단의 발發은 순정한 이理이므로 선하지 않음이 없고, 칠정의 발은 이기를 겸했기 때문에 선악이 있다."로 수정했다. 그러나 기대승은 이를 받아들이지 않고 다음과 같이 지적했다.

> 대체로 이는 기의 주재主宰이고 기는 이의 재료입니다. 이 둘은 진실로 구분되는 것입니다. 그러나 사물로 존재할 때에는 진실로 혼합되어 분리될 수 없습니다. 다만 이는 약하고 기는 강하며 이는 조짐이 없으나 기는 형적이 있기 때문에, 그 유행하고 드러날 때에는 '지나침과 모자람'의 차이가 없을 수 없습니다. 이것이 '칠정의 발'이 선도 되고 악도 되며, 성性의 본체가 때로 완전하지 못하게 되는 까닭입니다. 그러나 선이란 천명天命의 본연이고 악이란 기품의 지나침과 모자람이니 사단과 칠정은 애초부터 두 가지의 형태가 있는 것은 아닙니다.

기대승은 이황이 근본적으로 사단과 칠정을 이와 기에 연결시켜 해석하는 데 의문을 품고 이를 지적한 것이다. 개념적으로는 이와 기가 구분될지 몰라도 실제의 사물, 현실에서는 구분하기 어렵다는 것이 기대승의 문제의식이었다. 우주 본체론에서 한 단계 진전해 이와 기가 인간에게 어떻게 적용되는 것인지에 대한 논의로 나아간 것이다. 여기에는 인간이 지닌 칠정의 선악 문제와 사단의 위상 문제가 개재되어 있었다.

이황은 기대승의 문제 제기에 대해 "합쳐서 같은 것을 좋아하고 분리하는 것을 싫어하며, 섞어서 온전하게 하는 것을 즐기고 분석하는 것을 꺼린다."라고 평가했다. 여기에 더해 자기 주장의 근거를 『주자어류朱子語類』에서 확인할 수 있다면서 근본적인 입장은 수정할 수 없음을 밝혔다.

> 옛사람이 이르지 않았던가, 감히 자신을 믿지 말고 스승을 믿으라고, 주자는 내가 스승으로 여기는 분이며, 또한 천하에서 예나 지금이나 으뜸으로 여기는 스승이시네, 주자의 설을 얻어 본 뒤에 내 견해가 크게 잘못되지 않았음을 믿게 되었으며, 애초 정지운의 설 역시 자연스럽게 문제가 해결되었으니 반드시 수정할 필요는 없을 듯하네.
> - 「도산전서」

 기대승은 이를 다시 비판하며, 이황이 새롭게 설명한 본연의 성과 기질의 성에 대한 해석의 문제점을 지적했다. 사단과 칠정의 문제를 깊이 있게 논하자면 자연스럽게 인간 본성에 대해서도 논의하지 않을 수 없었다. 이에 대한 반론과 재반론이 이어졌다.
 논쟁의 결과 이황은 혼합해서 말할 때는 주리·주기의 구분이 없지만 내비해서 말할 때는 분별이 있다고 해 자기 주장이 기대승과 다르다는 점을 확인하고 있다. 기대승 역시 사단과 칠정을 이기에 나눠 속하게 한 이황의 해석을 인정하면서도 사단과 칠정이 근본적으로 다르지 않다는 주장을 굽히지 않았다. 이에 이황은 논쟁이 어느 정도 정리됐다고 판단하고 기뻐하면서, 자신이 '성현의 희로애락과 일반인의 것이 다르다.'고 한 것과 '사단과 칠정이 각각 유래가 서로 다르다.'고 한 주장은 타당하지 않은 점이 있다고 인정하며 마무리한다.

이이와 성혼이
편지를 주고받으며
논쟁하다

 이후의 논쟁은 인간에 대한 더 깊은 이해를 둘러싸고 이어졌다. 이황과 기대승에 이어 이이와 성혼 사이에 벌어진 인심·도심 논쟁이 그것이다. 사단과 칠정은 그 자체로는 인간이 가지고 있는 본질적인 것이나 감정을 지적하는 것에 불과하다. 성리학에서는 선한 인간이 되거나 본성을 회복하기 위해서는 인간의 실천이 필요하다고 가르쳤다. 이러한 실천에 필요한 이론이 마음의 수양이었는데, 그 수양의 핵심은 '천리를 보존하고 인욕을 제거함^{存天理去人欲}'을 실천하는 것이었다. 이때 실천하는 주체가 마음인데, 이 마음에 바로 도심과 인심이 있다고 보았다. 문제는 사단과 칠정의 관계처럼 이 도심과 인심의 관계가 어떻게 연결되고 자리 잡히는가 하는 것이 간단하지 않은 데 있다. 인심·도심 논쟁은 이이와 성혼에 앞서 노수신과 이항에 의해 이루어졌다.

노수신은 중국의 학자인 나흠순을 따라 인심과 도심을 인욕과 천리에 대비할 수는 있으나 인욕은 중절^{中節}의 대상으로서 가치 중립적인 것으로 보았다. 그래서 인심과 도심을 대립하는 가치로 이해하는 것을 부정했다. 그러나 이항은 도심이 체^{體}가 아니라 이^{理}의 용^{用}이라는 전제로 성^{性}은 체이고 심^{心}은 용이라고 주장했다.

이런 바탕을 두고 성혼은 편지를 통해 사단칠정과 인심도심에 대한 이이의 설을 비판했다. 이황과 기대승의 논쟁이 끝나고 6년이 흐른 1572년$^{선조\ 5}$이었다.

> 마음의 허령한 지각은 하나일 뿐이로되 인심·도심의 두 이름이 있는 것은 무엇 때문인가? 그것이 혹 형기^{形氣}의 사사로움에서 생기기도 하고 성명^{性命}의 바름에 근원하기도 해서, 이기의 발출이 부동하며 그 용이 위태롭기도 하고 은미^{隱微}하기도 한 차이가 있기 때문에 이름이 둘로 나뉘지 않을 수 없는 것이다. 그렇다면 이른바 사단칠정과 더불어 같은 것이다. 지금 도심을 일러 사단이라고 하는 것은 가하나 인심을 일러 칠정이라고 하는 것은 불가하다. 또한 사단칠정이란 성에서 발출한 것을 말하는 것이요 인심도심이란 심에서 발출한 것을 말하는 것이다. … 사단은 칠정 가운데 이 일변을 가리켜 말한 것이요, 칠정 가운데 부중절한 것은 기의 과불급으로 인해 악으로 흘러가게 된 것이라 운운한다면, 이기의 발출이 혼동되지도 않고 또한 두 갈래로 분기하는 근심도 없지 않겠는가?
>
> -『우계집』

성혼은 기만 발할 수 있다고 한 이이의 관점을 비판하고자 했다. 그는 이황과 같이 인심도심설과 사단칠정설을 연결해 가치 대립 개념으로 파악해야 한다고 생각했다. 그러나 성혼은 이황의 주장에 온전히 공감한 것은 아니고, 논쟁을 통해 이이 학설의 일정한 부분에 찬성함으로써 두 사람의 설을 절충하고자 했다.

이러한 복잡한 논쟁, 즉 우주와 세계의 궁극적 실체, 그것과 관련한 인간의 심성·본성을 이해하고자 한 시도를 어떻게 이해할 수 있을까? 현대적 관점에서 볼 때 이들의 논쟁에는 적지 않은 문제점도 있었다. 기대승과 이이가 이와 기의 개념을 형이상과 형이하를 뜻하는 존재론적 의미에서 강조했다면, 이황과 성혼은 도덕이나 욕구를 구분하는 의미에서 이와 기를 구분하려고 했다. 애초에 이와 기에 접근하는 방법에서 차이가 있었던 것이다.

그러나 이 논쟁은 결국 우주와 세계에 대한 철학적 인식을 정리하고, 인간에 대한 깊은 이해를 바탕으로 새로운 인간상을 만들어 내려는 노력의 소산이었다. 그 결과 사림은 새로운 인간상을 통해 새로운 사회를 구상할 수 있게 되었다. 그것은 조선 전기와 달리 성리학적 질서를 강화하는 형태로 나타났다. 조선 전기에 인간과 사회를 지배했던 고려 이래의 질서, 불교적 세계관, 체제 교학적 성리학에 따른 질서를 넘어서 새로운 성리학에 근거를 둔 질서였다. 중국에서 성리학이 사대부의 이념으로 태어났듯이 조선 중기 성리학적 질서는 재발견되고 재구조화되어 조선을 지배하는 이념이 되었다.

성리학의 재발견과 재구조화에는 두 가지 요인이 중요하게 작용했다. 우선 사림은 새로운 지배 이념으로서 성리학의 가치를 탐구하며, 성리학의 기본 경전인 『소학』과 사서삼경 등에 구결을 붙이고 한글로 풀이했다. 그리하여 이황의 『삼경사서석의』, 이이의 사서 언해, 경서언해교정청의 『소학언해』·사서삼경 언해 등이 출현했다.

성리학의 기본 경전을 한글로 풀이한 것은 이전에는 전혀 없던 현상이다. 경서의 해석을 한문에만 의지하던 경향에서 벗어나 조선인의 독자적 사고, 독자적 기준을 적용하려고 한 것이다. 성리학적 가치의 재발견과 재구조화는 이처럼 조선인의 가치와 기준으로 성리학을 이해하게 됨을 의미했다. 16세기에 개념에 대한 논쟁을 지속할 수 있었던 배경에는 이처럼 대대적인 노력이 있었다.

성리학은 북송에서 발흥해 중소 지주 출신 사대부의 이념으로 제시됐다. 조선에서도 전기에는 관료적 성격이 강했던 양반 계급이 점차 중소 지주적 성격을 강하게 띠었다. 과전법이 사전의 지급 대상을 현직 관료로 제한하는 직전법으로, 다시 관에서 전조田租를 수취해 전주에게 지급하는 관수관급제官收官給制로 변하며 해체해 가자 양반들의 경제적 지위가 불안정해지면서 나타난 현상이다. 따라서 새로운 사상이었던 성리학은 조선 전기와는 달리 중소 지주층의 이념으로도 재발견될 수 있었다.

학문적 논쟁은 새로운 이론이 나오는 데 밑거름이 된다. 조선 전기에는 볼 수 없었던 치열한 논쟁은 그 자체로도 매우 귀중하지만 이를 통해서 걸출한 사상가들을 배출했다는 점에서 의미가 있다. 조선의 성리학사에서 가장 중요한 위치를 차지하는 이들이 대개 16세기 중반을 전후해 등장했다. 종래에는 이 점을 주목해 영남학파를 대변하는 이황과 기호학파를 대변하는 이이로 16세기를 나누기도 했다.

그러나 이황과 이이를 중심으로 한 구분은 조선 후기에 서인과 남인의 정치적 대결을 학문적 대립으로 소급해 16세기의 갈등 관계를 과장한 측면이 있다. 물론 이황과 이이는 분명 논쟁의 중심에 서 있던 인물이었다. 그러나 16세기 중반에는 각 지역에서 여러 인물들을 중심으로 활발한 학문 활동이 전개되면서 학파가 형성되고 있었다는 것이 역사적 실상에 가깝다.

원래 학파란 특정 인물을 중심으로 그 학설을 계승하면서 형성하는 학문적 집단이라 할 수 있다. 이러한 학파가 존재하려면 학설을 창안할 정도의 탁월한 학문적 업적을 지닌 종조宗祖가 필요하다. 따라서 새로운 학파가 다수 등장했다는 사실은 그만큼 탁월한 학자군이 존재했다는 사실을 뜻한다. 이 사실은 곧 조선 중기의 역사적 상황이 새로운 학파의 출현을 낳을 만큼 격심한 사상적 변화를 겪었음을 보여 준다.

이에 해당하는 인물이 박영·이항·서경덕·이언적·성수침·조식·이황·김인후·이중호·기대승·송익필·성혼·이이·정철 등이다. 그들은 각기 지방에서 기반을 다지면서 새로운 성리학을 주체적으로 이해하고 이를 중심으로 학파의 결성을 시도해 일부는 성공하기도 했다. 그중에 대표적인 것으로는 개성 중심의 서경덕 학파, 안동 중심의 이황 학파, 진주 중심의 조식

학파, 호남 중심의 호남 학파, 경기 중심의 이이 학파 등이 있었다.

호남에 인물이 없었던 것은 아니다. 호남, 곧 전라도에도 이항·김인후·기대승 등 쟁쟁한 학자가 있었다. 하지만 이들을 계승해 학파로까지 성장한 세력이 뚜렷하지 않았다. 여기에는 1589년^{선조 22} 정여립의 모반 사건으로 호남의 인재들이 등용되지 못한 정치적 여건도 영향을 미쳤다.

또한 각 지역의 중심인물 외에도 이에 필적할 만한 인물이 적지 않았다. 예를 들어 경기 지역의 이이 학파에서는 이이뿐 아니라 성혼·송익필 등이 서로 학문적 토론을 하며 학파를 일구어 나갔다. 16세기는 가히 학파의 시대였다.

성리학은
예로 통한다

성리학에 대한 새로운 이해가 생겨나면서 이를 실천하려는 성향도 강해졌다. 15세기에는 성리학적 질서가 주로 국가의 제도·문물 등에 집중되면서 사회적·개인적 실천은 전부터 내려오던 질서를 따랐고, 때로는 불교적 의례에 영향을 받기도 했다. 그런데 16세기 중반에는 성리학적 질서가 이전의 질서를 대신하는 중요한 원리로 기능했다. 그 대표적인 예가 예학禮學이다.

물론 15세기에도 국가 의례에서는 오례五禮五禮를 중심으로 했고, 사대부의 예에는 『주자가례』를 적용했다. 특히 『주자가례』는 사대부의 예로서 국가적인 의례에도 영향을 주었고, 왕실을 비롯한 국가에서 적극적으로 사대부에게 실천하도록 권장하기도 했다. 그러나 이에 대한 이해와 실천은 매우 제한적이었다.

16세기 중반까지 현실의 의례는 『주자가례』에 의거하지 않는 일이 더 많았다. 『주자가례』에 포함된 관혼상제 가운데 가장 중요한 혼례도 『주자가례』의 예대로 시행되지 않았다. 당시까지 조선에서 일반적으로 시행된 결혼 풍습은 남자가 혼인 후에 여자의 집에서 생활하는 남귀여가男歸女家의 솔서혼率壻婚, 즉 데릴사위 형태였다. 혼인 후 의례적으로 처가에 며칠 머무르는 것이 아니라 아예 처가에서 사는 일도 적지 않았고, 처가 외동딸이면 처가의 제사까지 물려받아 외손이 제사를 지내는 외손 봉사奉祀도 적지 않았다.

이러한 혼인 풍습에서는 17세기 이후 전형적으로 나타나는 친가나 적장자 중심의 문화가 나타날 여지가 거의 없었다. 남녀 모두 똑같이 재산을 나누는 균분상속이 이루어졌고, 여자의 재산은 철저히 보호되어 결혼 후에도 따로 관리할 수 있을 정도였다.『안동 권씨 성화보成化譜』같은 조선 전기의 족보가 남녀순이 아니라 출생순으로 기록된 것이나 아들딸이 돌아가며 부모의 제사를 지낸 사실은 이러한 질서와 이어진다.

이러한 풍습은『주자가례』와는 반대된다. 유교식 혼례는 남자가 여자의 집으로 '장가를 가는 것'이 아니라 여자가 남자의 집으로 '시집오는 것'이기 때문이다. 이 과정 자체가 매우 중요하므로『주자가례』에 친영親迎 항목이 있었다. 즉 남자가 친히 신부의 집으로 가서 신부를 맞이하는 예절이었다.『주자가례』의 혼례에는 의혼議婚·납채納采·납폐納幣·친영親迎의 네 가지 과정이 있는데 그 가운데서도 친영이 가장 중요했다.

상례도 마찬가지였다.『주자가례』는 상을 치르는 기간을 3년, 즉 27개월로 규정했다. 그러나 15세기에는 이를 그대로 받아들이기보다는 1개월을 1일로 계산해 27일 만에 상을 마치는 일이 많았다. 이처럼『주자가례』는 현실에서 거의 받아들여지지 않았다.

16세기 들어 예에 관련된 저술이 등장하면서『주자가례』에 관한 이해와 실천의 폭이 넓어졌다. 이현보의『제례』는 서신으로 이황에게 자문을 구해 저술한 것으로, 항목은 대체로『주자가례』와 같고, 설명은『주자가례』를 간단히 요약한 책이다. 이언적의『봉선잡의奉先雜儀』와 송기수의『행사의절行祀儀節』등도 비슷하게『주자가례』를 기본으로 다른 예서를 인용하거나 요약하고 있다.

16세기 중반으로 가면 본격적인 제례서가 출현해 예에 대한 학문적 관심도 증폭된다. 서경덕·김인후·이황·조식 등이 모두『주자가례』의 실천에 적극적인 관심을 보였다. 김인후가 지은『가례고오家禮考誤』는『주자가례』를 학문적 탐구의 대상으로 삼았다는 점에서 의미가 있다. 이이는『격몽요결擊蒙要訣』을 지으며『제례』를 보완하기 위해『제의초祭儀抄』를 쓰기도 했다.

16세기 후반에는 재례뿐 아니라 상례에까지 관심의 폭이 넓어진다. 『상례초(喪禮抄)』를 지은 유희경은 천얼(賤孼) 출신으로 가례에 조예가 있었고, 각종 예서에 정통해 사대부가 상을 당하면 그를 초청해 상례를 주관하게 할 정도였다. 신의경은 『주자가례』를 기본으로 여러 학자의 예설을 보완하고 시속의 제도를 덧붙여 『상례비요』를 저술했다. 1583년(선조 16) 김장생은 이 책을 자세하게 교정하고 가감해 최종적으로 완성했다. 특히 상례 관련 본문을 중심으로 예경과 여러 학자의 해석을 참고해 초상에서 장제(葬祭)에 이르는 모든 예절을 정리했다. 1648년(인조 26) 『상례비요』는 김장생의 아들인 김집이 교정해 재간행한다. 비록 분량은 2권 1책으로 많지 않았지만 상례와 관련해서는 김장생·김집 부자가 요령 있게 설명해 평판이 높았다.

16세기 말에는 상례 말고도 관혼상제의 사례를 다루는 사례서(四禮書)가 많이 등장한다. 송익필의 『가례주설(家禮註說)』과 김장생의 『가례집람(家禮輯覽)』이 그것이다. 비교적 완벽한 체제와 내용을 갖춘 본격적인 가례의 주석서는 『가례주설』에서 시작되었다. 송익필은 천인이라는 불우한 출신 배경 때문에 뛰어난 재주를 가졌음에도 높은 대우를 받지 못했다. 그럼에도 불구하고 문장과 학문에 조예가 깊어 많은 학자와 학문을 논했으며, 김장생이나 김집·정엽·서성 등을 제자로 키웠다.

이러한 과정을 거쳐서 비로소 『주자가례』는 조선에 뿌리내리고, 그 예절이 거의 실천으로 옮겨졌다. 이로써 관례(冠禮)와 친영이 포함된 혼례, 3년상의 상례 및 가묘에서 제사 지내는 제례까지 완벽하게 실천함으로써 조선 하면 흔히 떠오르는 장자 중심·친가 중심의 가족 질서와 예의 질서가 완성된다. 17세기 조선에 나타난 장자 중심의 질서·족보·선산·제례 등은 16세기 『주자가례』에 대한 태도의 변화에서 시작됐던 것이다.

그리하여 17세기 조선에서는 예학에 관한 논쟁까지 일어나게 되었다. 이 과정에서 중국의 예학에서 벗어나 조선의 현실을 반영하는 예학이 표면화된다. 이 시기에는 서인과 남인의 붕당 간 경쟁도 치열했는데, 이러한 대립은 예설에서도 나타났다. 이처럼 성리학에 근거해 건국된 조선에서 그에 걸맞은 예의 실천은 200여 년이 지난 다음에야 본격화된 것을 알 수 있다.

2. 성리학 유토피아

**서원에서
성리학을
재발견하다**

역설적이지만 사람들이 새로운 사상을 만드는 데 몰두할 수 있었던 계기는 사화였다. 그들은 사화 때문에 정계에 진출하지 못하고 향촌 사회에 머물며 학문을 닦을 수밖에 없었다. 네 차례 사화 가운데 사림에게 결정적 피해를 준 기묘사화 이후 사림은 정치적 탄압을 피해 주로 충청도 충주를 중심으로 남한강 주변에 모여들었다. 이들은 당시 중국에서 유행하던 최신 학문인 양명학 관련 서적을 탐독했다. 그뿐 아니라 북송의 성리학, 심지어 불교 서적까지 검토해 새로운 사상을 만들어 내고자 했다. 그러한 흐름 속에서 자연스럽게 기존의 공립 교육기관을 대체할 민간 교육기관인 서원에 주목하게 되었다. 성리학을 재발견해 사회를 바꿀 수 있는 교육기관으로서 서원 운동이 일어난 것이다.

원래 중국에서 발달한 서원은 성리학 발달사에서 각별한 위상을 차지한다. 주자는 전통 학교 제도를 대신할 장치로 서원에 주목했고, 선비들이 제대로 학문을 할 수 있는 장소로 여겼다. 그 과정에서 주돈이周敦頤와 연관 있는 백록동서원에 주목해 이를 발전시킨다.

이러한 특징은 조선에서도 마찬가지였지만, 조선에서 서원의 발전이 처음부터 순조롭지는 않았다. 조선에서는 1542년 어득강이 처음으로 서원의 설치를 건의했다. 그리고 이듬해 풍기 군수 주세붕이 백운동서원을 건립했다. 그 전에도 1461년[세조 7] 단성[지금의 경상남도 산청]에 도천서원, 1543년[중종 38] 전라도 부안에 도동서원이 세워지기는 했다. 그러나 이들은 선현의 제사를 받드는 봉사(奉祀)의 공간이었다. 이에 반해 백운동서원은 고려 말 성리학을 최초로 들여온 안향을 배향하려고 그의 집터에 사당을 짓고 제사를 지내는 선현 제향의 공간이었을 뿐 아니라 선비의 자제를 교육하고자 만든 교육의 공간이기도 했다.

백운동서원은 1550년[명종 5] 풍기 군수로 부임한 이황이 사액(賜額)을 받아 소수서원으로 이름을 바꾼다. 사액할 때는 토지와 노비를 함께 주었으며, 심지어 면세나 면역의 특혜까지 함께 주는 일이 보통이었다. 따라서 사액에는 국가에서 합법적으로 서원을 인정하고 경제적 지원까지 한다는 의미가 있었다. 오늘날 사립학교가 공교육 체계에 포섭되면 국가의 지원을 받는 것과 유사했다.

서원이 성립한 배경에는 관학의 쇠퇴와 사림의 등장이 있었다. 15세기 말 평민이 군역을 피해 향교로 몰려들자 사족이 향교를 꺼려 관학은 더욱 쇠퇴했다. 또 훈척이 판을 치자 사림은 이들을 비판하다가 사화로 큰 피해를 입었다. 사림은 정치적 운동만으로 사회 변화를 끌어내는 데 한계를 느끼고, 조선을 더 근본적으로 바꾸는 쪽으로 노선을 전환했다. 그들은 지방에 서당을 열어 학문을 연구하고 가르치면서 새로운 사상을 모색해 나갔다. 그 과정에서 사림은 주자의 성리학을 재발견하게 됐고, 이를 조선의 현실을 바꿀 수 있는 도구로 삼았다. 그 과정에서 주자의 백록동서원을 주목하게 된다.

주세붕은 향교를 꺼리는 사족을 위한 과거 준비 기구로 서원을 자리매김하려 했다. 서원 교육을 통해 유향소나 사마소(司馬所)를 중심으로 활동하던 사족을 포섭하려 한 것이다. 그러나 풍기 지역 사족들의 호응은 크지 않았다. 그러다 이황이 임금의 사액을 받자 비로소 지역 사족들도 서원의 운영에 적극적으로 참여하게 됐다. 이황은 이때 서원의 학규와 교과 내용, 운영 등은 지역 사림의 자율에 맡기고 관은 경제적 지원만 할 것을 요청했다. 국가는 관학과 같은 역할을 기대하면서 이를 허용했다. 이황은 10여 곳의 서원 건립에 관여했고, 조선 서원의 전형을 제시했다. 이후 서원은 학문·교육이라는 외피로 훈척이나 수령의 견제를 피하면서 유교적 향촌 질서를 세우고 사림을 결집하는 기능을 수행해 나갔다.

따라서 서원의 성립이 갖는 사회적 의의는 세 가지로 집약할 수 있다. 첫째 사족이 자율적으로 지역 여론을 공론화하고 도학적 모범을 보인 인물에게 제사를 지냄으로써 사림의 정체성을 가질 수 있었다. 둘째 서원의 강학 활동을 통해 각 지역에서는 학파가 성립하고 재생산됨으로써 성리학이 융성하는 계기가 되었다. 셋째 지역사회에서 서원을 중심으로 사림의 공론을 결집해 사족 지배 체제를 확립·유지할 수 있었다. 나아가 서원과 연결된 산림이 출현해 도학을 무기로 중앙의 정계까지 좌우할 수 있었다.

이황 이후 선조대에 사림이 중앙의 정계를 장악하게 되자 지방에서도 자연스럽게 사족의 지배 체제가 확립된다. 이때 사림의 공론에 따른 붕당정치가 전개됐는데, 각 붕당은 자연스레 학파와 연결돼 있었다. 이 때문에 사림이 모여 있고 사림의 여론을 공론화하는 서원은 그 숫자가 급격히 늘어났다. 선조 때만 60여 개의 서원이 세워졌다. 서원은 이후에도 계속 증가해 향촌 사회 내에서 사족의 중심 기구 가운데 하나로 기능했고, 중앙과 지방의 여론을 잇는 통로의 역할도 맡게 된다.

**양반 사족이
향촌을 장악하다**

16세기 사림이 성리학을 재발견하고 이를 사상적 기반으로 삼으면서 달라진 것은 사상 뿐만이 아니었다. 사실 그러한 사상의 변화 밑에는 더 큰 사회·경제적 변동이 있었다. 현존하는 한국의 촌락은 대체로 15~18세기에 성립했고, 그 가운데서도 특히 15~16세기에 형성된 것이 거의 절반에 이른다. 그것은 대체로 조선 초 산을 등지고 형성된 촌락이 점차 평야를 배경으로 하는 촌락으로 발전하는 형태를 띠었다. 또 촌락 내에 사는 지배층의 구성도 점차 변화했다.

15세기까지 조선의 풍습은 남자가 여자의 집으로 장가를 가서 생활하는 남귀여가혼이 일반적이었다. 모계 혈연도 부계 혈연과 같은 비중으로 중시되었으며 양반들 사이에서 재산상속을 할 때 남녀의 균분상속이 행해지기도 했다. 이러한 풍습 아래서는 조선 후기처럼 일가친척이 함께 살고, 부계 위주의 족보를 만들며, 동족 집단을 이루어 사는 것은 어려운 일이었다.

16세기로 접어들자 중소 지주의 성격이 강해진 사족들은 점차 양반 계층 내에서 남자를 우대하고 그중에서도 장자를 우대하는 상속 제도를 만들게 되었다. 또 혼인 이후의 거주 형태도 처계妻系 위주에서 부계 위주로 변해 갔다. 부계에 따른 혈연관계가 중요시되면서 부계 위주의 동족 결합이 이전보다 더욱 강화되는 것은 필연적이었다. 부계를 중심으로 한 족보와 동족 마을의 출현은 이러한 배경에서 이루어졌다.

그런데 새롭게 발견한 성리학에 근거해 새로운 사회를 이루고 유지하는 것은 친족 내부의 일에만 국한되는 것은 아니었다. 15세기에는 양인 위주의 일원적 질서, 즉 제일적齊一的 지배 체제를 지향했다. 지방에서도 국가가 지방을 직접 지배하려는 관 주도의 성격이 강했다. 그러나 16세기 들어 지방에서 양반 사족이 성장하자 이들은 재발견한 성리학에 근거해 새로운 지방 지배 질서를 구현하고자 했다. 국가 역시 군·현 이하의 면·리까지는 거의 영향을 미치지 못한 현실을 인정하고 재지在地 사족을 적극적으로 끌어들이려 했다. 곧 재지 사족의 자율성을 인정하고 그들을 매개로 간접적으로 지배하는 방식을 택했다. 이는 중앙집권적인 지배 질서와 지방분권적인 자치 질서가 상호 공존하는 형태의 타협이라고 할 수 있다.

향촌 사회에서 사족이 지위와 체모를 유지하는 동시에 주도적인 역할을 할 수 있었던 배경은 무엇일까? 서원이라는 사립학교가 중요한 역할을 하기는 했지만 교육기관이 지닌 한계는 명백했다. 따라서 사족은 향촌 사회 내에 자신들의 조직을 만들고 이를 중심으로 활동했다. 그러한 조직으로는 향회鄕會·향안鄕案·향약鄕約·유향소 등이 있다.

향회는 양반 사족이 정기적으로 여는 모임을 말한다. 여기에 참여할 수 있는 사람은 향안에 등록된 사족이다. 따라서 향안에 올라 있어야 양반 사족이라고 할 수 있다. 그런데 향안에 이름을 올리는 것은 쉬운 일이 아니었다. 향안은 부·군 또는 현 단위로 작성되는데, 여기에 들려면 아버지·어머니·처의 세 가문 각각의 3대조 조상까지 심사해 적절한지를 살펴보았다. 그래서 어느 한쪽 가문이라도 한미하면 비록 후보자가 고관이라고 하더라도 향안에 들어가기 어려웠다.

이것은 향촌 사회를 이끌어 가는 집단이 확고하게 성립됐음을 뜻한다. 비록 과거에 합격해 양반이 되더라도 향촌 사회에서는 또 다른 인증이 필요했고, 그렇게 엄격한 인증을 거친 이들을 중심으로 향촌 사회가 운영됐다. 실제로 향회에 모인 이들은 친목 모임만 가진 것이 아니라 유향소의 임원을 선출하기도 했다. 유향소는 비공식적 성격을 띤 기관이었지만, 관아 다음가는 위상이 있었기에 이관貳官으로 불리기도 했다. 고려 시대에는 지배층이었던 이족吏族들이 조선 초에 양반과 향리로 분화되었다가 16세기에는 양반 사족 중심의 지배 체제에 부속된 것이다.

그런데 이러한 유향소조차 15세기에는 관권 위주의 일원적 질서 속에서 혁파당했다. 이에 김종직 등 성종대 사림으로부터 향촌 질서를 안정시키는 방책으로 유향소 복립 운동이 일어났다. 이 운동의 목표는 성리학적인 향촌 교화의 방법 가운데 하나인 향사례와 향음주례를 실천함으로써 향촌 자치 체제를 확립하는 것이었다. 그러나 이 역시 서울에 있던 경재소京在所와 연결되어 훈신과 척신 계열에 장악되는 바람에 실패했다.

그러자 중종대의 조광조와 기묘사림은 다시 여씨향약 보급 운동을 펴서 새로운 향촌 질서의 안정을 추구했다. 원래 향약은 중국의 북송 때 향촌을 교화하고 선도하고자 만들어진 자치 규약이다. 섬서성 남전현의 여씨 문중에서 만든 것을 후에 주자가 약간 수정해 『주자여씨향약朱子呂氏鄕約』으로 만든 것이 훗날 큰 영향을 끼쳤다. 그 내용은 향촌에서 향민 사이의 상호부조를 도모하는 것이었다.

이러한 향약 보급 운동은 15세기 이래 기존의 훈신과 척신 계열이 장악해 온 유향소-경재소 체제를 바꾸려는 시도에서 추진됐으나 기묘사화와 함께 실패했다. 하지만 사회·경제적인 측면에서 향촌의 향민 사이에 상호부조와 협화協和를 강조한 향약은 16세기 당시 논밭을 잃고 떠돌아다닐 위기에 놓여 있던 소농민들을 안정시키는 대책으로 의미가 있었다.

사림이 중앙 정계를 장악한 선조 연간을 즈음해 이황의 『예안향약禮安鄕約』, 이이의 『서원향약西原鄕約』이 만들어져 다시 향촌 안정책으로 제시된다. 이황은 그가 살았던 충청도 예안에서, 이이는 수령을 지낸 서원(지금의 충청북도 청주), 처가가 있는 황해도 해주, 선산이 있는 경기도 파주에서 향약을 시행했다. 이들의 향약은 주자의 향약을 전범으로 삼으면서도 이를 조선의 현실에 맞게 변용해 적용한 것이었다.

이황의 향약은 사족 중심의 자율적 성격이 강했고 이이의 향약은 시기와 장소에 따라 여러 가지 형태를 띠었다. 가령 해주향약은 반관(半官) 기구인 유향소를 활용해 관권을 활용하는 경향이 있었다. 그런가 하면 사창계약속(社倉契約束)처럼 범위가 20리를 넘지 않는 지역의 공동체 기구 역할을 하는 것도 있었다. 그러나 부세의 수취, 환곡의 분배, 군역의 차출 등에 대해 직·간접적으로 관여하는 것은 대체로 비슷했다.

사림이 향촌 사회의 안정책으로 제시한 향약, 사창 등은 원래 남송의 성리학이 발달하는 데에도 중요한 기능을 했다. 주자 사후 그의 제자들인 이학(理學) 계열 인사들은 향촌 공동체가 위기에 빠지자 향촌을 안정시키기 위해 향약·사창 등 다양한 시책을 추진했다. 이는 성리학이 관학화하면서도 사회의 주도 이념이 되는 데 크게 기여했다.

조선에서 세종 말, 문종대에 사창법을 시험적으로 추진한 것도 비슷한 문제의식에서 나온 것이었다. 그러나 이때의 사창법은 국가가 주도한 것이고, 관리 소홀로 시행한 지 20년 만에 폐지됐다. 그러다가 16세기 들어 다시 사창제를 시행하자는 논의가 제기된다. 이미 지방의 일부 사족은 간헐적으로 사창을 시행하고 있었다. 이러한 사창은 향약 가운데 어려울 때 서로 돕는다는 '환난상휼' 항목에 주목해 향촌 내에서 처지가 어려워진 소농민을 구휼하는 방책으로 모색한 것이다.

이처럼 향촌 사회의 사족은 자기가 살고 있는 향촌 사회 내에서 주변 농민의 사회·경제적 처지를 개선하는 방법을 제시했다. 더불어 이들과 함께 향촌 사회를 조직해 이를 정치적 기반으로 삼았다. 그에 따라 16세기에 중앙에 진출한 사림은 향촌 사회의 경제·사회적 기반을 배경으로 삼아 정치 활동을 할 수 있었다. 또한 중앙 정치의 현장에서 물러나 향촌에 머물게 될 때는 향촌 사회가 사족들을 위해 거대한 저수지가 되어 주었다.

3. 학파에서 붕당으로

**사림이
중앙 정계를
장악하다**

건국 후 100여 년이 지나면서 조선 전기의 질서는 체제의 완성을 기하는 한편 급격한 누수 현상을 보이기 시작했다. 훈구와 사림으로 대표되는 신구 정치 세력의 갈등은 기득권을 지키려는 세력과 문제가 드러난 체제를 바꾸려는 세력 간의 치열한 싸움이었다. 네 차례나 거듭된 사화는 정치적으로는 훈척 세력에게 승리를 가져다주었다. 기묘사화 이후 보수화된 정치 질서를 조금이나마 개혁하려 한 노력 역시 을사사화로 좌절하면서 개혁의 희망은 사라진 것처럼 보였다. 그러나 1565년[명종 20] 문정왕후가 죽고 선조가 즉위하면서 사림은 중앙 정계를 빠르게 장악해 마침내 사림 중심의 정치 질서를 만들었다. 거듭된 정치적 실패로 지방에 은거하거나 화를 입었음에도 불구하고 사림이 결과적으로 정권을 잡을 수 있었던 이유는 무엇일까?

첫째, 사림은 훈척 세력과 달리 역사적 정당성을 확보하고 있었다. 훈척 세력은 각종 비리에 연루돼 있었고, 사림은 공론에 따라 이를 비판했다. 특히 마지막 사화인 을사사화에 화를 입은 사림이 많았는데, 그들의 신원에 힘쓰기도 했다. 이는 기존의 질서를 대신해 새로운 질서를 추구하는 것이었다.

둘째, 사림은 공론에 따라 정치와 사회를 운영할 것을 주장하고 이를 구체적으로 실현했다. 사림은 훈척 세력을 비판하며 성장하는 과정에서 독특한 제도를 만들었다. 즉 사헌부·사간원·홍문관의 삼사가 권력의 중요한 축으로 기능하도록 한 것이다. 이들 삼사에 소속된 사람이라면 하급 관료들조차 고위 관리, 나아가 국왕까지 비판할 수 있게 한 것이다. 이들은 삼사의 인사권을 쥐고 있던 이조전랑의 독립성을 근거로 대신과 국왕을 견제할 수 있을 만큼 강력한 권한을 행사했다. 이러한 삼사의 독립성과 비판 정신은 정상적인 관료제에서는 거의 불가능한 구조로, 사림이 훈척 세력에 대항하면서 만들어 낸 역사적 산물이었다. 이는 중국을 포함한 다른 나라에서는 찾아보기 어려운 조선의 특징적 현상이었다.

셋째, 사림 세력은 당시 국왕이었던 선조를 자기편으로 끌어들였다. 이 역시 사림이 중앙 정계를 장악하는 데 결정적인 역할을 했다. 사림은 문정왕후가 죽은 뒤 정계가 조금씩 변화할 때 척신 세력이 좌우하던 정국에서 벗어날 계기를 맞았다. 3년 후 선조가 즉위한 것은 사림이 국왕의 지지를 얻을 수 있는 절체절명의 기회였다. 사림은 선조의 교육에 참여하면서 새 국왕을 통해 훈신과 척신 정치를 청산하고 사림 정치를 실현하고자 했다.

선조의 아버지 덕흥군은 중종의 후궁인 창빈 안씨 소생으로 적자가 아닌 서자였다. 그래서 선조는 왕위를 계승하는 데 부족한 정통성을 사림의 지지로 해결하려는 생각이 있었을 것이다. 성종대나 중종대에는 군주의 정통성이나 정치적 기반이 약하면 사림이 이를 뒷받침하며 정계에 진출하는 경향이 있었다. 선조대도 비슷했다. 더욱이 선조는 사림의 기반이 전보다 더 확대된 유리한 배경에서 출발할 수 있었다.

1567년^{명종 22} 명종이 서른넷의 나이로 후사 없이 죽음을 맞았을 때, 16세였던 선조는 한 달 전인 5월 18일에 돌아가신 어머니 하동부대부인 정씨의 상을 치르고 있었다. 선조의 왕위 계승은 이미 2년 전에 정해진 것으로, 명종비 인순왕후는 그 같은 내용이 담긴 명종의 유명교서를 받들어 선조를 모셔 오게 했다. 상중이던 선조는 눈물을 흘리면서 사양했으나 신하들의 옹대擁戴로 왕위를 이어받아 7월 3일 경복궁 근정전에서 즉위했다. 이때 선조는 이미 성동成童의 나이가 지났지만, 이준경의 요청으로 인순왕후가 다음해 2월까지 수렴청정을 했다.

사림의 지지를 받으며 등극한 선조는 학문에 정진해 날마다 경연에 나아가 경사經史를 토론했다. 명종 때 여러 차례 징소徵召를 받고도 조정에 나오지 않던 명유^{名儒} 이황에게는 예폐^{禮幣}를 극진히 해 나오도록 권유했다. 이에 이황은 정치에 관련된 여섯 조항을 올리고, 「성학십도^{聖學十圖}」·「서명고증^{西銘考證}」을 찬술했으며, 정이의 「사물잠」을 손수 써서 올렸다. 선조는 이를 잘 베껴 써 병풍을 만든 다음 좌우에 두고 아침저녁으로 볼 수 있도록 했다. 이렇게 선조는 사림의 정치적 보좌 속에 성장했고, 정치 역시 여기에서 크게 벗어나지 않았다. 이 점은 선조대에 사림이 중앙 정계로 진출하는 데 결정적인 영향을 미쳤다.

바람직한 군주의 상이 변하다

사림이 중앙 정계를 장악한 것은 조선의 역사를 바꾸는 일대 전환점이었다. 사림은 중종에서 명종으로 이어지는 16세기 초·중반의 시기를 조선 왕조의 중간 쇠망기로 이해했다. 따라서 사림의 출현과 이들이 이끄는 국정은 이러한 쇠퇴의 흐름을 구제할 기회로 여겨졌다.

사림은 이전과는 다른 새로운 방식의 국가 운영을 모색했다. 조선 초기에는 국가 운영에서 국가 중심적·국왕 중심적 경향이 강했다. 예를 들어 국왕의 학문인 제왕학에서 대표적 감계서로 인정되던 『대학연의^{大學衍義}』가 경연에서 읽히고, 그에 따라 이 책에서 제시된 원칙이 조선 군주의 기준으로 적용되었다. 그것은 한편으로 수신^{修身}을 바탕으로 한 치국^{治國}을 이상으로 삼는 성리학적 군주상을 제시하면서, 다른 한편으로 국왕의 정치적 존엄을 보장했다. 그리하여 체제의 중심에 있는 존재로서 국왕의 위상은 확고해졌다. 이처럼 국왕을 중심으로 국가가 운영되었기에 공신들이 훈구 세력화할 수 있었다.

이전 체제에 대한 반발로 16세기 전반에 등장한 사림은 제왕학에서도 그 기준서 역할을 했던 『대학』에 대한 활발한 이론적 탐구를 벌였다. 그리하여 이에 기반한 사림의 제왕학 이론이 출현하게 된다. 그러나 이 시기에 이미 성리학의 심학화^{心學化}가 진행됐고, 여기에 양명학의 영향으로 양명학적 심학까지 수용되는 형편에서 『대학』의 구체적인 해석도 이에 영향을 받게 된다.

중종대에 『대학』에 본격적으로 관심을 표명하고 후대에 영향을 끼친 대표적 인물은 유숭조였다. 유숭조는 자치^{自治}로 치인^{治人}의 기준으로 삼아야 한다며 『대학』의 논리를 중시했다. 그리고 이러한 생각을 『대학삼강팔목잠^{大學}^{三綱八目箴}』에서 더욱 구체화됐다. 이후 『대학』에 대한 관심은 기묘사림 사이에서도 유행했으니, 그러한 관심은 박영에게서 발견할 수 있다. 박영은 양명학의 영향을 일부 수용하면서도 이를 주자 성리학의 틀 안에서 정리하려고 노력했고, 동시에 이를 통해 체제 교학적 성리학을 극복하려 한 학자였다.

조광조는 새로 등장한 성학^{聖學}의 원칙을 군주에게 직접 적용하려고 했다. 이후 제왕학으로서 성학에 대한 탐구는 이언적을 통해 확대되었고, 그의 제자인 이황으로 이어졌다. 『대학』의 해석에서 양명학이 미친 영향은 일단 이황에 의해 정리되었는데, 어느 정도 주희의 해석을 따랐던 것으로 보인다. 이것은 16세기 전반 사상계가 양명학 등 명의 학문과 불교의 영향을 받는 가운데 '성학'을 재구성하고, 이것을 일정하게 주자 성리학적 기준으로 정리했음을 시사하는 것이라 할 수 있다.

이런 가운데 이황의 「성학십도」, 이이의 『성학집요^{聖學輯要}』 등 성학에 대한 이론서들은 이전의 제왕학과 달리 신하들이 제왕학의 기준점을 제시한다는 데 특징이 있었다. 특히 이 책들은 조선 전기에 중시된 『대학연의』와 달리 국왕을 사대부의 논리에 따라야 하는 존재로 파악해 조선 후기 사림정치의 이론적 모델을 제시했다. 사림은 이러한 제왕학 이론을 실제로 경연과 같은 제도에서 적극 활용해 국왕에게 성학을 가르치고 또 이를 적극적으로 따르도록 유도했다. 조선 후기에 붕당정치, 예송^{禮訟} 등이 발생할 수 있었던 것은 바로 이 시기 변화한 정치사상에 힘입은 바 컸다.

이처럼 이황과 이이가 제시한 제왕학은 선조에게 구체적으로 적용되는 것을 염두에 두고 작성됐다. 둘 다 성리학적 원칙을 공통분모로 국왕과 사림의 적극적인 정치 참여, 곧 임금과 신하가 함께 다스리는 군신 공치까지 염두에 둔 정치 형태였다. 이러한 정치 형태는 같은 시기의 명을 포함한 동아시아에서 매우 특이한 것이었다.

명에서는 '황제 독재 체제'라고 불릴 정도로 황제권이 강했다. 신하들의 대표라고 할 수 있는 재상 제도는 영락제 때 이미 폐지됐을 정도였다. 명말청초의 학자 황종희黃宗羲는 그의 대표적인 저서인 『명이대방록明夷待訪錄』에서 이처럼 강력한 황제 제도에 대해 논하면서 군주제의 타파를 주장하기도 했다. 황종희의 주장은 왕조 교체기에 한족 국가인 명이 멸망하는 역사적 상황에 대한 통렬한 반성 위에서 나온 것이었다.

그에 반해 조선에서는 군주제의 문제점을 인식하고 국왕을 성학, 곧 성리학의 세계로 적극적으로 이끌어 애초에 문제가 발생할 조건을 최소화고자 했던 것이다. 황종희가 제시한 군주제 타파에 이르지는 못했지만, 황종희보다 거의 100년 전에 미리 조선의 현실을 반성하고, 새로운 군주론과 개혁론을 제시해 이를 실천한 것이다. 이는 결국 조선이 쇠망에 이르지 않고 갱신해 이후 300여 년을 지탱할 수 있는 밑받침이 되었다.

그러나 새로운 시대로 바뀌는 과정에서 이전 시대를 청산하는 데 모두 의견이 일치한 것은 아니었다. 선조의 즉위 이후 집권 세력 내에는 크게 세 부류의 정치 세력이 있었다. 명종대부터 관료 생활을 이어 온 이른바 구신舊臣과 명종 이후 비교적 늦게 관료 생활을 하게 된 신진사류가 그들이다. 구신도 크게 보아서는 사림에 포함된다.

명종 이후 관료 생활을 한 사람에는 두 부류가 있었다. 명종 전반기에 관직에 진출했으나 권신 체제를 비판해 쫓겨났다가 다시 기용된 인물과 명종 말년 등과해 선조 초에 중·하급 관료인 낭료郞僚로 진출한 신진 관료들이다. 박순·허엽·기대승·김계휘 등이 전자에 해당하는 인물이다. 그들은 주로 명종 후반에 복직된 뒤 언관직에 있으면서 명종비 심씨의 아우인 심의겸과 함께 이량·윤원형 등 권신을 축출하는 데 힘썼다. 이이·정철·이산해·유성룡 등은 후자에 해당한다. 그들은 권신들이 제거된 이후 정계에 나왔기 때문에 명종대부터 이어 내려온 과거 유산의 청산에 누구보다도 적극적이었다.

위에서 꼽은 구신과 신진사류 외에 을사사화 때 정치적인 화를 입었다가 다시 관직에 복귀한 을사복관인도 있었다. 백인걸·노수신·유희춘 등이 이에 해당하는 인물로, 그들은 을사사화에 연루되어 20여 년의 귀양살이를 한 뒤에야 정계에 복귀할 수 있었다. 그들은 복귀하자마자 상당히 빠른 속도로 당상관에 오르기도 했지만 하나의 정치 세력을 형성하지는 않았다.

선조 초년의 구도를 살펴면, 대체로 구신들이 대신급과 6조의 장·차관에, 신진사류와 을사복관인들이 사헌부·사간원 양사와 홍문관에 포진하고 있는 형세였다. 이들은 사림 계열 반대 세력인 권신의 청산에는 모두 힘을 합쳤다. 예를 들자면 이량과 윤원형이 축출된 후 명종비의 작은할아버지였던 심통원을 축출하는 데 함께 노력한 일이 그렇다.

그러나 선조로부터 새로운 정치가 본격적으로 이루어지면서 구신과 신진사류의 갈등은 피할 수 없었다. 대체로 신진사류는 권신 체제를 없앤 후에 비교적 과감한 혁신을 주장했고, 구신들은 신진사류의 주장이 과격하다고 보아 이를 억제하려고 했다. 예를 들어 신진사류들은 낭천제^{郎薦制}를 시행해 권신 체제에서 인습적으로 되풀이되던 청탁에 의한 인사를 개혁하고자 했고 구신들은 이에 반대했다. 또 결정적으로 을사사화의 공훈을 삭제하는 데에도 의견의 차이가 컸다. 구신들은 권신들의 공훈을 삭탈하는 정도에서 권신 체제를 청산하려 했지만 신진사류는 공훈 자체를 무효화함으로써 권신 체제를 전면적으로 없애려고 했다.

이러한 논의를 거치면서 구신들은 점차 정치적 주도권을 상실했다. 구신들의 구심점이었던 이준경마저 영의정을 사직하고 세상을 떠나자 구신들의 존재 기반은 거의 사라졌다. 이로써 명종대에서 이어진 과거에 대한 청산은 어느 정도 이루어지게 되었다. 그것도 무력 수단을 동원하지 않고 비교적 평화적으로 이루어졌으며, 사림 가운데 과거의 유산과 관련된 구신 세력까지 청산함으로써 새로운 시대를 열 준비는 마무리되었다.

**조선식 붕당이
출현하다**

선조 5, 6년인 1572, 1573년을 기점으로 신진사류들은 삼사의 언론권에다 삼정승의 자리까지 차지하고 새로운 시대의 개막을 알렸다. 그러나 이것은 새로운 갈등의 시작이었다. 과거 유산에 대한 완전한 청산은 일시에 이루어지지 않았으며, 사림들 사이에서 의견의 차이가 나타났다.

이때 정계에 있던 사림 중에서는 명종대 전반기에 관직에 진출한 부류와 후반기에 진출한 부류가 거의 하나의 세력이 되어 선배의 위치에 있게 되었다. 이들에 해당하는 인물은 박순·허엽·윤두수·심의겸 등과 정철·이산해·이이·유성룡·김효원 등이다. 그리고 선조 즉위 이후 관직에 진출한 사림이 또 하나의 정치 세력을 이루었다. 이에 해당하는 인물은 김우옹·조헌·우성전·이산보·김성일 등이다.

이 두 세력 사이의 갈등은 심의겸을 어떻게 할 것인가에 대한 의견 차이에서 비롯했다. 심의겸은 명종비인 심씨의 동생이었으니 이것만 보면 외척이라고 할 수 있었다. 그러나 심의겸은 명종 때 사림과 좋은 관계를 유지했던 인물이다. 더구나 권신이었던 이량이 자기를 배척하는 사림을 제거하려 할 때 심의겸은 누이를 통해 명종이 이량을 귀양 보내게 함으로써 사림을 보호한 공이 있었다. 그 때문에 명종대에 활동했던 선배 사림은 심의겸을 받아들였다. 심지어는 정치적 어려움을 해결하는 데 힘을 빌리려 하기도 했다. 그러나 선조대에 진출한 후배 사림은 심의겸에 대해 매우 비판적이었다.

후배 사림의 대표격이던 김효원의 태도도 여기에 영향을 미쳤다. 1575년^{선조 8} 황해도 재령에서 종이 주인을 죽였다고 추정되는 사건이 터졌다. 이 사건은 심의겸과 친분이 있던 좌의정 박순이 담당했다. 박순은 시신을 검시했지만 분명한 원인을 밝히지는 못했다. 그러자 영의정 홍담은 죄 없는 종을 풀어 주어야 한다고 주장했고, 대사간 허엽은 그래도 종을 처벌해야 한다고 주장했다. 마침 허엽은 죽은 사람과 일가였는데, 증거 부족을 이유로 선조가 종을 석방했다. 이를 분하게 여긴 허엽은 박순의 추고를 요청했고 사간이던 김효원도 그 요청에 동참했다. 정철·김계휘·윤두수 등 선배 사림은 이것이 박순을 퇴진시켜 심의겸 세력을 고사시키려는 의도라고 여겼다. 이이는 허엽의 비판이 지나치긴 하지만, 그렇다고 이를 김효원이 은밀히 계획한 것은 아니라고 보았다.

결국 이 사건을 계기로 조정은 심의겸과 김효원을 중심으로 의견이 갈렸다. 그러자 이이는 분란을 잠재우기 위해 심의겸과 김효원 두 사람을 지방관으로 내보내자고 제안했다. 그래서 심의겸은 개성 유수, 김효원은 경흥 부사로 나갔다. 그러나 이 역시 확실한 수습책이 되지는 못했다. 후배 사림은 그들대로 인사 조치의 불공정성에 불만을 가졌고, 선배 사림은 이번 기회를 통해 후배 사림의 기세를 꺾고자 했기 때문이다.

그러는 사이 선후배 사림 간의 분당은 어느 정도 굳어져 갔다. 김효원이 서울의 동쪽인 낙산에 살고 심의겸이 서쪽인 정동에 산다 해서 후배들은 동인, 선배들은 서인으로 불리게 되었다. 을해년[1575]에 일어난 이 분열을 을해당론乙亥黨論이라 한다. 그러나 이때의 분열은 붕당으로는 매우 초기적인 형태로 정치적 명분과 입지에서 모두 취약했다. 동인과 서인의 중간에서 이들 사이를 조정하고자 노력한 이이는 홍문관 부제학에서 물러나면서도 박순에게 유성룡·김성일·이발·정철 등을 불러 화해하도록 조언하기도 했다.

비교적 균형을 이루던 동인과 서인의 정세는 1578년[선조 11]에 일어난 삼윤三尹 사건으로 다시 갈등이 불거졌다. 경연에 입시한 동인의 김성일은 서인의 중진인 윤두수·윤근수·윤현 등 삼윤이 뇌물을 받은 혐의를 거론했다. 선배 사림이 수뢰 사건에 연루된 것을 계기로 자신들의 입장을 합리화할 기회를 찾은 것이다. 동인은 언관들을 통해 삼윤을 탄핵하면서 삼윤이 속한 서인의 심의겸을 소인으로, 정철과 김계휘를 사당邪黨으로 공격했다. 동인은 옳고 서인은 그르다는 주장을 하기에 이른 것이다.

이제 동서의 분당은 어느 한쪽이 군자가 되고 다른 한쪽은 소인이 되는 붕당론에 입각한 정쟁이 되었다. 원래 중국에서 붕당은 개인 차원의 상호 갈등에 친지들이 편을 들어 무리를 이루는 것으로 여겨 전통적으로 금기시했다. 특히 신하들 사이의 붕당은 철저하게 금지되었다. 그러나 북송 때 구양수는 붕당의 기능을 인정했다. 소인의 붕당은 사리를 도모하기에 깨지게 마련이지만, 군자의 붕당은 군주까지도 포함할 수 있는 것으로 좋은 정치를 실현하는 데에 필요하다고 본 것이다.

16세기 말 조선에서 동인과 서인이라는 정파들이 붕당의 형태를 갖추기는 했지만, 초기 단계에서는 각 붕당 간에 공적 질서에 기반을 둔 상호 경쟁과 학문에 기반을 둔 정책의 차별 등은 나타나지 않았다. 이이는 동인과 서인이 모두 같은 사류이므로 붕당을 벗어나 다시 하나로 합칠 것을 주문하기도 했다. 나아가 붕당을 해결하는 방법으로 동인과 서인 모두 옳고 그른 점이 있다는 양시양비론과 동인과 서인 모두에 사림의 자질이 부족한 사람이나 심지어 간사한 자들이 섞여 있으므로 이들을 제거해야 한다는 주장도 나왔다.

이이처럼 양쪽을 화해하도록 해 합하려는 '조제보합론'은 동인이 주도하던 조정의 분위기에서는 서인을 편드는 것으로 비치기도 했다. 심지어 이이와 뜻을 같이하던 동인의 유성룡·이발·김우옹 등도 이이를 비판하는 데에 가담했다. 여기에 이이가 병조판서로 일을 추진하는 과정에서 저지른 실수를 빌미로 동인은 이이를 집중적으로 공격했다.

하지만 선조는 이이를 신뢰했고, 그의 주장에 따라 당시 언관권 비대화의 배경이 된 이조전랑의 자천권을 혁파했다. 원래 언관권은 사림의 진출 과정에서 훈구의 비리를 공격하는 데 이바지하고 사림을 보호했다. 그에 힘입어 언관들은 정승을 비롯한 고위 관료와 또 다른 축을 이루어 조선의 정치를 안정적으로 이끄는 데 이바지했다. 그런데 선조 초기 동인에게 집중된 언관권은 지나치게 비대해지기도 했다. 여기에 일부 구신들이 동인에 참여함으로써 사림의 공론이 상징하는 의미가 퇴색하고 상대 세력에 대한 편당적인 공격이 지나치게 두드러지는 측면이 있었다.

이이는 이러한 문제점을 해결하는 방편으로 자신의 정치적 입장을 서인으로 정했다. 이는 곧 그를 지지한 세력이나 그의 문인 역시 서인으로 가담하는 것을 의미했다. 이는 동인 계열이 주로 이황과 조식을 따르던 문인으로 구성된 것과 비교하면 학문적 입장이 분명하지 않았던 서인 계열에 학파적 정체성을 부여하는 것이기도 했다.

이에 따라 동인과 서인은 종래의 대립하는 정파라는 수준을 넘어 공적 붕당의 성격을 띠게 된다. 서인은 이이와 성혼의 학연과 연결되는 경기·황해·충청·전라도 지역의 일부까지 참여하는 거대한 기반을 가지게 됐다. 동인 역시 이황과 조식을 학문적으로 받들며, 경상도를 기반으로 외연을 넓혀 가며 확고한 기반을 다졌다.

따라서 1583년^{선조 16}을 즈음해 조정에는 학통, 학문적 입장, 그리고 지역적 기반에서 상반되는 두 개의 붕당이 자리를 잡게 됐다. 이 두 개의 붕당은 그 출현에서도 보았듯이 사림 정치를 추구하는 과정에서 등장한 것이고, 사림 정치라는 공동의 목표를 지향하면서 공론에 따라 서로 비판하고 견제하며 국정 운영의 동반자가 되었다. 다만 명종대의 정치적 유산을 최종적으로 극복해 가는 과정에서 적지 않은 입장의 차이를 보인 것처럼 정국을 바라보는 입장과 운영 방식에는 차이가 있었다.

선조대에 이루어진 붕당정치는 종래 중국에서 발전된 붕당과도 성격이 달랐다. 즉 종래 중국에서 간당奸黨으로 파악하던 전통적인 붕당이 아니었고, 구양수나 주희가 정리한 군자당과 소인당의 붕당도 아니었다. 사림은 훈척 세력을 청산하며 새로운 정치의 주역으로 등장했다. 각 붕당이 모두 군자로 가득 찬 것은 아니었지만, 스스로 공당公黨의 자격을 갖추고자 노력했다. 그것은 곧 사림 정치의 실현을 위한 노력이었다. 중국에서 같은 시기에 붕당이 거의 기능하지 못한 것과 비교해 본다면, 조선이 선택한 길은 왕정 체제에서 신하들의 참여를 극대화함으로써 왕정의 효율성을 높이는 방법이었다.

**붕당의
갈등이
폭발하다**

붕당이 공당으로 성립했다고 해서 정치적 갈등을 피해 갈 수는 없었다. 더구나 붕당정치 초기에는 상대 당을 향한 공격이 치열했다. 대표적인 사건이 1589년宣祖 22에 발생한 정여립의 난이었다. 정여립은 전주 출신으로 어려서부터 재주가 비상했다. 일찍이 과거에 합격한 뒤 이이·성혼 등 서인의 후원을 받아 성장했다. 그러나 수찬이 된 뒤에는 붕당정치가 치열해질 때 동인 쪽으로 뜻을 바꿔 이이와 성혼을 공격했다. 선조가 이를 불쾌하게 여기자 정여립은 관직을 버리고 고향으로 내려갔다. 그 후에도 그는 여전히 동인들 사이에 영향력이 있었고, 전라도 일대에서 명망이 높았다.

그는 전라도 진안 죽도에 서실을 지어 놓고 대동계大同契를 조직해 매달 사회射會를 여는 등 세력을 확장해 갔다. 1587년宣祖 20 왜선들이 전라도에 침범했을 때는 당시 전주 부윤 남언경의 요청에 따라 대동계를 동원해 이를 물리치기도 했다. 이 대동계는 황해도 안악과 해주 등지까지 확대됐다. 1589년 10월, 정여립은 황해도 안악 군수 박충간 등의 보고를 받은 황해 감사 한준이 올린 비밀 장계를 통해 역모로 고발된다. 급파된 의금부 도사가 도착하기 전에 정여립은 죽도에서 자결했다. 그의 모반이 사실이었는지는 아직도 논란의 대상이다.

정여립은 서인과 동인을 오가며 정치적 변동이 심했다. 그러나 조선 시대를 살던 사람으로서 그가 가진 가장 큰 문제는 그의 사상에 다른 사람에게서는 보기 어려운 급진적 면모가 있었다는 점이다. 그는 "천하는 공물公物이니 어찌 일정한 주인이 있으리오?"라고 일갈하기도 하고, 유하혜柳下惠의 말을 인용해 "누구를 섬긴들 임금이 아니겠는가!"라며 세습군주제를 부정하고 요순의 이상 정치를 주장하기도 했다. 이는 절대군주제의 조선으로서는 감당하기 힘든 것이었다. 마치 비슷한 시기 명의 급진적 양명학자였던 이탁오의 주장과 비슷했다.

그러나 조선은 이미 사림의 손으로 정권의 교체를 완료했고, 세습군주제에 대해서도 사림들이 정치에 참여하는 붕당정치의 틀을 마련해 이를 시험하는 중이었다. 따라서 정여립의 주장은 많은 사람의 지지를 받기가 쉽지 않았다. 그러한 시기에 터진 정여립의 모반 사건은 당시의 붕당정치와 연결되면서 매우 큰 정치적 폭발력을 발휘했다. 정여립을 따르던 많은 인사들이 동인에 속했기 때문이다.

정여립 모반 사건의 조사를 맡은 서인은 이를 이이의 사후 약화된 세력을 만회하는 기회로 삼았다. 동인 강경파로서 서경덕의 문인인 이발·이길 형제가 처형된 것을 비롯해 형신을 받고 죽은 사람과 관직을 삭탈당하고 구속되거나 귀양 간 사람이 수백 명에 달했다. 또 성균관과 사학의 유생이라 할지라도 혐의가 조금이라도 있으면 수감될 정도였다. 남명학파의 핵심 인물이었던 최영경까지 길삼봉으로 오인받아 옥중에서 사망했다. 이 때문에 남명학파의 학자들도 동인 계열로 몰려 크게 탄압을 받았다.

그러나 정여립과 관련 있거나 그를 끌어들인 동인뿐 아니라 지지자들에게까지 혐의를 둔 것은 오히려 서인에게 많은 부담을 주었다. 그 결과 서인은 정치적 명분상의 약점을 얻었고, 정철과 성혼 등 주요 인물이 죽은 뒤에는 구심점을 잃은 채 정치적으로 세력을 잃게 된다.

한편 동인 세력은 서인을 대하는 태도에 따라 1588년선조21 무렵부터 남북의 두 파로 나뉠 조짐이 있었다. 이이와 성혼의 문인을 중심으로 하는 서인을 제외한 신진 세력 다수는 동인을 구성했으므로 원래 동인의 구성원은 비교적 다양했다. 특히 이황·조식·서경덕의 학문적 전통을 계승한 사람이 많은 수를 차지했는데, 이들은 사상적, 사회·경제적 기반의 차이로 분기했다. 특히 임진왜란을 겪으며 이러한 차이는 더욱 확연해졌다.

낙동강 왼편의 강좌江左나 경상도의 북쪽에 분포한 이황의 문인들이 대체로 남인을 구성했고, 강우江右나 남도에 분포하는 조식의 문인들은 북인이되었다. 정국에 대한 입장에서 남인은 조정의 안정을 위해 정파 간 협력을 중요시했으며, 이러한 태도는 임진왜란 때에 서인과 북인을 정치적으로 이끌 수 있는 기반이 된다.

남인이 이황의 문인을 중심으로 비교적 단일한 구성이었다면 북인은 그 나머지 사람들로 구성되면서 다양성을 보였다. 조식과 서경덕의 학통을 계승한 사람들이 북인의 중심이 된 것은 분명하지만, 이들 역시 일부에 불과했기 때문에 다른 정파와 비교하면 학문적 일체감이 부족했다. 다만 이들은 이산해·정인홍을 중심으로 결속해 임진왜란 직후의 정국을 주도했다. 전란 중에 강력한 주전론을 견지해 젊은 신진 세력의 지지를 확보할 수 있었기 때문이다.

그러나 북인은 전란 후의 혼란을 수습하는 과정에서 현실 정치에 대한 인식의 차이에 따라 다시 대북大北과 소북小北으로 나뉘고 대북은 골북骨北과 육북肉北으로 대립해 정국을 안정시킬 수 없었다. 그 결과 정국은 대북 세력을 제외한 서인과 남인을 포용한 소북이 이끌게 됐다.

이와 같이 동서 분당 이후에도 붕당이 다시 여러 갈래로 나뉘게 되는 것은 기본적으로 붕당정치가 충분히 안정되지 못했음을 알려 준다. 그러나 붕당이 끊임없이 자기 분열만 한 것은 아니었다. 모든 붕당은 성리학에 근거한 왕정에 동의하고 있었으며 초기적 형태로나마 붕당 사이의 포용과 견제, 균형의 원리를 실현하는 측면도 있었다. 다만 16세기에는 학파에서 붕당으로 전환하는 과정에 있었기에 학파적 대립이 심각하지는 않았으며, 이와 연결해 지역적 색채가 강한 특징이 있었다.

조선사에서 16세기는 어떠한 시기일까? 조선 사회의 변화를 고려해 볼 때 이 시기는 조선 사회가 크게 변화하는 전환기에 해당한다. 조선은 전기의 조선과 중·후기의 조선으로 나눌 수 있는데 16세기는 그러한 변화가 시작되는 시기였다. 이 시기의 주인공인 사림은 조선 전기의 질서를 반성하며 새로운 질서를 모색했고, 이를 통해 쇠망에 이를 뻔한 조선 사회의 갱신을 추구했다. 그 결과 조선은 임진왜란이라는 초유의 전쟁을 맞고서도 이를 극복할 수 있었으며, 이전과는 전혀 다른 사회를 만들어 나갈 수 있었다.

04. 동아시아 7년 전쟁

1592년부터 7년 동안 한반도를 고통과 혼란의 소용돌이로 몰아넣은 임진왜란은 '동아시아판 세계대전'이었다. 일본의 침략 때문에 조선과 일본의 전쟁으로 시작된 전쟁은 명군이 참전함으로써 조선·중국·일본 삼국의 대전으로 확대된다. 그리고 그것은 당시 동아시아의 패권국인 명과 명의 가장 충순한 번국인 조선이 한편이 되어 명에 도전한 신흥 강국 일본에 맞선 전쟁이었다. 나아가 이 전쟁이 끝날 무렵 만주에서 누르하치의 후금이 일어나 명에 도전하고, 끝내 중원을 제패한 사실을 고려하면 임진왜란이 동아시아에 남긴 파장은 길고도 깊다.

그런데 같은 시기, 한반도라는 한 전장에서 싸운 한·중·일 삼국이 오늘날 기억하는 임진왜란의 내용은 각기 다르다. 이는 무엇보다 삼국이 이 전쟁을 부르는 명칭의 차이에서 뚜렷이 드러난다.

한국에서는 이 전쟁을 보통 임진왜란과 정유재란으로 부른다. '임진년에 왜구들이 쳐들어와 벌인 난동', '정유년에 다시 쳐들어와 벌인 난동' 정도의 의미다. 무고한 나라를 침략해 막심한 고통을 끼친 일본에 대한 원한과 적개심이 담긴 용어다. 참고로 북한에서는 이 전쟁을 '임진조국전쟁'이라 부른다.

일본에서 이 전쟁을 부르는 공식 명칭은 분로쿠게이초노에키_{文祿慶長の役}이다. '분로쿠'와 '게이초'는 1592년부터 1614년까지 일본 천황이 사용하던 연호를 가리키며 '에키'는 전쟁을 뜻한다. 따라서 분로쿠게이초노에키는 '분로쿠·

게이초 연간의 전쟁'이라는 의미다. 얼핏 무미건조하고 중립적인 용어라는 느낌이 들지만 이 용어가 등장하기 전까지 일본에서 임진왜란을 가리키는 용어는 '도요토미 히데요시豊臣秀吉의 조선 정벌'이었다. '정벌'에는 조선이 무엇인가를 잘못했기 때문에 손봐 주었다는 의미가 담겨 있다. '역'이든 '정벌'이든, 임진왜란이 침략 전쟁이었다는 사실을 인정하거나 반성하려는 태도는 찾아볼 수 없다. 오히려 침략을 정당화하려는 의도가 담겨 있다고 볼 수 있다.

중국이 오늘날 이 전쟁을 부르는 공식 명칭은 항왜원조抗倭援朝이다. '일본에 맞서 조선을 도운 전쟁'이라는 뜻이다. 그 네 글자 가운데 주목되는 것은 단연 '도왔다'는 의미를 지닌 '원援'이다. 도왔다는 사실을 강조한 부분이 조선의 '시혜자'로 자부하려는 느낌을 물씬 풍긴다. 이러한 태도에는 조선에 보답을 바라는 인식이 담겨 있다고 할 수 있다. 참고로 오늘날 중국은 1950년에 일어났던 한국전쟁을 항미원조抗美援朝라고 부른다. 항왜원조나 항미원조 모두 한반도를 향한 중국의 지대한 관심과 개입 의지를 담고 있다.

용어의 차이에서 뚜렷이 드러나듯이 한·중·일 삼국의 임진왜란 인식의 간극은 몹시 크다. 이 같은 차이는 임진왜란을 연구하고 교육하는 자세에도 일정한 영향을 미쳤다. 한국은 일찍부터 이 전쟁을 연구하면서 주로 승패 문제에 주목했다. 침략자 일본을 향한 원한과 적개심, 문화적 우월 의식을 바탕으로 이 전쟁을 조선이 승리한 전쟁으로 자리매김하는 데 중점을 둔다. 자연히 대첩을 강조하면서 각 대첩의 양상을 비롯해 그것을 이끌어낸 무장과 의병들의 활약상을 탐구하고 드러내는 데 힘을 기울여 왔다. 한산대첩, 진주대첩, 행주대첩 등 이른바 삼대첩을 강조하고 이순신 등의 영웅적인 활약상을 강조한 것은 자연스러운 귀결이었다.

일본에서는 임진왜란을 자신들의 무위를 과시한 사건이자 전설로 내려오는 삼한 정벌론의 연장선으로 여기는 경향이 강하다. 특히 19세기 후반 메이지유신 이후 일본이 동아시아 침략에 나서면서 임진왜란은 '일본의 국위를 선양한 선구적인 쾌거'로 재조명되었고, 도요토미 히데요시는 일본의 위상을 드높인 '대외 진출의 선구자'이자 '영웅'으로 숭앙됐다. 임진왜란을 청일전쟁, 러일전쟁, 나아가 조선 침략으로 이어지는 일본의 대외 팽창을 정당화하는 역사적 배경으로 강조한 것이다.

중국의 임진왜란 연구와 교육 과정에는 대국주의적 특성이 두드러진다. 아울러 임진왜란을 1894년의 청·일전쟁에 선행하는 사건으로 인식하면서 '제1차 중·일전쟁'으로 보려는 시각도 나타난다. 한편 조선에 원병을 보내 망해 가는 나라를 다시 살려 줌으로써 은혜를 베풀었다는 사실을 강조하고, 다른 한편으로는 임진왜란을 청·일전쟁과 비교하려는 자세를 드러낸다. 그 바탕에는 '제1차 중·일전쟁'에서는 일본을 물리쳤는데, 제2차 중·일전쟁 때는 일본에 패했다는 사실을 반성하려는 애국주의적 경향도 있다.

이렇듯 한·중·일 삼국이 같은 시기, 같은 장소에서 싸웠음에도 불구하고 제각각 다른 눈으로 인식하고, 또 교육하는 임진왜란은 과연 어떤 전쟁이었을까? '동아시아판 세계대전' 임진왜란의 실상을 한·중·일 삼국을 아우르는 국제적이고 포괄적인 시야에서 다시 살펴보기로 하자.

1. 전쟁 전야의 동아시아

**명이
동아시아의 패권국으로
떠오르다**

앞서 살펴본 것처럼 고려 말부터 조선 건국 직후까지 고려·조선과 명의 관계는 우여곡절 속에 전개됐다. 주원장은 고려가 북원과 협력해 명에 맞서거나 요동 지역에 영토적 야심을 드러내지나 않을까 경계했기 때문이다. 1388년 이성계가 위화도 회군을 통해 친명의 태도를 분명히 표방하고, 1392년 역성혁명을 통해 고려를 무너뜨리고 조선을 건국한 후에도 주원장의 의구심은 사라지지 않았다. 주원장은 특히 조선이 건국 초부터 여진족과 우호 관계를 강화하는 데 민감한 반응을 보였다.

명이 조선을 의심하고 견제하는 분위기와 맞물려 조선 건국 직후 두 나라 사이에는 이른바 '생흔모만生釁侮慢' 시비와 같은 외교적 갈등이 끊임없이 일어났다. 조선이 명에 대한 모욕적인 언동으로 양국 관계를 벌어지게 했다는 것이었다. 명은 조선이 보낸 국서인 표表·전箋의 표현이 건방지다면서 표문의 작성자인 정도전 등을 잡아 보내라고 강요하기도 했다. 급기야 조선에서는 명의 강압에 반발해 정도전 등을 중심으로 요동을 정벌하려는 움직임이 나타나기도 했다.

1398년 왕자의 난이 일어나 정도전 등이 제거되고, 같은 해 명에서도 주원장이 죽으면서 양국 관계는 소강상태를 맞는다. 이후 명의 영락제는 수도를 북경으로 옮기고 여진 세력 관리에 적극적으로 나서는 등 요동 지역을 정치, 군사적으로 장악하려는 노력을 강화했다. 명은 요동 지역에 요동도지휘사사, 누르간도사(奴兒干都司)를 두고 그 휘하에 수많은 위소(衛所)를 설치해 여진 통제의 고삐를 바짝 당겼다. 나아가 이미 조선에 복속할 것을 다짐했던 여진 부족장들을 설득해 명에 조공하도록 채근하는가 하면, 조선에 압력을 넣어 여진인을 회유하지 못하도록 강요했다.

명으로부터 밀려오는 군사적, 외교적 압박을 부담스럽게 여긴 조선은 자세를 낮출 수밖에 없었다. 태종대 이후 조선은 명에 공순한 사대를 표방했고, 15세기 초반에 이르러 양국 관계는 안정 궤도로 접어든다. 조선은 이제 명 중심의 국제 질서에 순응하면서 명의 '가장 충순한 번국'이자 '으뜸가는 조공국'으로 자리매김했다.

15세기 명과 일본의 관계 또한 복잡했다. 14세기 후반 일본은 난보쿠초(南北朝)로 분열되어 정권이 통일되지 않았다. 남조와 북조의 대립 속에 패권을 노리는 유력 세력들이 각지에서 할거하면서 50년 가까운 내란이 이어졌다. 이 같은 혼란을 틈타 무사, 상인, 무뢰배 등이 무장 선단을 조직해 고려와 중국 연안 지역에서 납치와 약탈 등을 자행했는데 이들을 보통 '전기 왜구'라고 부른다. 주원장은 건국 직후부터 일본에 누차 사신을 보내 왜구 행위의 금압을 촉구했으나 성과는 신통치 않았다. 왜구 금압을 책임지고 담당할 만한 중앙 정권이 없었기 때문이다.

그러던 1401년, 일본을 통일한 무로마치(室町) 바쿠후의 아시카가 요시미쓰(足利義滿)가 명에 조공하면서 두 나라 관계는 안정적인 분위기로 들어섰다. 명은 조공을 약속한 일본에 감합무역(勘合貿易)을 허용했고, 요시미쓰는 왜구를 억누르는 데 성의를 보임으로써 명의 기대에 부응했다. 요시미쓰가 명에 조공한 것은 무엇보다 그 대가로 주어지는 무역의 이익이 컸기 때문이다. 그런데 요시미쓰의 뒤를 이은 아시카가 요시모치(足利義持)는 명에 조공하는 것을 치욕으로 여겨 진공을 중단했고 양국 관계는 다시 단절된다. 1432년 아시카가 요시노리(足利義教)가 명에 대한 조공을 재개하면서 감합무역이 부활했고, 명·일 관계는 우여곡절 속에서 16세기 초반까지 지속됐다.

15세기 동아시아의 패권국 명을 위협했던 가장 골치 아픈 존재는 몽골이었다. 주원장에게 쫓겨 북경을 버리고 밀려났던 북원의 뒤를 이은 타타르와 오이라트, 두 몽골 세력이 수시로 명의 북변을 위협했다. 영락제는 1410년부터 20년대까지 이들을 제압하고자 여러 차례 친정을 감행했다. 하지만 상황에 따라 복속과 침략을 무상하게 반복하는 몽골의 태도와 맞물려, 거듭된 원정에도 불구하고 북변의 안정은 쉽게 이루어지지 않았다. 명은 결국 장성 주변에 구변九邊이라 불리는 아홉 개의 방어 거점을 구축해 몽골의 침략을 막고자 애썼다. 구변 지역에 수십만 명의 상비군을 배치하고 그들에게 필요한 군량과 군수 물자를 조달, 공급해야 했던 명은 막대한 재정 부담을 떠안게 된다.

이렇듯 15세기 초반까지 명은 주변국과의 관계에서 우여곡절을 겪으면서도 무역 중심이자 패권국으로서의 위상을 잃지 않았다. 1405년부터 1433년까지 일곱 차례에 걸쳐 정화가 이끄는 대함대를 인도양과 아프리카의 마다가스카르 지역까지 파견해 중화의 위용을 과시했던 것은 그 상징이었다.

제1차 항해 당시 정화 함대는 보선寶船이라 불리는 거함 62척과 2만 7000명 이상의 대병력으로 구성되어 있었다. 1498년 리스본에서 출발해 인도의 캘리컷에 도착했던 포르투갈의 바스쿠 다 가마 함대가 고작 4척의 작은 배에 160여 명의 선원으로 구성된 것과는 비교조차 할 수 없을 정도였다. 실제로 이렇게 거대한 규모의 선단을 구성해 원양 항해에 나선 것은 홍무, 영락 연간을 거치면서 축적된 경제력과 그에 따르는 무력이 뒷받침됐기에 가능한 일이었다.

**명이 쇠퇴하고
대항해시대의
파장이 다가오다**

정통제부터 정덕제 연간에 해당하는 15세기 중반~16세기 초반에 명은 확연한 쇠퇴의 조짐을 보이고 있었다. 우선 무능한 데다 정무를 게을리 하는 황제들이 잇따라 즉위하면서 환관들의 횡포가 심해졌다. 안으로는 권세가와 귀족들의 토지 겸병으로 땅을 잃은 백성의 수가 증가했다. 또 각종 조세와 부역 부담이 소농민에게 집중되면서 생활의 기반을 잃은 백성들은 떠돌거나 광산 등지에 모여 반란을 일으켰다. 1447년^{세종 29} 일어난 등무칠^{鄧茂七} 등의 반란이 대표적인 사례다. 나아가 이 시기 강남 등지에서는 은의 유통이 활발해지고 화폐경제가 발전하면서 빈부 격차가 더욱 커졌다.

이렇듯 명이 내우에 시달리고 있을 때, 오이라트 몽골의 세력이 급격히 커졌다. 15세기 초 오이라트의 지배자로 등장한 에센 칸은 주변의 몽골 부족들을 복속하게 하는 한편, 명에 조공 사절단의 수를 늘려 달라고 요구했다. 더 많은 무역의 이익을 얻어 내려는 속셈이었다. 명이 미온적인 태도를 보이자 에센은 1449년^{세종 31} 군대를 네 방향으로 나눠 전면적인 침략을 감행했다. 에센의 공격을 받은 정통제는 환관 왕진^{王振}의 주장에 떠밀려 50만 대군을 이끌고 친정에 나섰다가 토목보^{土木堡}라는 곳에서 몽골군의 포로가 되는 치욕을 겪게 된다. 이것이 유명한 '토목보의 변'으로, 명이 쇠퇴의 길로 들어선 것을 상징하는 사건이었다.

몽골의 위협은 여기서 멈추지 않았다. 15세기 후반부터는 타타르 몽골의 세력이 커지면서 북변을 위협했다. 16세기 초반 타타르 몽골의 실력자 알탄 칸은 명에 조공하겠다며 무역을 허용하라고 요구했다. 명이 이를 거부하자 1550년^{명종 5} 알탄은 대규모 병력을 동원해 장성을 넘어 북경 부근까지 침략했다. 이것을 '경술^{庚戌}의 변'이라고 부른다. 위기에 처한 명은 통공을 약속하고 이듬해 선부^{宣府}와 대동^{大同}에서 마시^{馬市}를 열어 무역을 허용했다. 하지만 명이 마시를 철회하고 다시 무역을 거부하자 알탄은 1553년부터 1563년^{명종 18}까지 북경 부근까지 수시로 침략해 명을 곤경에 몰아넣었다. 15세기부터 16세기까지 명과 몽골 사이에 군사적 충돌이 빈번했던 배경에는 조공과 무역을 둘러싼 갈등이 자리 잡고 있었다.

명은 융경^{隆慶} 연간^{1567~1572년} 장거정^{張居正} 등이 주도해 척계광^{戚繼光}을 비롯한 유능한 지휘관을 북변에 배치하고 북경 주변의 방위군을 증강하는 등 몽골에 대한 방어 태세를 가다듬었다. 또 귀순하거나 납치되어 몽골 지역에서 판승^{板升}이라는 집단 거주지를 이루고 살던 한족 백성의 귀환을 장려하는 정책을 시행했다.

이렇게 명의 군사력이 증강되던 와중에 알탄 칸의 손자가 명으로 귀순하면서 양측은 협상의 계기를 맞이했다. 마침내 1571년^{선조 4} 명은 알탄 칸을

순의왕順義王으로 책봉하고 몽골의 조공과 교역을 허용했다. 조공을 허락받아 지속적으로 무역 이익을 얻게 된 알탄 칸은 침략을 멈추었다.융경화의 이로써 명과 몽골은 군사적 충돌을 그쳤다.

한편 명이 몽골의 위협으로 근심하고 있을 무렵, '대항해시대'의 여파가 동중국해 지역으로 밀려오고 있었다. 1498년연산군4 바스쿠 다가마가 아프리카 남단을 돌아 캘리컷에 이르는 인도 항로를 개척한 이후, 후추 등 향료를 구하고 가톨릭을 전파하려는 포르투갈 상인의 내항이 활발해졌다. 1511년 포르투갈 선단이 믈라카를 점령하고, 1513년중종8 포르투갈인 알바레스 등이 광동廣東 지역에 들어왔다. 이들이 중국에 입국한 최초의 포르투갈인들이었다. 당시 명은 포르투갈인을 '불랑기佛狼機'라 불렀다. 광동에 들어간 불랑기는 명과의 무역을 타진하고 명은 그들을 조공 사절로 간주했다.

1520년대 명은 포르투갈 상선이 요구하는 내항과 무역을 거부했다. 하지만 포르투갈인은 명과의 무역으로 얻는 이익을 포기할 수 없었다. 그들은 상륙이 금지된 광동 지역을 떠나 복건福建과 절강浙江 연안으로 이동해 중국 연해민과 밀무역을 벌였다. 특히 영파寧波 부근의 쌍서雙嶼 등지가 그들의 거점이 됐다.

1550년대 들어 포르투갈인은 명의 지방관들에게 뇌물을 제공하면서까지 통상의 문을 계속 두드렸다. 1557년 명은 논란 끝에 포르투갈인이 마카오에 거주하고 명과 교역하는 것을 허가했다. 이후 포르투갈 상인은 마카오를 거점으로 향료와 은을 중국에 들여오고 중국산 비단과 생사生絲, 도자기 등을 서구와 일본 등지로 수출한다. 또 16세기 후반부터는 에스파냐 상선들이 마닐라를 거점으로 남미에서 생산된 은을 중국으로 들여오고 중국의 견직물과 도자기 등을 수출하는 무역이 성황을 이룬다.

**왜구가 발호하고
일본이 통일되다**

16세기 초반, 명의 동남 연해 지역에서는 왜구가 다시 발호하고 있었다. 이들을 14세기의 왜구와 비교해 보통 '후기 왜구'라고 부른다. 당시 일본은 15세기 후반부터 센고쿠 시대로 돌입해 다이묘들이 각지에 할거하면서 패권을 다투고 있었다. 그들은 중국산 물품을 얻고 군사력의 기반이 되는 경제력을 확보하기 위해 명과의 무역을 갈망했다. 그러나 명과의 조공 무역을 독점하고 있던 무로마치 바쿠후에 밀려 진입 자체가 쉽지 않았다. 그러자 다이묘들은 무장 상단을 조직해 중국 연해에서 밀무역을 벌였다.

한편 상공업이 날로 발달하던 복건, 절강 등 동남 연해 지역 중국인은 상품 판매의 출구가 절실히 필요했다. 그들에게 명 정부의 해금 조처는 넘어서야 할 장벽이었다. 복건과 절강 등지의 토호나 상인은 왜구와 결탁해 사무역을 벌이는 일이 늘어났다. 그 과정에서 왕직王直, 허동許棟, 이광두李光頭 등 중국인 두목과 일본 상인이 결합하면서 상인인 동시에 해적인, 국적을 초월한 거대한 밀무역 집단이 형성됐다. 이들 왜구 집단은 명 연안에서 무역을 꾀하던 포르투갈 상인과 결합하기도 했으며 당시 일본에서 다량 생산되던 은을 매개로 중국의 비단과 생사를 교역해 막대한 이익을 챙겼다.

1523년嘉靖 18 영파에 입항한 일본의 오우치大內씨와 호소카와細川씨의 조공 선단이 명과의 접촉 순서를 놓고 갈등을 벌이다가 폭동을 일으켰다영파의 난. 일본 상인이 왜구처럼 폭도로 돌변해 명의 관원과 백성을 살해하자, 명은 시박사市舶司를 철폐하고 해금 조처를 더욱 강화했다. 하지만 해금을 강화한다고 폭발적으로 증대하는 교역 욕구를 통제할 수는 없었다. 1550년대 중반에는 왜구가 휘주徽州, 남경 등 명의 내지까지 위협하기에 이르렀다. 1560년대 들어 척계광 등 무장의 활약으로 왜구를 어느 정도 제압하자 명은 1567년 해금을 해제하고 상인들의 해외 도항을 허가했으나 일본과의 교역은 여전히 금지했다.

16세기 후반 일본 열도에서는 또 다른 격변이 일어났다. 100년 가까운 센고쿠 시대의 분열 끝에 통일의 기세가 높아지고 있었다. 우선 눈길을 끄는 것은 일본의 전반적인 경제적 역량이 커진 점이다. 16세기 초 조선에서 연은분리법鉛銀分離法이라는 새로운 제련법이 전래되면서 일본 각지의 은 생산량이 획기적으로 늘어났다. 또 옥강玉鋼이라 불리는 강철의 생산도 늘어났다. 생산된 은은 바쿠후나 다이묘, 혹은 왜구들이 명과의 공식, 비공식 무역에서 견직물, 생사, 도자기 등을 구입하는 데 쓰였다. 또한 은은 조선과의 무역 대금으로 흘러들어 가기도 했다.

1543년^{중종 38} 시암^{지금의 타이}을 출발해 명으로 가던 중국선 한 척이 떠돌다 규슈 근처의 다네가시마^{種子島}에 도착했다. 당시 이 배에 타고 있던 포르투갈 상인은 다네가시마 영주에게 조총을 선사했고, 이 새로운 무기는 곧 일본 각지로 퍼져 나가 기존의 전투 양상을 바꾸기 시작했다. 조총의 위력을 누구보다 절감했던 오다 노부나가는 조총수 양성에 진력했다. 그는 1575년 나가시노^{長篠}에서 벌어진 전투에 조총을 활용해 당시 전국 최강의 기마 군단으로 불리던 다케다 가쓰요리^{武田勝賴} 군에게 대승을 거두었다. 이후 오다는 각지의 경쟁자들을 차례로 제압하면서 일본에서의 패권 장악에 한발 더 다가선다.

당시 일본에도 포르투갈과 에스파냐의 상인, 선교사가 다수 입국해 있었다. 1549년^{명종 4} 예수회 선교사 프란시스코 자비에르는 가고시마^{鹿兒島}에 상륙해 일본에 천주교를 전파했다. 이후 규슈 지역을 중심으로 '기리스탄^{吉利支丹}'으로 불리는 천주교 신자가 급증했다. 서양 문물과 접촉하면서 서양에 대한 관심이 높아지고 대외 인식의 폭이 넓어졌다. 1582년^{선조 15} 네 명의 소년을 뽑아 '견구사절^{遣歐使節}'이라는 이름으로 바티칸에 유학생을 파견한 것도 그 같은 배경에서 비롯됐다.

1582년^{선조 15} 오다 노부나가가 죽은 뒤 후계자로 등장한 도요토미 히데요시는 1587년^{선조 20} 일본을 통일했다. 그는 일종의 토지조사 사업인 '검지^{檢地}'를 실시하고, 무사 이외의 계층에게서 무기를 몰수하는 도수령^{刀狩令}을 발포해 집권 기반을 닦았다. 그 후 도요토미는 명을 향한 도전에 나섰다. 그 첫 걸음은 조선 침략이었다.

도요토미가 명을 향한 도전을 꾀한 이유에 대해서는 여러 가지 설명이 있다. 흔히 그의 공명심과 과대망상, 무역 확장의 욕구 등이 거론되곤 하지만, 무엇보다 중요한 것은 통일 이후 내부 갈등과 자신을 향한 도전을 제어할 필요가 있었다는 점이다. 통일 정권의 진정한 수장이 되려면 휘하 다이묘들에게 군역을 부과할 필요가 있었다는 것도 침략의 배경이 됐다. 즉 통일 정권이 내부의 모순을 배출하고자 대외 침략에 나선 것이다.

1587년 도요토미는 대마도를 복속시킨 뒤 대마도의 지배자 소^宗씨에게 조선 국왕을 입조하도록 하라고 요구했다. 마치 대마도가 조선을 마음대로 움직일 수 있는 양 착각하고 있었던 것이다. 이는 도요토미가 동아시아의 국제 질서와 문명의 실체에 무지했다는 사실을 상징하는 대목이다. 나아가 도요토미는 1591년(선조24) 귀국하는 조선의 통신사 일행 편에 국서를 보내 "명을 치는 데 앞잡이가 되라(征明嚮導)."라고 강요하고, 이를 받아들이지 않으면 조선을 정복하겠다고 협박했다. 일본의 무력 통일로 자신감이 높아진 도요토미는 조선을 우습게 여겼던 것이다.

하지만 명과 일본에 대한 조선의 인식은 도요토미와는 전혀 달랐다. 당시 조선은 명을 중심으로 하는 동아시아 질서의 충순한 구성원을 자임했다. 15세기 이래 명을 상국(上國)이자 부모국으로 여기던 조선의 숭명의식은, 16세기 후반에 더욱 고조되어 조선과 명을 일가(一家)로 여기기에 이른다. 반면 일본에 대해서는 오랑캐이자 중화 문명 바깥에 위치한 화외지국(化外之國)으로 하시(下視)하고 있었다. 요컨대 조선은 일본보다 문화적으로 우월하다는 생각에 사로잡혀 도요토미의 요구와 협박을 무시했고, 그 와중에 임진왜란이 일어나게 된 것이다.

2. 동아시아 세계대전

**일본의 침략으로
200년 평화가
막을 내리다**

1592년^{선조25} 4월 13일, 부산에 상륙한 일본 육군은 거칠 것이 없었다. 부산진과 동래성을 손쉽게 함락하고 무서운 기세로 북상하기 시작했다. 고니시 유키나가^{小西行長} 휘하의 일본군 선발대는 동래성을 함락한 뒤 기장, 양산, 밀양, 대구 방향으로 진격해 4월 25일에는 경상남도 상주에 도달했다. 4월 18일, 고니시 유키나가에 이어 부산과 김해 등지에 상륙한 가토 기요마사^{加藤淸正}, 구로다 나가마사^{黑田長政}, 모리 데루모토^{毛利輝元} 등이 이끄는 후속 부대도 거침없이 북상 대열에 합류했다.

100년 가까운 센고쿠 시대를 거치며 쌓인 풍부한 실전 경험에다 신무기인 조총까지 보유한 일본 육군은 가공할 위력을 뿜냈다. 또 왜란 이전까지 오랫동안 조선을 왕래해 조선의 지리 정보와 내부 사정에 밝은 대마도 사람들이 향도 역할을 맡은 덕에 일본군은 계속 승승장구했다. 반면 건국 이후 200년 동안 평화를 누리던 조선의 조정과 백성은 전쟁을 몰랐다. 국난 극복을 앞장서서 이끈 유성룡은 당시 상황을 이렇게 회고한 바 있다. "백성들이 백 년 태평에 젖은 상태에서, 바람을 탄 우박처럼 날아오는 조총의 탄환 앞에 조선의 활과 화살은 상대조차 될 수 없었다."

조선이 연패한 원인은 또 있었다. 당시 조선의 방어 체제였던 제승방략^{制勝方略} 체제가 바로 그것이었다. 이는 전시에 각 고을의 수령이 군사를 이끌고 자신의 고을을 떠나 약속된 방어 지역으로 집결하고, 중앙에서 임명한 순변사·방어사·도원수 등이 도착하면 그들 아래에서 지휘를 받는 체제였다. 하지만 임진왜란 당시에는 이 체제가 제대로 작동하지 않았다. 왜란 발생 직후 경상감사 김수는 경상도 문경 이남의 수령들에게 각 고을의 병력을 거느리고 대구에 집결해 순변사가 도착하기를 기다리라라고 지시했다. 그러나 순변사 이일의 도착이 늦어지고 일본군의 북상 소식이 알려지자 집결했던 수령과 병사들은 대부분 도망치고 말았다. 이처럼 적을 막아야 할 지방의 무장과 수령들이 결전을 피해 도주했고, 지휘관들은 오합지졸을 건사하기에 급급해 척후조차 제대로 시행하지 못했다. 오랜 평화의 시간을 거치면서 조선의 국방 태세는 붕괴 직전까지 몰려 있었던 것이다. 이 때문에 임진왜란 초기, 육지 전투의 양상은 그야말로 프로와 아마추어 사이의 대결이었다.

조선 육군은 일본군을 저지하기 위해 안간힘을 썼지만 역부족이었다. 상주에 방어선을 친 순변사 이일은 일본군의 기습을 받아 패주했다. 조야의 기대를 한 몸에 받은 도순변사 신립은 충청도 충주 탄금대에서 배수진을 치고 분전했지만 참패하고 말았다.

4월 29일, 신립의 패전 소식이 전해지자 도성은 공황 상태에 빠졌다. 이제 충주에서 한양으로 이르는 길목에는 번번한 방어선조차 존재하지 않았다. 위기에 처한 선조는 도성을 떠나 파천할 것을 결정했다. 1592년 4월 30일 새벽, 선조는 북으로 피란길에 올랐다. 파천이 결정되자 민심도 흩어졌다. 선조를 호위해야 할 위사(衛士)들도 달아났고, 문무관을 비롯해 어가를 수행하는 일행의 수는 채 100명도 되지 않았다. 선조 일행이 도성을 나온 직후, 난민들이 들고일어났다. 그들은 경복궁을 비롯한 궁궐과 관아에 불을 지르고 약탈을 자행했다. 그 과정에서 장예원(掌隷院)에 보관된 노비 문서는 물론 역대 왕의 실록과 사료까지 다 타 버렸다. 위기의 순간, 민심마저 등을 돌린 것이다.

1592년 6월, 조선 조정은 평양에 머물면서 대동강을 사이에 두고 일본군과 대치했다. 당시 고니시 유키나가는 대동강의 배 위에서 조선의 이덕형과 만나 강화를 요청하고 조선이 길을 내주면 자신들은 명으로 가겠다고 했다. 이덕형이 "중국을 침범하려 한다면 절강 쪽으로 갈 것이지 왜 조선으로 왔느냐?"라고 반박했고, 이어 "명은 조선의 부모국이므로 길을 내줄 수 없다."라고 응수해 협상은 결렬되었다.

이후 일본군이 평양을 공격할 기세를 보이자 조선 조정은 압록강 언저리의 평안도 의주까지 내몰렸다. 일본군을 막아 낼 전망이 보이지 않고 상황이 어려워지자 선조는 압록강을 건너 명으로 귀순하는 것까지 고려했다. 이에 신료들이 강하게 반대하자 선조는 요동으로 들어가 명의 원병을 빌려다가 국난을 극복하겠다는 명분을 내세우기까지 했다.

일본군은 임진왜란을 일으키면서 수륙병진水陸竝進 전략을 구상했다. 육군을 부산에 상륙시켜 세 방향으로 길을 나눠 북상하도록 하되, 수군을 서해로 진입시켜 병력과 물자를 수송해 육지와 바다 두 방면에서 조선을 협공한다는 계획이었다. 만약 일본 수군이 서해로 들어와 강화도 부근에 이르면, 한강과 임진강을 통해 한양과 경기도 일대를 장악할 수 있었다. 나아가 수군이 대동강과 압록강 기슭에 이르면 평양과 의주를 공격해 궁극에는 평안도 내륙 지역에까지 상륙할 수 있었다.

실제로 고니시 유키나가는 평양에 입성한 직후 당시 의주까지 내몰린 선조에게 서한을 보내 항복하라고 촉구하면서 조선의 처지를 조롱한 바 있다. 그는 서한에서 "이제 일본 수군이 대동강을 거슬러 평양으로 진입해 오기만 하면, 의주에 있는 조선 조정을 향해 총공격을 개시할 것"이라고 협박했다.

고니시의 호언처럼 일본 수군이 대동강을 통해 평양으로 진입했다면 십중팔구 의주에 있던 조선 조정은 제대로 저항하지 못하고 궤멸했을 가능성이 높다. 그렇게 되면 일본군이 압록강 일대를 장악하게 되고, 명군이 참전하더라도 압록강을 건너는 것 자체가 여의치 않았을 것이다. 요컨대 일본군의 수륙병진 전략이 계획대로 실행되었다면 전쟁은 조기에 끝나고 조선은 붕괴했을 가능성이 높다.

하지만 일본 수군은 대동강, 압록강은커녕 서해로 진입하지도 못했다. 이순신이 이끄는 조선 수군이 초기의 해전에서 연승을 거두고 남해의 제해권을 장악했기 때문이다. 일본군은 예상치 못한 해전의 연패 때문에 수륙병진 전략을 접어야 하는 상황에 부닥쳤다. 정읍 현감이던 이순신이 전라좌도 수군절도사^{전라좌수사}에 임명된 것은 전쟁 발발 1년 전인 1591년 2월이었다. 그는 부임 후 진함을 정비하고 거북선을 건조하는 등 혹시 모를 전란에 착실히 대비했다. 일본군의 침략으로 박홍과 원균이 이끄는 경상도 수군이 궤멸됐다는 소식을 들은 이순신은 일본군의 서진에 대비해 휘하의 선단을 전라도 여수에 배치했다.

1592년 5월, 원균이 이순신에게 지원을 요청했다. 이순신은 5월 6일, 휘하 함대를 이끌고 여수를 떠나 거제도로 향했다. 이순신 함대는 경상도 옥포에서 벌어진 첫 해전에서 일본 함대 26척을 격파하는 승리를 거두었다. 경상도 합포, 적진포 등지에서 연이어 벌어진 전투에서는 10여 척의 일본 전함을 격침하는 전과를 거두었다. 사기가 오른 이순신 함대는 1592년 5월 29일에는 거북선까지 이끌고 경상도 연안으로 출동했다. 하동에서 원균 함대와 합세한 이순신은 사천, 당포, 당항포, 율천리 등지에서 잇따라 승리했다. 이순신 함대는 다양한 공격 방식을 동원했다. 항구에 머무는 적의 선단을 대양으로 이끌어 내는 한편, 선두에 선 거북선에서 각종 총통과 화전 등을 발사하거나, 선체로 적선을 들이받는 당파^{撞破} 작전으로 그들을 혼란에 빠뜨린 뒤 적선에 뛰어올라 적을 제압하곤 했다. 이순신의 수군은 2차 출동에서도 네 차례 해전을 모두 승리로 이끌고 적선 72척을 격파하는 승리를 거두었다.

일본 수군이 잇따른 참패를 만회하려 절치부심하고 있던 1592년 7월, 이순신은 전라우수사 이억기, 경상우수사 원균의 함대와 연합해 고성 앞바다의 당포로 향했다. 7월 8일, 이순신의 수군은 견내량 포구에 있던 와키자카 휘하의 일본 함대를 유인해 한산도 앞바다로 끌어내는 데 성공했다. 그리고 유명한 학익진^{鶴翼陣}을 펼쳐 일본군 선단을 완전히 포위한 뒤 총통을 발사해 대승을 거두었다^{한산대첩}.

한산대첩을 계기로 남해의 제해권을 장악한 이순신은 같은 해 9월, 일본 수군의 본영인 부산을 공격해 적선 100여 척을 불태웠다. 이후 일본 수군은 이순신의 이름만 들어도 공포심을 느낄 정도로 활동이 위축되었다. 요컨대 이순신이 이끄는 조선 수군은 남해를 장악했음은 물론이고 서해를 통한 일본 수군의 북상을 원천적으로 차단해, 의주까지 내몰린 선조와 조정의 안전을 확보하고 궁극에는 반격의 발판을 마련하는 성과를 거두었다.

한편 일본 육군이 평안도와 함경도까지 진격한 상황에서 조선이 반격의 실마리를 마련할 수 있었던 데는 의병들의 활약 또한 커다란 역할을 했다. 임진왜란 발생 직후 가장 먼저 봉기한 곽재우를 비롯해 정인홍·김면·고경명·김천일·조헌 등 주요 의병장은 대개 전직 관료나 재야의 유생이었다. 이들은 관군이 어이없이 무너지고 임금이 파천 길에 오르자 충군애국의 정신으로 떨쳐 일어나 일본군에 저항했다.

의병의 전력은 일본군과 비교하면 형편없었지만 이들의 봉기와 분전은 대단한 성과를 남겼다. 무엇보다 연이은 패전으로 일본군을 '신병神兵'으로 여길 만큼 깊은 패배 의식에 사로잡혀 있던 조선의 관민에게 용기를 복돋워 줄 수 있었다. 또 곽재우가 벌인 경상도 의령 정암진 전투의 승리, 고경명과 조헌이 벌인 충청남도 금산의 사투, 경상도 지역 의병장들이 적극적으로 참여한 진주대첩 등에 의해 일본군은 쉽사리 전라도로 진입할 수 없었다. 전라도가 보전됨으로써 조선군은 전쟁 수행 역량을 유지할 수 있었고, 끝내 반격의 계기를 마련했다. 나아가 일본군은 점령지 곳곳에서 의병의 예기치 못한 저항을 맞아 병력을 다시 배치하고 작전을 변경해야 하는 난관에 직면하게 됐다. 이 때문에 "왜란 초반 나라가 망하지 않고 종사가 유지되었던 것은 의병 덕분"이라는 평가가 나오는 것이다.

의병의 봉기와 분투 덕분에 종묘사직을 보전할 수 있었지만, 시간이 흐르면서 의병을 둘러싼 정치적 갈등이 격화되었다. 전쟁 초 싸움을 피하고 도주하거나 연패한 관군 지휘관들은 의병의 활약에 부담감을 느끼곤 했다. 위신을 잃은 일부 수령이나 관군 지휘관은 의병의 작전을 노골적으로 방해하거나 그들의 활약을 '도적 활동'이라고 매도하기까지 했다. 조정에서도 전쟁 초기에는 의병장들에게 벼슬을 내리거나 적극적인 지원을 다짐했지만, 점차 태도가 달라졌다. 특히 명군이 참전하고 강화 협상이 진행되자 의병장들에 대한 대접은 급격히 나빠졌다. 그 과정에서 일부 의병장이 모반 혐의를 뒤집어쓰고 처형당하는 비극이 벌어지기도 했다. 의병은 전쟁 초기 국가 멸망의 위기 속에서는 매우 소중한 존재로 인식되었으나 위기를 넘긴 후에는 정권을 위협할 수도 있는 위험한 대상으로 여겨졌던 것이다. 요컨대 조정과 관군에게 의병은 '양날의 칼'이었던 셈이다.

명이 참전해
세계대전으로
비화하다

선조가 의주로 피란하고 일본군이 평양을 장악한 이후인 1592년 6월, 조승훈, 사유史儒 등이 이끄는 명군 3000여 명이 임진왜란에 참전했다. 이들은 임진왜란 당시 최초로 조선에 들어온 명군이었다. 명은 왜 조선에 군대를 보내 전쟁에 개입했을까?

명은 조선 조정의 원조 요청을 받아들이는 형식으로 참전했다. 이때 명이 내세운 명분은 일본군의 침략을 받아 위기에 처한 조선을 구한다는 것이었다. 명으로서는 충실한 제후국을 자임하던 조선의 위기를 외면할 수 없었다. 하지만 '조선을 구원하기 위해' 참전한다는 것은 어디까지나 부차적인 것이었고 그보다 더 중요한 목적은 명 자체의 안보를 확보하는 것이었다.

> 조선은 동쪽 변방에 끼어 있어서 우리의 왼쪽 겨드랑이와 가깝습니다. 평양은 서쪽으로 압록강과 인접하고, 진주는 직접 등주登州와 내주萊州를 맞대고 있습니다. 만일 일본이 조선을 차지해 요동을 엿본다면 1년도 되지 않아 북경이 위험해질 것입니다. 따라서 조선을 지켜야만 요동을 보호할 수 있습니다.
> 생각하건대 과거 조선에서 벌어진 전쟁에서 중국이 처음부터 천하의 병력을 동원해 대력을 고갈시켜 가면서까지 이 구구한 속국을 구원한 까닭은 무엇이었습니까? 조선을 구원하려 한 것은 요동을 지키기 위한 것이고 요동을 지키려 한 것은 북경을 보위하기 위한 것이었습니다.

임진왜란 당시 조선에 파병해 일본군을 막아야 한다고 주장한 명 인사들이 내세운 논지는 대개 위와 같은 것이었다. 일본이 조선을 장악하면 명의 산동과 요동이 위험해지고 궁극에는 북경까지 위협받을 상황이 전개되므로 조선을 방어해야 한다는 주장이다.

명은 14세기 후반과 16세기 중반에 복건, 절강 등 중국 동남 지방에서 발호한 왜구에 의해 많은 피해를 입었으나, 동남 지방에 상륙한 왜구가 내륙을 따라 북상해 여기서 수천 킬로미터나 떨어진 북경을 위협할 수 있으리라고는 생각하지 않았다. 그런데 만약 일본군이 조선을 차지한다면 이야기가 달라진다. 조선을 장악한 일본군이 압록강을 건너 요동으로 들어오거나 해로를 통해 산동으로 진입한다면 명의 심장부인 북경, 천진 등이 곧바로 위협에 노출될 수밖에 없었다. 더욱이 도요토미 히데요시는 "조선에서 길을 빌려 명으로 들어간다."라고 하며 궁극적인 목표가 명임을 숨기지 않았다.

명에게 요동이 이라면 조선은 입술이나 마찬가지였다. 입술이 없으면 이가 시린 법이다. 더욱이 요동 지역의 대부분은 평원 지대이기 때문에 일본군이 대거 진입한다면 방어 거점을 확보하는 것이 여의치 않았다. 반면 조선은 땅이 좁은 데다 산이 많아 상대적으로 방어에 유리했다. 따라서 명은 조선에서라면 적은 병력으로도 일본군을 제압할 수 있다고 보았다. 이처럼 명이 조선에 파병해 참전한 것은 순망치한론脣亡齒寒論에 입각한 전략적 판단에 따른 일이었다. 어차피 일본군의 최종 공격 목표가 명이라고 한다면 자국을 전쟁터로 만드는 대신 조선에 들어와 싸우는 것이 여러모로 유리했던 것이다.

임진왜란 발생 이후 자국의 안전 확보를 위해 명이 조선에 참전하는 것은 불가피했지만, 명군이 실제로 조선에 들어오기까지는 많은 우여곡절이 있었다. 그것은 당시 명이 처해 있던 내부 상황 때문이었다. 이 시기 명의 영하寧夏에서는 몽골족 출신 보바이가 반란을 일으킨 상태였다영하의 난. 명 조정은 이여송 등을 보내 반란을 진압하는 데 몰두하고 있었기 때문에 당장 조선에 대규모 병력을 보내는 것이 여의치 않았다. 이런 상황에서 왜란 발생 소식을 들은 명은 우선 자국의 해안 방어 태세를 강화했다. 혹시라도 일본군이 자국 영토에 상륙할지 모른다고 우려했기 때문이다. 일본의 침략 소식이 알려진 직후인 1592년 5월, 명 조정은 천진·요동·산동 등지의 해안 방어 태세를 강화했다.

명군의 조선 진입이 늦어진 까닭은 또 있었다. 당시 요동 등지에서는 조선과 관련된 유언비어가 떠돌았다. 구체적으로는 "조선이 일본군을 끌어들여 요동을 공략하려 한다."라는 내용이었다. 1591년 무렵에 이미 왜구에게 끌려가 일본 사쓰마에 거주하고 있던 한인 허의후 등이 "조선이 도요토미 히데요시에게 굴복한 뒤 명을 공격하라고 채근했다."라는 유언비어를 전파한 적이 있었다.

이와 함께 '조선과 일본의 공모설' 또한 커다란 파문을 불러왔다. 명은 왜란 초기 조선이 너무 쉽게 일본군에게 유린되는 것에 의심을 품었다. 과거 고구려가 수·당의 대군을 물리친 사실을 기억하는 명의 관인 중에는 '고구려의 후예'인 조선이 일본군에게 연패하는 것을 '의도적인 것'으로 여기는 사람들이 있었다. 급기야 1592년 6월 명의 병부상서 석성은 임세록 등을 조선에 정탐꾼으로 들여보냈다. 심지어 그는 화가를 대동해 의주로 파천해 있던 선조의 얼굴을 그려 오도록 조처하기도 했다. 의주까지 내몰린 선조가 진짜 조선의 국왕인지 확인하려는 것이었다.

이 같은 우여곡절 끝에 의심을 거둔 명은 비로소 조승훈 등이 이끄는 병력을 들여보냈다. 하지만 3000여 명에 불과한 군사로는 2만 명 가까운 평양의 일본군을 제압하기에 역부족이었다. 뿐만 아니라 이때 파견된 명군은 대부분 기병으로 구성돼 조총에 맞설 만한 화기도 제대로 갖추지 못했다. 결국 1592년 7월 17일, 조승훈이 이끄는 군대는 평양성을 공격하다 참패하고 말았다. 많은 비가 내려 땅이 진창이 되었음에도 무모하게 돌격한 명의 기마대는 제대로 힘도 써 보지 못한 채 궤멸했다. 많은 장졸이 전사하고, 조승훈은 남은 병력을 이끌고 요동으로 도주했다. 조승훈은 패전의 책임을 조선 측에 전가했다.

조승훈의 패전 소식에 명 조정은 경악했다. 예상한 것보다 일본군이 훨씬 강하다는 사실과 그들을 제압하려면 강남 등지에서 포병과 화기수를 동원해야 한다는 것을 절감했다. 그런데 문제는 강남에서 병력을 징발해 요동을 거쳐 조선까지 들여보내는 데 시간이 너무 많이 걸린다는 것이었다. 명 조정에서는 포병 등을 다시 투입하기도 전에 일본군이 압록강을 건너 명의 본토로 진입할지 모른다는 위기감이 높아졌다. 명은 이제 일본군을 묶어 둘 방책을 고민했다.

조승훈의 패전 직후인 1592년 8월, 병부상서 석성은 책사 심유경에게 유격장군遊擊將軍이라는 직함을 주어 조선에 들여보냈다. 심유경은 협상을 통해 일본군을 평양에 묶어 놓는 임무를 맡았다. 일찍이 일본 상인들과 도자기를 사고파는 무역에 종사한 심유경은 유세에 능한 인물이었다. 그는 실제로 고니시 유키나가와 협상을 벌여 9월 1일부터 10월 20일까지 휴전하기로 합의하고, 평양과 순안의 중간에 있는 부산원^{斧山院}을 양국 군대의 경계선으로 정했다. 이어진 협상에서는 휴전 기간을 이듬해 1월 15일까지 연장했다.

심유경의 활약은 일단 성공적이었다. 명은 일본군을 평양에 묶어 놓고 강남 등지에서 군대를 동원하는 데 필요한 시간을 벌 수 있었다. 그렇다면 일본군은 왜 심유경의 휴전 제안을 순순히 받아들였을까? 그것은 고니시 유키나가 등이 강화 협상을 원했고, 당시 일본군의 상황이 열악했기 때문이다. 조선 수군에게 막혀 보급선이 서해로 올라올 수 없었기에 일본군은 당장 다가오는 겨울 추위를 견디기가 만만치 않았다. 군량 등 물자도 부족했다. 따라서 일본 역시 시간을 벌면서 상황을 추스를 필요가 있었다.

명 조정은 1592년 8월, 병부시랑 송응창을 경략^{經略}으로 삼아 조선에 파견할 명군의 총사령관 자리를 맡겼다. 이어 영하의 난 진압에 참가하고 있던 이여송을 제독으로 임명해 야전군의 지휘를 맡겼다. 1592년 12월, 이여송은 5만 1000여 명의 병력을 이끌고 조선에 들어왔다. 6개월 전 조승훈 등이 이끌고 온 지원군과는 비교되지 않을 정도의 대군이었다.

명군은 1593년$^{선조 26}$ 1월 6일부터 벌어진 평양전투에서 대승을 거두었다. 불랑기포·대장군포를 비롯한 화포가 위력을 발휘했기 때문이다. 평양전투의 승리를 계기로 전세는 역전되었다. 고니시 유키나가 휘하의 일본군은 수많은 사상자를 낸 채 패주했고, 함경도 회령까지 북상했던 가토 기요마사의 부대도 고립을 피하려면 남쪽으로 철수할 수밖에 없었다.

나라가 망할지도 모른다는 위기의식 속에 의주까지 내몰렸던 선조와 조선 조정은 평양전투의 승리 소식에 감격했다. 종사를 회복할 가능성이 높아졌기 때문이다. 선조는 승리 소식을 들은 뒤 "나라가 다시 만들어졌다^{邦國再造}"라고 찬양했다. 이여송을 '나라를 구해 준 은인'으로 추앙하면서 그를 기리는 사당을 세우기로 했다. 살아 있는 사람을 모시는 사당, 이른바 생사당^{生祠堂}을 건립하기로 한 것은 당시 조선의 감격이 얼마나 컸는지를 상징하는 대목이다.

평양전투 승리의 의의는 컸지만 부작용 또한 만만치 않았다. 명군 내부에서 논공행상을 둘러싸고 갈등이 빚어졌고, 그 와중에 애꿎은 조선 백성이 희생됐기 때문이다.

당시 명군은 각각 남병南兵과 북병北兵으로 구성되어 있었다. 남병은 복건과 절강 등지에서 온 포병과 화기수를 가리키고, 북병은 대동·선부·요동 등지에서 차출한 기병을 가리켰다. 그런데 평양전투 승리 직후 논공행상 과정에서 남병 출신의 총사령관인 송응창과 북병 출신의 현장 지휘관인 이여송 사이에 갈등이 생겼다.

"이여송이 성을 공격할 때는 남병을 앞세우다가 논공행상을 할 때는 북병을 우위에 두었기 때문에 군사들이 불만을 품었다."라거나 "북병은 다만 성문이 열린 뒤 들어가 죽은 일본군의 목을 베었을 뿐"이라는 평가가 있었다. 또 일각에서는 "북병이 획득했다는 일본군의 수급 가운데 절반은 조선 사람의 것이고 전투 과정에서 물에 빠져 죽은 사람도 대부분 조선 사람"이라는 이야기가 나왔다.

평양전투 당시 북병을 비롯한 명군이 전공을 조작하는 과정에서 얼마나 많은 조선인이 희생당했는지는 불명확하다. 그러나 상당수의 조선인이 희생당한 것은 분명해 보인다. 이 때문에 명 조정에서도 감찰관을 보내 사실 여부를 조사했다. 당시 북병 가운데는 몽골과 여진 출신 병사도 있었는데, 실제로 그들이 조선 사람을 베어 죽이고 머리칼을 깎았다는 기록이 존재한다.

한편 이여송은 도주하는 일본군을 추격해 1월 26일 경기도 파주까지 남하했다. 이여송은 주로 기마병을 이끌고 일본군을 쫓았다. 평양전투의 승리를 통해 자신감이 높아진 데다 논공행상 과정에서 송응창과 갈등을 벌인 터라 '남병 출신의 포병이 없어도 일본군을 충분히 제압할 수 있다.'고 생각했던 것이다. 급기야 이여송은 파주의 벽제관 부근에서 벌어진 전투에서 일본군의 역습에 말려 참패하고 말았다. 이미 탄금대전투에서 신립이 죽음으로 증명했던 것처럼 기마병의 기동력만으로 일본군의 조총을 당해 내기는 어려웠다. 게다가 좁은 지역에서 벌어지는 백병전은 일본군이 최대의 장기를 발휘할 수 있는 전투 방식이었다. 이 전투에서 일본군의 장검이 커다란 위력을 발휘하면서 명군은 전의를 상실했다. 전멸 위기에 처한 명군이 사투를 벌이고 있을 때 남병이 도착해 전세는 가까스로 호전되었다. 그러나 이여송은 말에서 떨어져 상처를 입었고 수많은 병력을 잃고 말았다. 그는 나머지 병력을 이끌고 개성으로 물러났다.

한성을 코앞에 두고 명군이 패퇴하자 일본군은 여세를 몰아 2월 12일 벽제관 가까운 덕양산의 행주산성에 웅크리고 있던 조선군을 공격했다. 한성의 일본군을 배후에서 위협하는 행주산성을 점령해 근심의 싹을 없애 버리려는 것이었다. 그러나 도원수 권율이 지키는 행주산성의 조선 관민은 벽제관의 명군과 달랐다. 부녀자들이 치마에 돌을 담아 군사들에게 날라다 주며 합심해서 싸운 덕에 중과부적으로 보였던 조선군은 대승을 거두고 한성 회복의 교두보를 마련할 수 있었다. 이것이 한산대첩, 진주대첩과 더불어 임진왜란의 3대첩 가운데 하나로 꼽히는 행주대첩이다.

1593년은 이처럼 전선에서 맑음과 흐림이 교차하는 가운데 시작되고 있었다.

강화 협상의
국제정치학

벽제전투 패전을 계기로 임진왜란의 양상은 다시 달라졌다. 평양전투 승리에 고무돼 있던 석성·송응창·이여송 등 명군 지휘부는 벽제전투 패전으로 큰 충격을 받았다. 명군 지휘부는 패전을 계기로 전쟁 수행 방식을 근본적으로 바꾸려고 했다. 그들은 이제 결전이 아니라 협상을 통해 전쟁을 끝내고자 했다. 명군 지휘부는 심유경을 다시 일본군 진영에 보내 강화 협상을 새로 시작했다.

명군 지휘부는 왜 다시 강화 협상으로 방향을 돌렸을까? 그 배경에는 만만찮은 안팎의 현실이 자리 잡고 있었다. 벽제전투에서 패전할 무렵 명군의 상황은 열악했다. 병력은 부족하고 병사들의 사기는 떨어져 있었다. 병력 충원과 물자 보급이 부족한 상태에서 많은 병사들이 기아와 질병에 시달리고 있었기 때문이다. 이역에 건너와 풍토와 음식 등이 맞지 않아 질병에 걸리거나, 약속된 급료를 받지 못해서 불만에 차 있는 병사들도 적지 않아 전선 이탈이 비일비재했다. 이처럼 열악한 조건에서 평양전투까지는 그런대로 선전했지만, 벽제전투 패전을 계기로 전의를 상실했던 것이다.

조선에 파견된 명군의 상황만 문제가 되는 것은 아니었다. 원정에 들어가는 비용과 각종 역을 부담하느라 내지의 백성도 곤란을 겪고 있었다. 명 조정은 전쟁 비용을 마련하기 위해 강남 등지에서 증세 조치를 시행했다. 당연히 세금을 더 많이 내야 하는 하층민의 부담과 불만이 커질 수밖에 없었다. 조선으로 들어가는 명군의 통로인 요동 지역 주민의 고통은 특히 심했다. 그들은 군수물자를 운반하는 데 동원됐다. 그 부담이 워낙 과중해 요동 백성은 군량 운반 소리만 들어도 진저리를 치고 달아난다는 실정이었다. 1594년 병부상서 석성은 이러한 사정을 다음과 같이 밝혔다.

> 요동이 잔파된 데 더해 오랑캐가 안에서 그 틈을 엿보고, 왜가 밖에서 공격할 것이니 어찌 감당할 수 있겠습니까? 더욱이 중국 안에서도 전쟁이 거듭되어 근심스럽지 않은 곳이 없습니다. 병졸은 지치고 군량은 고갈되어 믿을 만한 것은 아무것도 없습니다. 그럼에도 중국을 위하지 않고 속국을 위한다면 그것은 복심腹心을 버리고 사지四支를 우하는 격이 될 것입니다.

이 말은 한마디로 '병졸이 지치고 군량이 고갈된 중국이 조선을 위해 더 이상 희생할 수는 없다.'는 것이었다. 즉 제 코가 석 자인 명이 곤경에서 벗어나려면 일본과 협상을 해서 전쟁을 빨리 끝내야 한다는 주장인 셈이다.

명군 지휘부가 일본과의 협상으로 돌아선 배경은 또 있었다. 비록 벽제 전투에서 패하기는 했지만, 명군이 파주 부근까지 일본군을 밀고 내려간 것은 참전의 목적이 어느 정도 달성된 것을 의미했다. 명군의 조선 참전은 자위의 목적에서 비롯된 것이다. 즉 명의 본토를 전쟁터로 만들지 않으려는 '공세적 방어'라고 할 수 있었다. 그런데 이제 일본군을 한반도의 중앙부까지 밀어낸 이상, 일본군이 다시 압록강을 건너 만주로 진입할 가능성은 거의 사라졌다. 즉 명군의 입장에서는 본래의 참전 목표가 거의 달성된 상황에서 다시 일본군과 혈전을 벌어 희생을 감수하는 것은 무의미했다. 강화 협상을 다시 시작한 직후인 1593년 4월, 명군 총사령관 송응창의 고백을 들어 보자.

> 그때 나라가 원병을 요청한 초기에는 우리 조정의 의견이 분분해서 대부분 압록강을

지키는 것이 상책이라고 했다. 평양까지 내려가자 평양만을 지키려 했고, 개성까지 내려가자 개성만을 지키려 하면서 "이미 속국을 구원해 태반을 평정하고 회복했으니 바로 철병하는 것이 옳다."라고들 했다. 그러나 나와 석상서의 의견은 그렇지 않아 적들을 깨끗이 소탕하기로 기약했다.

이 말에 따르면 명은 참전 초부터 철저하게 전황에 따라 응변하고자 했다는 사실을 알 수 있다. '명 본토가 전쟁터가 되지 않도록 한다.'는 것은 절대적인 원칙이었다. 조선을 위해 일본군을 섬멸하거나 결전을 벌여 그들을 조선 바깥으로 몰아내는 구상은 애초부터 없었다. 그런데 평양전투에서 승리하자 기존의 전략과는 달리 조선 내지로 깊숙이 개입하게 되었다. 따라서 벽제전투 패전을 계기로 명군 지휘부는 평양전투의 승리에 도취해서 잠시 잊고 있던 '근원적인 참전 목적'을 다시 떠올리게 된 셈이다.

실제로 1593년 6월, 명 조정의 일부 신료는 "평양과 개성을 수복해 준 것만으로도 명은 조선에 할 만큼 한 것"이라며 일본과 적당한 선에서 타협해 전쟁을 끝내자고 주장했다. 또 조선의 명군 지휘부가 전공을 탐내 무리하게 일본군과 싸우려 하는 상황을 막아야 한다는 주장도 제기됐다. 결국 1593년 7월, 명의 병부는 서울·조령·대구 등 요충지에 수천 명의 병력을 남겨 일본군의 공격에 대비하되, 나머지 병력은 철수하자고 건의했다. 만력제는 건의를 받아들여 같은 해 9월, 명군을 철수하라고 지시했다.

그렇다면 명군 지휘부가 추진하던 강화 협상에 조선은 어떤 반응을 보였을까? 1592년 8월, 심유경이 처음 들어온 직후부터 조선은 불안해 했다. 심유경이 평양성에서 고니시와 회담한 뒤 일본 측 주장을 조선에 제대로 알려 주지 않았기 때문이다. 심유경은 처음부터 조선을 배제한 채 일본 측과 밀실 협상을 벌였다. 이 때문에 유성룡은 같은 해 8월, 명 조정이 들여보낸 정보원 사용재使用梓를 만나 강화 협상의 무용론을 이야기하고 일본군을 몰아내려면 결전밖에는 방법이 없다고 역설한 바 있다.

벽제전투 패전 이후 명군 지휘부가 강화 협상을 재개하면서 조선은 완전히 소외되었다. 명군 지휘부는 협상의 내용을 조선 측에 제대로 알려 주지 않은 채, 자신들의 방침에 무조건 따를 것을 강요했다. 선조는 신료들을 명군 지휘부에 보내 강화를 포기하고 결전을 벌여 일본군을 몰아내 달라고 호소했다. 하지만 명군 지휘부는 선조와 조선 조정의 호소를 무시했다. 유성룡이 개성으로 물러나 있던 이여송을 찾아가 결전을 촉구하자, 이여송의 부하들은 유성룡에게 모욕을 주었다. 경략 송응창은 결전을 호소하는 조선의 요청에 "싸우려면 반드시 너희들의 병마로 싸워라. 이기면 포상하겠지만 지면 처단하겠다."라고 협박했다. 일본군을 몰아낼 만한 육군 전력이 없는 조선은 속이 타들어 갔다.

명군 지휘부가 조선의 민족 감정을 무시한 채 강화 협상을 지속하면서 부작용이 속출했다. 송응창은 조선에 자신의 허락 없이 일본군을 함부로 공격하지 말라고 강요했다. 일본을 다독여 강화에 성공하려면 조선을 견제할 필요가 있다는 생각에서 비롯된 조처였다. 이 때문에 명군 지휘부가 강화 협상에 매달린 이후 조선은 독자적인 군사 작전권을 잃게 됐다. 실제로 1593년 4월, 일본군이 서울을 떠나 경상도 방면으로 철수할 때 어처구니없는 일들이 벌어졌다. 당시 조선군은 한강을 건너 철수하는 일본군을 요격하려 했지만 명군의 방해 때문에 뜻을 이룰 수 없었다. 명군이 한강을 건너는 일본군을 호위해 주는 상황이 빚어졌다. 일본군을 공격하려 했던 조선군 장졸들은 도리어 명군에게 끌려가 구타당하는 등 곤욕을 치러야 했다.

그뿐이 아니었다. 일본군이 경상도 일대로 물러나 머물고 있을 때, 심유경은 일본군 장졸들에게 '표첩票帖'이라 불리는 일종의 통행 증명서를 발급해 주었다. 당시 일본군이 땔감을 마련하거나 물을 길을 때 조선 관민의 습격을 받는 일이 있었는데, '표첩'을 소지한 일본군을 공격하는 조선 관민은 처벌을 받도록 규정했다. 조선을 배제한 채 진행된 강화 협상 때문에, 또 명군 지휘부의 견제 때문에 조선의 주권은 송두리째 무너지고 있었다.

하지만 명과 일본의 강화 협상은 성공할 수 없었다. 양측이 서로에게 제시한 조건이 현격히 차이가 났기 때문이다. 명은 "일본군이 조선에서 완전히 철수하면 도요토미 히데요시를 일본 국왕으로 책봉해 준다."라고 했다. 대국의 입장에서 일본을 중화 질서 속에 받아들여 주기만 하면 일본이 감격할 줄 알았던 것이다.

그런데 일본이 제시한 조건은 전혀 달랐다. 일본은 '명 황제의 딸을 일본 천황에게 하가下嫁할 것', '조선 팔도 가운데 네 도를 떼어 줄 것', '일본군이 철수하면 조선의 왕자와 대신을 일본에 인질로 보낼 것', '명이 폐지한 일본과의 감합 무역을 재개할 것' 등을 요구했다. 이를 통해 일본이 승전국으로 자부하고 있었음을 알 수 있다.

이렇게 양측의 조건이 너무 차이가 나는 바람에 협상이 타협점을 찾을 가능성은 거의 없었다. 또 '명 황제의 딸을 일본 천황에게 하가할 것' 같은 조건 등은 자국 조정에 제대로 보고할 수도 없었다. 황제의 진노를 사서 당장 목이 달아날 수도 있는 엄청난 사안이었기 때문이다. 자연히 강화 협상은 시간만 끌 뿐 결말을 맺을 수 없었다. 시간이 지나면서 명 조정에서는 강화의 결말이 맺어지지 않는 데 의구심을 품는 신료들의 수가 늘어났다. 그들은 "히데요시를 책봉하면 일본군이 철수한다고 했는데 왜 강화가 아직 이루어지지 않느냐?"라고 반문했다. 석성·심유경 등이 일본 측이 제시한 협상 조건을 명 조정에 사실대로 알리지 않았으니 의구심이 생기는 것은 당연했다.

강화 협상이 결말을 맺지 못하는 데다 협상의 효용성에 의구심을 품는 신료들이 늘어나자 명군 지휘부는 조선을 이용하려 했다. 1594년 명군 지휘부는 '조선도 강화 협상에 찬성한다.'는 사실을 공식 천명하라고 조선 조정에 강요했다. 명 황제에게 조선도 명이 도요토미를 일본 국왕으로 책봉해 주기를 바란다는 주문奏文을 올리라는 요구였다.

송응창의 후임으로 경략이 된 고양겸은 이같이 강요하면서, 조선이 거부하면 군대를 철수하고 더 이상 조선을 원조하지 않겠다고 협박했다. 조선도 강화가 성사되기를 간절히 원한다는 것을 강조해 강화의 효용성을 의심하는 명 조정의 반대파들을 제압하려는 포석이었다. 조선으로서는 '만세불공萬世不共의 원수' 일본과의 강화를 원하는 것처럼 상주하는 일이 영 내키지 않았다. 그러나 일본군을 물리칠 만한 독자적인 군사력이 없는 상황에서는 고양겸 등의 강요를 거부할 도리가 없었다. 조선은 결국 황제에게 강화를 원한다는 주문을 올렸다.

1594년선조 27 명 조정에서는 명의 황녀를 천황에게 하가하라는 일본의 요구가 폭로되었다. 다만 그때까지는 만력제가 석성 등을 신임해 큰 문제가 발생하지 않았고, 1595년 1월에는 도요토미를 일본 국왕으로 책봉하는 임무를 맡은 명 조정의 사절단이 출발한다. 정사 이종성, 부사 양방형 등 사절단은 그해 10월 부산의 일본군 진영에 들어갔다. 그런데 다음 달, 정사 이종성이 일본군 진영을 탈출해 도망쳤다. 그는 일본군 진영에 들어가서야 양국의 강화 조건에 현격한 차이가 있다는 사실을 알았던 것이다.

이종성의 탈주를 계기로 강화의 효용성 논란이 다시 불붙었다. 협상이 파탄 직전까지 몰린 1596년 9월, 명 조정은 부사 양방형을 정사로 승격해 일본에 보냈다. 일단 도요토미에 대한 책봉을 마치려는 수순이었다. 도요토미는 양방형을 만나 공순하게 명 황제의 책봉을 받는 의식을 거행했다. 하지만 그는 "왜 조선 왕자가 오지 않느냐?"라고 힐문했다. 그리고 자신이 요구한 조건이 하나도 충족되지 않았다는 사실을 알게 되었다. 4년에 걸친 협상을 통해 얻은 것이 아무것도 없다는 사실을 깨달은 도요토미는 격노했다. 그는 심유경이 일본군의 완전 철병을 요구하는 서한을 보내오자 협상의 파탄을 선언하고 장수들에게 조선의 재침공을 지시했다. 정유재란이 시작된 것이다.

강화가 진행되는 동안 조선은 협상에서 완전히 배제됐다. 또한 명군 지휘부의 강요에 의해 일본군을 독자적으로 공격할 수 있는 주권까지 빼앗겼다. 그뿐 아니라 강화의 성공 여부에 정치 생명을 걸고 있던 석성·고양겸·심유경 등 명군 지휘부의 강압에 밀려 명 황제에게 마음에도 없는 주문까지 올려야 했다. 그랬음에도 조선은 다시 침략을 맞았다. 도요토미가 조선의 왕자가 오지 않았다는 등의 이유로 강화의 파탄을 선언했기 때문이다. 요컨대 전쟁의 최대 피해자였던 조선은 강화 협상 기간 내내 독자적인 목소리를 내지 못하고, 명과 일본의 흥정 대상으로 전락하는 수모를 겪었다. 그것은 분명 약소국의 비애였다.

3. 1598년 체제

**7년 전쟁이
막을 내리다**

1597년^{선조 30} 7월, 일본군은 14만 명에 이르는 대군을 동원해 다시 조선을 침략했다. 일본군은 1592년과는 달리 명 정복을 내세우기보다 전라도를 비롯한 조선의 강토를 장악하는 데 혈안이었다. 재침한 일본군은 경상도에 진입해 이전부터 이 지역에 잔류해 있던 병력과 합세해 전라도를 우선 공격 대상으로 삼았다.

조선은 1596년 강화 협상이 파탄으로 끝난 직후, 명에 사신을 보내 일본군이 다시 쳐들어올 가능성을 알리고 명군의 지원을 요청했다. 한편 일본군의 공격이 예상되는 삼남 지역의 요충지와 삼남 지역에서 경기도, 강원도 등지로 이어지는 주요 거점의 방어 태세를 점검했다. 당시 조선은 일본군이 북상하는 길목의 주민과 곡물을 모두 주변의 산성으로 옮긴 뒤 저항하는 청야^{淸野} 작전을 구상했다. 그에 따라 경상도 지역의 관민들은 창녕의 화왕산성, 안음의 황석산성 등 내륙의 산성에 방어 거점을 마련했다.

정유재란 초반에도 일본군의 기세는 무서웠다. 그들은 황석산성과 칠천량 등에서 벌어진 전투에서 승리한 뒤 전라도로 진입했다. 1597년 7월에는 칠천량에서 벌어진 해전에서 원균이 이끄는 조선 수군을 거의 궤멸했다. 일본군에게 칠천량 승전의 의미는 특별히 컸다. 이 승전을 계기로 전라도와 서해로 진입할 수 있는 발판을 마련했기 때문이다. 조선 수군의 저항이 사라진 상태에서 일본군은 하동, 구례를 거쳐 남원과 전주를 장악하고, 9월에는 충청도의 천안까지 북상해 한양을 다시 위협하기에 이르렀다.

일본군의 재침이 확실해진 1597년 3월, 명은 재참전을 결정하고 양호楊鎬를 경리經理로, 마귀麻貴를 제독으로 임명해 9월까지 6만의 대군을 조선에 들여보냈다. 평양에 머물던 양호는 일본군이 천안까지 북상했다는 소식을 듣고 마귀 휘하의 병력을 남하시켰다. 마귀 부대는 직산에서 벌어진 전투에서 일본군에게 승리를 거두었다.

직산전투를 계기로 일본군의 기세가 한풀 꺾인 와중에 조선도 백의종군 중이던 이순신을 삼도수군통제사로 복직시켜 수군의 재정비에 착수했다. 한산대첩 이후 삼도수군통제사로 임명된 이순신이 파직당하고 백의종군하게 된 것은 1597년의 일이었다. 일본은 이중간첩을 통해 가토 기요마사가 바다를 건너올 것이니 수군에게 생포하게 하라는 거짓 정보를 흘렸다. 조정은 이순신에게 출동 명령을 내렸지만 이순신은 이것이 일본의 계략임을 간파하고 출동하지 않았다. 실제로 당시 가토 기요마사는 이미 조선에 들어와 있었다. 이순신은 적장을 놓아 준 혐의로 서울로 압송돼 사형당할 위기에 몰렸으나, 우의정 정탁의 변호로 살아나 도원수 권율 밑에서 백의종군하게 된 것이다.

1597년 9월, 이순신은 칠천량에서 참패한 수군을 수습하고 남아 있던 열세 척의 함대를 이끌고 전라도 해남과 진도 사이의 명량에서 130여 척의 일본 함대와 맞섰다. 그는 탁월한 전략을 바탕으로 지형 조건과 조류 등을 적절히 활용해 기적적인 승리를 거두었다明梁大捷. 이순신이 전라도 연안의 제해권을 장악하자 서해로 진입하려는 일본 수군의 전략은 다시 좌절했다. 이후 조선 수군은 전력을 급속히 회복해 반격에 돌입했다.

직산전투와 명량대첩을 계기로 북상이 좌절된 일본군은 1597년 10월 이후 경상도 울산에서부터 전라도 순천에 이르는 남해안에 성을 쌓고 장기 주둔 태세에 들어갔다. 같은 해 11월, 조·명 연합군은 병력을 재배치해 일본군을 몰아내는 작전에 돌입했다. 그 첫 공략 대상은 가토 기요마사가 지키고 있던 울산성이었다. 조·명 연합군은 1598년宣祖 31 1월까지 울산성을 포위하고 총공세를 펼쳤지만, 일본군의 완강한 저항과 명군 내부의 불협화음 때문에 성을 함락하는 데는 실패했다.

1598년 초반에도 명군은 병력을 네 방향으로 나눠 울산·사천·순천 등지의 일본군을 공략했지만 뚜렷한 성과를 거두지 못했다. 일본군의 저항이 거셌던 탓도 있지만, 명군 또한 결전을 벌여 일본군을 확실히 몰아내겠다는 의지가 없었기 때문이다. 이는 당시 명의 병부상서 형개邢玠가 '겉으로는 결전을 벌이되 속으로는 일본군을 다독인다陽剿陰撫.'는 것을 지휘 방침으로 제시한 데서도 뚜렷이 드러난다. 전쟁이 거의 막바지에 이른 상황에서 명군에게 결전 의지를 기대하는 것은 애초부터 무리였다.

1598년 8월, 도요토미 히데요시가 죽었다. 그의 사후 도쿠가와 이에야스德川家康를 비롯한 일본의 중신들은 조선에 있던 침략군의 철군을 지시했다. 흩어져 있던 일본군이 본국으로 철수하기 위해 속속 부산으로 집결하던 1598년 11월, 이순신이 이끄는 수군은 전라남도 순천 앞바다에서 고니시 유키나가 군의 퇴로를 차단했다. 퇴로가 막힌 고니시는 명 수군 제독 진린陳璘에게 뇌물을 써서 길을 열어 달라고 간청하는 한편, 사천에 있던 시마즈 야스히로 군에게 구원을 요청했다. 고니시를 구하려고 시마즈가 500척의 대선단을 이끌고 서진해 오자 이순신 함대는 노량으로 나아가 그들을 요격했다. 이순신이 이 해전에서 대승을 거두고 순국하고 말았으니 노량해전이야말로 임진왜란의 마지막을 알리는 처절한 싸움이었다.

도요토미 히데요시의 죽음, 이순신의 순국과 함께 임진왜란은 끝났다. 그러나 7년에 걸친 대전란이 동아시아 삼국에 남긴 영향은 참으로 컸다. 우선 전쟁터가 된 조선의 피해는 처참했다. 전쟁 그 자체와 그에 따른 기근·전염병·포로 문제 등으로 인구가 격감하고 국토 대부분이 황폐해졌다. 서책·도자기·불상·활자 등 각종 문화재도 헤아릴 수 없을 정도로 많이 약탈당했다. 인적·물적 피해 이외에 정신적 충격 또한 엄청났다. 전쟁 발생 초부터 변변한 저항 한번 못 한 채 육군이 연패하고 선조와 신료들이 피란하거나 도주하는 바람에 지배층의 권위는 땅에 떨어졌다. 또 오랜 전쟁 기간 동안 수많은 사람이 갖가지 '끔찍한 체험'을 하면서 기존의 질서와 명분에 회의와 반감도 표출되었다. 전쟁 이후 청담淸談 사상처럼 현실도피적인 사상이 유행한 것은 우연이 아니었다.

이순신이 거느린 수군의 승리, 의병의 활약, 막대한 전비를 소모해 병력을 파견한 명의 지원 덕에 나라를 보전할 수는 있었지만, 전쟁이 끝났다고 문제가 해결된 것은 아니었다. 전쟁 이후 물질적·정신적 폐허 속에서 신음하는 민생을 재건하고 무너져 버린 사회질서를 회복하는 것이 초미의 과제로 떠올랐다.

임진왜란이 명에 끼친 영향도 심대했다. 명은 이 전쟁에 병력을 파견해 8년 이상 조선에 주둔하면서 대략 700만~2000만 냥의 은화를 소모했다. 막대한 전쟁 비용을 조달하기 위해 강남 등지에서 증세 조처를 시행하고 징집과 징발을 강행하자 백성의 고통과 원망이 높아졌다. 여기에 임진왜란 말고도 '영하의 난', '양응룡의 난' 등이 비슷한 시기에 일어나는 바람에 명의 재정 지출은 엄청나게 늘어났다. 결국 1580년대 장거정이 주도한 일련의 개혁 정치를 통해 잠시나마 충실해졌던 재정이 다시 적자로 돌아섰다.

전쟁이 끝난 뒤 만력제는 재정을 보전하고자 전국에 환관을 보내 마구잡이 징세에 나섰다. '광세지폐(礦稅之弊)'라 불리는 가혹한 세금 수탈에 맞서 각지에서 민변이 속출했다. 이 같은 상황에 더해 만력제는 정사를 게을리하고 조정 신료들은 극심한 당쟁을 일삼았다. 나아가 임진왜란이 진행될 무렵 요동에서는 누르하치가 이끄는 건주여진의 위협이 날로 높아지면서 전쟁 이후 명은 극심한 내우외환에 시달렸다.

반면 일본은 임진왜란을 통해 많은 것을 얻었다. 우선 명이 주도하던 기존의 중화 질서에 정면으로 도전하면서 지역의 군사 강국으로 자리 잡았다. 전쟁 이후 '무위(武威)'를 국가적 표상으로 내세운 것은 이런 배경에서 비롯된 것이다. 그뿐 아니라 조선에서 빼앗아 간 인적·물적 자산은 일본 근세 사회 발전의 초석이 되었다. 조선에서 끌고 간 학자·도공·활자공 등을 통해 앞선 학문과 기예를 습득할 수 있었고, 약탈해 간 수많은 전적(典籍) 또한 일본의 문화 발전에 이바지했다.

도쿠가와 이에야스는 임진왜란이 끝난 직후인 1600년에 세키가하라(關ヶ原) 전투에서 도요토미 히데요시의 추종 세력을 물리치고 패권을 장악했다. 1603년 정이대장군(征夷大將軍)에 취임한 도쿠가와 이에야스는 지금의 도쿄인 에도(江戶)에 바쿠후를 열었다. 도요토미 히데요시에게 충성하던 가신들은 조선 침략에 적극적으로 참여해 병력과 물자의 손실이 많았지만, 전쟁 중에도 일본에 머물러 있던 도쿠가와 이에야스 세력은 상대적으로 건재했다. 이런 상황이 도쿠가와 이에야스의 패권 장악에 도움을 주었던 것이다. 이처럼 임진왜란은 전쟁 이후 일본의 정치 세력이 재편되는 과정에도 영향을 미쳤다.

일본과 중국을
어떻게 할 것인가

임진왜란을 계기로 조·일 관계는 파탄에 이르렀다. 일본의 침략 때문에 막심한 피해를 본 조선의 대일 감정은 분노와 적개심 그 자체였다. 특히 전쟁 초기, 일본군이 선릉宣陵과 정릉靖陵을 파헤친 사건은 일본인의 야만성과 무도함을 상징하는 것이자 조선이 반드시 되갚아야 할 만행으로 인식됐다. 이 때문에 전쟁 이후 조선의 지식인은 일본을 영원히 함께할 수 없는 원수라는 뜻에서 '만세불공지수'라고 불렀다.

침략을 계기로 조선이 품게 된 적대적인 대일 감정을 고려하면 전쟁 이후 조선과 일본의 국교 재개는 생각하기 어려운 일이었다. 하지만 임진왜란 이후 일본 측은 발 빠르게 움직였다. 특히 경제적 생존 때문에 조선과의 무역 재개가 절실했던 대마도는 조선과의 국교 재개에 필사적으로 매달렸다. 일본은 전쟁이 끝나자마자 조선에 거듭 사신을 보내 국교를 재개해 달라고 호소했다. 조선이 반응을 보이지 않자 그들은 국교를 재개하지 않으면 다시 침략하겠다고 협박하기도 했다.

조선은 고민할 수밖에 없었다. 일본에 대한 원한을 생각하면 국교 재개는 있을 수 없는 일이었지만, 문제는 간단하지 않았다. 조선은 임진왜란을 통해 일본이 군사적으로 매우 강하다는 사실을 실감했다. 따라서 재침 운운하는 일본 측의 협박을 결코 무시할 수 없었다. 장기간의 전쟁 때문에 피폐해진 민생을 보살피고 사회를 재건하는 데 몰두해야 할 시점에 일본이 다시 침략해 온다면 모든 것이 무위로 돌아갈 것이 분명했다.

조선이 처한 곤경은 그것만이 아니었다. 왜란이 끝날 무렵 만주에서는 누르하치의 후금 세력이 명과 조선을 위협하고 있었다. 조선이 처한 지정학적 조건을 고려하면, 서북 방면에서 누르하치의 위협이 커지는 시점에서 일본과의 관계마저 악화되는 것은 곤란했다. 양쪽 모두를 적으로 만들면 조선의 생존 자체가 어려워지기 때문이다. 조선은 이 같은 엄혹한 상황에서 결국 일본을 다독이는 정책을 선택했다.

일본 측은 국서를 보내 국교 재개를 요청하고, 왜란 당시 선릉과 정릉을 파헤쳤던 범릉적犯陵賊을 잡아 보내는 등 성의를 표시했다. 그러자 조선은 1607년선조 40 회답겸쇄환사回答兼刷還使란 이름으로 일본에 통신사를 파견해 국교를 재개했다. 회답겸쇄환사란 '일본이 보낸 국서에 답하고 왜란 당시 일본으로 끌려간 조선인을 쇄환해 오기 위한 사절단'이라는 뜻이 있다. 혹독한 내외 정세 때문에 만세불공지수에게 내키지 않는 사절을 파견해야 했던 조선의 고뇌와 딜레마가 담겨 있는 용어였다.

조선은 회답겸쇄환사를 파견하면서 '포로 쇄환'을 명분으로 내세웠지만 1643년인조 21까지 돌아온 포로는 6000여 명에 불과했다. 이와 달리 일본의 도쿠가와 바쿠후는 일본에 온 통신사의 존재를 정치적으로 활용했다. 즉 통신사를 새 정권의 정통성을 인정하는 '조공 사절'로, 통신사가 들고 온 조선 국왕의 선물을 '공물'로 선전했다. 이렇듯 바쿠후가 통신사를 자신의 정치적 권위를 드러내는 수단으로 이용하는 바람에 일본 일각에서는 조선을 '조공국'으로 여기는 인식도 등장했다.

조선에서는 임진왜란을 계기로 일본을 향한 적개심이 커졌지만, 전쟁 이후의 복잡한 동아시아 정세 속에서 일본을 포용하는 태도를 취할 수밖에 없었다. 더욱이 17세기 초, 후금의 위세가 커지면서 대일 정책의 기조는 더욱 유화적인 방향으로 흘러갈 수밖에 없었다. 정묘호란·병자호란의 위기 상황에서 일본과의 관계마저 대결 구도로 몰아갈 수 없었기 때문이다. 요컨대 일본은 임진왜란을 도발해 조선에 막심한 피해를 안긴 원죄가 있었음에도 불구하고, 전쟁 이후 대륙 정세가 또다시 격동하는 상황을 맞아 어부지리를 챙긴 셈이다.

건국 직후부터 조선과 명의 관계는 각별했다. 조선은 명을 대국이자 상국으로 섬겼을 뿐 아니라 '명의 가장 충순한 번국'으로 자임했다. 명 또한 그 같은 조선을 인정해 다른 조공국과는 비교가 안 될 정도로 후하게 대접했다. 16세기 이후에도 상황은 달라지지 않았다. 조선 지식인의 존숭 의식은 더욱 깊어져서 명과 조선을 '부자 관계'이자 '한집안'으로 인식할 정도였다.

전쟁 전부터 이처럼 모화慕華 의식이 커지고 있던 참에 임진왜란을 맞아 명이 원군을 보낸 것은 조선과 명의 관계를 질적으로 변화시키는 계기가 됐다. 1593년 1월 평양전투의 승리는 절체절명의 위기에 처해 있던 조선 지배층에게 '재조지은再造之恩', 즉 망해 가던 나라를 다시 세워 준 은혜로 인식됐다. 이제 명은 '상국'이자 '부모국'인 동시에 종사를 구해 준 '은인'으로까지 추앙된다.

임진왜란 때 조선에 들어온 명군이 은인인 것만은 아니었다. 그들은 조선에 커다란 폐해를 끼치기도 했다. 무엇보다 문제가 된 것은 명군이 자행한 민폐였다. 당시 명군 지휘관들은 장졸들에게 군기를 확립하라고 강조했지만 거의 소용 없었다. 그들은 특히 전투에서 패했을 때, 조선의 관인이나 백성이 자신들의 요구를 제대로 수용하지 않는다고 판단할 때, 극심한 횡포를 부렸다. 곳곳에서 약탈·강간·폭행 등을 저질렀다. 벽제전투 패전 후 강화 협상이 다시 시작되고 일본군과의 결전을 포기하자, 명군이 저지르는 민폐는 더욱 심해졌다. 이 때문에 명군 주둔지 부근에 사는 조선 백성은 '낮에는 숲 속에 숨고 밤에만 이동한다.'고 할 정도였다. 명군의 폭행과 약탈이 두려웠기 때문이다. 명군이 자행하는 민폐가 제어할 수 없는 지경에까지 이르자 백성들 사이에서는 "명군은 참빗, 일본군은 얼레빗"이라는 말까지 돌았다. 일본군의 약탈이 듬성듬성한 얼레빗 수준이라면 명군의 약탈은 촘촘한 참빗이라는 뜻이다.

명군이 끼친 민폐가 극심했음에도 선조를 비롯한 조선 지배층은 명군의 참전과 원조를 조선이 결코 잊어서는 안 되는 절대적인 은혜로 추앙했다. 특히 선조는 임진왜란을 극복할 수 있었던 것은 전적으로 명군의 은혜 덕분이라고 강조했다. 선조는 전쟁이 끝난 뒤 논공행상할 때, 이순신 등 공을 세운 무장들을 제쳐 놓고 명에 청원사請援使로 다녀온 정곤수를 일등 공신이자 원훈元勳으로 녹공했다. 그것은 이순신을 비롯해 백성 사이에서 영웅으로 떠오른 무장들의 활약과 공로를 상대적으로 축소하려는 의도였다. 선조는 왜란 초반 의주로 파천했을 뿐 아니라 전쟁 극복에 이렇다 할 활약이 없었다. 따라서 명군의 은혜를 강조하는 데에는 실추된 자신의 권위를 만회하려는 의도가 있었다.

조선 지배층이 명의 재조지은을 숭앙하고 그에 따르는 보답을 강조하는 것과 맞물려 임진왜란 이후 명은 조선에 시혜자라는 자부심을 노골적으로 드러냈다. 이는 조선에 보답을 바라는 태도로 이어졌다. 특히 전쟁이 끝난 후 재정 위기가 불거지고 누르하치의 군사적 위협이 커지자 그러한 태도를 노골적으로 드러냈다. 임진왜란 이후 조선에 왔던 명 사신들이 조선에서 수만 냥의 은을 뇌물로 받아 간 것, 광해군대 조선에서 원병을 끌어다가 후금과의 싸움에 투입하려 한 것은 대표적인 사례였다. 특히 조선을 이용해 후금을 견제하려 한 것은 전형적인 이이제이 정책이라고 할 수 있다.

한편 임진왜란을 계기로 명의 여진 통제력은 약화되었다. 요동에 있던 명군의 상당수가 조선에 참전해 일본군과 전투를 벌였기 때문이다. 누르하치는 명이 한눈 팔고 있는 사이 급속히 세력을 키웠다. 건주여진을 통일했을 뿐 아니라 주변의 해서여진까지 공략하면서 전쟁이 끝난 뒤 순식간에 만주 지역의 패자로 떠올랐다.

누르하치가 이끄는 건주여진의 세력이 급속히 커지자 조선은 두 가지 난제에 직면한다. 하나는 건주여진의 군사적 위협을 막아 내는 것이고, 다른 하나는 조선을 이용해 누르하치를 견제하려는 명의 이이제이책에 말려들지 않는 것이었다. 실제로 조선은 임진왜란 중에도 건주여진과 원만한 관계를 유지하려고 애썼다. 함경도 지역의 여진인에게 물자를 증여하는가 하면, 산삼을 캐려고 국경을 넘는 여진인을 살상하지 않으려 애썼다. 1595년에는 신충일을 건주여진의 수도인 흥경노성興京老城에 들여보내 그들 내부 사정을 정탐했다. 또 건주여진과의 사이에서 불거질 수 있는 갈등을 명을 통해 해결하려 하기도 했다. 이 같은 신중한 정책들은 광해군대에도 이어졌다.

17세기 초반 이후 명과 후금의 군사적 대결이 격화되자 조선의 입장은 더욱 난처해졌다. 명은 조선을 끌어들여 후금과 대결시키려 했고, 후금은 조선에 자신의 편을 들거나 최소한 중립을 지키라고 요구했다. 선택의 기로에 내몰린 조선 지배층은 재조지은에 대한 태도를 놓고 논란을 벌였다. 1618년

^{광해군}10 명이 후금을 공격하기로 하고 조선에 원병을 보내 협공하라고 촉구했을 때 논란은 극에 달했다. 당시 대다수 조야의 지식인들은 재조지은에 대한 보답을 명분으로 명의 요구를 받아들여야 한다고 강조했다. 광해군과 그의 외교정책에 동조하는 측근들은 "후금과 원한이 없는 상황에서 그들과 원수가 될 수 없다."라는 명분을 내세워 출병에 반대했다. 하지만 광해군은 명의 압력과 재조지은을 내세운 내부의 채근에 떠밀려 원군을 파견할 수밖에 없었다. 결국 "재조지은을 베푼 명을 배신할 수는 없다."라는 것이 대세였던 셈이다.

급기야 1623년^{광해군15} 인조와 서인은 정변 광해군을 몰아내고 정권을 장악했다^{인조반정}. 인조반정을 주도한 세력은 광해군이 내정에서 범한 실책과 더불어 명에 대한 배신을 정권 타도의 명분으로 내세웠다. 명에 대한 배신이란 다름 아닌 재조지은의 배신을 의미했다. 이후 인조 정권의 대외 정책은 자연스레 친명의 방향으로 기울고, 이 과정에서 후금과의 관계는 파열음을 낼 수밖에 없었다. 그 귀결은 정묘호란과 병자호란이었다.

조선의 지식인은 임진왜란을 통해 명에 대한 존숭 의식과 모화 관념을 신념처럼 굳혔다. 재조지은에 보답하는 것은 가장 중요한 조선의 의무로 떠올랐다. 그런데 임진왜란 이후 재조지은에 보답해야 한다는 신념은 명·청 교체의 현실과 불협화음을 낼 수밖에 없었다. 조선이 1636년^{인조14} 병자호란이라는 참혹한 전란을 다시 겪은 배후에는 임진왜란이 원죄처럼 자리 잡고 있었던 것이다.

동아시아 국제 질서에
거대한 변화가
일어나다

임진왜란은 일본의 조선에 대한 침략이자 동아시아의 패권국인 명에 던지는 정면 도전이었다. 그것은 도요토미가 명나라를 정벌한다는 '정명^{征明}'과 중국으로 들어가겠다는 '당입^{唐入}'을 운운한 데서 명확히 드러난다. 그런데 명은 임진왜란 시기 중화 질서에 도전한 일본에 확실한 군사적 우위를 점하지 못했다. 명군은 비록 평양 탈환 전투에서는 승리했지만 곧 이은 벽제전투에서 패배의 쓴맛을 봐야 했다. 일본군의 기세가 확연히 꺾인 정유재란에서도 명은 일본군을 압도하는 모습을 보여 주지 못했다.

벽제전투에서 패한 후 재개된 강화 협상이 지루하게 시간을 끌면서 명의 피로감은 가중됐다. 명은 일본군이 조선에서 완전히 철수하면 도요토미 히데요시를 일본 국왕으로 책봉해 주겠다는 조건을 제시했다. 거기에는 일본을 명 중심의 기존 질서, 즉 책봉 체제 속으로 끌어들이려는 의도가 담겨 있었다. 하지만 애초 명에 도전했던 일본은 호락호락하지 않았다. '황녀를 천황에게 하가할 것', '조선 영토를 할양할 것' 등을 요구해 명의 자존심을 건드리는 행위를 서슴지 않았다. 일본을 도전자가 아니라 '왜노倭奴' 운운하며 여전히 오랑캐로 하시하는 명의 태도와 명을 패권국이 아닌 정복의 대상으로 보는 일본의 태도 사이에서 타협의 여지를 찾기는 어려웠다. 이런 와중에 강화 협상은 결국 실패로 끝났다.

임진왜란이 끝난 뒤 명 내부에서는 "명군이 별다른 전과도 거두지 못하고 전비만 허비했다."라고 참전의 성과를 혹평하는 분위기가 나타났다. 명은 참전을 통해 조선에는 은인으로 군림할 수 있었지만, 일본에는 대국의 위신을 실추한 것이다. 그 같은 상황에서 명 또한 일본에 불쾌감을 품게 됐고, 이는 전쟁이 끝난 뒤 일본을 무시하는 정책으로 이어진 것으로 보인다.

실제로 도쿠가와 바쿠후는 1600년선조33 이후 여러 경로를 통해 국교를 정상화하고 감합무역을 재개하는 방안을 명에 타진했으나 명은 이를 무시하는 자세를 보였다. 오히려 명은 자국의 연해 지역 상인이 바다로 나가 일본 상인과 접촉하는 것을 엄격히 금지했다. 또 일부 신료는 천진·산동·절강·복건·광동 등 연해 지역의 방어 태세를 재정비해 일본의 침략에 대비하자고 촉구했다. 명이 임진왜란 이후 일본과의 교섭을 거부했으나 일본의 군사적 위협에는 상당히 우려하고 있었음을 암시하는 대목이다.

임진왜란 이후 명과 일본의 접촉은 단절되었지만 시간이 지나 명·청 교체의 흐름이 굳어지면서 변화의 조짐이 나타났다. 일본은 명에 조공로를 확보하려 했으며, 주요 루트인 요동로가 후금 때문에 단절되는 상황에 위기의식을 느꼈다. 바로 이와 같은 배경에서 1627년^{인조 5} 정묘호란, 1636년 병자호란이 일어났을 때 일본은 조선에 지원병을 파견하겠다는 제안을 내놓기도 했다.

17세기 초 명은 후금의 군사적 도전에 밀려 수세에 처했다. 그래서 임진왜란 직후의 태도와는 달리 명은 후금을 견제하는 카드로서 일본의 존재에 주목하게 된다. 1633년^{인조 11} 명은 후금의 위협에 시달리고 있던 조선으로 하여금 일본에 원조를 청하라고 종용한 바 있다. 1638년^{인조 16} 무렵에는 명이 청을 견제하려고 일본에 군사 원조를 요청했다는 풍문이 돌았다. 급기야 청이 북경을 차지한 후인 1645년^{인조 23}과 1646년, 남명南明 정권과 정지룡鄭芝龍 등은 청을 공격해 명을 회복하는 데 필요한 원병을 보내 달라고 일본 바쿠후에 요청하기에 이르렀다. 명이 멸망한 뒤 명 왕조를 회복하려고 도모하던 반청 세력들이 결국 임진왜란의 적이었던 일본에 손을 내밀었던 것이다.

한편 후금과 일본도 임진왜란을 계기로 서로의 존재를 의식하기 시작했다. 그것은 1592년 함경도로 진입한 가토 기요마사가 두만강을 건너가 여진 부락을 공략한 데서 비롯됐다. 이어 17세기 초반 병자호란으로 조선 침략에 성공하자 일본을 향한 청의 관심이 더 높아졌다. 청은 인조에게 항복을 받은 뒤 "일본과의 교역을 계속하고 일본 사신을 청으로 데려오라."라고 요구했다. 또 일본 관련 정보를 수시로 보고하라고 요구하기도 했다. 조선은 이같은 요구에 고민하면서도 그 상황을 자국에 유리한 쪽으로 활용하고자 했다. 병자호란 이후 청은 조선의 군비 강화를 엄격히 금지하고 있었다. 바로 이때 조선은 일본의 침략이 우려된다는 점을 내세워 군비 확장을 도모했다. 또 조선 일각에서는 일본과의 우호 관계를 확고히 하고, 나아가 일본을 이용해 청을 견제하자는 주장이 제기되기도 했다.

일본 바쿠후의 지식인들은 1644년^{인조 22} 명이 망하고 청이 중원을 차지한 사태를 '화이변태華夷變態'라고 부르며 기존의 중화인 명이 사라지고 오랑캐 청이 중원을 차지하게 된 대격변을 풍유했다. 요컨대 임진왜란 이후 동아시아에서는 기존 질서 속에서 각각 중화와 소중화로 자임하던 명과 조선의 위상과 오랑캐 국가로 치부되던 청과 일본의 위상이 뒤바뀌는 대변혁이 일어나고 있었던 것이다.

'민음 한국사'를 펴내며

최근 불붙은 역사 교과서 논쟁이나 동아시아 역사 전쟁을 바라보면 해묵은, 그러나 항상 새롭기만 한 질문이 떠오른다. '지금 우리에게 역사란 무엇인가?' 어느 때보다 더 엄중해진 이 화두를 안고 고민을 거듭하던 2011년, 민음사에서 함께 대형 역사 시리즈를 만들자는 제안을 해 왔다. 어려운 시기에 많은 비용과 제작 기간을 필요로 하는 출판 프로젝트에 투자를 해 보겠다는 뜻이 반갑고 고마웠다.

구상 중이던 몇 가지 기획안을 제시하고 논의한 끝에 대장정에 들어간 것이 이번에 내놓는 '민음 한국사' 시리즈였다. 이 시리즈의 프로젝트 명은 '세기의 서(書)'였다. 『한국생활사박물관』, 『세계사와 함께 보는 타임라인 한국사』 등 한국사를 시각적이고 입체적으로 조명한 전작의 바탕 위에서 100년 단위로 한국사를 세계사의 흐름 속에서 통찰하는 본격 통사에 도전해 보자는 취지였다.

통사를 다루면서 주제에 따른 시대구분을 하지 않고 무미건조한 100년의 시간대를 적용한 것은 기존의 역사 인식을 해체하고 새로운 것을 준비한다는 의미가 있다. 왕조사관, 민족사관, 민중사관 등 일세를 풍미한 역사관에 따른 시대구분은 과거와 같은 힘을 발휘하지 못하고 있다. 그러나 21세기에 걸맞은 새로운 사관은 아직 정립되지 않았다. '민음 한국사'는 바로 그런 시기에 누구에게나 '평등'하게 다가오는 세기 단위로 역사를 재배열하고 그동안 우리가 놓친 것은 없을까, 잘못 본 것은 없을까 들여다보고 동시대의 세계사와 비교도 하면서 한국사의 흐름을 새롭게 파악해 보자는 제안이다.

또 십진법 단위의 연대기에 익숙한 현대 한국인에게는 18세기, 19세기 등 100년 단위나 386, 7080, 8090 등 10년 단위의 시기 구분이 '제국주의 시대'나 '무슨 정부의 시대'보다 더 폭넓은 공감대를 불러일으키기도 한다. 과거의 역사를 대상으로 그런 공감대를 넓혀 가다 보면, 좀 더 열린 공간에서 한국사를 재구성할 계기가 마련될 수 있을 것이다.

'민음 한국사'는 험난한 항해 끝에 15세기와 16세기의 항구에 먼저 기착했다. 앞으로 17·18·19세기에 걸친 조선 시대를 지나면 고대와 고려 시대, 그리고 아직도 저 앞에서 어지럽게 일렁이고 있는 20세기로 설레는 항해를 계속해 나갈 것이다. 사료가 상대적으로 적은 선사 시대와 고대의 세기들을 일정하게 통폐합한다고 해도 15권을 훌쩍 넘게 될 대형 프로젝트를 조선 시대부터 시작한 것은, 근대를 다시 사유하기 시작한 현대인의 관심이 전근대의 마지막 왕조에 쏠리고 있다는 점 말고도 자료의 양과 질에서 비교적 접근하기 쉬우리라는 점이 고려되었다. 그러나 막상 두 권을 마무리하고 보니 마치 20권의 책을 만든 듯한 피로감이 한꺼번에 밀려온다. 훌륭한 필진과 편집진, 그리고 제작진의 전폭적인 지원이 있었음에도 불구하고 한국사는 아직 곳곳에 암초와 역풍과 세이렌의 노래가 도사리고 있는 대양이었다. 하물며 세계사와 함께 접근하려 할 때는 더 말할 것도 없다. 가까스로 첫 번째 항구에 도착하고 보니 한편으로는 계속될 항해에 대한 부담감과 공포감이, 다른 한편으로는 그 항해가 안겨 줄 도전 의식과 성취욕이 한꺼번에 몸을 휘감는다.

기획의 취지에 공감하고 기꺼이 집필과 자문을 맡아 준 저자 여러분, 멋진 시안 작업부터 마무리에 이르기까지 뛰어난 미감과 특유의 성실함을 발휘해 준 디자이너 3인방, 원고 조율·이미지 검색·교정 교열 등에서 애쓴 북스튜디오 토리의 편집진, 일러스트레이션·사진 등 여러 분야에서 도움을 준 분들께 진심으로 감사를 드린다.

2013년 세밑 광화문 서재에서
강응천

민음 한국사 조선 02

16세기

성리학 유토피아
(미니북)

1판 1쇄 찍음 2013년 12월 23일
1판 1쇄 펴냄 2014년 1월 2일

집필	강응천, 권소현, 송웅섭, 염정섭, 오상학, 정재훈, 한명기, 한필원
편저	문사철

발행인	박근섭, 박상준
편집인	장은수
펴낸곳	**(주)민음사**

출판등록	1966년 5월 19일 (제16-490호)
주소	서울시 강남구 신사동 506번지 강남출판문화센터 5층 (135-887)
대표전화	515-2000	팩시밀리 515-2007
홈페이지	www.minumsa.com

ⓒ 문사철, 2013. Printed in Seoul, Korea

• 이 책은 비매품입니다.